중국을 말한다

09 당나라의 기상

581년~763년

류산링·궈젠·장젠중 지음 | 김동휘 옮김

좋은 책 좋은 독자를 만드는-
㈜신원문화사

Copyright ⓒ 2003 by Shanghai Stories Culture Media Co., Ltd.
Korea copyright ⓒ 2008 by Shinwon Publishing Co., Ltd.
All right reserved.

이 책의 한국어판 저작권은 상해문예출판사와의 독점 계약으로
신원문화사가 소유합니다.
저작권법에 의하여 한국 내에서 보호를 받는 저작물이므로
무단전재와 무단복제를 금합니다.

발간에 즈음하여

역사란 사람에 따라서 여러 가지 뜻으로 사용되고 있지만, 일반적으로 두 가지의 뜻이 있다. 하나는 인류가 살아온 과정에서 일어난 과거의 모든 사실과 사건 그 자체를 말하며, 다른 하나는 이러한 과거의 모든 사실과 사건의 기록을 의미한다. 즉 역사는 '사실로서의 역사'와 '기록으로서의 역사'라는 두 가지 측면이 있는 것이다.

기록으로서의 역사는 과거의 사실을 토대로 역사가가 이를 조사하고 연구하여 주관적으로 재구성한 것이다. 이 과정에서는 필연적으로 역사가의 가치관과 같은 주관적 요소가 개입하게 되며, 이 경우 역사라는 말은 기록된 자료 또는 역사서와 같은 의미가 된다.

역사는 정치, 경제, 사회, 문화 등 여러 방면에 걸친 지식이 포함되어 있는, 과거 인간 생활에 대한 지식의 총체를 의미한다. 역사를 배움으로써 우리는 인간 생활에 대한 지식의 보고에 다가갈 수 있다. 역사를 알지 못하면 현재를 살아가는 우리 자신의 정체와 우리를 둘러싸고 있는 현재의 상황을 바로 알 수가 없다. 그러므로 현재를 바로 알기 위해서 뿐만 아니라 미래를 예측하고 설계하기 위해서도 과거의 역사를 바로 알아야 한다.

이 책 《중국을 말한다》는 총 15권으로 구성되어 있으며, 중국의 원시 사회부터 마지막 왕조인 청나라가 멸망하기까지의 역사 과정을 서술하고 있다. 본서는 유구한 중국 역사의 흥망성쇠를 시대별로 나누고, 그 시대의 주요 역사적 사실과 인물들에 관한 이야기를 1500여 편의 표제어로 엮어 구성하였을 뿐만 아니라 누구나 쉽게 읽고 이해할 수 있도록 이야기 형식으로 서술했다.

또한 당시 사회생활을 반영한 3000여 점의 그림 및 사진 자료가 매 페이지마다 실려 있어 본문의 내용을 생생하고 깊이 있게 이해하도록 도와준다. 나아가 사진과 그림들을 문

화적인 유형으로 분류하면 또 하나의 독립적인 복식문화사, 풍속사, 미술사, 과학 기술사가 될 것이다.

특히 본서의 번역에 있어서 최대한 원서의 내용과 의미를 살리고자 했으며, 중국 지명 및 인명 표기에 있어서는 독자들의 혼란을 야기하지 않기 위해 외래어표기법에 의한 중국식 발음이 아닌 우리나라의 한자음으로 표기했다. 부득이 중국식 발음으로 표기한 인명에 있어서는 한자를 병기했다. 수많은 중국 고대의 문명과 인물, 그리고 생소한 지명 등을 일일이 찾아 번역하기란 쉬운 일이 아니었다. 중국의 역사는 그만큼 방대하고 폭넓기 때문이다.

《중국을 말한다》는 중국인들이 그들의 역사를 보는 시각이다. 때문에 분명 우리와 그 맥락을 달리 하는 부분이 있다. 그럼에도 불구하고 이 책을 발간하게 된 취지는, 비록 내용 중 우리 역사와 충돌하는 부분이 있지만 중국과의 교류가 날로 늘어 가고 있고, 또 중국의 국제적 영향력이 확대되고 있는 상황에서 중국을 제대로 이해할 필요가 있다고 판단했기 때문이다. 우리의 역사를 올바로 이해하기 위해서는 밀접한 관계에 있는 주변국들이 주장하는 그들의 역사도 분명히 알아야 한다. 때문에 중국인의 세계관이 잘 드러나면서도 쉽게 읽을 수 있는 역사서를 소개하고자 하는 것이다.

청소년들과 일반인들에게 더 넓은 지식을 알려줌과 동시에 역사를 전공하는 사람들에게는 비교 분석을 통해 실증적인 연구를 하는 데 도움을 주고자 이 책을 출간하게 된 것이다.

신원문화사 대표

꿈과 추구

중국 상해 문예출판사 편집위원 허청웨이何承偉

독자들을 위해 엮은 중국 역사 백과사전

찬란한 문명사를 가진 중국은 생기와 활력이 넘치는 나라이다. 선사 시대부터 동방에 우뚝 선 중국은 오늘날에 이르기까지 끊임없는 발전을 거듭해 오고 있다. 수많은 역사가 그 땅에 살고 있는 사람들에 의해 선도되어 왔으며, 그 역사는 또한 길이길이 남아 후손들에게 지혜와 슬기를 안겨 주고 있다.

우리는 지금 매우 새로운 시도를 하고 있다. 보다 많은 사람들에게 중국 역사를 알리고 싶은 소망 하나로, 이야기 형식의 역사책을 만들고 있는 것이다. 그래서 이 책은 보통의 역사책처럼 지루하지 않다. 마치 할머니에게 호랑이 담배 피우던 시절의 이야기를 듣는 것처럼 흥미진진하다.

이 시리즈는 모두 15권으로 구성되어 있다. 제1권 〈동방에서의 창세〉, 제2권 〈시경 속의 세계〉, 제3권 〈춘추의 거인들〉, 제4권 〈열국의 쟁탈〉, 제5권 〈강산을 뒤흔드는 노래 – 대풍〉, 제6권 〈끝없는 중흥의 길〉, 제7권 〈영웅들의 모임〉, 제8권 〈초유의 대통합〉, 제9권 〈당나라의 기상〉, 제10권 〈변화 속의 천지〉, 제11권 〈문채와 슬픔의 교향곡〉, 제12권 〈철기와 장검〉, 제13권 〈집권과 분열〉, 제14권 〈석양의 노을〉, 제15권 〈포성 속의 존엄〉 등이다.

역사에 대한 현대인들의 감정에 가장 넓은 공감대를 형성하고 있는 문학 장르는 이야기이다. 사람들은 이야기를 통해 재미와 슬픔을 느끼고, 경탄하거나 한숨을 쉬기도 한다. 이야기는 한 민족의 잠재의식 속에 존재하고 있는 집단적인 기억이다. 이야기는 또한 역사적인 문화의 유전자를 독자들에게 심어 주고, 그들의 의식意識을 깨끗하게 정화淨化시켜 준다.

그래서 이 책은 이야기체를 주체로 했다. 또 기존의 역사서들이 갖고 있던 중국 중심의 전통적인 틀에서 벗어나, 세계적인 안목을 가진 일류 역사학자들의 견해를 우선시했다. 나아가 중국 역사의 발전 맥락과 세계사의 풍부한 정보를 함께 실어 이야기만으로는 부족하기 쉬운 지식의 결함을 보완했다. 이야기가 가진 감성적인 감동과 역사 지식에 대한 이성적인 의견을 통일시킨 것이다. 그래서 이 책을 읽은 독자들은 한 그루의 나무뿐만 아니라 거대한 숲도 한눈에 볼 수 있으며, 각각의 이야기가 주는 심미적인 흥미와 함께 역사적인 큰 지혜도 얻게 될 것이다.

또한 이 시리즈에는 많은 사진과 그림들을 첨부했다. 비록 편면성을 갖고 있다 할지라도 오늘날 독자들의 수요와 취향이 그것을 요구하고 있기 때문이다. 이 책 속의 사진과 그림들은 감상을 위주

발간사

로 하는 사진이나 기존의 그림과는 크게 다르며, 독자들로 하여금 생생한 역사적 사실감을 느끼게 해줄 것이다.

이 책에 실린 사진과 그림들은 그 영역 또한 대단히 넓다. 역사의 현장을 깊이 있게 재현하고, 발전과정과 변화를 입체적으로 돌출시킴으로써 본문의 내용을 생생하고 깊이 있게 이해하도록 도와준다. 따라서 이 책 속의 사진과 그림들은 중국 역사와 문화의 전면적인 정보를 알려 주고 있다고 해도 과언이 아니다. 나아가 사진과 그림들을 문화적인 유형으로 분류한다면, 사진으로 읽는 복식 문화사, 의약사, 도서 서적사, 풍속사, 군사軍事사, 체육사, 과학 기술사 등 독립적이고 전문적인 분야의 역사 사진들이라고 할 수 있다.

이 시리즈에 들어 있는 하나의 이야기, 한 장의 사진, 하나의 그림 등 모든 정보는 각각 대표성을 가진 '점點'들이라 할 수 있다. 그러나 이 점들은 개별적으로 존재하는 것이 아니라 역사라는 거대한 수레바퀴를 잇는 연속선 위의 서사敍事 단위들이며 중국 문명의 반짝이는 광점光點들로, 중국이라는 거대한 국가의 문화적 성격들을 굴곡적으로 반사하고 있다. 따라서 이 광점들을 연결시키면 하나의 역사적인 '선線'이 된다. 이 선과 선 사이에 날실과 씨실로 엮어진 것이 바로 신성한 역사의 전당이다. 점과 선과 면, 이 세 개가 합쳐져 중국 역사라는 거대한 탑이 완성된 것이다.

인쇄술은 중국이 자랑하는 4대 발명 중의 하나이다. 한때 중국의 도서 출판은 세계 출판 역사를 선도한 적이 있었다. 하지만 근대에 이르러 중국의 출판업은 퇴보하기 시작했고, 지금도 선진국에 비하면 출판 기술적인 측면에서 상당한 후진성을 벗어나지 못하고 있다. 따라서 우리는 이 책을 출판하는 과정에서 외국의 선진 출판 기술을 열심히 배우고 소화시키며 양자 간의 거리를 단축시키기 위해 노력했다.

우리는 이 시리즈를 만드는 과정에서 중국의 역사와 문화가 너무나 위대하여 그 어떤 찬미를 한다 해도 과분하지 않다는 것을 가슴 깊이 느꼈다. 나아가 중국의 역사와 문화는 단지 중국만의 것이 아니라 세계적인 것이라는 사실을 절감할 수 있었다.

중국의 역사에 비견해 보면, 이 시리즈의 완성은 광야에 핀 꽃 한 송이에 불과할 것이다.

그러니, 앞으로 우리가 꽃피울 세상은 한없이 넓고 아름답다.

현대인과 역사

상해 사회과학원 연구원 류수밍劉修明

지나간 역사와 오늘은 어떤 관계일까?

역사는 오늘을 살아가는 사람들에게 어떤 영향을 미치고 있는가?

과거란 지나간 세월이다. 과거의 살아 숨 쉬는 실체는 이미 없어지고 유적과 기록만 남아 있을 뿐이다. 시간은 거슬러 흐르는 법이 없다. 그렇다면 과거를 배워 도대체 무엇을 어떻게 하겠다는 말인가?

역사는 무용지물이라는 무지몽매한 개념이 개인에게만 있는 것이 아니다. 특히 과학 기술이 고도로 발달한 현대 사회에서는 역사를 현실과 동떨어졌다 하여 더욱 경시하는 경향이 있다. 또한 역사에 대한 자신의 무지를 부끄럽게 여기지 않는 사람도 적지 않다.

그러나 이런 현상을 그저 나무라기만 할 수는 없는 일이다. 다양한 양질의 자료를 통해 역사와 현시대 사람들 사이의 거리를 단축시킬 수만 있다면, 사람들은 생생한 역사 속에서 깨달음을 얻을 수 있을 것이다. 또한 역사적인 진리를 깨달아 예지叡智를 키움과 동시에, 현대 사회의 문명에 대한 인식을 더욱 깊게 하여 현시대 사람들의 인식과 실천을 한 단계 높은 차원으로 도약시킬 수 있는 기회를 만들 수 있다. 그렇게 된다면, 사람들은 오늘이 곧 역사의 계승이며 역사는 현재의 생존과 발전에 불가결한 요소임을 알게 될 것이다.

중국 역사는 생동감 있고 폭넓은 지식으로 사람들의 슬기를 키워 주는 교과서이다. 또한 독특한 성격을 가진 동방 문명사이기도 하다. 중국 역사는 그 형성과 발달 과정이 이집트나 메소포타미아 문명, 또는 인도 문명처럼 중단되거나 전이되지 않았고, 침몰되지 않았다. 비록 온갖 우여곡절을 겪기는 했지만, 여전히 불굴의 자세로 아시아의 동방에 우뚝 서 있다. 중국 역사는 시간과 공간을 포함하면서도 시간과 공간을 초월하는, 나아가 유형적이면서도 무형적인 운반체인 것이다.

영국의 철학자 베이컨은 "역사는 사람을 지혜롭게 만든다"고 했다. 역사적 경험에는 깊은 사색을 필요로 하는 이치들이 담겨 있다. 그러므로 현실을 바르게 인식하고 미래를 현명하게 내다보려면 역사를 올바르게 이해할 줄 알아야 한다. 역사를 제대로 아는 사람만이 현실을 명확히 파악할 수 있다.

문학과 역사와 철학. 이 세 가지 학문을 주간으로 하는 인문 교육은 인간의 소질을 높이는 데 특별한 가치가 있다. 그리고 이 세 가지 요소가 통합되어 있는 것이 중국 역사이다. 외국어 교육이나 컴퓨터 교육만을 중시하고 인문 교육을 소홀히 하는 경향은 반드시 고쳐져야 한다.

총서總序

역사는 다양한 서적들을 통해서 연구할 수 있다. 그러나 중요한 것은 독자들의 흥미를 어떻게 이끌어 내느냐 하는 것이다. 우리는 지금 재미나는 글과 정확한 사진이 합쳐진, 이야기 형식으로 편찬된 중국 역사 서적을 독자들에게 선보이고자 한다. 이 시리즈를 주관한 허청웨이何承偉 선생은 평생이라고 해도 과언이 아닐 만큼 오랜 세월 동안 출판업에 몸담은 분이다. 또한 수많은 학자들의 자발적인 참여와 협력이 이 시리즈를 완성하게 했다.

이 시리즈는 생생한 형상과 특이한 엮음으로 누구든 쉽게 중국 역사라는 거대한 전당 속으로 들어갈 수 있게 했다. 또한 그 역사의 전당에서 지식과 도리를 깨닫고 시야를 넓혀, 과거를 거울로 삼아 미래를 꿈꿀 수 있도록 최선을 다했다. 이 책은 전통에 대한 교육과 미래에 대한 전망을 조화시켜 공부하게 함으로써, 오늘날을 살아가고 있는 사람들이 중국의 역사를 넘어서 세계 문명 발달을 선도하는 데 결정적인 역할을 하게 되기를 소망한다.

우리는 옛 선인들의 슬기로움을 가슴으로 느껴야 한다.

그들은 우리가 세계사의 주인공이 되기를 바라고 있다.

차례

출간에 즈음하여   4

발간사 : 꿈과 추구 – 독자들을 위해 엮은 중국 역사 백과사전   6

총서總序 : 현대인과 역사   8

전문가 서문 : 치세와 명성이 중국 역사상 최고의 시기   14

찬란한 중국 역사 한눈에 보기 – 이 시리즈를 읽기 전에   16

머리말 : 581년 ~ 763년
풍류 인물의 전례 없는 모임 – 수·당   20

수·당 시대는 통일된 개방 시대이자 낭만적이며 전기적 색채를 띤 시대다. 수·당 시대에 세계 최초의 만화경萬華鏡이 발명 되었으며, 문명 역시 화려하고 다채로웠다. 당의 문화는 화하華夏 문화를 계승하면서 동시기에 들어 온 모든 문화를 수용했다. 그러나 번영 뒤에는 쇠퇴가 있듯이, 절정에 오른 수·당은 내리막길을 걷게 되었다

001 범 장수에 용 아들   28
양충이 용문에서 맹호를 잡았다.

002 독고 대사마 딸의 출가   31
독고씨와 양견이 혼사 전에 약정했다

003 왕의 장인이 '천장'을 피하다   34
몽둥이질로는 좋은 황제가 만들어질 수 없다

004 재상이 정사를 총괄하다   35
황제가 천원궁에서 죽자 양견이 대권을 장악했다

005 적에게 매수된 장수   39
상주 전선에서 급보가 왔고, 재자는 준비를 갖췄다

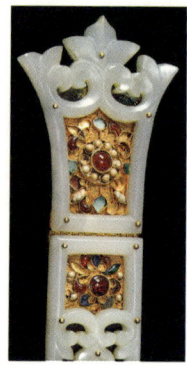

006 악인 관용의 계책   41
반역 소문이 들끓었지만 뿌리를 제거하기 위해 참았다

007 벌로《효경》을 읽히다   44
죄를 형벌이 아닌 독서로 다스렸다

008 뛰어난 지략으로 승리하다   46
싸우기도 전에 전단을 뿌렸다

009 명장이 공을 다투다   49
강산을 새롭게 통일하고 맹장이 공을 다투었다

010 관직 하사는 금물   52
백성이 장군을 저주함은 수하의 탐관오리 때문이다

011 뜨거운 국을 마시려 한 조작   53
공적으로 법을 집행하는 관리가 승진은 못했다.

012 구리 되와 무쇠 자   55
공평한 저울과 두 수레의 마른 볏짚

013 금을 보고 울다   57
토착민을 감동시키고 탐관을 경고했다

014 잘못 없이 맞다   59
연영이 죽지 않으면 천리에 용납이란 없다

015 자라 먹기와 집안 다스림   61
식초 세 말을 마실지언정 최홍도는 만나지 않겠다

016 고양이 귀신   63
황궁에 이상한 병이 돌자 원흉을 조사했다

017 채왕의 머리   65
채왕은 시체가 잘릴까 봐 평생 근신했다

018 황제의 외삼촌   67
촌사람이 입궁해 친척을 찾으니 궁전이 뒤집혔다

019 황제의 낡은 옷   70
낡은 상자에 가득 찬 역사의 기록

020 구름 속의 용   72
태자 궁중의 비사는 양광이 승리하는 계기였다

021 도박으로 유혹하다   74
도박 속에 음모를 숨기고 주사위로 악당을 묶었다

022 은행나무의 하소연   76
무당의 법술로 구원을 받으려다 더 깊이 빠졌다

023 목수 황자   80
황자는 수상 궁전을 짓고 왕비는 참외에 독약을 넣었다

024 맹호와 서캐의 싸움   83
왕은 측에 있던 미남 왕자가 만족스럽지 않았다

025 태평공의 평생 고초   86
병졸은 위엄을 떨치고 명장은 조정에서 억울함을 당했다

026 인수궁의 일화   80
근검은 거짓이고 난리는 전 시대에 이미 싹텄다

027 대장군이 된 하인   91
가노 이원통의 화와 복은 모두 충성 때문이다

028 시인의 죽음   94
진솔해야 시를 잘 짓고 솔직함은 좋은 일이 못 되었다

029 뚱뚱한 게 죄   97
한 모사가 막 뒤에서 막 앞에 나선 이야기

030 동궁의 괴상한 노인   100
혼란한 시대에도 순진한 선비가 있었다

031 군자와 익살꾼   102
남이 이사할 때 책을 옮긴 사람, 가장 익살스러운 사람

032 걸음이 빠른 장군   104
기묘한 사건에서 발견된 기묘한 사람

033 날짐승과 수나라 양제   106
기인이 수나라 양제의 친신이 되었다

034 고함을 쳐 적을 막다   108
어구라는 고함을 쳐 적을 물리쳤다

035 '우는 아이' 전설   111
혈맥을 관통하는 공사, 고난에 시달리던 민중의 일화

036 보물섬 유구   113
수나라의 항해 역사, 보물섬의 풍속 그림

037 쇠뿔에 책을 걸다   120
수나라 양제는 얼굴 검은 호위병을 못마땅해했다

038 술에 취해 진양궁에 눕다   122
이세민은 음모를 꾸미고 당국공은 반역했다

039 원망은 모반이 아니다   125
유문정은 천하일을 담론하고 고조는 활을 감추었다

040 문신門神 위지경덕   127
문신은 용맹한 장군이었다

041 당나라에 귀순한 위징   130
곡절 많은 운명, 투철한 견해

042 현무문 정변   132
형제가 궁문 밖에서 피를 흘리고 부자가 황궁으로 들어갔다

043 신하의 모략과 결단	135	**059 후궁을 피로 적시다**	182
이상적인 정치적 합작, 군신 간의 최적 결합		무측천이 총애를 얻으려 도살을 감행했다	
044 명신과 현군	137	**060 집안일은 스스로 결정하라**	186
소심하면 명신이 아니고 여러 말을 들어야 현군이 된다		이적의 말 한마디에 고종은 큰 문제를 해결했다	
045 정관 초년 대토론	139	**061 휘황한 법전**	188
창업도 어렵거니와 수성도 쉬운 일은 아니다		《당률 소의》는 중국의 입법에 1000년간 영향을 주었다	
046 어사대부 두엄을 꾸짖다	142	**062 칼을 품은 '고양이'**	190
구변이 좋은 태종이 어사의 말문을 막히게 했다		간사한 이의부의 뱃속에는 못된 궁리가 가득 찼다	
047 사람거울을 아쉽게 잃다	144	**063 추악한 사관史官**	192
사람을 거울로 삼으면 득실을 알 수 있다		역사를 쓴다는 '명사'가 사실을 왜곡했다	
048 '백전백승 장군' 이적	148	**064 역사상 유일한 여황**	195
당나라 초년의 국경 수비는 이적 장군에게 의지했다		권력을 위해 무측천은 남편과 아들을 모두 뭉갰다	
049 혜안으로 마주를 등용	152	**065 노련한 음모 수단**	198
당나라 태종은 혜안으로 마주의 알아보았다.		혹리로 조정 대신을 위협하고 혹리를 소멸했다	
050 성지에 맞서 결단하다	156	**066 지혜와 용기를 겸비하다**	200
대주는 당나라 태종의 뜻대로 재판하지 못하게 했다		법률을 교묘하게 이용하니 혹리도 어쩔 수 없었다	
051 또 하나의 위징	159	**067 공평하게 법을 집행하다**	203
왕규는 당나라 태종에게 모범을 안 보인다고 질책했다		서유공은 법률을 고수해 억울한 사건을 시정했다	
052 후궁의 훌륭한 보좌	162	**068 태도가 애매한 재상**	205
장손 황후는 당나라 태종의 집안 보좌관이었다		소미도는 정사를 처리할 때 항상 '애매모호했다'	
053 문성 공주의 서장 진입	164	**069 인도에서 명예를 떨치다**	207
문성 공주는 한·장 두 민족의 교류에 공헌했다		현장은 인도에서 고승들과 경의를 변론했다	
054 활을 만드는 장인의 강의	168	**070 6조 혜능**	209
평범한 궁노 장인이 당나라 태종에게 훌륭한 강의를 했다		글을 모르는 행자가 6조가 되었다	
055 남의 사랑을 빼앗다	171	**071 제2차 '현무문 정변'**	214
〈난정서〉를 구하려고 '우아한 도적'을 보냈다		무측천은 죽기 전에 부부불 황제 칭호를 취소했다	
056 약왕 손사막	174	**072 시누이와 올케의 권력 쟁탈**	218
백 살은 예로부터 드물고 천금은 지금도 유전된다		위 황후와 태평 공주는 서로 여황이 되려 했다	
057 태자 자리의 쟁탈	177	**073 고모와 조카의 암투**	220
당나라 태종이 세운 계승자는 모두 나쁘게 변했다		이융기가 나서서 정변을 일으켜 황제에 즉위했다	
058 화살 세 개로 천산을 확정	180	**074 천하준걸이 모이는 과거**	223
설인귀는 세 화살로 적장 셋을 죽여 전쟁에서 이겼다		태종의 장구한 시책으로 천하 영웅을 모두 끌어들였다	

075 시대를 구제한 재상 227
재상 요숭은 미신을 타파, 잡으라고 명했다

076 하늘을 측량한 일행 230
〈태연력〉은 근 1000년이나 사용되었다

077 예와 법의 충돌 232
두 효자가 부친의 원수를 갚아 일대 변론을 일으켰다

078 소 쟁탈 사건의 진상 237
소도적을 잡은 건 사실의 진상을 밝히기 위함이었다

079 적선 시인 238
술취한 이백이 태감 고력사에게 신을 벗기게 했다

080 웃음 속에 칼을 품다 244
이임보가 히히 하고 웃으면 꼭 누군가 잘못되었다

081 간신배들의 수하 246
간신을 위해 봉사하는 악독한 혹리

082 이역에서 세운 공훈 249
고선지는 군사를 거느리고 원정해 성새를 공략했다

083 장수의 성공과 해골 252
왕충사는 군사의 시체로 공훈을 세우려 하지 않았다

084 실패한 모험 255
고선지가 속임수를 써 석나라를 멸하려다 패전했다

085 간계가 가득 차다 258
온갖 음모술수를 다 쓰는 안녹산이 충신임을 자처했다

086 찬가를 부르지 않다 263
성세의 맑은 소리, 궁벽한 산골의 애달픈 사연

087 한恨이 끝없어라 266
양귀비와 당나라 현종의 로맨스 및 비극적인 결말

088 눈물 어린 출정 270
가서한은 억지로 출정해 패전하고 생포되었다

089 마외의 사변 272
양귀비 덕에 운이 튼 일가족이 결국 그 때문에 죽었다

090 '산속 사람' 고문 275
이필은 '산속 사람'의 신분으로 나라의 근심을 덜었다

091 수양을 고수하다 278
문관 장순은 반란군을 3차 격퇴, 10개월간 고수했다

092 도적을 욕한 형제 281
안고경은 안녹산을, 안진경은 이희열을 욕했다

093 명시의 탄생 284
두보가 각지에서 고난의 세상을 목격했다

094 귀신같은 판단 287
이광필은 반란군을 손금 보듯 꿰뚫어 보았다

095 감진이 바다를 건너다 290
10여 년 동안 여섯 번 건너서야 성공했다

초점: 581년부터 763년까지의 중국 296

581년부터 763년까지의 사회 생활 및
역사 문화 백과 298

찾아보기 306

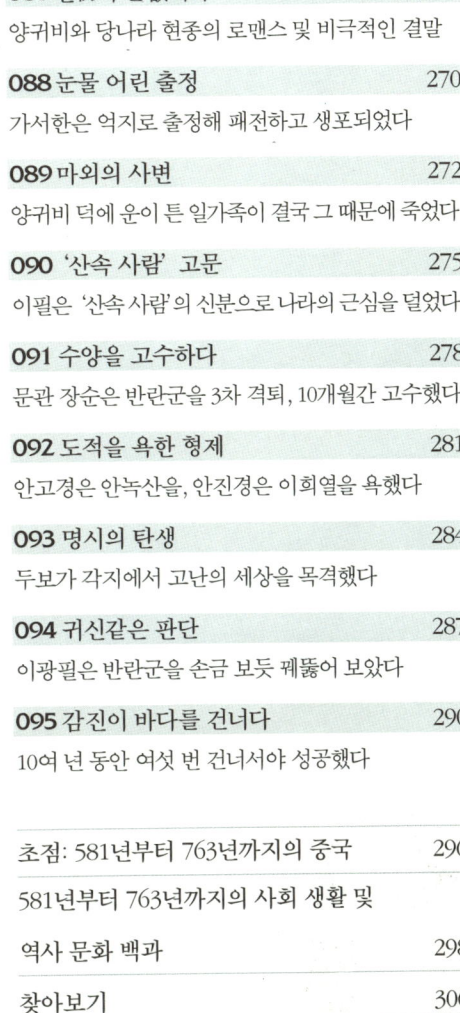

치세와 명성이 중국 역사상 최고의 시기

섬서사범대학 교수, 중국 당사학회 부회장 후지胡戟

한 세기 반 되는 기간 내에 개황開皇 치세·정관貞觀 치세·개원開元 치세의 세 치세가 출현되었다. 개황 치세는 개황 17년부터 대업 7년(597~611)까지이고, 정관 치세는 정관 8년부터 정관 23년(634~649)까지이며, 개원 치세는 대체로 개원 초년부터 개원 말년(713~741)까지인데 실제로는 그보다 더 앞선 690년 무측천武則天 즉위 시기로부터 그 후 점차 수렴된 혹리 정치를 제외하고는 경제·정치·군사·문화·국력·주변 국가와의 대외 관계 등 전반적으로 태평 성세의 모습을 보여 주었다. 그후 중종 때 태평 공주 등의 빈번한 정변과 같은 우여곡절이 있었으나, 이 번영하는 국면은 천보 11년(752)까지 계속되어 세상이 주목하는 성당盛唐(무주를 포괄), 즉 대당 성세는 대체로 천수 원년부터 천보 11년(690~752)까지로 볼 수 있다. 수나라 초기부터 당나라 천보 말년까지의 175년간 약 반에 해당되는 91년 동안은 성세 상태에 처한 반면에 수천 년에 달하는 중국 역사에서 10여 차례의 치세가 있기는 했지만 그 세월은 불과 5% 정도이다. 그러므로 7~8세기의 100여 년은 치세와 명성이 중국 역사상 최고라 말할 수 있다.

수나라는 비록 37년(581~618)밖에 존재하지 못했지만 16국·동진·남북조 시대의 278년간의 분열을 끝내고 진·한 이후 세번째로 중원 및 남북 중국을 통일했다. 통일 외에 수나라는 과거 제도 및 행정 법률 제도를 창시, 수나라 동부의 도성, 낙양과 양주의 건설, 특히 남북 대운하의 성공적인 수축은 당나라 시대의 진보와 번영 창성에 모두 결정적인 영향을 미쳤고, 수천 년의 중국 역사상 전무후무한 기적을 창조했다. 수나라 문제는 이 때문에 당나라 시대 사관史官에 의해 "근대의 훌륭한 군주"라 불렸다.

290년 역사를 가진 당나라는 중국 역사상 중요한 강한 왕조 중의 하나이다. 전성 시대에는 관할한 현이 1573개에 달하고 북으로 카스피해·바이칼호·일본해까지 이르며, 남으로 운남·광서·베트남 북부까지 이뤘으며 호적상으로 인구는 5288만 명이고, 실제로는 7000만 명을 넘었다.

당나라 전기는 세습 문벌 귀족 정치 시대로부터 과거 관료 정치 시대로 전환하는 시기이다. 농민은 점차 부곡部曲과 균전민均田民의 신분에서 해방되어 자작농이나 자유 계약 소작농이 되었고, 문벌 출신의 배경 없는 보통 선비는 과거 시험에 의해 발탁될 수 있는 기회가 생겼다. 전반적으로 사회는 낡은 문벌제도의 억압에서 해방되면서 개방되고 발전하는 대당 기상을 형성했다.

당나라 시대에 1인당 양곡 수확량은 평균 700근으로 20세기 중국 개혁 개방 이후의 수준에 도달했다. 밤에 문을 잠그지 않아도 되고, 형구를 폐지해도 될 정도로 사회가 안정되고 치안이 향상되

전문가 서문

었다. 시·그림·조각·음악·무용·복장의 화려함은 어느 하나 중국 역사에서 최고에 이르지 않은 것이 없었다. 태종·무측천·명황 등 저명한 황제, 위징魏徵·방현령房玄齡·두여회杜如晦·요숭姚崇·송경宋璟 등의 명신과 현능한 재상들, 목숨을 걸고 불법佛法을 구해 '중국의 동량'이라고 불리는 승려 현장玄奘·의정義淨과 세계 일류의 과학자 일행一行·감진鑑眞 등이 연이어 출현되고, 당나라 초기의 네 명인 외에 더욱이는 이백李白과 두보杜甫처럼 시단의 큰 별이 나타났다. 당나라의 선진적인 경제 문화는 당시의 세계에 대해 매우 큰 흡인력을 가지고 있었는바 백을 헤아리는 국가의 사신·상인·승려·학생들이 비단길을 따라 당나라의 법령 제도·한자·제지술·인쇄술 등 위대한 발명들을 배우고, 동서로 전파했다. 당나라 전기는 그 번영 창성으로 세계에 이름을 날리고, 당나라 사람은 중국인의 아름다운 형상으로 세계에 영예를 떨쳤다.

그러나 그 기간에 중국인은 여전히 수·당 교체 시기의 12년에 달하는 전국적 장기 농민 전쟁을 겪었고, 3000만의 인구가 사망하는 재난을 당하는 동시에 종료 시 또다시 인구 3000만 명의 손실과 대당 중기 쇠락을 초래한 '안사의 난'이 출현되었다. 조야가 모두 감복하는 고경高熲이 억울하게 죽고 감히 직간하는 일대 명신 위징이 사라지자 "붉은 대문에 술과 고기가 썩건만 길에는 얼어 죽은 시체가 뒹굴고" 명황 귀비貴妃의 호화롭고 사치한 생활은 기아와 추위 속에서 죽어가는 가난한 사람들의 참극을 덮어 감출 수 없었다. 이러한 시대는 공평 정의와는 너무나도 먼 황제 전제의 시대였다.

당나라 역사는 치세와 혼란이 반복되면서 지속적인 발전을 하지 못했고, 사람들의 입에 자주 오르내리는 수 많은 재미있는 이야기를 남겼는가 하면 사람을 통탄하게 하는 일도 남겼다. 이런 것들은 모두 고대 사람들이 지혜와 열성으로, 눈물과 죽음으로 남겨 준 귀중한 인문 자원이다. 이를 탐구하고 연구 종합한다면 중국과 같은 다민족 국가의 평화적 민주 건설을 건전하게 발전시키는 분야에서 진일보할 수 있도록 우리를 도와줄 것이며, 장기간 쇠락하지 않는 태평 성세를 건설하고 중화 민족의 찬란한 미래를 건설하도록 우리를 도와줄 것이다.

찬란한 중국 역사 한눈에 보기

이 시리즈를 읽기 전에

《중국을 말한다》는 재미나는 이야기, 다채로운 그림, 풍부한 지식 등을 집대성한 중국 역사 백과사전으로 중국의 역사와 찬란한 문명을 한눈에 보여 준다. 이 책을 효과적으로 이해하려면 아래 안내도를 꼼꼼하게 읽고 참조하기 바란다. 그러면 중국 역사가 한 폭의 그림처럼 눈 앞에 펼쳐질 것이다.

독창적인 구성으로 역사와 문화의 매력을 적절하게 표현하고 있음은 물론, 저자의 의도를 최대화시키고 있다.

광범위한 지식 정보와 귀중한 역사 자료에 그림과 사진이 더해져 누구라도 쉽게 이해할 수 있도록 했다.

이 책은 유구한 중국 역사를 이야기로 엮어, 읽는 이들의 흥미를 배가시키고 있다. 또한 이야기마다 각각의 대제목과 소제목을 붙여 본문의 중요 내용을 쉽게 파악할 수 있도록 했다.

또한 이 책은 단순히 이야기에만 그치지 않고 거기에 합당한 정보를 종합적으로 전달해 주고 있다. 이를 테면 이 야기의 감성적 느낌과 역사 지식에 의한 이성적 느낌을 결부시켜 읽는 이들에게 나무와 숲을 동시에 보도록 한 것이다. 또한 '중국사 연표', '세계사 연표', '역사문화백과', '역사 시험장' 및 그림과 사진 설명을 통해 다양한 역사 지식을 두루 섭렵할 수 있도록 하고 있다.

동시에 페이지마다 삽입된 수많은 그림과 사진은 그 내용이 풍부해서 지나온 역사를 시각적으로 느끼게 하고 있으며, 각각의 역사 단계와 사회의 발전과 변화를 입체적으로 표현해 역사책이라는 지루함을 최소화했다.

● 이야기 제목

● 이야기 번호 : 이 번호는 이야기의 순서일 뿐만 아니라 찾아보기를 보다 쉽게 이용할 수 있게 한다.

● 역사 시험장 : 본문과 관련된 역사 문화 지식에 대해 왼쪽에서 물어보고 오른쪽에 답안을 제시했다.

● 단락 제목 : 단락의 주제를 제시해 단락의 중점을 파악하기 쉽도록 돕고 있다.

- 중국사 연표 : 본 이야기와 비슷한 연대에 중국에서 발생한 중요 사건을 기술함으로써 중국 역사 발전의 기본 맥락을 제시한다.

- 이야기 안내 : 역사 이야기를 요약하여 소개함으로써 본 이야기의 중심을 쉽게 파악하도록 도와준다.

- 세계사 연표 : 중국사 연표와 비슷한 시기에 발생한 세계의 중대한 사건을 제시함으로써 중국과 세계를 비교할 수 있도록 하고 있다.

| 세계사 연표 |
674년
이달이 2갑로도 동로마 수도 콘스탄티노플을 공격, 전쟁이 7년 연속, 이달의 실제로 결속되었다.

《대사불강》(당고종영회오개(唐高宗永徽五年))

581~763 당나라

들자 즉시 사람을 파견해 두 사람에게 곤장 1백 대를 치게 했다. 불쌍한 여인들이 반 주검이 됐는데도 무측천은 그들의 수족을 잘라 술 단지에 담게 하고 두 사람이 죽은 후 머리를 자르게 했다. 소씨는 형벌을 받을 때 무측천을 크게 욕했다. 아무개 같은 요괴니까 이런 악독한 짓을 하는 거다. 난 죽은 후 고양이가 되고 아무는 쥐로 될 거고, 난 세세대대로 그녀의 숨통을 물어 끊을 테다!

미신을 믿는 무측천은 그때부터 궁중에서 고양이를 기르지 못하게 했다. 마음에 거리끼는 일을 한지라 밤이면 늘 꿈에 산발한 왕씨와 소씨가 그에게 목숨을 달라 해 제대로 자지 못했다. 고종이 죽은 후 무측천은 장기간 낙양에 거주하면서 감히 홀로 장안궁에 거주하지 못했다. 무측천은 즉시 땅을 치며 대성통곡했다. 고종이 누가 금방 왔었는가 물으니 궁녀는 황후가 금방 갔다 갔다고 대답했다. 무측천은 흐느끼면서 황후 측 궁녀가 전한 대로 황후의 잘못을 고자질했다. 입궁 후 그녀보다 25세 많은 태종이 그녀를 매우 좋아해 재인으로 봉했고 태종의 병이 위중할 때 줄곧 시중을 들었다. 무 재인은 바로 무측천이었다.

몸매가 날씬한 채색 여자 용

● 동진 고금 지명 대조표
고대 지명	지금의 지리 위치
건강(建康)	강소성(江蘇省) 남경(南京)
사구(沙丘)	강소성(江蘇省) 회안(淮安) 서남
하양(河陽)	하남성(河南省) 맹현(孟縣) 서
울주(鬱州)	강소성(江蘇省) 연운항(連雲港)
회음(淮陰)	강소성(江蘇省) 회안(淮安) 남
번우(番禺)	광동성(廣東省) 광주(廣州)
초성(譙城)	안휘성(安徽省) 호주(毫州)
시흥(始興)	광동성(廣東省) 소관(韶關) 서남
동피(東陂)	하남성(河南省) 개봉(開封) 부근
상락주(上洛州)	강서성(江西省) 구강(九江) 동북

●●● 역사문화백과 ●●●

[방직 기술의 특출한 성과를 구현하는 양면 견]
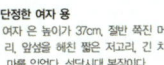
1973년 신강 투루판의 아스타나 지역(당나라 비단길의 북쪽 통로의 당나라 묘에서 대량의 방직물을 발견했다. 그중 한 점은 양면 비단으로 백색의 씨실과 날실, 침향색의 씨실과 날실을 교차해 광직무늬 양면 직물로 짰다. 명조 시대부터 생산한 것으로 알려졌었지만 이번 고고학 발견에서 양면 비단의 직조 기술을 적어도 무측천 시대로 앞당겼다.

단정한 여자 용
여자 온 높이가 37cm, 잘반 쪽진 머리, 알섬을 해친 짧은 저고리, 긴 치마를 입었다. 성당시대 복장이다.

견구(見口) 183

- 본 책의 역사 연대의 시작과 끝.

- 표는 분산된 정보를 종합함으로써 통일성을 이루게 한다.

- 그림과 사진 : 지나간 역사를 직관적으로 재현시킨다. 이 책의 그림과 사진을 종합해 나열하면, 그것으로 중국 역사를 체험할 수 있다.

- 그림, 사진 설명 : 그림과 사진에 깃든 역사 문화 지식을 기술함으로써, 그 시기 역사를 보다 실제적으로 느낄 수 있도록 하고 있다.

- 역사문화백과 : 동시기와 관련되는 정치, 경제, 문화, 과학 기술 등 다방면의 지식을 소개했다.

17

581년 〉 〉 수·당 〉 763년

머리말

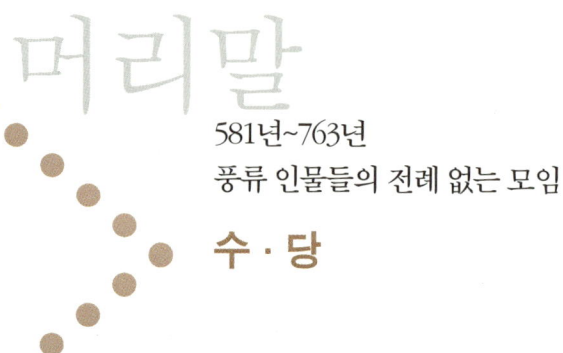

581년~763년
풍류 인물들의 전례 없는 모임

수·당

화동사범대학 역사학부 부교수   류산링劉善齡

천하 통일의 초석

과거 2000년의 중국은 통일과 분열을 반복했다. 200여 년 동안 강력한 통일 국가를 유지한 수·당 제국은 위·진의 오랜 분열 이후에 나타난 것이다. 분열이 지속되자 영웅이라고 자처하는 수많은 사람들이 나타나 천하 통일을 이루려고 시도했지만 그것을 이루어 낸 사람은 아무도 없었다.

진·한의 소농 경제는 초라한 철제 농기구에 의해 유지했으나 국가에 충분한 부세와 노역을 제공함으로써 진·한 통일의 토대를 이루었다.

동한 말년에 새로운 농기구인 이중 쟁기가 출현했는데 이로 인해 농사의 효율성은 진·한 시대보다 크게 향상되었다. 하지만 이중 쟁기는 소 두 마리에 연결해서 사용해야 했기 때문에 경제력이 있는 토호 지주들만이 그것을 소유할 수 있었다. 이로 인해 거대한 땅을 가진 토호 지주들이 소규모의 자영농들을 합병하는 새로운 구조가 형성되었다. 그 결과 세력이 커진 토호 지주들이 중앙 정부의 영향력을 원천적으로 단절해 기나긴 분열 시대인 위진 남북조 시대가 그들에 의해 건립되었다. 이런 경제 기반이 바뀌지 않는 한 천하 통일은 기대할 수 없게 되며, 서진 시대와 같은 표면적인 통일을 실현한다 하더라도 사회구조 자체가 지주들 간의 분쟁이 끊이지 않아 내분에 빠져들게 된다. 이런 현상에 대해서는 당시 권력을 쥔 사람들이 근본적으로 통일을 기대하지 않았다고 해석하는 것이 맞을 것이다.

서진 이후 민족과 계급의 갈등은 많은 분열 요인을 형성해 북방을 더욱 큰 혼란에 빠뜨렸다. 이 혼란으로 북방 경제가 파괴되자 수많은 사람들이 남으로 이주해 북방은 도처에 황폐한 농경지만 남게 되었다. 하지만 북방 경제의 쇠퇴는 또 다른 개체가 발전할 수 있는 공간을 제공했으니, 북위北魏의 효 문제가 균전법을 실시해 북방의 소농 경제를 회복시킨 것이다.

소농 경제가 더욱 발전하려면 새로운 농기구의 개발이 필요했는데, 새로운 농기구의 개발은 파종 면적을 확대하는 데 결정적인 역할을 했다. 확대된 농지를 경작하기 위해서 농민들은 기술 개량에 집중했고, 북방 각 민족은 농업을 공동으로 발전시키는 과정에서 점차 융화되어 갔다.

각 민족의 융화와 새로운 기술의 발명은 농민들이 지주의 영향에서 벗어나 가정 단위의 경제를 발전시킬 가능성을 갖게 했다. 소농 경제의 회복과 북방의 민족 융화는 강한 중앙 집권제인 수·당 봉건 제국의 탄생과 발전을 위한 토태가 되었다.

수나라 문제文帝와 수나라 양제煬帝

북주北周의 대장 하약돈賀若敦은 억울한 죽음을 당하면서도 아들에게 진陳나라의 안정을 위해 힘쓰라고 부탁했는데, 이것으로 당시의 군인들은 통일을 자신의 염원으로 간직했음을 알 수 있다.

북주 명제 시대 선비족의 대신 두노적豆盧勣이 유가 경전을 읽지 않았다 하며 관직을 사퇴하고 태학에 가서 공부를 하자 명제가 그를 칭찬했다. 이 사실로 미루어 당시 소수민족이 이미 유가 문화를 인정하기 시작했음도 알 수 있다. 사실 북주의 무제가 오래 살았더라면 통일을 실현할 수 있었을 테지만, 아쉽게도 한창 나이에 죽어 그를 계승한 선제가 무제가 실현하려 했던 정책을 파괴함으로써 통일이 지연되었던 것이다. 천하 통일의 중책이 수나라 문제에게 부여된 것은 역사적인 우연이라고 할 수 있다.

수나라는 정변을 일으켜 주나라를 대체해 후세 사람들은 외척인 양견楊堅이 반역했다고 비웃었다. 수나라 문제는 그 당시의 복잡한 각 파벌 세력을 물리치고 국면을 전환시키면서 순조롭게 제위에 등극한 정치가에 속한다. 문제는 40세에 황제에 즉위했고, 그의 아들 양제는 그 보다 5년 앞섰는데 부자 모두 젊은 나이에 등극했다. 그 당시 중국의 인구는 진陳나라 멸망 시 400여 만 호였던 것이 수나라 양제 5년에 900만 호로 증가해 부세는 남북조 시대보다 낮았지만 정부의 수입은 크게 증가되었다. 당시 관아 창고의 풍부한 재원은 1000만 호에 달하는 소농가에서 거두어 들인 것인데, 이는 봉건 국가가 이미 농민들을 수탈했음을 의미한다.

수나라가 통일을 이룬 지 12년이 지난 태평성세에 문제의 뒤를 이어 양제가 등극했는데, 그 때 관아의 창고에는 양곡과 피륙이 산처럼 쌓이고 호적에는 수많은 장정들이 등록되어 있었다. 양제는 이것을 바탕으로 낙양과 대운하의 건설이라는 큰 대업을 실시했다. 이것은 몇 세대를 이어가면서 감당해야 할 거대한 일을 짧은 시간동안 수나라 900만 호의 농민들이 떠 맡은 것이었다. 기록에 의하면 낙양성의 수축을 위해 수백 만의 사람이 동원됐는데, 그 중 약 절반이 과로로 죽었다고 한다. 한편 양제는 낙양 수축에 동원된 사람들을 자신의 사치와 향락을 위해 강남·오령 이북의 희귀한 나무와 돌, 짐승 등을 옮기는 데 이용하기도 했다.

천하 통일은 수나라의 통치자인 양제에게 전례없는 수많은 재물과 수시로 징용 가능한 100만 명의 병사와 노동력을 안겨 주었다. 양제는 이런 배경에 의해 이전에는 상상도 할 수 없었던 대업을 실현하자 자만에 빠져 이제 이 세상에서 자신이 할 수 없는 일은 존재하지 않는다고 생각하게 되었다. 양제의 이런 자만심은 수많은 수나라 백성들을 세 차례에 걸친 요동 정벌의 수렁으로 밀어넣었고, 마침내 그 부담을 감당할 수 없게 된 백성들의 대대적인 반항을 불러 일으켰다.

당나라 고조高祖와 당나라 태종太宗

수나라 말년의 동란으로 다시 천하가 혼란에 빠지자 곳곳에서 패권을 잡기 위해 나선 사람들의 쟁탈전이 시작되었다. 그 결과 당국공唐國公 이연李淵 부자가 쟁탈전의 최후 승리자가 되었다.

이연 부자가 태원에서 군사를 일으켰을 때 이연은 평범하고 담력이 작아 18세에 불과한 이세민李世民

581년~763년
풍류 인물의 전례 없는 모임

수 · 당

이 주도했다고 전해지지만, 온대아溫大雅의 《대당창업기거주大唐創業起居注》에 의하면 이세민의 특별한 군사적 활동은 보이지 않고, 그의 공도 형 이건성李建成보다 나은 점이 없다고 기록되어 있다. 고조 이연은 용감하고 모략이 풍부했다. 그는 태원에서 군사를 일으키기 위해 사전에 치밀한 준비를 했는데, 그것은 장자 건성과 삼자 원길에게 명해 수나라 양제가 또 고구려를 정벌한다는 소문을 퍼뜨려 백성들의 불만을 자아낸 일과 수나라 양제의 충신들을 미리 제거한 일 등이다. 하지만 개국 군주로서의 당나라 고조는 정사에는 수나라 문제처럼 부지런하지 못했고, 심지어 옛 친구들과 함께 있을 때는 군주의 격식을 잊고 자유롭게 보내기를 원했다. 그때 이런 고조의 성품에 가장 불만을 품은 것은 이세민이었다. 사실 고조가 황제의 격식을 차리지 않은 것은 그의 성격외에 그 시대의 형세와 관념과도 관계가 있다. 그때 천하를 둘러보면 이미 왕이나 황제로 자칭한 자가 몇인지 모르는 형편이었다. 당나라 정권이 이 패권 쟁탈전에서 승리할 수 있었던 원인은 결국 천시天時·지리地利·인화人和의 세 조건에서 전부 우세를 점했기 때문이다.

당나라 고조 무덕 연간에 무장들은 동서로 정벌해 천하를 통일했고, 문신들은 초보적 규모를 갖춘 전조前朝의 행정 기구와 법률 제도를 회복했다. 고조는 문무 이 두 가지 대업을 이룩하는데 자신이 직접 관여하지 않고 군사를 지휘하는 삼군 통수를 이세민에게, 정치 개혁은 배적裵寂과 같은 사람에게 맡겼다. 당나라 조정에는 수나라 시대의 관리와 다른 왕조의 사람들도 많이 있었는데 고조의 이런 인재 등용 정책이 당나라 300년 강산의 토대를 구축했다.

한편 현무문 정변에 의해 황위에 등극한 태종 황제가 후세에 현명한 군주로 역사에 기록된 것은 사관들의 지나친 미화일 수도 있으나 그가 뛰어난 정치가라는 것은 부인할 수 없다. 태종은 늘 순자荀子의 말을 인용하곤 했다. "군주는 마치 배와 같고 백성은 물과 같아 물은 배를 띄울 수도 있고 배를 전복시킬 수도 있다." 태종은 국가의 근본은 백성으로서 우선 백성들이 굶주려서는 안되며, 만약 백성들이 굶주린다면 백성들은 더 이상 국가의 소유가 아니라고 했다. 당나라 태종이 이처럼 백성을 아끼는 것은 그가 눈앞의 이익만을 생각해 보이지 않는 큰 이익을 잃어서는 안 된다는 것을 수나라의 멸망을 보고 깨달았기 때문이다.

당나라 고종高宗과 무측천武則天

당나라 고종 이치李治는 22세에 즉위해서 34년간 재위했는데, 그의 재위 기간에 당나라는 대내외적으로 큰 발전을 이루었다. 후세의 사학자들은 이렇게 말했다. "고종의 재위 기간에 당나라의 영토는 전례 없이 확장되고 세계 여러 나라와 관계를 맺었는데, 이것은 칭기즈칸 이전의 중국 역사에서는 찾아볼 수가 없다. 당시 세계에서는 오직 동로마 제국과 아랍 칼리프 국가만이 강성한 당나라와 어깨를 견줄 수 있었다."

당나라가 이렇게 강성해질 수 있었던 원인은 확고해진 국가 기반과 여러 나라와의 무역, 그리고 충실한 대신들이 있었기 때문이다. 태종에게 발탁된 대신들은 풍부한 정치 경험을 바탕으로 능률적으로 정무를 돌보았을 뿐아니라 태종이 건립한 조화로운 인간 관계에 동화되었다. 그러나 고종은 황제의 위엄

으로 대신들을 통솔하지 못하고 오히려 그들에게 좌지우지되었다.

영휘 3년(652)에 조정을 장악한 중신 장손무기長孫無忌·저수량褚遂良·이적李勣 등은 자신의 권력을 공고히 하기 위해 사건을 조작해 적대 세력을 몰아냈다. 그러나 바로 그때에 한 여성이 소리 없이 권력의 중심으로 접근했으니 중국 역사상 유일한 여황제 무측천(측천무후)이다.

무측천은 처음에 막후에서만 영향력을 행사했지만 어지럼증이 발생한 고종이 그녀에게 모든 정무를 맡기면서 그녀의 정치능력과 재능이 축적되었다. 그때 야망도 함께 자라면서 겉으로 서서히 드러나기 시작했는데, 다만 그때의 사관들이 이런 진행과정에 흥미를 느끼지 않아 무측천의 행동 모두를 미리 계획된 음모라고 했던 것이다. 심지어 태종 시기 천문학자 이순풍李淳風은 무씨가 당나라를 혼란에 빠뜨릴 것이라는 하늘의 징조를 보았다고 했다. 이런 내용이 임어당林語堂의 《무주비사武周秘史》에 자세히 실려 있다. 사실 무측천은 14세에 입궁해 32세에 황후로 책봉되었고, 37세에 국사에 참여하기 시작해 46세에 수렴청정을 했으며, 60세가 되어서야 고종의 이름을 빌리지 않고 독자적인 결단을 내릴 수 있었다.

14세에 입궁해 81세에 죽기까지 무측천은 67년 동안이나 궁정에서 생활했으며, 5품 재인에서 중국 역사상 유일한 여황제가 되었다. 무측천은 당나라 황족과 귀족, 조정 대신들을 수도 없이 죽였지만 그 행동들은 백성들에게 그다지 큰 영향을 미치지 못했다. 오히려 무측천은 사회 전반에서 지지를 받았고 인재 등용 경로를 넓혀 인재를 파격적으로 등용했다. 무측천은 제위에 오른 후 여러 차례 영을 내려 문무 관원과 백성, 지방 관리들이 모두 인재를 천거할 수 있게 했다. 그리고 천거된 인원을 모두 접견하고 각 부서에서 시험한 후 등용하게 했는데 중국 고대 관원의 등용 제도는 바로 이때부터 시작된 것이다.

무측천의 등극은 당나라 건립 이후 70년이 되는 때이다. 봉건 국가의 특징 중에 하나가 개국 초기에는 인재가 흔하지만 기반이 안정되면 인재의 등용이 통치자의 난제가 될 정도로 인재를 구하기가 어렵다는 것이다.

과거에 의한 등용은 수나라때부터 시작되었지만 당나라 말년에 이르러서야 과거 출신의 관원이 다수를 점하게 되었고, 무측천 때는 과거에서 선발된 인원이 극히 적었다. 하지만 무측천은 독서와 글쓰기를 좋아해 영순(683) 이후 20년 간 왕공 대신들은 문장을 잘 지어 조정에 중용되는 일이 종종 있었다. 이렇다보니 점차 그 기풍이 형성되어 무측천의 손자 현종이 즉위할 때에 이르러서는 과거에 의해 벼슬을 하는 것이 영예가 되었다. 이때문에 관리의 가정에서는 아버지가 아들에게, 형이 동생에게 글과 문장을 가르치게 됐으며 글을 모르는 것을 치욕으로 여겼다.

무측천의 일생은 업적과 과실이 함께 보이기 때문에 다른 시대, 다른 입장에 서 있는 사학자들은 그녀에 대해 사실과 매우 다른 평가를 내리곤 했다. 여하를 막론하고 무측천이 소의로 책립된 영휘 3년(652)부터 그녀가 죽은 신룡 3년(705)까지 호적 수가 60%나 증가했다. 이런 시대에는 바로 강력한 통치자를 필요로 하는데, 고종이 너무 나약했기 때문에 무측천과 같은 강한 인물이 시대의 부름에 응해 나타난 것이다.

> 581년~763년
> 풍류 인물의 전례 없는 모임
> **수·당**

풍류 천자와 낭만적인 시인

태종과 무측천이 정치적, 경제적 토대를 축성해 놓아 당나라가 가장 번성한 시기에 현종이 즉위했다. 당나라 현종의 통치기간은 44년에 달했는데 이때가 당나라의 가장 안정된 시기라고 할 수 있다. 그러나 번영과 쇠퇴의 전환점에 처해 있었으므로 개원 시대의 군신들은 번영과 쇠락을 함께 맛보아야 했다. 개원·천보 교체 시기는 현종 황제 일생의 분수령으로서 개원 시대의 명황明皇은 나라를 안정시키는 원대한 포부를 품고 영토 확장의 공적을 이루기도 했지만, 천보 연간(742~755)에 이르러서는 여색을 탐하며 점점 더 우매해졌다.

개원 전성기는 장장 100여 년 동안 지속된 경제 발전의 결과다. 589년(개황 9년)부터 765(천보 14년)까지 조정이 통제한 호적 수는 다음과 같다. 수나라 개황 9년(589)의 호적은 400여 만이었는데, 대업 5년(609)에는 900만에 달했다. 그러나 수나라 말년에 일어난 동란으로 당나라 고조 때는 200만 정도로 급격히 줄어들었다. 다시 당나라 초부터 140년간 계속 늘어나 태종 말년(650)에 380만, 무측천 말년(705)에는 615만이었다. 개원 14년(726)에 이르러 또 700만에 도달, 20년 사이에 100만이 늘어났다. 개원 14년부터 22년까지 8년 사이에 또 100만이 늘어나 800만에 도달했으며, 대업 5년(609)부터 천보 14년까지 150년 사이에 중앙 집권제 봉건 국가가 통제하는 호적 수는 900만 호에 근접했다. 호적과 인구의 증가는 조용조세의 상승을 의미한다. 기록에 의하면 천보 14년에 납세한 조세는 200여 만 민緡(1민은 1000문文), 양곡은 1980여만 곡斛(1곡은 10말), 비단 740만 필, 면사 180여 만 둔屯(1둔은 6냥), 마포가 1035만 단端이었다. 이것은 900만 호가 정부에 납부한 양곡과 천으로서 각지에서 조정에 납부한 공물은 포함되지 않았으며, 그 외에 또 많은 수의 농민들이 지주의 토지에서 농사를 지었는데, 그들이 납부한 조세도 포함되지 않은 것이다.

하지만 진정으로 당나라의 웅대한 기세와 정신을 나타내는 것은 이백·두보·왕유·맹호연 등 개원·천보 연간의 걸출한 시인들이 창작한 불후의 작품일 것이다. 그들 중 이백과 두보는 당나라와 다른 시대를 구분하는 위대한 인물이다. 이백·두보 사이에도 차이가 존재한다. 시칩존施蟄存 선생의 논평에 의하면 당나라 전기에는 이백의 시가 현종 통치의 기상을 반영했고, 후기의 두보는 당나라 왕조가 쇠락으로 접어드는 사회적 현실을 반영했다. 그래서 이백의 시가 그처럼 호기스럽고, 이백의 시는 "득의한 인생 기쁨을 만끽하리니 달 아래의 금잔을 비우지 말지어다."라는 공허감이 생기게 된 것이다. 유우석은 "개원의 천자는 만사가 만족스러운데 다만 애석함은 재촉하는 세월뿐이어라."라고 읊었는데 이는 바로 성세의 변화함에 대한 황제의 심리를 표현한 것이다.

어양漁陽의 전고 소리 천지를 진동하다

당나라의 체제는 100여 년 동안 형성된 것으로서 그 와해 역시 점진적으로 이루어졌다. 현종 통치의 후기는 여전히 번성했고 조정이 통제하는 호적은 900만에 이르렀다. 이는 중세 봉건 정권의 통제 능력으로서는 상당한 규모다. 수나라는 바로 이 수치에 이르렀을 때 큰 동란이 발생했는데 그 역사가 또 재현되고 있었다. 개원 천보 연간의 조정은 점점 부패해지기 시작했다. 천보 12년(753)에 두보는 〈여인행

麗人行)을 써서 양국충과 그 여동생의 사치와 횡포를 직접 풍자했다. 그러나 홍등녹주紅燈綠酒의 배후에는 식별하기 어려운 위기가 만연되고 있었으니, 이는 바로 당나라의 체제에 분열이 생긴 것이다. 이는 당나라가 쇠락의 길로 접어든 근본적 원인으로 인력으로 해결할 수 있는 일이 아니었다.

당나라 체제의 부패는 우선 균전제의 점차적인 와해에서 나타난다. 균전제가 효과적으로 실시되기 위해서는 조정이 지배하는 충분한 토지와 조정이 통제하는 자영 농민을 필요로 했지만, 개원 이후 법령이 해이해지고 토지 겸병 현상이 지속돼 균전제는 이름만 남았을 뿐이었다. 당나라 초년의 관원의 수는 1000명이 채 안되었는데 현종 때에는 각급 관리의 수가 무려 36만 명에 달했다. 방대한 관료 기구는 재정 부담을 가중시켰다. 그러자 조세의 부담을 감당할 수 없어진 농민들은 다른 곳으로 도망쳐 머슴살이를 하거나 지주의 토지를 소작했다. 자영농이 농토를 이탈한 이상 균전제 역시 더는 존재할 수 없었지만 부패한 고위 관리, 특히 황제 본인은 그것을 파악하지 못했다.

천보 14년(755)에 안녹산이 어양에서 반란을 일으키자 홍경궁의 황제는 그때서야 사태의 심각성을 깨달았다. 그러나 당시의 당나라는 이미 정권의 토대가 무너졌기 때문에 이를 수습할 방법이 없었다. 8년에 거쳐 이 난을 평정하긴 했지만 옛날의 번영은 안개처럼 사라지고 당나라 인구는 일시에 293만 호로 대폭 감소했는데, 이는 10년 전에 비해 3분의 2나 줄어든 수치다. 그 후 100년이란 시간이 경과했어도 당나라 중앙 정부가 통제하는 호적 수는 2,300만 정도에 불과했다.

당나라 후기의 대시인 백거이는 "어양의 전고 소리 천지를 진동하니 태평세월 춤판이 놀래어 깨졌어라."는 구절을 읊어 오랜 세월 태평을 누린 중원 지역에서 발생한 안녹산 반란의 영향을 표현했는데 이는 어양의 전고 소리로써 한 시대의 종결을 선포한 것이다.

> 581년~ 763년
> 풍류 인물의 전례 없는 모임
> **수 · 당**

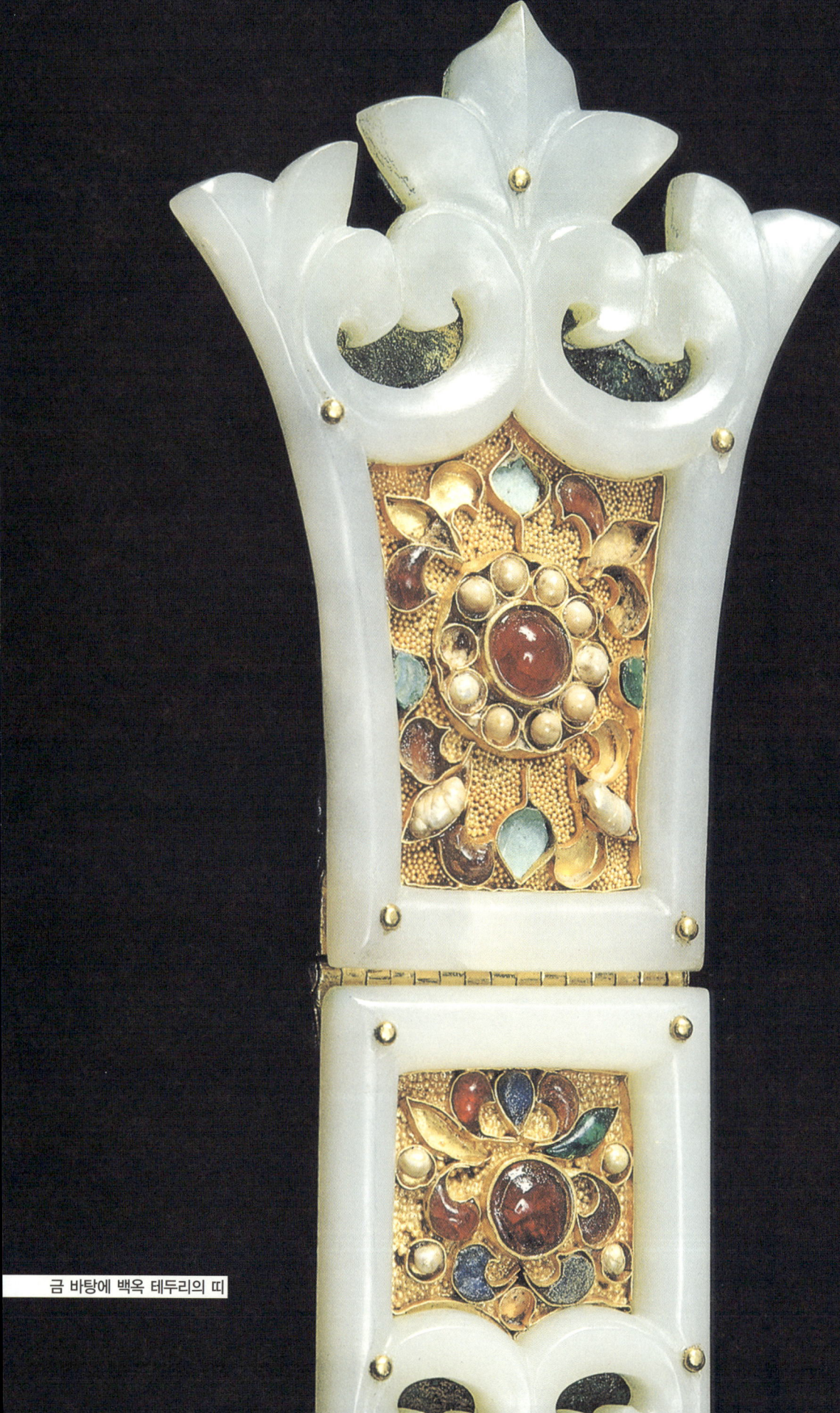

금 바탕에 백옥 테두리의 띠

수

581년 ~ 618년

수나라 시대 지도

《중국 역사 지도집》 제5권 : 수·당·5대 10국 시대

수나라 세계표世系表

1 **문제**文帝 **양견**楊堅 → 2 **양제**煬帝 **양광**楊廣 — (양소楊昭) → 3 **공제**恭帝 **양유**楊侑

| 중국사 연표 |

581년 양견楊堅이 수나라를 건립하고, 연호를 개황開皇으로 개칭했는데, 그가 바로 수나라 문제이다.

001

범 장수에 용아들

우문태宇文泰는 맹호를 때려잡은 양충楊忠을 호랑이라 불렀다. 양견楊堅이 사원에서 태어났을 때 정말 보랏빛 노을이 사원에 드리웠는가?

누가 황제가 될 것인가는 하늘만이 알 수 있다. 수나라의 개국 황제 양견은 등극할 때 이미 40세였는데, 그 이전까지 이 양견이라는 사람에게는 그가 진정한 천자임을 증명할 남들과 다른 점이라곤 아무것도 없었다. 이리하여 신화를 꾸미는 사람들은 그의 이력에 신비한 색채를 입혔는데 수나라 문제의 지난 경력은 이미 많은 사람들이 알고 있으므로 결국 그의 출생과 그 부모의 경력이 알게 모르게 많이 바뀌게 되었다.

천하를 방랑한 장군 집안의 자제

수나라 문제의 부친 양충은 장군 집안의 자제로서 북위北魏 말년에 출생했는데 젊을 때 집을 떠나 각지로 방랑하는 것을 즐겼다. 그는 18세 때 홀로 태산에 올랐다가 중원을 북벌하려는 양梁나라 사람들의 포로가 되어 타향으로 끌려갔다. 5년 후, 그는 다시 북벌에 나선 양나라 군대를 따라 고향 땅을 밟게 되었다.

5년 동안의 타향 생활을 겪은

수렵 생활을 반영하는 은컵
북조와 수·당의 상류층은 사냥을 즐겼다. 이 은컵은 물고기무늬에 4명의 기사가 노루·사슴·토끼·여우 등을 쫓으며 사냥하는 장면으로 장식했고, 그 사이사이에 나무와 화초가 섞여 있다. 은컵의 모양은 서양의 영향을 받은 듯하지만 무늬와 장식, 인물 복장은 당나라의 풍격을 보여 준다.

후 중원에 돌아온 양충은 곧바로 북위 명장 독고신獨孤信의 부하로 들어갔다. 독고신은 대장군 우문태의 어릴 적 친구로 우문태가 장안에 서위西魏 정권을 건립해 동위東魏와 대치할 때 최전선에 파견되었다. 나라의 기반이 채 서지 않은 서위는 변방이 매우 약해 독고신과 양충은 동위의 공격을 감당하지 못했다. 이들은 동위에 무릎을 꿇고 싶지 않아 남방의 양나라로 피난을 갔다.

양충이 이전에 납치되었을 때 양나라 사람들에게 좋은 인상을 주었던지, 이번에 다시 남하하자 양나라 사람들은 그들을 예로 대했다. 그리고 양나라 무제武帝도 친히 그들을 접견하고 관외후關外侯로 책봉했다. 이후 독고신과 양충은 그곳에서 2년 동안 체류하다가 고향 생각이 간절해서 다시 서위로 돌아왔다.

호랑이를 때려잡은 양충

독고신은 우문태와의 교분으로 귀환 후 서위 군사 집단의 핵심인물이 되었다. 우문태는 양충을 좀 더 살피기 위해 양충을 데리고 사냥을 나갔다. 보통 사냥감이 좁은 산골짜기로 쫓겨 들어가면 대장군에게 먼저 활을 쏠 기회를 주는 것이 관례였다. 우문태가 말을 달리며 백발백중의 솜씨를 보이려고 할 때 갑자기 이마에 흰 점이 박힌 호랑이가 숲에서 뛰쳐나오며 골짜기로 들어선 우문태를 덮쳤다.

| 세계사 연표 |

581년 동로마 장군 마리우스가 콘스탄티노플에서 페르시아 군대를 대파했다.

《수서隋書·고조기高祖記》
《주서周書·양충전楊忠傳》 출전

석가모니 경변經變 부조
남경 서하사 동쪽에는 수나라 인수 원년(601)에 건축한 사리탑이 있다. 이 사리탑은 본래 목탑인데 당나라 시대에 석탑으로 재건되었다. 5급 8면을 모두 흰 돌로 쌓은 이 탑의 기단에 석가 탈태·탄생·유력遊歷·유성逾城·성도成道·설법·강마·입멸의 팔상도가 있는데 조각이 무척 정밀하다. 이는 팔상도 중 두 폭이다.

수나라 시대 1불 2보살 조각상
현재 돈황 막고굴 427굴에 보존돼 있으며, 불상 높이가 약 3m, 보살 높이가 약 3.65m다. 이런 형태의 대형 채색 조각상은 수나라 시대 석굴 예술의 새로운 특징이다.

이 위기일발의 순간에 우문태의 눈앞으로 흰빛이 번쩍하며 지나갔는데, 바로 키가 7척 8치에 기다란 수염을 멋지게 휘날리는 양충이었다. 그는 우문태의 말 앞으로 달려들면서 왼손으로는 덮쳐드는 호랑이를 안고, 오른손으로는 호랑이의 혀를 잡아채어 호랑이가 물지도 발악하지도 못하게 했다.

주변 사람들은 그제야 정신을 차리고 우르르 몰려가서 호랑이를 때려잡았다.

놀란 가슴이 채 진정되지 않은 우문태는 양충을 '앤위, 앤위'라고 부르며 칭찬을 아끼지 않았는데 그 말은 양충이 바로 맹호라는 뜻이다.

반야사에서 태어난 양견

이 일로 양충은 바로 표기 대장군으로 승진했고, 더불어 아내 여呂씨가 첫 아이를 임신했다는 희소식이 전해졌다. 양충은 여씨를 장안 부근의 반야사般若寺에 거처하게 하면서 해산을 기다렸다.

대통 7년(541) 6월 7일, 여씨는 건장한 사내아이를 낳았는데 그가 바로 훗날 수나라 개국 황제 양견이다.

전설에 의하면 여씨가 해산할 때 반야사의 정원이 보랏빛으로 물들었고, 황하에서 수행하던 한 비구니가 노을을 보고 찾아와 보통 아이가 아니니 소중히 키워야 한다며 보모를 자청했다고 한다. 많은 전설 중

| 중국사 연표 |

582년 수나라가 용수산龍首山, 지금의 섬서 서안 옛 성터 북쪽에 새로운 서울을 건설, 이름을 대흥성大興城이라 했다.

수나라 문제가 절에서 태어났으며 비구니가 그를 키웠다는 건 확실하다.

그러나 여씨가 아이를 처음 안았을 때 이마에 난 용의 뿔과 비늘로 덮인 몸을 보고 놀라 팽개쳤는데 비구니가 아기 울음소리를 듣고 달려와 "아이가 놀라는 바람에 제위에 등극할 시일이 지연되었다."고 말했다는 전설은 황당무계하다.

이는 서위 대통 7년(541)에 태어난 양견이 왜 북주 대상 원년(579)인 38세가 되어서야 입궁해 집정하고 이후 2년이 지나서야 제위에 등극했는지 설명하려는 시도에 불과하다.

수렵 그림 장식의 굽 높은 은컵
섬서성 서안시에서 출토됐다. 당나라 시대 유물로써 울과 굽이 높고 굽은 나팔 모양이다. 전체 표면에 무늬 장식이 있고 네 폭의 수렵 그림 도안으로 구분된다.

수나라 개국 황제 양견 (당나라 염립본閻立本 그림)
양견은 581년에 수나라를 건국하고, 개황 7년(587)에 후량을 멸하고 9년에 진陳나라를 멸해 분열된 남북조를 마감하고, 전국을 통일했다. 재위 기간에 법률사상 영향이 큰 〈개황률開皇律〉을 제정·실시, 관직 제도 개혁, 균전제 실시, 화폐 및 도량형을 통일했다. 동시에 부병제를 개혁해 병농兵農 합일을 시도했다. 재위 기간은 길지 않지만 치국에 전념했기에 경제가 번영하고 국력이 강해졌다. 그가 실시한 각종 개혁은 당나라의 정치 제도에도 영향을 미쳤다.

●●● 역사문화백과 ●●●

[수나라 시대 관리 품계]
관리의 등급을 품계로 표시한 것은 위·진 시대부터 시작됐으며 관직을 9품으로 구분했다. 북위는 이를 계승, 품을 정·종 2급으로 구분하고 4품부터 또 상하 2급으로 구분해서 관직 등급은 정1품부터 종9품까지 모두 30등급이 됐다. 수나라는 북위의 9품제를 답습한 동시에 1~9품 관직을 유내流內(정규적 관원의 등급)라 칭하고, 지방 관아의 서리를 유외流外라 통칭했다. 수·당 이후 관리의 9품 등급 제도는 기본적으로 고정됐다.

| 세계사 연표 |

582년 동로마 황제 티베리우스 2세가 죽고 장군 마리우스가 즉위(~602)했다.

002

《수서隋書·고조기高祖記》
《수서隋書·독고후전獨孤后傳》
《주서周書·독고신전獨孤信傳》
《주서周書·양충전楊忠傳》

출전

독고 대사마 딸의 출가

우문태가 죽은 후 북주北周의 형세가 복잡해졌다. 독고獨孤 가문과 양楊씨 가문이 혼사를 맺게 됐고, 수나라 문제는 혼인 전에 신부와 약속을 했다.

대사마가 된 독고신

독고신獨孤信은 대사마로 승진해 관직이 높아졌지만 실권은 오히려 많이 줄었다.

우문태가 선포한 관직 제도는 수백 년 전 주나라의 6경 제도를 답습한 것이었다. 독고신은 우문태의 처사가 마음에 들지 않아 직접 물어보고 싶었지만 우문태가 순행 중이어서 침착하고 결단을 잘 내리는 양충을 찾아가 하소연했다.

양충이 대사마의 불만을 묵묵히 듣다가 말했.

"대총재와 대감은 사돈 간인데 대감께 불리한 일이야 하겠습니까?" 대총재는 우문태의 새로운 직위였다. 독고신은 우문태의 장남에게 시집가서 금실 좋게 사는 큰딸 부부를 생각하자 답답하던 마음이 홀가분해졌다.

아름답고 단정한 삼채 여자용
너비가 8cm이고, 높이가 34cm이다. 섬서성 장안현 영소향靈沼鄕에서 출토됐으며, 단정하고 표정이 각각 다르다. 당나라 시대 시녀용의 대표작이다.

581~763 수나라

수나라 말년, 당나라 초기 우세남虞世南의 《북당서초北堂書鈔》

| 중국사 연표 |

583년 수나라가 새로운 수도로 천도했다. 행정 구역을 주·현 2급으로 실시했으며 〈개황률開皇律〉을 제정했다. 남조 문학가 서릉徐陵(507년생)이 죽었다.

가매도嫁妹圖 (명나라 허준許俊 그림)
전설에 따르면 종규鍾馗는 당나라 현종 때 친구 두평杜平과 함께 도성으로 과거를 보러 가다가 귀신굴에 잘못 들어가 모습이 험악하게 바뀌었고, 과거에 낙제해 울화로 죽었다. 후에 두평이 그의 시체를 거두었고, 종규는 두평에게 보답하기 위해 여동생을 두평에게 시집보냈다. 그림은 종규가 음계의 뭇 귀신들을 거느리고 여동생과 두평의 혼사를 치러주는 장면이다.

일곱째 딸을 양견에게 시집보낸 독고신

대사마의 마음이 안정되자 양충은 아내 여씨에게 안주를 준비하게 하고 또 아들 양견에게 술을 따르게 했다. 독고신은 술이 서너 순배 돌자 어느새 영준한 소년이 된 양견의 손을 잡고 말했다 "난 딸이 일곱인데 여섯은 출가했고 다섯 살짜리 귀염둥이 하나가 남아 있다. 네가 기다린다면 나중에 꼭 너에게 시집보내마." 말을 끝낸 그가 양충에게 물었다. "맹호 동생, 동생의 생각은 어떠하오?" 양충은 대사마가 신분이 낮은 자신의 집안과 혼인을 맺으려 하자 서둘러 말했다. "서위 강산을 호령하는 대감댁의 여덟 주국 장군을 모를 사람이 어디 있겠습니까? 우문 씨의 가문이 황제가 된다면 대사마는 바로 황제의 친척이 되시는데 아들놈이 이렇게 높은 댁의 사위가 된다면 그건 조상의 덕택이지요."

그러나 이 이야기를 나눈 후 누구도 예상하지 못한 일이 벌어졌다. 우문태가 서부 순행 도중 병에 걸려 조카 우문호宇文護를 불러 후사를 부탁했다는 소문이

| 세계사 연표 |

583년 아파르 족이 침입해 다뉴브 강 유역의 요새를 점령했다.

나래를 펼친 봉황새 금봉
금봉金鳳은 높이가 6.7cm, 너비가 7.1cm로 귀족 부녀자의 그릇에 쓰인 장식물이다. 1971년에 시안시 곽가탄郭家灘 당나라 묘에서 출토됐다. 봉황새는 두 날개를 펼치고 발로 땅을 짚고 서 있는데, 머리 위에 볏이 높이 서고 앞을 주시하며 날아가려 하고 있다. 위로 쳐들고 있는 꼬리의 끝에 꽃송이가 있어 자연스럽고 마치 살아 있는 듯하다. 봉황은 신선의 새로서 존귀함을 상징하며 황후나 귀비, 귀부인을 대표한다.

팔두八頭 마차 그림
말 여덟 필이 끄는 수레는 실물·벽화 중 말 수량이 가장 많아 제왕의 수레로 추정된다. 이 그림은 《천공개물天工開物》에 실려 있다.

전해진 것이다.

독고신을 비롯한 늙은 신하들은 건강한 우문태가 병사하리라고 믿지 않았지만 곧 우문호가 우문태의 시신을 옮겨 왔고 이후 장례가 치러졌다. 독고신 등이 아직 슬픔과 당혹감에서 깨어나기도 전에 모략이 많은 우문호가 돌연히 14세밖에 안 된 우문태의 적자 우문각宇文覺이 우문태의 권력을 계승한다고 선포한 후 어린 사촌 동생을 황제의 보좌에 앉히고 북주北周의 창립을 선포했다.

수나라 문제의 약법 혼인

우문호는 천자를 끼고 제후를 호령하면서 우문태의 몇몇 충신들을 제거했지만 독고신에게는 감히 손을 대지 못하고 어린 황제의 이름으로 그에게 집에서 자결하도록 명을 내렸다.

우문호는 양견과 같은 젊은 군사 귀족을 적극적으로 끌어들였는데 17세인 양견은 아버지의 명을 좇아 우문호에게 충성을 표시하면서 독고신이 자결하기 전에 찾아가 구혼을 했다. 독고신은 양씨 부자에게 막내딸과 혼사를 맺되 다른 여인과의 사이에서 아들을 낳지 말 것을 요구했다. 10년 후 양견은 독고신의 일곱째 딸과 결혼하면서 다시 한 번 아내에게 다른 여인과 아들을 낳지 않겠다고 약속했다. 그래서 양견의 다섯 아들은 모두 독고 씨 한 사람의 소생이 되었다.

●●● 역사문화백과 ●●●

[문벌 보충 재물 - 명문 거족과 혼인하는 대가]
남북조 시대에 형성된 혼인 풍속이다. 당시 사람들은 문벌 등급을 무척 중요시해서 혼인할 때 두 집의 지위를 맞추려 했다. 만약 여자가 자기 집안보다 고귀한 집안에 시집갈 경우 반드시 많은 재물을 혼수로 보내 문벌의 부족함을 보충했는데, 이를 문벌 보충 재물이라 불렀다. 태종은 당나라 초기에 영을 내려 혼수 재물의 수량을 제한하면서, 문벌 보충 재물을 금지했다.

| 중국사 연표 |

584년 광통거廣通渠를 개통해 대흥성으로부터 동관에 이르는 300리 길을 수로로 수송했다.

003

왕의 장인이 '천장'을 피하다

주나라 선제宣帝는 한꺼번에 다섯 황후를 책립했다. 황후의 부친 양견楊堅이 궁중에서 어떻게 처신했는지 살펴보자.

왕의 장인이 된 양견

양견이 독고獨孤 씨와 성혼한 그해 양견의 작은 첩이 낳은 딸이 이미 여섯 살이 되었다. 양견은 여화麗華라는 이름의 이 여자아이를 후에 주나라 무제武帝의 아들이며 태자인 우문빈宇文贇에게 시집보냈다.

주나라 무제는 포부가 웅대한 군주로서 다년간 집정한 사촌형 우문호의 손에서 권력을 탈취한 후 얼마 안 돼 제齊나라를 멸하고 북방을 통일했다. 주나라 무제는 남방 진陳나라를 멸해 천하를 통일하려 할 때 급사했는데, 그때의 나이가 겨우 36세였다. 주나라 무제가 죽은 후 제위를 계승한 태자 우문빈은 20세였는데, 그가 바로 주나라 선제다. 선제는 즉위한 후 양여화를 황후로 책립했고 이로써 양견은 왕의 장인이 됐다.

매를 맞으면서 자란 황제

주나라 선제는 어려서부터 매우 짓궂었는데 태자가 된 후에도 여전했다. 무제는 업적은 많이 쌓았지만 자식에게 매질을 자주 해 선제를 고집스럽고 난폭한 사람으로 만들었다. 주나라

목욕 중인 채색 동자용
목욕하는 동자용은 높이가 8.9cm, 길이가 8.9cm, 너비가 6.5cm로 1979년 섬서성 서안시 동쪽 교외 한삼채韓森寨에서 출토됐다. 정사각형의 밑판 위에 대야를 놓고 옆에 동자 하나가 서서 대야 속 동자의 때를 밀고 있으며, 대야 속의 동자는 물장구를 치고 있다.

선제는 즉위하자마자 부친에게 자기를 고자질했던 대신들에게 보복을 감행했고, 충성스러운 늙은 대신들이 조당朝堂에서 그의 몽둥이에 맞아 죽어갔다.

젊은 황제는 이런 야만적인 형법을 스스로 '천장天杖(하늘의 곤장)'이라 불렀는데, 이 천장으로 충신의 입을 틀어막았고 아첨하는 간신배는 출세를 시켰다. 그는 간신배의 말을 듣고 조정의 예의범절을 마음대로 뜯어고치고, 묘에 있는 제기를 식기로 쓰는가 하면 장엄한 조당을 울긋불긋하게 칠했다. 또한 천하 사람들이 천天·고高·대大·상上과 같은 글자를 이름에 쓰지 못하게 하고, 심지어는 고高씨 성을 모두 강姜씨로 고치게 했다.

한꺼번에 맞이한 다섯 황후

더욱 황당한 일은 황제가 황후를 한 사람만 책봉하던 규칙을 폐지하고 동시에 다섯 황후를 맞이한 것이다. 원래의 양 황후는 천원天元 대황후로, 그 외 네 황후는 각각 천대天大·천우天右·천좌天左·천중天中 황후라 불렸는데 궁중에 황후가 다섯이니 양 황후는 자연히 냉대를 받게 되었다. 어느 날 양 황후의 언행이 눈에 거슬린 주나라 선제가 '천장'으로 양 황후를 죽이려 들자 독고 씨가 이 소식을 듣고 급히 입궁해 황후를 위해 사정했다. 독고 씨의 누나는 선

| 세계사 연표 |

584년
영국 메르시아 왕국이 세워졌다.

《수서隋書·고조기高祖記》
《주서周書·선제기宣帝記》 출전

581~763 수나라

깊이 잠든 당나라 시대 영아용

채색 영아 강보 용은 높이가 10.7cm이며, 1979년 섬서성 서안시 동쪽 교외 한삼채 당나라 묘에서 출토됐다. 머리에 방한모를 쓰고 얼굴이 통통하고 두 눈을 약간 감았으며, 입을 다물고 깊이 잠들어 있다. 깃이 둥근 옷을 입고 강보에 싸여 있다. 강보에는 띠로 세 개의 나비 매듭이 지어져 있다. 당나라 시대 장인들은 간결하고 분명한 수법으로 강보의 양식을 사실적으로 표현했다. 이 영아용은 당시 민간 기풍 및 풍속을 이해하는 데 중요한 자료가 되고 있다.

제의 큰어머니였는데 선제는 그 명분으로 겨우 양 황후의 죽음을 사면했다. 그러나 딸이 총애를 잃음으로 인해 양견은 조정에서의 지위가 떨어졌고, 선제는 그를 제거한 후 다시 그의 딸을 다스리려 했다.

어느 날 황제는 갑자기 양견을 입궁하라 했는데 미리 좌우에 분부해 양견의 언행에 조금이라도 빈틈이 있으면 당장 그를 천장으로 죽이라고 명했다. 그러나 양견의 행동거지가 매우 조심스러웠기에 좌우의 노복들은 조그마한 흠도 잡을 수 없었다.

양견은 속이 깊은 사람이어서 지금과 같은 역경 속에서는 때를 기다려야 함을 알고 있었다. 그는 두문불출하며 황제 사위 우문빈의 '천장'을 조심스럽게 피하고 있었다.

낙빈왕駱賓王 《영아잡시詠鵝雜詩》 시의도 (청나라 수평壽平 그림)
거위가 꽥 꽥 꽥 목을 빼들고 노래를 부르네. 흰 깃은 푸른 물 위에 떠 있고, 붉은 발바닥은 맑은 물결을 헤가르네.

●●● 역사문화백과 ●●●

[궁정의 우아한 음악 - 연악]

연악燕樂은 고대 황제나 귀족이 연회 시 오락으로 감상하는 가무 음악으로 일명 연악宴樂이라 한다. 수·당나라 시대 한족과 변경 소수민족 및 외래 음악의 정수를 융합, 점차 7부악部樂·9부악·10부악을 형성했고, 후에 또 좌부악坐部樂·입부악立部樂으로 구분됐다. 현종 시대 궁정에 악공 수만 명이 있었으니 당나라 시대 궁정 연악이 발전했음을 알 수 있다. 안사의 난이 지난 후 궁정 연악은 점차 쇠퇴했다.

하북성 조현趙縣의 조주교趙州橋, 안제교安濟橋라고도 했다

| 중국사 연표 |

585년 수나라가 '대색모열大索貌閱'이라 칭하는 인구 조사를 실시했다.

004

재상이 정사를 총괄하다

선제宣帝는 젊은 나이에 태상황이 됐지만 겨우 1년 뒤 승천했다. 양견楊堅이 입궁해 누군가와 권력을 나누려 했는데 아내는 그에게 산동 재자 이덕림李德林과 의논하라고 했다.

어룡 잡극만 구경하는 천원 황제

선제는 겨우 1년 만에 황위를 일곱 살 된 아들 우문천宇文闡에게 넘겨주고 유사 이래 가장 젊은 태상황이 됐다. 선제는 스스로를 천원天元 황제라고 칭한 후 황궁에 머물면서 더 이상 조회에 나가지 않았고, 대신들에게는 목욕을 하고 향수를 뿌린 후 그를 알현하게 했다.

천원 황제는 조정 일을 모두 심복에게 맡겨 처리하게 했는데, 그중 유방劉昉과 정역鄭譯이 큰 신임을 받았다. 이 둘은 다 부잣집의 자제로서 투호든 주사위든 모든 놀이에 정통했다. 이들은 젊은 태상황을 기쁘게 하기 위해 많은 돈을 들여 천원궁에서 '어룡魚龍 잡극'이라는 대형 마술을 조직했는데 이는 후에 중국 마술사에 편입됐다.

선제가 국가 대사를 팽개치고 환락을 즐기자 북주 조정은 혼란에 빠졌고 백성들의 원성이 자자했지만 어느 누구도 감히 나서지 못했다.

정밀한 사리 장구葬具 금관·은곽

금관金棺은 높이가 6.5~9.5cm, 길이가 14.5cm, 동으로 만들었으며 금박을 입혔다. 덮개는 기와 모양이며 아래에 누공 밑판이 있다. 은곽銀槨은 높이가 11~14.5cm, 길이가 21cm, 너비가 7~13cm, 덮개의 사각에 진주를 매화꽃 모양으로 붙였다. 은곽 첫머리에 두 부채가 있는데 각각 금박 보살을 붙이고 뒷부분에 금박 마니 진주를 붙였다. 곽 양쪽에 석가모니 10대 제자 금박 초상을 붙였다

| 세계사 연표 |

585년　일본 요오메이用明 천황이 즉위했다. 프랑스가 십일조를 거부하는 사람을 일률적으로 교회에서 축출했다.

《수서隋書·정역기鄭譯紀》《수서隋書·유방전劉昉傳》
《수서隋書·고조기高祖紀》《주서周書·선제기宣帝紀》《주서周書·무제기武帝紀》

출전

581~763 수나라

수정·호박·사리를 담은 녹색 유리 쟁반
불교 승려가 사리를 안장하는 금·은 외관의 장구葬具 속에는 보통 사리를 담는 녹색 유리 쟁반이 있는데, 이 쟁반에는 수정·호박·사리 등을 담는다.

자네는 대사마, 나는 소총재

　속담에 '불의를 많이 행하면 필히 자멸한다.'고 했다. 악행을 일삼던 천원 황제는 스물두 번째 생일이 지나자마자 갑자기 병에 걸렸다. 그는 며칠 안 돼 정신이 흐릿해졌고 곧 죽을 것 같았다.
　평소에 여우가 범의 위풍을 빌려 행세를 하던 식으로 우쭐거리던 유방과 정역은 아연실색했다. 유방이 정역을 보고 말했다. "천원께서 붕어하시면 황제가

●●● 역사문화백과 ●●●

[신분 지위를 표시하는 자재著紫와 차비僧緋]
수·당 관원은 직사관職事官·산관散官 두 종류로 구분한다. 당나라 규정에 의해 9품 이상 직사관의 경우 문관은 개부의동삼사開府儀同三司, 무장은 표기 대장군驃騎大將軍 등 산관의 직함을 가진다. 당나라 시대 관원의 복장은 산관에 따른다. 정관 때 규정에 의하면 3품 이상은 자색 복장, 4~5품은 비색緋色, 6~7품은 녹색, 8~9품은 청색을 입는다. 그러나 개원 때 규정에 의하면 중앙 고급 관원은 3품이 안 돼도 자색 복장을 입고 금색 붕어 주머니를 달 수 있으며, 지방 자사는 5품이 안 돼도 비색 복장을 입고 은색 붕어 주머니를 달 수 있었다.

금박을 입힌 사자 모양의 묘실 사기 제압 짐승

너무 어려 조趙왕이 입궁해 보좌하게 될 텐데 그러면 천원께서 하신 나쁜 일들을 추궁할 테고, 우리 둘은 그 책임을 모면하기 어려울 걸세." 정역은 유방보다 더 주도면밀하게 말했다. "수국공隋國公 양견은 천원의 배척을 받았지만 그의 딸은 당당한 황후이니 우리

●●● 역사문화백과 ●●●

[수·당 시대 부병]
부병府兵은 서위·북주에서 시작됐으며, 정부 통제 민간 편제의 군대다. 수·당은 모두 부병제를 실시했으며 20세부터 복역해 60세에 끝났다. 평소에 경작을 하고 농한기에 훈련하며, 자체적으로 병기와 식량을 마련했다. 당나라 시대에는 모두 634부를 설치했으며 상부上府에 1200명, 중부中府에 1000명, 하부下府에 800명이 있었다. 편제는 10명을 화火로 화장火長, 50명을 대隊로 대정隊正, 300명을 단團으로 교위를 설치했다. 부병의 장관은 절충折沖 교위·과의果毅 교위라 불렀다.

사원寺院 37

가 그를 입궁시키면 앞으로 누구도 우리를 건드리지 못할 걸세." 사사로이 양견과 내왕이 있던 유방도 정역의 말을 마음에 들어하며 말했다. "우리가 그를 출마하게 하고 그와 권력을 나누어 그를 대총재로, 자네가 대사마, 내가 소총재를 맡는 것이 어떤가?"

정역과 유방 두 사람은 즉시 가짜 조서를 꾸며 양견을 입궁하게 했다. 양견은 입궁할 때 천원 황제에게 또 무슨 트집을 잡힐까 봐 마음이 두근두근했는데 정역과 유방이 매우 점잖게 그를 영접하는 것이었다. 두 사람은 천원 황제의 병세와 그들의 생각을 솔직히 말했다. 양견은 선제가 남긴 혼란한 정세, 그리고 주변에 재능이 없는 반면에 일을 망치는 데는 일가견이 있는 공자 왕손들만 남아 있으니 자신이 나서서 집정하면 위험이 매우 많으리라는 점을 잘 알고 있었다.

유방이 그의 난처한 기색을 살피더니 말했다. "선제께서 병이 위중할 때 안지의顔之儀는 줄곧 시중을 들면서 조왕 우문초宇文招를 입궁시키자고 강력히 주장했는데 나와 정역이 대감을 입조시키도록 간했지요. 그래 대감은 조왕이 천하 권력을 쟁탈함을 보고만 있겠다는 말씀인가요?" 양견은 일단 우문초가 입조하면 자신의 처지가 더욱 위험하게 됨을 알기에 머리를 끄덕이며 이 여덟 살 난 어린 황제를 보좌하겠다고 응낙했다.

당나라 소릉昭陵에서 출토된 사기 제압용 사람 얼굴을 한 채색화 짐승

반대파에 구실을 주면 안 됨

선제가 눈을 감자 정역과 유방은 가짜 조서를 만들어 수국공 양견에게 황제를 보좌하게 했다. 양견은 조서가 가짜임을 알기에 불안해하다가 아내 독고 씨가 권유한 대로 황제의 조서를 담당하는 이덕림李德林을 찾았다.

이덕림은 본래 북제北齊의 대신이었는데 주나라 무제는 북방을 통일한 후 비로소 그를 도성으로 불렀다. 그는 장안에 온 지 얼마 안 되지만 늘 황제의 조서를 만들곤 해서 북주 조야의 상황을 잘 알고 있었다. 양견은 그에게 자신의 우려를 털어놓았고 이덕림은 수국공이 자신을 믿어 주자 솔직하게 말했다. "상주相州의 위지형尉遲逈과 박주毫州의 사마소난司馬消難이 가만있지 않을 테고, 우문 씨 일가 왕공들은 더할 테지요. 정역과 유방이 꾸민 조서가 없다면 수국공은 조정을 장악하지 못할 것이고, 그들과 뭉친다면 수국공의 명성을 더럽히고 적대 세력에게 많은 구실을 줄 것이외다."

"선생의 뜻은 어떠하신지요?"

"수국공께서 정식 승상이 돼 군정 대권을 총괄하셔야 합니다. 정역과 유방에겐 재물을 하사하고 빈 껍데기뿐인 벼슬을 주면 만족할 것입니다."

양견은 이날 입조해서 이덕림에게 황제의 명의로 된 조서를 낭독시켰다. 양견은 승상을 맡아 군정 대권을 장악했고, 정역과 유방은 관직과 많은 재물을 하사 받자 만족스러워했다.

| 세계사 연표 |

586년 일본 요오메이用明 천황이 부처를 공양하려 했다. 모노노베物部 씨와 소가蘇我 씨가 불교에 대한 견해 차이로 모순이 발생했다.

005

《수서隋書·이덕림전李德林傳》
《수서隋書·고경전高熲傳》
《수서隋書·유방전劉昉傳》

출전

적에게 매수된 장수

위지형尉遲逈이 일으킨 반란을 진압하라고 양견이 파견한 대장이 전선에서 반란군에게 매수되었다. 싸움 전에 장수를 교체할 것인가 아니면 다른 묘책이 있는가.

581~763 수나라

반기를 든 위지형

양견이 승상이 된 후 제일 불만을 가진 자는 상주相州 총관 위지형이었다. 위지형 장군의 손녀는 주나라 선제의 5황후 중 한 사람이었기 때문에 궁중의 일을 훤히 알고 있었고, 양견이 조정 대권을 독점하자 수수방관할 수 없었다.

양견은 취임 후 곧바로 70세의 노장 위효관韋孝寬을 파견해 상주의 군정 대권을 접수하게 했지만 위지형이 성 안팎에 병력을 배치해 방어에 나섰다. 이 소식을 접한 양견은 위효관에게 10만 군사를 내주었고, 문무를 겸비한 그가 보름도 안 돼 승전 소식을 전하리라 믿었다.

긴급한 비밀 편지

보름이 채 지나지 않아 과연 전선에서 한 편장군이 도착했는데 위지형의 목이 아니라 매우 긴급한 군사 정보를 가지고 왔다.

양견은 편지를 채 다 읽기도 전에 얼굴빛이 변했다. 이 편지는 원수부 장사 이순李詢이 보낸 것인데 위효관의 수하 몇 명이 위지형의 뇌물에 매수되었을 지도 모른다는 소식이었다. 이 몇 명이 전장에서 배반하기만 하면 위지형은 손가락 하나 까딱하지 않고도 10만 군사를 자기의 손아귀에 넣을 것이다. 그러면 군사를 몰아 서진할 것이고, 그렇게 되면 수도를 보전하기 힘들게 될 것이다.

양견이 편지를 유방과 정역에게 보였다. 이 두 사람은 한참동안 서로 눈길을 주고받더니 정역이 사람을 파견해 몇몇 의심스러운 사람들을 전선에서 소환하자는 의견을 내놓았다. 이에 양견은 별 반응을 보이지 않았고 이번에는 이덕림에게 의견을 물었다.

이덕림은 본래 산동에서 재주가 뛰어난 인물로 글을 많이 읽어 학식과 재능이 깊었으며, 특히 공문 처리 능력이 뛰어났다. 군사 사정이 긴급할 경우 그는 하루에 100여 편의 문서를 만들어야 했는데 시간이 부족할 때는 동시에 내용이 다른 서류를 시종들에게 구두로 지시하며 적게 했는데도 단 한 글자도 틀린 적이 없었다. 바로 이런 재주가 있었기에 평소에 선비를 얕보던 양견도 일이 생기면 항상 그의 의견을 들어보곤 했다.

이덕림은 편지를 본 후 말했다. "전선의 장군을 믿지 못할 경우 재차 파견한 사람도 믿기 어렵사옵니다. 만약 누군가 진짜로 배반하려 한다면 감금하지 않는 이상 반드시 도망칠 것이지만 확실한 증거를 확보하기도 전에 이들을 감금한다면 전선에 있는 장졸들이 위험을 느껴 위지형과 싸우기도 전에 군사들이 동요할 것입니다."

이덕림의 안전 대책

유방은 평소에 다른 사람이 눈에 차지 않았는데 이덕림이 조리 있게 말하는 모습을 보고 질투심이 생겨 말이 채 끝나기도 전에 한마디 했다. "그럼 이공의 생

목욕통 속의 동자 (위 사진)

수나라 양제隋煬帝 39

중국사 연표

587년

양주揚州에서 장강 회하 사이 운하를 개통해, 산양독山陽瀆이라 불렀다.

각에는 어떻게 해야 안전하다는 겁니까?" 이덕림은 유방이 자기를 난처하게 하려는 줄 알면서도 개의치 않고 말을 이었다. "하관의 소견으로는 한 사람을 전선에 보내 삼군을 위로하고 사기를 고무시키기만 하면 전선에서 배반하는 일은 일어나지 않을 것입니다. 그리고 승상의 심복이며 조야에서 매우 높은 덕망을 가진 사람을 파견해야 합니다."

양견은 이덕림의 분석에 일리가 있다고 여겨 유방

나체 사내아이

1955년 섬서 서안 한삼채韓森寨 당나라 묘에서 출토됐다. 이 용은 나체인데 목걸이를 걸고 오른팔을 아래로, 왼팔을 가슴 앞으로 하고 길을 걷는 모양이다. 사실주의 수법으로 신체가 통통한 사내아이 형상을 조각했다. 사내아이의 표정이 익살스럽다. 걸음마를 하는 유아의 모습을 생동감 있게 재현했다.

부병을 징발하는 증거 - 수나라 구리 호부虎符

중앙 집권 및 군대 건설을 강화하기 위해 수나라 문제 양견은 부병에 대해 일련의 개혁을 실시했다. 부병 조직 계통을 건전하게 건립해 중앙에 12위부를 설치하고, 부병의 범위 및 실력을 확대해 군민 분적 제도를 개혁하고, 병농 합일을 실시해 그 병사를 위사衛士라 불러 금군 성격을 띠게 했다. 이 구리 호부는 바로 수나라가 부병을 징발한 증거다.

에게 말했다. "짐이 보건대 이번에는 유사마가 수고 하셔야겠습니다." 유방은 자기를 전선에 보내려 하자 군사를 거느려본 적이 없다고 핑계를 댔다. 양견이 정역에게 물으니 정역도 모친께서 연로하고 병환 중이어서 먼 길을 떠나기가 어렵다고 말했다.

그러자 결국 고경高熲이 나서서 조정을 위해서라면 불바다에라도 뛰어들겠다고 천명했다. 과연 이덕림이 예견한 바와 같이 고경이 전선에 도착하자 관군의 사기는 크게 올라갔다. 얼마 안 되어 위지형이 관군에게 격파되고, 위효관이 조정에 귀환해 승전보를 전할 때 양견이 손뼉을 치면서 말했다. "이덕림이 알맞게 계책을 내놓았기에 망정이지 그렇지 않았더라면 전세가 어떻게 되었을꼬."

역사문화백과

[문화사 연구를 앞당기는 돈황학]

돈황학敦煌學은 돈황 지역에 현존하는 문헌·문물 자료를 위주로 연구하며, 그중 막고굴 장경동 속의 경서는 연구의 핵심이다. 돈황 역사지리·미술·건축·악무·종교 등 10여 학과로 구분했으며, 중국 고대 특히 당나라 시대 정치·경제·문화·사회 생활·외교 등 각 분야를 망라하고 있다.

세계사 연표

587년 일본 소가蘇我 씨가 권력을 독점, 숭준崇俊 천황을 옹립했다.

006

《수서隋書·유방전劉昉傳》 출전

장안에 들끓는 소문

양견이 북주北周의 승상이 된 후 양견의 권력은 유방이 끌고 정역이 밀어주어 실현된 것이라는 소문이 들끓었다. 이 소문을 들은 양견은 골목에서 들리는 소문이 이러한데 식탁에서 하는 이야기는 더 심할 것이고 심지어는 그가 유방과 정역의 음모에 의해 북주 정권을 찬탈했다고 말할 수도 있을 것 같았다.

양견은 자신이 위조한 조서에 의해 승상의 보좌에 앉았음을 알지만 후세의 사람들이 그의 이름과 음모를 연결시키는 것을 원하지 않았다. 그러나 모든 사람들이 다 알고 있는 이 사실을 바꾸는 것은 그리 쉬운 일이 아니었다. 그는 궁리를 거듭한 끝에 악인을 관용하는 계책, 즉 성지聖旨를 위조한 사람에게 이 반역 음모의 책임을 지게 하면서도 세상 사람들이 배은망덕으로 증거를 없앤 눈치는 채지 못하게 하는 계책을 생각해 냈다.

악인에게 관용을 베풀려면 반드시 인내심이 있어야 한다. 양견은 여전히 은혜를 갚는 태도를 보이며 유방과 정역에게 놀랄 만한 하사품과 남들이 부러워할 정도의 영예를 주었다. 유방과 정역은 훌륭한 마차를 타고 다녔고 가는 곳마다 호화로운 차림의 위병들

악인 관용의 계책

양견이 유방과 정역의 도움으로 집정했다는 소문은 양견에게 좋지 않은 영향을 미쳤다. 유방과 정역 두 사람의 문제를 해결하는 일이 급선무였다.

통일된 수나라 시대 화폐 – 개황 오수전 (위 사진)
수나라는 건립된 후 오수전五銖錢으로 전국의 화폐를 통일하여 상업 발전을 촉진했다. 오수전은 모두 가장자리가 두드러지고 '오五' 자 옆에 직선으로 그은 내부의 두드러진 가장자리가 있는데 획이 힘이 있으며 제조 기술이 정밀하다. 수나라 문제 개황 초년에 주조했다.

이 뒤따르곤 했다. 조정 백관들은 모두 유방과 정역이 친척 나들이를 하듯이 승상 내부에 드나들었고, 승상이 그들의 말이라면 다 들어줌을 알고 있었다. 이로써 그들 두 사람, 특히 교활한 유방의 문전에는 청을 넣으려는 사람들로 문턱이 닳을 지경이었다. 유방과 정역은 양경을 옹립한 자신들의 공로를 구실삼아 위세를 부렸고 이는 시간이 지날수록 더해 갔다.

양견은 이런 상황을 지켜보다가 첫 단계 목표가 실현되자 우선 유방부터 처리하기로 마음먹었다. 그는 먼저 유방과 정역이 전선에 나가려 하지 않은 일을 들먹이며 그들이 나약하다고 비웃으면서 이를 근거로 그들의 승상부 내 권력을 약화시켰다. 양견은 수나라를 창립한 후에는 아예 유방의 모든 직무를 빼앗고 다만 황국공의 신분으로 집에서 한가히 지내게 했다.

'방昉' 자를 분해하면 1만 일

도성 사람들은 오랫동안 거들먹거리는 유방의 모습을 보지 못하자 점점 그를 잊게 되었고 "유방이 앞

동자가 휴식하는 모양의 도기용

해원解元 41

| 중국사 연표 |

588년 수나라가 진陳나라를 공격할 군사를 배치했다.

유춘도游春圖 (수나라 전자건展子虔 그림. 부분)
전자건(550~617)은 발해渤海, 지금의 산동성 양신陽信 사람으로 북주 말년, 수나라 초기의 화가다. 그의 대표작 〈유춘도〉는 두루마리의 높이가 43cm, 길이가 80.5cm, 첫머리에 송휘종 조길趙佶의 제사 '전자건 유춘도' 여섯 글자가 있다. 햇볕이 따스한 봄날, 뭇 산이 푸르고 푸른 물결이 넘실거리는데 귀족 사인들이 제방에서 말을 달리며 유람하는 정경을 묘사했다. 〈유춘도〉는 남북조 시대의 산수화 초기 단계를 벗어나 사람과 산의 비례와 원근 관계를 다소 해결했다. 현존하는 중국 최초의 권축卷軸 산수화이다.

채색 유약 도기 – 모자를 쓴 여성 기사용
용은 높이가 37cm, 길이가 26.2cm, 머리에 삿갓을 쓰고, 몸에 유백색의 소매가 좁은 적삼에, 겉에 깃이 둥근 유황색의 허리 짧은 저고리를 입었으며, 소매는 팔에 이르고 소매 끝 가장자리에 꽃을 수놓았다. 그 아래 홍·백·황 삼색 치마에 끝이 뾰족한 신을 신었다. 이 용은 당나라 시대 개방된 사회 기풍을 반영하고 있다.

에서 끌고……" 라는 말도 거의 하지 않았다.

바로 이때 유방의 집에서 첩 하나가 도망쳐 나와 유방이 반란을 꾀한다고 고자질을 했다. 유방이 평소 가족들에게 자신은 명이 길어 1만 일은 왕 노릇을 할 수 있다고 떠벌렸던 것이다. 사실 이는 '방昉' 자를 분해하면서 농담으로 한 말이고, 그저 불만을 토로한 데 불과했지만 당시 형법으로 말하면 이는 황제 권력에 도전하는 큰 죄에 속했다. 수나라 문제는 혹독한 법의 집행으로 유명하지만 이번에 그는 유방의 죄를 따지지 않았다. 사람들은 수나라 문제가 자신을 추대한 은공을 갚는다고 생각했지만 사실 그는 유방을 자아도

취에 점점 더 깊이 빠지게 하려는 속셈이었다.

얼마 후 장안성은 쌀 부족으로 공황 상태가 되었고, 조정에서는 굶어 죽는 사람이 너무 많아질까 봐 금주령을 내렸다. 술을 만들려면 많은 양곡이 소모되기 때문이었다. 그러나 금주령을 내린 지 오래되었지만 일부에서는 여전히 술을 팔고 있었다. 알고 보니 이런 가게는 모두 유방의 작은 첩이 경영하는 곳이었다.

양비梁毗가 유방을 탄핵했지만 황제는 여전히 유방을 추궁하지 않고 그저 몇 마디 말로만 질책할 뿐이었다. 수나라 문제는 유방을 처리하기에는 아직 때가 되지 않았다고 판단했던 것이다.

| 세계사 연표 |
588년 영국의 두 북부 앵글로 국가가 합병해 노섬브리아 왕조를 건립했다.

머리 장식물 금박 은제 만초 나비무늬 비녀
나비무늬 비녀는 길이가 36.4cm, 무게가 72g, 끝이 평평하고 두 가닥으로 되었는데 길이가 같다. 비녀 받침대는 꽃봉오리 모양이고 위로 은실이 '8'자형으로 교차됐다. 비녀의 면은 두 꽃잎인데 꽃잎마다 나비가 한 마리씩 조각됐으며, 만초蔓草 꽃잎이 보충되어 있다. 당나라의 비녀는 보통 한 세트가 두 점인데 수평식 도안으로 구조가 동일하고 방향이 반대라서 사용 시 좌우 대칭되게 머리 상투 양쪽에 꽂고 기타 장식물도 함께 사용한다. 비녀의 개수는 보통 상투의 고저에 의해 결정되는데 상투가 높을수록 비녀를 더 많이 꽂는다. 이런 사용 방법은 복장 제도에서 보면 역시 등급 관념이 반영된 것으로 보인다.

관용 뒤에 숨은 계책

개황 6년(586)의 어느 날, 황제는 백관을 무덕전에 불러 놓고 조정이 최근에 일어났던 미수에 그친 병란을 해결했는데, 그 두목이 상주국 양사언梁士彦과 대장군 우문흔宇文忻, 그리고 유방이라는 사실을 밝혔다. 이들이 황제를 암살하는 동시에 외지에서 병란을 일으켜 수나라를 전복시키고, 양사언을 위수로 하는 새로운 조정을 건립하려 했다는 것이다.

이 사건에 유방이 말려들자 사람들은 이번에도 유방이 무사하리라 여겼다. 그러나 생각 밖에 이 사건은 공포에서부터 판결하기까지 단 며칠밖에 걸리지 않았고 주범들은 모두 처형됐다. 그들의 재산은 모두 몰수되었고 15세 이상의 자녀들은 모두 변경에 유배되었다. 황제는 이들에게서 몰수한 재산을 모두 조정의 문무백관들에게 하사하고 이 일을 교훈으로 삼도록 했다. 유방이란 인물은 당연히 동정할 가치가 없지만 수나라 문제처럼 악인에게 관용을 베풀며 기회를 기다렸다가 적수를 대처하는 수단은 아마 고대 역사에서 흔치 않을 것이다.

기묘한 십이지용十二支俑
십이지 설은 한나라 시대에 출현했으며, 남북조 시대 민간에서 십이지용을 부장했으며, 당나라 시대의 그릇에는 늘 이 형상이 출현하고 있다. 수나라 시대의 십이지용은 짐승 머리에 사람의 몸 형태로 조형이 단정하고 생동감이 있다.

••• 역사문화백과 •••

[수나라 문제가 황제의 황포黃袍 규정을 만들다]
고대에는 등급 복장 제도를 실시했는데 봉건 시대에는 복장 색깔로 지위를 나타냈다. 수나라는 황색을 황제와 문무백관 전용으로 규정했고 민간의 사용을 금했다. 당나라 초기 황색은 더구나 황가 전용이었고, 문무 관원은 9품제에 의해 자색·붉은색·녹색 등의 색깔의 옷을 입었으며, 백성은 검정색(또는 흰색)을 상용했다.

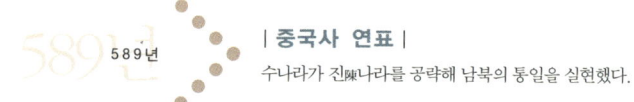

589년 수나라가 진陳나라를 공략해 남북의 통일을 실현했다.

007

벌로 《효경》을 읽히다

정역鄭譯이 하늘에 복을 내려 달라고 기도한 죄를 범했다. 황제는 그에게 날마다 《효경孝經》을 읽으면서 머리를 감게 하는 벌을 내렸다.

남편을 고발한 첩들

재간과 학식이 뛰어난 정역은 수나라 건립 후 법령 제정 및 궁정 음악 정리에 참여해 공을 쌓았지만 황제는 장안의 소문을 결코 잊지 않고 있었다. 황제는 사람들에게 유방과 정역이 무뢰한임을 알리기 위해 그들의 언행에 특별히 주목했다.

사람들은 황제가 이 두 사람의 일거일동에 대해 손금 보듯 환히 알고 있으며, 황제에게 이 두 사람을 고발한 사람이 모두 그들 자신의 첩이라는 점에 특히 주목했다.

첩의 지위는 물론 노비보다 높지만 전국 시대 사람 추기鄒忌의 설법대로라면 첩은 모두 자기의 남편을 두려워하게 마련이었다. 첩은 남편의 죄가 너무 커서 그 화가 자신에게 미칠까 봐 두려운 경우를 제외하고는 남편을 고발하기가 쉽지 않다. 그러므로 황궁의 사람이 막후에서 그녀들을 조종했다는 의심을 배제하기가 어렵다.

정역의 첩은 자신의 남편이 많은 도사를 청하여 신단을 설치하고 하늘에 복을 내려 달라고 빌었다는 사실을 고발했다. 황제의 눈에는 하늘에 빌 수 있는 사람은 천자인 자신 한 사람뿐이기에 개인에게는 그 일이 죄가 되는 것이다. 첩의 고발을 들은 수나라 문제는 정역을 궁전으로 청해 한참 한담을 나누다가 슬쩍 물었다. "듣자하니 그대가 집에서 복을 내려 달라고 하늘에 기도를 한다는데 사실인가?"

살아서 불충, 죽어서 불효

황제의 말에 정역은 몸둘 바를 몰라 했다. 수나라 문제는 여전히 가벼운 어조로 말을 이었다. "그대는 모친이 살아계실 때 별거를 해 불효죄로 고발당하더니 이번에는 하늘에 복을 기원해서 불충죄로 그대의 첩에게 고발당했네. 그대를 죽이면 저세상에 가서도 효성스러운 귀신이 못 될 것이고 살려 주면 불충한 신하가 될 것이네. 짐이 그대에게 《효경》을 하사할 테니 충신과 효자가 되는 도리를 잘 배우도록 하게."

조부와 부친이 북조北朝 시기에 모두 삼공의 벼슬을 한 귀족 출신으로, 아이를 못 낳는 서위 공주의 양자가 돼 어려서부터 황궁에 출입했고, 독서 수양으로 학자가 된 정역은 문제의 조롱을 참아내기 힘들었다. 하지만 《효경》을 정중하게 받아든 후 예를 올리고 물러나는 수밖에 없었.

무엇으로 윤필할 것인가

정역이 《효경》을 읽은 지 반년 남짓 되자 문제가 그를 지방의 자사로 보냈다. 《효경》을 읽은 덕분인지 정역

한백옥 허공장보살虛空藏菩薩 조각상
조각상은 높이가 75cm로, 1959년 서안시 동쪽 교외 당나라 안국사安國寺 유적지에서 출토됐다. 상투를 높이 틀고 관을 썼는데 얼굴이 풍만하고 수려하며 자태가 우아하다. 머리에 목걸이, 허리에 드리운 띠, 오른손은 잘리고 왼손은 연꽃을 쥐고 가슴만큼 올렸다. 하반신은 긴 치마에, 다리를 가부좌하고 있다.

| 세계사 연표 |

589년 돌궐족과 아랍족이 페르시아를 침입했다.

출전 《수서隋書·정역전鄭譯傳》

수나라 시대 좌부 기악용

하남성 안양 수나라 장성張盛 묘에서 출토됐다. 기악伎樂 형상 중 한 조는 여섯으로 된 좌부 기악이다. 악기는 수공후竪箜篌·비파琵琶·발鈸·피리·필률篳篥·배소排簫 등이고 옷과 치마의 채색은 이미 대부분 바랬다. 이 용은 흔치 않은 음악 사료를 제공하고 있다.

●●● 역사문화백과 ●●●

[봉건시대 부녀자 교화를 위한 경전 《여효경女孝經》]

당나라 시대 막진막莫陳邈의 처 정鄭씨의 질녀가 영왕비永王妃로 책봉됐다. 정씨는 질녀가 예를 익히도록 하기 위해 이 책을 썼다. 전서는 《효경》을 모방했으며 18장으로 구분, 반소班昭의 이름을 빌려 부녀자가 지켜야 할 예와 규범을 천명했다. 후에 《여효경》은 봉건시대 부녀자 교화를 위한 경전이 됐다.

은 지방에서 청렴하게 살았다.

정역이 병에 걸리자 수나라 문제는 그를 수도로 불러 연회를 베풀었는데 백발이 된 정역을 보고 문제가 말했다.

"이젠 그대가 원직을 회복할 때가 됐네." 문제는 곧 바로 이덕림에게 조서를 작성하게 했는데 고경이 농담조로 말했다. "이 공李公의 붓이 오랫동안 말라 있었겠네그려!" 정역이 맞받아쳤다. "《효경》을 읽은 덕분인지 자사를 지냈어도 주머니가 비었으니 무엇으로 덕림 선생의 붓을 적실까요?" 수나라 문제가 웃으며 말했다. "《효경》을 읽어 쓸모가 있다니 잘됐네. 이덕림의 붓을 적시는 돈은 짐이 하사하면 되네."

정역이 여기서 말한 '붓을 적신다'는 뜻의 '윤필潤筆'은 1100여 년이 지난 지금은 원고료를 가리키는 말이 됐다.

태의太醫 소원방 (청나라 시대 연화)

소원방巢元方(550~630)은 수나라 시대의 저명한 의학자로 수나라 대업(605~617) 연간 태의서 태의 박사를 지냈으며, 조서를 받들어 《제병원후론諸病源候論》을 편찬했다. 전서는 병의 증후를 논하고 처방을 기록하지 않는데 위·진나라 이래 의료 경험을 종합해서 질병에 대해 비교적 상세하게 기록했다. 본서는 병의 기원 및 9대 증후의 요점과 내과·외과·산부인과·소아과·안과·이비인후과 등 각종 질병의 증상을 자세히 서술해 놓았다.

●●● 역사문화백과 ●●●

[당나라 시대 신강 사람들이 만두를 먹다]

정관 연간에 당나라 태종은 군사를 파견해 고창高昌을 정복, 서주西州를 설치했다. 관할 구역은 신강 투루판 고창 옛 성 이북의 아스타나 및 하라호조 일대. 이 일대 고고학 발굴에서 대추·건포도·밀가루떡·채색 분식·꽈배기 등 건과 및 건량이 발견됐는데 한 나무 사발에 중원 지역의 전형적인 음식 만두가 담겨 있었다. 이는 당나라 이후 교류가 빈번해 신강의 풍속이 중원 지역과 별로 차이가 없었음을 보여 준다.

581~763 수나라

| 중국사 연표 |

590년 영남領南의 월越족 수령이 수나라의 통일을 옹호했으며, 수나라를 도와 반란을 평정했다.

008

뛰어난 지략으로 승리하다

개황 9년에 수나라 군사는 일거에 천하를 평정했지만 진陳나라 평정을 위한 간첩전·심리전은 이미 여러 해 전부터 전개됐다.

상이 났을 때 정벌 않는 군사

개황 2년에 수나라 문제는 강남의 진나라를 토벌하려 했다. 군사들이 한창 출발하려 할 때 진나라 군주의 사망 소식이 전해졌다.

그러자 임시로 군사의 감독을 맡은 재상 고경高熲이 황제에게 권고했다. "자고로 군사는 상이 났을 때 정벌하지 않는다 했사옵니다. 적국이 지금 장례를 치르고 있으니 공격을 좀 미루는 것이 좋을 듯하옵니다." 고경의 말은 얼핏 듣기에는 군사의 도덕을 운운하는 듯하지만, 사실 그가 고려한 것은 국가에 난이 있을 경우 오히려 방비가 더욱 삼엄할 것이라는 점을 고려한 것이었다. 그리고 병서兵書에는 슬픔에 잠긴 군사는 필승한다 했으니 아마도 진나라 군사의 사기가 최고봉에 도달했을지도 모르는 일이었다. 수나라 문제도 신하의 이런 지략을 알고 있기에 그의 건의를 받아들였다. 문제는 진나라에 대한 진공 계획을 미루었지만 공격을 위한 준비는 늦추지 않았다.

어느 날 황제가 고경을 불러 묘책을 묻자 고경이 아뢰었다. "진나라를 공격할 때가 아직은 아니지만 미리 준비할 일은 추진해야 하옵니다."

수나라의 발달된 조선업을 보여 주는 오아함五牙艦
수나라가 중국을 통일하기 위한 전쟁에서 수군은 매우 큰 역할을 했다. 수나라의 대장 양소楊素가 제조한 '오아함'은 누각이 5층이며, 800명의 군사가 승선할 수 있고, 전후좌우 6개 50자 높이의 장대로 적함을 타격할 수 있다. 쇠못 대신 쐐기로 직접 맞물렸으며, 목질 구조로 견고성을 크게 높였다. 사진은 오아함 모형이다.

| 세계사 연표 |

590년 고구려의 영양왕嬰陽王이 즉위(~618)했으며, 로마 교황 그레고리 1세가 즉위(~604)했다.

출전 《수서隋書·하약필전賀若弼傳》
《수서隋書·고경전高熲傳》

한산습득도寒山拾得圖 (명나라 장관蔣貫 그림)
당나라 정관 연간의 고승 한산寒山과 습득拾得을 그렸다. 한산은 성씨·본적·생몰년 미상으로 장기간 태주 시풍始豊, 즉 한산에 은거해 한산자라 부른다. 태주 국청사 풍간豊干·습득과 친구로 지냈다. 고아인 습득은 10여 세에 국청사 고승 풍간에 의해 출가한 후, 한산과 교제했다. 두 사람은 기행을 일삼았고 절을 떠나 종적을 감췄다.

●●● 역사문화백과 ●●●

[〈풍교야박〉과 한산사]

한산사寒山寺는 남조 양梁나라 때 건축했고 지금의 강소성 소주 풍교진楓橋鎭 고대 운하 옆에 위치한다. 묘리보명탑원이라 불렸는데 한산자를 자칭하는 한 시인 승려가 이곳에 거주해 한산사라 불리기도 했다. 당나라 시인 장계張繼의 《풍교야박楓橋夜泊》이 세상에 전해지면서 한산사도 이 때문에 유명해지고 그 명성이 일본에까지 알려졌다. 지금 종루와 대웅보전에 걸려 있는 종은 모두 20세기 초에 새로 주조한 것이다.

운하에서 항행하는 석양 중의 작은 배 - 강소성 강도

두 가지 묘안을 낸 고경

황제가 무엇을 준비해야 하는지 묻자 고경이 답했다. "강남의 수확철에 진나라를 공격하는 척하면 진나라는 군사를 주둔시켜 방비할 것입니다. 해마다 이런 일이 반복되면 그들은 경각심을 늦출 테고 그때 진나라를 공격하면 반드시 이길 수 있을 것이옵니다." 문제가 고경을 칭찬하며 말했다. "참으로 묘책일세. 또 다른 묘책이 있는고?" 이에 고경이 말했다. "남방에서는 대나무와 풀로 지은 창고에 양곡을 저장하옵니다. 첩자를 보내 창고를 불태우는 일을 반복하면 진나라 사람들이 지칠 것이고, 그때 가서 대규모로 공격하면 되옵니다."

수나라는 고경의 말대로 계책을 실행하여 진나라의 경각심이 해이해진 틈을 타 수십만의 군사로 진나라를 공격했다.

남하한 수나라 군사는 진나라 후주의 죄상 20가지와 문제의 옥새를 찍은 전단 30만 부를 뿌렸는데 이처럼 전쟁 전에 적에게 심리전을 펼친 것은 고대 전쟁사상 드문 일이었다.

| 중국사 연표 |

《안씨가훈顏氏家訓》의 저자 안지추顏之推가 사망했다.

수나라 시대 백자 바둑판
하남성 안양安陽 수나라 장성張盛 묘에서 출토됐는데 가로세로 각 19줄이고 교차점이 모두 361개다. 바둑알을 잘 식별하기 위해 중앙과 사각에 각각 작은 구멍을 하나씩 뚫어 '오성五星'을 형성했는데 지금의 바둑판과 같다. 이는 수나라 시대에 이미 19행 바둑판이 출현됨을 보여 주는 것으로 바둑 발전사 연구의 중요한 자료가 된다.

대장군에게 공을 돌린 고경

고경은 수나라의 통일에 큰 공을 세웠지만 공을 나누는 자리에서 겸손하게 말했다.

"하약필賀若弼 장군은 출정 전에 '진나라 평정 10책'을 바쳤고 종산에서 적군을 대파했는데 저 같은 문신이 어찌 대장군의 공을 쟁탈하오리까?" 고경이 이처럼 겸허한 자세로 높은 명성을 얻자, 장군 노분盧賁이 그를 시기했다. 노분은 수나라의 개국 공신인데 양견이 황제가 된 후 고경의 지위가 더 높아지자 황제 앞에서 시비를 걸곤 했다.

그러나 수나라 문제는 고경에게 말했다. "군신이 뜻을 같이한다면 어떤 유언비어도 우리 사이를 갈라 놓을 수 없네."

고경이 심리전으로 싸우지 않고도 승전함은 당시 수많은 명장들이 생각지도 못했던 일이다.

삼채 산 늪·삼채 정자 (아래 왼쪽 및 오른쪽 사진)
당나라 공예품으로 산은 높이가 18cm이고, 너비가 16cm이며 정자는 높이가 17cm이다. 섬서 서안 서쪽 교외에서 출토됐는데 두 물품의 사실적이고도 정밀한 형태는 당나라 시대의 높은 공예 수준을 보여 준다.

| 세계사 연표 |

591년 페르시아의 호스로 2세가 귀국해 복위했다.

009

《수서隋書·하약필전賀若弼傳》
《수서隋書·한금호전韓擒虎傳》 출전

명장이 공을 다투다

진나라 도읍을 공격할 때 하약필賀若弼은 진나라의 주력부대를 견제했기 때문에 한금호韓擒虎가 먼저 진나라 왕궁에 진입했다. 이로 인해 그들은 공을 다투다가 황제의 결단에 맡기기로 했다.

개황 8년(588) 10월에 문제는 52만 대군을 집결, 군사를 여덟 갈래로 나누어 장강 입구부터 상류의 신주信州에 이르기까지 전면적인 진격을 명했다. 그중 가장 강한 두 갈래를 장강 하류의 여강廬江과 오주吳州에 배치해 진나라의 도읍 건업建業, 즉 지금의 남경을 공격했다. 문제는 명장 한금호와 하약필에게 각각 여강과 오주의 정예 군사를 거느리게 했다.

종산에서의 결전

개황 9년(589) 정월에 하약필은 건업 동쪽의 경구京口를 점령하고, 한금호는 진나라의 남예주南豫州를 탈취한 후, 동시에 건업에 이르렀다. 대군이 진나라 도읍에 이르자 하약필은 종산鍾山 수비군만 격파하면 곧바로 건업에 돌입할 수 있어 자신이 첫 공로를 세우리라 믿었다.

581~763 수나라

정사를 비판해 목숨을 잃은 하약필

하약필은 북주 장군 하약돈의 아들로 어려서부터 큰 뜻을 품었으며 문무를 겸비해 명성이 높았다. '진나라 평정 10책'을 바쳐 수나라 문제의 칭찬을 받았다. 그는 군령이 엄하고 포로에 대해 관대했다. 공적이 탁월해 상주국·송국공宋國公으로 책봉됐으며, 수나라 양제가 북으로 순행할 때 조정 정사를 비판, 비방죄로 처형당했다.

진나라를 멸한 명장 한금호

한금호는 장군 집안 출신으로 부친은 북주의 대장군이다. 개황 8년 진나라를 평정하기 위한 선봉으로 정예병 500명을 거느리고 장강을 건너 채석采石을 습격, 건강建康으로 진군했다. 이르는 곳마다 진나라 군사는 투항했고 건강성을 공략, 진나라 후주를 체포했다. 한금호는 공으로 상주국에 책봉됐고, 55세에 급사했다.

| 중국사 연표 |

592년
진나라를 평정한 대장 한금호韓擒虎가 죽었다.

나뭇가지 꽃 은장식
칠 목제 함의 장식물로 정밀하게 만들어져서 당나라 시대 공예품 중 매우 뛰어난 작품으로 꼽힌다.

하약필은 수나라 문제가 정한 양군 협동 작전을 무시하고 종산의 적을 향해 진격했다. 그러나 적은 정예 군사에다 주장은 용맹하기로 소문난 임만노任蠻奴여서 쉽게 승부가 나지 않았다. 하약필이 동쪽 적군을 견제하자 한금호의 군대는 순조롭게 건업에 접근했다.

마침내 하약필도 적을 격파했지만 군사의 손실이 너무나 컸다. 임만노는 패배 후 홀로 도성으로 도망치

●●● 역사문화백과 ●●●

[성씨학 전문 저서 《씨족지》와 《원화 성찬》]

당나라 초기 태종은 위·진 시대의 명문 사족을 견제하고 이씨를 위주로 하는 관롱關隴 집단의 지위를 높이기 위해 《씨족지氏族志》를 편찬, 293성을 9등으로 구분하고, 새롭게 배열했다. 당나라 원화 7년(812)에 성씨학자 임보林寶는 성씨학 전문 저서 《원화성찬元和姓纂》 10권을 편찬, 당나라의 성씨 족보 및 인물을 상세히 기록했는데 앞자리에 황족 이李씨를 배열하고 4성 운율로 고금의 성씨를 기록했다. 성씨는 모두 대족을 선두로 그 본원을 탐구, 연후에 그 세족 족보를 서술했다. 현존 10권본과 18권본의 2종은 청나라 사람이 《영락대전永樂大典》을 바탕으로 편찬한 것이다.

| 세계사 연표 |

592년 일본 스이코推古 여황이 재위(~628)했다.

다가 한금호의 군사와 맞닥뜨렸고 대세가 기울어졌음을 안 임만노는 한금호에게 투항했다.

대국의 통수에게 고개를 숙인 소국의 군주

한금호는 즉시 정예 기병 500명을 파견, 임만노를 옹위해 건업성의 주작문으로 갔다. 임만노가 성 밑에서 "이 늙은이가 투항했는데 제군들은 왜 목숨을 버리려 하는가?" 하고 소리치자 성을 지키던 군사들이 사방으로 도망쳤다. 한금호는 손쉽게 건업성을 손에 넣었고 진나라 후주도 나포했다.

하약필이 종산의 전투를 끝내고 군사를 몰아 건업 북성에 다다르자 한금호는 하약필을 맞이해 나포한 진나라 황제에게 인도했다. 명장 하약필의 명성을 익히 알고 있던 진숙보陳叔寶가 두 다리를 떨며 연신 절을 하자 이를 본 하약필이 도도하게 말했다. "소국의 군주가 대국의 통수에게 절하는 것은 응당한 일이로다." 그는 또 "내가 적을 소멸하지 않았으면 너 한금호도 건업성에 입성할 수 없었다는 것이다."라며 종산에서 임만노와 혈전을 벌인 장면을 큰 소리로 떠벌렸다.

낙빈왕駱賓王 〈변성에 오래 돼 서울을 그리다〉
(명나라 강도康燾 그림)

먼지바람 불어치는 이 땅 소란하기도 하지만 명리를 추구하는 이 길 황급하기도 해라. 가득 함과 이지러짐 바뀌어 운명도 달라지니 마음과 행동 두 가지를 고루 돌볼 수 없구나.

큰 국면을 중히 여기는 대장

이 말을 듣고 매우 기분이 상한 한금호가 하약필에게 말했다. "장군은 종산에서 많은 군사를 잃었소. 하지만 내가 별 손실없이 진나라 도읍을 공략했기때문에 장군의 군대도 입성할 수 있었소이다. 그런데 장군이 나보다 더 큰 공로를 세웠다고 하다니 가소롭기 짝이 없소이다."

이에 두 사람은 칼을 뽑아들고 결판을 내려했다. 그러나 바로 그때 재상 고경이 달려와 싸움이 중단됐다. 두 대장이 다투었다는 소식을 들은 문제는 급히 사신을 보내 위로했다. "오늘의 승리는 모두 두 장군의 공로 덕분이다. 짐은 우선 두 사람에게 비단 1만 필을 내리고 개선한 후 다시 공에 따라 상을 내리리라."

두 장수는 개선 후 수나라 문제가 금란전에서 출정 장군들을 접견하며 연회를 베푸는 자리에서도 다투기 시작했다. 문제는 그들에게 같은 상을 내림과 동시에 그들을 상주국上柱國으로 책봉했지만 두 맹장은 이후에도 끝내 화해하지 않았다.

581~763 수나라

수·당 시대 일본에 전입한 중국 북방 어음 또는 당나라 서울 장안의 음을 가리킨다

| 중국사 연표 |

593년

수나라 문제는 조서를 내려 '폐기된 조각상과 경전을 모두 조각 편찬하게' 했다. 이 일은 조각판 인쇄의 시작으로 인정된다.

출전 《수서隋書·류욱전柳彧傳》

010

관직 하사는 금물

노장군 화간자和干子는 전투에는 능했지만 백성은 다스릴 줄 몰랐다. 류욱柳彧은 수나라 문제에게 민요를 들려주면서 올바른 인재 등용을 간했다.

수나라 초기의 주·군 장관은 모두 전쟁에서 공을 세운 무장들이었다. 이로 인해 지방의 재산과 형사 관리를 무장이 맡게 되자 많은 폐단이 생겼지만 이런 관례를 쉽게 바꿀 수는 없었다. 후에 어사가 된 류욱이 수나라 문제에게 황금은 하사할 수 있어도 관직은 하사할 수 없음을 깨우쳐 주었다.

옥토를 더럽히는 곡식

수나라 문제가 80세가 다 된 노장 화간자를 기주杞州(지금의 하남성 기현杞縣) 자사로 임명하려 하자 류욱이 문제에게 간했다. "노장군 화간자는 조주趙州 자사 재임 시 수하에 모략꾼들을 거느렸으며, 백성들은 그들을 미워해 민요를 지어 도처에서 불렀나이다." 문제가 어떤 민요인지 묻자 류욱이 '이 곡식을 베지 않으면 다른 종자 때문에 옥토가 더러워진다네' 라고 하자 문제가 그 뜻을 이해하지 못했다. 그러자 류욱이 "곡식이란 화간자 장군을 가리키는 말이고, 다른 종자란 화간자 장군 수하의 횡포한 무리들을 가리키는 말이옵나이다."라고 해석해 주었다.

하지만 문제는 "화간자는 전쟁터에서 수많은 공을 세웠는데 어찌해 이렇듯 미워한단 말인고?" 하며 류욱의 말을 믿지 않았으며 해석도 못마땅하게 여겼다.

서로 다른 다스림과 싸움

문제가 노려보았지만 류욱은 물러서지 않고 말했다. "화간자 장군은 전쟁터에서는 뛰어난 장군입니다. 하지만 백성을 다스릴 때는 재무와 양곡도 계산하고, 또 파종과 수확도 알아야 합니다. '경작은 노예에게 묻고 직포는 하녀에게 물으라' 고 했으니, 경작과 직포만 해도 주인이 모르는 것이 많은데 하물며 한 주의 장관으로 수천 수만 호를 관리하는 일은 화간자 장군이 해낼 수 있는 일이 아니옵나이다." 이 말에 문제의 눈길이 다소 누그러들긴 했지만 분노는 여전했다.

"화간자 장군은 목숨을 내던지며 여러 해를 전쟁터를 누볐는데 자그마한 관직을 주어 가문을 빛내게 함이 못마땅하단 말인가?"

최고의 명언을 한 류욱

류욱은 황제의 어조가 누그러들자 더 강하게 간했다. "폐하께서 노장을 대우하기 위해 많은 재물을 하사하시는 것은 상관없지만 한 주의 자사 관직을 상으로 내리시는 것은 그 손실이 너무 크옵나이다."

류욱의 말에 수나라 문제는 머리를 끄덕이며 칭찬했다. "금은 하사할 수 있어도 관직은 하사하면 안 된다, 류경柳卿의 말은 확실히 최고의 명언일세!"

통일된 수나라 화폐 – 개황 오수전 (일부분. 위 사진)

보물함의 은 장식물

| 세계사 연표 |

593년 일본 쇼토쿠聖德 태자가 섭정(~622)했다.

011 뜨거운 국을 마시려 한 조작

《수서隋書·조작전趙綽傳》 출전

조작趙綽은 자신을 모함한 사람을 어떻게 대했는가? 조작이 공정하게 법을 집행했는데 승진하지 못한 이유는 무엇인가?

음모에 의해 제위에 오른 수나라 문제는 수하의 음모를 방지하기 위해 항상 아는 척을 했다. 그는 수도의 각 관아의 하급자가 상급자에게 복종하지 않아 공무가 지체된다는 소식을 듣자 즉시 영을 내려, 3부 6성의 장관들이 부하를 엄중하게 다스리도록 했다.

조서가 내려지자 관리들은 모두 혹독하고 무자비한 관리를 능력있는 자로, 법률대로 판결하는 사람을 나약하고 무능한 자로 여겼다. 그러나 대리소경 조작趙綽은 이에 굴하지 않고 소신있게 행동했다.

무고한 자를 변호

조작의 부하인 내광來曠은 조작이 범인을 너무 관대히 대한다며 조작을 궁중에 고발했다. 황제가 내광을 대견하게 여겨 5품 관원들과 함께 조회에 나오도록 했고, 우쭐해진 내광은 이번에는 조작이 사건을 판결할 때 사리를 도모한다고 모함했다.

하지만 내광의 말이 거짓임이 밝혀지자 문제가 내광을 참수하라고 명했고, 무사들이 내광을 끌어내려 하자 조작이 나서서 소리쳤다.

호족 모자를 쓴 삼채 여자 기병용
용은 높이가 35.5cm이고, 길이가 28cm이다. 1972년 섬서성 함양咸陽 예천醴泉 이정李貞 묘에서 출토됐다. 머리에 '산山'자 모양의 꽃무늬가 있는 호족 모자를 쓰고, 얼굴이 둥글고 통통하며 눈썹이 가늘고, 입술이 붉고 이마에 네 개의 검은 점 모양의 동전이 그려져 있다. 속에는 담황색의 소매 좁은 옷을 입고, 겉에는 깃이 둥근 반팔 옷을 입었으며, 녹색의 긴 치마를 두르고 앞이 둥근 신을 신었다.

"내광의 죄는 중하나 죽이지는 말아야 하옵나이다!"

문제가 들은 척도 않고 내전으로 들어가자 조작이 뒤따르며 말했다. "신은 다른 일을 여쭈려 하옵나이다." 그러자 문제가 그를 내전에 들였다. "신은 세 가지 죽을죄를 졌나이다. 첫째는 부하를 단속하지 못한 죄이고, 둘째는 내광이 죽을죄는 아니지만 신이 그를 위해 도리를 따지지 못한 것이고, 셋째는 내광의 일을 여쭈려고 중요한 일이 있다고 거짓말을 한 것이옵니다." 이 말을 들은 문제가 껄껄 웃었고 옆에 있던 독고 황후도 조작에게 술 두 잔과 금 술잔을 하사했다. 그리고 내광은 사형을 면하고 광주로 유배되었다.

붉은 내의를 입으면 죽을죄?

수나라의 관리들은 미신을 많이 믿었는데, 형부시랑 신단辛亶은 붉은 내의를 입으면 승진한다는 말을 동료들에게 퍼뜨렸다. 이 말을 들은 문제가 대로해서 그를 사형에 처하려고 하자 또다시 조작이 나서서 신단은 죽을죄를 짓지 않았다고 말했다. 이에 문제가 화를 내며 말했다. "그대는 신단의 머리만 불쌍하고 자신의 머리는 불쌍하지 않은고." 이에 조작이 말했다. "폐하께서는 신을 죽일 수는 있으나 신단을 죽여서는 아니 되옵나이다."

말을 마친 조작이 관복을 벗고 형벌을 받을 준비를 했다. 문제가 당황해서 조작을 말리자 그는 "법 집행에 죽음을 두려워할 수는 없소이다."라고 말했다. 이 말을 듣고 한참 생

581~763 수나라

도서 문자를 관장한다 53

| 중국사 연표 |

음악가 만보상萬寶常이 죽었다.

각에 잠긴 문제는 조작의 말이 옳다고 판단해 이튿날 조작에게 비단 300필을 하사했다.

하늘을 감동시키는 판결

수나라 초기, 시중에 위폐假幣가 돌아 조정이 골치를 앓고 있었다. 그러던 어느 날 병졸이 위폐 사용자들을 붙잡자 문제가 모두 참수하라 명했다. 그러나 조작은 참수할 죄가 아니라 곤장을 때리는 형밖에 안 된다고 말하자 이 말에 화가 난 문제가 말했다. "이 일은 그대와 상관없네." 이에 조작이 "인명을 초개처럼 여기는데 법관인 신이 어찌 못 본 척하겠나이까?" 하고 항변했다. "나무를 흔들어 끄떡도 안 하면 옆으로 비켜서는 게 상책이거늘." 하고 문제가 말하자 조작이 대답했다. "신은 나무가 아니라 하늘을 감동시키려는 것이옵나이다." 조작이 조금도 물러서지 않자 문제가 더욱 화를 내며 말했다. "국도 뜨거우면 식혀서 먹거늘 그대가 천자의 위엄을 꺾을 수 있단 말인가?" 그 말을 들은 조작이 절을 한 후 뜨거운 국물을 마시러 다가가자 문제는 또 한 번 양보하는 수밖에 없었다.

문제는 조작의 정직함을 알고 늘 그를 궁에 불러 이야기를 나누었지만 그를 발탁하지는 않았다. 조작이 너무 큰 권력을 가지면 자신이 다룰 수 없을까 봐 겁이 났던 것이다.

수나라 문제가 비를 기원하는 벽화
중국은 농업 사회로, 비는 생활에서 매우 중요한 비중을 차지했다. 이때문에 기우제 역시 황제와 관원들의 일상 직무가 되었다. 이 벽화는 수나라 문제가 기우제를 지내는 정경을 묘사했는데 기우제의 엄숙한 분위기를 알 수 있다.

하지장賀知章 〈귀향 우서〉 시의도 (청나라 전혜안錢慧安 그림)
어려서 집을 떠나 늙어서 돌아오니 고향의 말씨는 변하지 않았건만 귀밑털은 이미 세었구나. 만나는 아이마다 누군지 몰라서 어디서 오신 손인가 하고 웃으며 묻네.

●●● 역사문화백과 ●●●

[3성 6부]

3성 6부는 수나라 시대에 형성된 중앙 관직 제도로 당나라 시대에 더욱 확고해졌다. 3성三省은 중서성·문하성·상서성, 중앙 정령의 제정·심사·집행을 각각 관장했으며, 그 장관은 재상이다. 상서성 산하에 따로 6부六部, 즉 이부·호부·예부·병부·형부·공부를 설치했다. 3성 6부 제도는 재상의 권력을 분할해 각 부서의 기능을 전문화하고, 군주 전제를 더욱 강화함은 물론, 행정 능률도 향상시켜 후세 중앙 관직 제도에 많은 영향을 끼쳤다.

| 세계사 연표 |

594년
프랑크 왕국의 역사학자 그레고리(약 538년생)가 죽었다. 저서로 《프랑크 역사》(10권)를 남겼으며, 후세 사람에 의해 '야만 민족의 헤로도투스'로 불린다.

012

《수서隋書·조경전趙綽傳》 출전

581~763 수나라

구리 되와 무쇠 자

어사 조경趙綽은 사적으로 원한 관계인 사람을 변호했다. 그리고 시장에서 표준화 계량을 널리 시행하도록 했고, 잘못을 범한 사람에게는 반성의 기회를 주자고 주장했다.

회개할 기회

수나라 재상 조경은 북주北周시대 조정에서 어사를 지냈는데 황실의 고위급 관리인 곡사징斛斯徵이 그와 사이가 좋지 않아 늘 맞서곤 했다.

후에 곡사징이 제주齊州에 자사로 내려갔다가 국법을 위반해 옥에 갇혔다. 곡사징이 자신의 죄가 중함을 알고 목숨을 잃을까 두려워 탈옥하자 이 소식을 들은 황제가 대로해 수배령을 내렸다.

이 사실을 전해들은 조경은 급히 입궁해 황제에게 간했다. "곡사징은 우매하고 완고한 사람이기는 하지만 조정에서 요직을 지낸 사람이므로 수배령을 내리면 반드시 북방의 돌궐이나 강남의 진나라로 도망칠 것인즉 이는 조정에 불리하옵나이다. 지금 천하에 큰 가뭄이 들었사오니 폐하께서는 은혜를 베풀어 곡사징에게 이 기회에 회개할 기회를 주심이 좋을 듯하옵나이다." 황제는 조경의 건의를 받아들였고 그 덕분에 곡사징이 사면되었다. 그러나 조경은 이후 다른 사람에게 이 일을 말한 적이 없었다.

세상의 일은 예측하기 어려운바, 얼마 안 되어 강직한 재상 조경은 다른 일로 문제의 미움을 사서 기주冀州 자사로 좌천되었다.

문관의 지위를 높인 수나라 (위 사진)
수나라는 과거 제도가 싹트고 정착된 시대로서 문관의 지위가 크게 높아졌다. 이 문관용은 머리에 방건을 쓰고 있다.

악덕 상인 대처 방법

조경은 기주에 부임한 후 많은 고소 고발을 접했는데, 그 대부분은 물건의 양을 속이는 불법 상인들에 대한 것이었다. 모든 거래란 그 자리에서 확인되지 않는 이상 문을 나서면 인정하지 않으므로 역대 자사들이 이를 처리하기가 쉽지 않았다. 이를 잘 알고 있던 조경은 오랜 생각 끝에 방법을 하나 찾았다.

그는 영을 내려 구리로 되를 하나 만들고, 쇠로 표준 자를 만들어 시장에 내놓고 모든 사람들이 누구나 이것으로 자신이 산 곡식이나 천을 재어 보게 했다. 그러자 이후부터 장사꾼들은 더이상 물건의 양을 속이지 못했다.

백성들은 조경이 대단히 좋은 일을 했다고 칭찬했고, 이 소식을 들은 문제는 조서를 내려 조경을 포상함과 동시에 대량의 구리 되와 무쇠 자를 제조해 각 주의 시장에 하사하면서 이를 수나라의 제도로 실시하게 했다. 지금 우리가 시장에서 보는 됫박이 최초로

••• **역사문화백과** •••

[네팔에서 온 채소]
네팔은 특산물이 많고 상업이 발달했으며, 당나라와의 관계가 밀접하고 사절이 왕래했다. 시금치는 바로 네팔의 사자가 가져온 것인데 '페르시아풀'이라고도 하고 '파릉채'라고도 했다. 당나라 시인 유우석劉禹錫은 《가화록嘉話錄》에서 이렇게 말했다. 시금치 종자를 가져온 사람이 '본래 파릉국頗陵國의 종자'를 가져왔는데, 사람들이 잘못 들어 '파릉'이라 전해졌다.

금 바탕에 백옥 테두리의 띠
의복 장식물인 이 띠는 매우 정밀하게 만들어졌다.

조경의 구리 되와 무쇠 자에서 기원함을 아는 사람은 아마 많지 않을 것이다.

형법보다 효과적인 교육

조경은 기주 자사 재직 기간 중 구리 되와 무쇠 자 발명 이외에 또 한 가지 사람들의 칭송을 받는 일을 했다.

전하는 데 의하면 한 농부가 조경의 땅에서 몰래 땔 나무를 한 짐 했는데 이를 본 관아의 속리가 그 농부를 잡아왔다. 이 말을 들은 조경은 즉시 영을 내려 그 농부를 석방한 후 사람을 파견해 땔나무 두 수레를 그의 집에 실어다 주었다. 조경은 잘못을 저지른 사람에게 부끄러움을 알게 함이 형법을 실시하는 것보다 더욱 효과적임을 깊이 알고 있었다.

조경이 1000여 년 전에 발명한 구리 되와 무쇠 자의 방법을 지금도 사용하고 있으니 공정한 상업 활동이 얼마나 어려운 일인지 알 수 있다. 또 법을 어긴 사람을 감화시키고 도리로써 깨우치게 한 일은 오늘날에도 여전히 화젯거리가 되고 있다.

| 세계사 연표 |

595년 일본 황태자가 고구려 승려 혜자慧慈를 스승으로 섬겼다.

013

《수서隋書·양비전梁毗傳》 출전

금을 보고 울다

서녕주의 토착민들은 황금의 양으로 권력을 가늠하므로 조정이 파견한 지방관이 부임할 때마다 많은 금을 바쳤다. 그러나 양비梁毗는 금을 가리켜 자신을 살해하는 것이라 말했다.

금관을 쟁탈하는 부락

양비는 수나라 시대 안정安定 사람으로 조정의 어사를 지냈고, 또 장안 부근의 몇몇 주·군에서 장관을 지냈다. 그는 엄격한 법 집행으로 많은 권세 관료의 미움을 받았는데 그들은 함께 황제 앞에서 양비를 헐뜯었다. 양비를 헐뜯는 소리가 근거 없다고 생각한 문제도 여러 번 반복되는 이 소리에 양비를 의심하게 되었고, 결국 그를 멀고 먼 서녕주西寧州의 자사로 좌천시켰다.

서녕주에서는 소수 민족이 여러 부락으로 나뉘어 유목 수렵 생활을 했는데, 양비가 서녕에 부임하자 부락의 추장들이 연이어 황금을 선물했다. 양비는 공목孔目(문서를 취급하는 관리)을 불러 토착민이 왜 황금을 선물하는지 물었다. 공목의 말에 따르면 각 부락에는 신비한 금관金冠이 있는데 부락 내에서 이 금관을 얻는 자가 수령이 되고, 큰 금관을 소유한 부락은 다른 부락을 다스릴 수 있어서 부락 간에는 종종 금관 쟁탈전

581~763 수나라

수나라 제1명장 - 양소

양소楊素는 무수한 전쟁을 승리로 이끌면서 수나라 제1명장으로 불렸다. 권모술수에 능했던 그는 수나라 문제·양제 두 대에 걸쳐 신임을 받아 월공越公에 책봉됐으며, 관직이 태사에 이르렀다. 그는 또 저명한 시인이자 서예가인데 그의 시는 세련되면서도 강경하다.

당래거唐徠渠

황하의 영하 구간은 영하자치구 중부의 12현·시를 지나는데 길이가 397km에 이른다. 영하 평원은 지세가 평탄하고 황하의 유속이 비교적 완만해 농업의 수리 관개에 편리한 조건을 갖추었다. 진·한 시대부터 진거秦渠·한연거漢延渠·광록거光祿渠 등을 팠는데, 당나라 시대에 광록거를 재건해 당래거로 개칭했다. 당래거는 영하 은천銀川·영무靈武 일대에 있다.

●●● 역사문화백과 ●●●

[지하 창고에 저장한 금은 그릇]

당나라 시대 금제 그릇은 대부분 지하 창고에 저장되어 있어 '요장금은기窯藏金銀器'라고 부른다. 1970년 서안시 하가촌何家村에서 출토된 금제 그릇은 종류와 수량이 많은 동시에 모두 진품이다.

| 중국사 연표 |
595년 수나라 문제가 태산에 올라 하늘에 제사 지냈다.

당나라 시대 글자가 찍힌 막대형 금괴

이 발생한다고 했다. 양비가 의아해하며 물었다. "그런데 어째서 황금을 관아에 바치는가?" 공목이 대답했다. "토착민은 자사에게 황금을 바치는 것을 예의라고 여깁니다." 이에 양비가 또 물었다. "과거에 바친 황금은 모두 역대 자사의 주머니에 들어간 것이 아닌가?" 그러자 공목이 난처해하며 얼버무렸다. "대인에 대한 토착민의 효심이겠지요."

먹지도 못하고 추위도 못 막는 금

양비는 토착민 추장들을 모두 관아로 불러들였는데 양비 앞의 탁자에는 추장들이 바친 황금이 가득 쌓여 있었다. 추장들이 자사의 분부를 기다리고 있을때 갑자기 양비가 한참을 통곡하더니 말했다. "이 물건은 먹거나 추위를 막을 수도 없네. 그런데 이 황금 때문에 그대들은 많은 사람을 죽였네. 지금 이 금을 내게 가져 왔으니 나를 죽이려는 심산이로군." 이 말에 추장들은 몸둘 바를 몰라 했고, 양비도 더이상의 책망없이 그들에게 각자의 황금을 가져가게 했다.

양비가 서녕에서 자사를 지낸 11년 동안 그곳의 토착민들은 더는 황금 쟁탈 전쟁을 하지 않았다. 문제는

왕발王勃 〈등왕각〉 시의도 (청나라 왕항王恒 그림)

등왕滕王의 높은 누각 강의 섬을 굽어보는데, 패옥 소리 춤과 노래 모두 사라졌어라. 아침에 보니 그림 그린 들보에 남포의 구름이 흐르고, 저녁에 보니 주렴이 걷히며 서산엔 비가 내리는구나. 한가한 구름과 깊은 물에 비낀 그림자 유유히 나날을 보내는데, 만물이 바뀌고 별들이 움직이며 춘추가 몇 번 지났더냐. 누각의 황제 아들 지금은 어디에 있는고? 난간 밖의 강물은 헛되이 저절로 흐르는구나.

낡은 풍속을 바꾼 양비의 행동을 칭찬하며 그를 다시 수도로 불러 대리경大里卿에 제수했다.

충신의 품성

재상 고경高熲이 파직된 후 상서령 양소楊素가 조정 대권을 장악했고, 양비가 대리경으로 부임할 때는 양소가 권력을 독점하던 시기였다. 만조백관은 모두 양소에게 복종했는데 그에게 맞선 사람은 부마 류술柳述과 상서우승 이강李綱, 그리고 황금을 보고 눈물을 흘린 양비밖에 없었다.

조정의 권신에게 감히 맞서는 양비의 행위는 바로 충신의 품성을 보여 준다. 양비가 금을 보고 운 것은 좀 희극적이긴 하지만 금에 대해 그가 한 말은 고금의 탐관오리에 대한 경고의 말이다.

금동 띠

금동 띠는 길이가 130cm로 의복 장식물이다. 1988년 섬서성 장안현 남리왕촌長安縣南里王村에서 출토됐다.

| 세계사 연표 |

596년 이듬해에 성 아우구스티누스가 교황의 명을 받고 영국 켄트에서 그리스도교를 전교했다.

014

잘못 없이 맞다

황제는 혹리酷吏(가혹한 관리) 연영燕榮에게 전홍사田弘嗣를 처벌할 때 곤장 10대를 넘기지 말라고 명했다.

《수서隋書·연영전燕榮傳》 출전

581~763 수나라

수나라 관리의 대부분은 엄격하게 법을 집행했지만 자사 연영처럼 형법을 남용하는 사람도 있었다. 그래서 후에 사학자들은 그를 혹리로 분류했다.

청주가 가장 안전한 이유

혹리 연영은 청주 자사로 재임 시 이름을 날렸다. 그가 부임해 청주靑州를 천하에서 가장 안정된 고장으로 만들자 문제는 그를 도성으로 불러 많은 재물을 하사했다. 황제는 연영이 지방을 어떤 방법으로 다스렸는지 묻지 않았지만 다른 자사가 지방 치안 유지 방법을 묻자 솔직히 말했다.

채색 유약 도기 - 기마 악기용
높이가 30cm이고 길이는 26.6cm이며 표정이 다양하고 살아 숨 쉬는 듯하다.

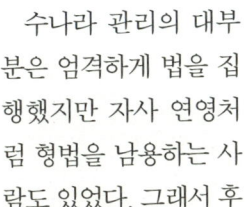

그는 부임하자마자 체격이 큰 남자들을 모집해 청주 경내를 순찰하면서, 법을 어기는 자를 발견하는 즉시 잡아들여 때리게 했다. 이렇게 되자 상습범이 청주에서 범행을 저지르지 못함은 물론, 청주 관할 경내에서 숙박하는 것조차 두려워했다.

형구를 인체에 시험한 연영

황제는 청주를 탁월하게 다스린 연영을 치안 상황이 나쁜 유주幽州로 파견했다.

혹형을 치안의 으뜸으로 간주하는 연영이 경내를 순시할 때였다. 길에서 가시가 달린 덩굴을 발견한 그는 수종에게 덩굴을 꺾어오라고 하고는 그 수종에게 말했다. "이 가시덩굴의 효과가 어떤지 자네 궁둥이에 대고 한번 실험해보세." 수종이 놀라 부들부들 떨

단주端州(지금의 광동성 조경肇慶)

| 중국사 연표 |

596년 수나라 광화 공주가 토욕혼 칸 세복世伏에게 시집을 갔다.

화려한 장식물 – 황금나무
높이가 11.8cm이며 1971년 서안시 곽가탄郭家灘 당나라 묘에서 출토되었다. 금편을 접착했는데, 나뭇가지의 꽃과 줄기의 가지와 뿌리로부터 자란 덩굴이 화려하다. 이는 서아시아에서 전래한 공예 기법으로 당나라 장인은 이미 이 기술에 익숙해 있었다.

중국 고대 조각 예술의 전범 – 용문 석굴
용문 석굴은 북위 때 시작되어 동위·서위·북제·북주를 거쳐 수·당에 이르기까지 400년간 조각해 고종 무후 시대에 최고에 이르렀다. 현존 굴감窟龕은 2345개, 석각 초상은 약 11만 개, 불탑은 70여 개, 비석은 2800여 개로 중국 고대 조각 예술의 본보기다. 석굴에는 종교·미술·건축·서예·음악·무용·복장·의약 분야의 실물 사료가 대량으로 보존되어 있으며, 역사 시대의 정치·경제 및 문화를 반영하고 있다.

면서 "대감님, 저는 아무 잘못도 없는데요!" 하고 말하자 연영이 말했다. "다음에 네가 잘못을 저지르면 매를 몇 대 덜 맞도록 하거라." 이후 그 수종이 잘못을 저지르게 되자 그는 전에 이미 대감에게 잘못도 없이 몇 대 맞은 적이 있다고 말했다. 이에 연영이 웃으면서 말했다. "잘못이 없어도 맞았는데 이번엔 잘못을 범했으니 더욱 용서하면 안 되겠군."

열 대를 넘지 못하는 곤장

황제가 전홍사田弘嗣를 유주 장사로 파견하려 하자 전홍사는 연영에게 매를 맞을까 두려워 부임을 꺼렸다. 이에 수나라 문제는 연영에게 전홍사를 한 번에 곤장 10대 이상 때릴 경우 황제의 비준을 받으라고 명했다. 황제를 이용해 자신을 다스리는 전홍사를 증오하던 연홍은 그에게 양곡 창고 관리를 맡겼다. 그리고 양곡에서 쭉정이가 한 알이라도 나오면 곤장으로 다스리면서 2~3년간 괴롭히다가 결국 그를 옥에 가두었다. 옥에 갇힌 전홍사는 옷 안의 솜을 뜯어 먹으며 허기를 달랬는데, 그의 처가 남편의 처지를 알고 도성으로 가서 고발했다. 문제는 사람을 보내 연영의 형법 남용 증거를 확보하고 그를 도성으로 불러 집에서 자결하게 했다.

●●● 역사문화백과 ●●●

《개황률》의 5형 확정
수나라 《개황률開皇律》은 5형을 사형·유배·도형徒刑·장형杖刑·태형笞刑으로 확정했다. 사형은 교살과 참수의 2등급, 유배는 1000리·1500리·2000리의 3등급, 도형은 1년·1년 반·2년·2년 반·3년의 5등급, 장형은 60곤장부터 150곤장의 5등급, 태형은 10채찍부터 50채찍까지 5등급으로 규정했다.

| 세계사 연표 |

598년 동로마가 롬바르드 민족과 계약을 체결해, 이탈리아 북부를 롬바르드 민족에게 나누어주었다.

015

《수서隋書·최홍도전崔弘度傳》 출전

자라 먹기와 집안 다스림

왕비를 둘이나 배출한 최씨 가문의 최홍도崔弘度는 집안을 엄하게 다스렸다. 그는 식구들을 단속하기 위해 하인에게 자라의 맛이 어떤지 물었다.

581~763 수나라

가풍을 엄격하게 세운 최홍도

수나라 개황 연간에 장안에 대호大戶가 하나 있었다. 이 대호의 주인 최홍도는 조정의 2품 관원으로 관직이 대장군이었고, 그 가문의 여자가 둘씩이나 왕비로 선발되었다. 황제의 친척 집안이라면 가족은 물론 문지기나 노복도 거들먹거리기 일쑤인데 최홍도의 가족들은 모두 바르게 행동했다. 최홍도 가문의 엄격한 기풍은 장안에 소문이 났지만 그가 자라고기를 맛본 일로 인해 가문의 기풍을 다스렸음을 아는 사람은 많지 않다.

최홍도는 동생 최홍승의 딸이 하남왕에게 시집간 후부터 식구들에게 밖에서는 성실하게 행동하고 절대 사람을 업신여겨서는 안 된다고 타일렀다. 하지만 가솔들은 그러겠다고 대답만 할 뿐, 물건을 살 때 은 몇 냥을 덜 주거나 술집에서 술주전자를 들고 나오는 일이 흔했다. 최홍도는 이런 일을 알고 있었지만 수십 명에 달하는 가솔들에게 일일이 따질 수도 없었다.

자라고기를 먹으면서 가노를 훈계

어느 날 최홍도의 친구가 낙수洛水에서 잡은 자라를

굽 높은 금컵 (위 사진)
수나라 시대의 술잔. 입구가 넓고 밖으로 기울어졌다. 양각으로 띠를 한 바퀴 두르고 용접했다. 그 밑은 높은 굽, 중간은 비어 있으며 나팔 모양이다. 바닥에 역시 양각으로 띠를 한 바퀴 용접했다. 굽의 손잡이 윗부분에 둥근 판을 용접, 다시 잔 자체를 용접했다.

보내와서 식구들은 저녁에 곰탕을 해 백자기 쟁반에 담아 냈다.

최홍도는 통째로 곤 자라를 직접 찢어 먹었다. 하인들이 그 모습을 바라보자 최홍도가 젓가락을 놓더니 하인들에게 물었다. "너희들은 이 자라 맛이 어떨 것 같으냐?" 몇몇 하인이 머뭇거렸지만 그중 약삭빠른 자가 말했다. "맛이 아주 담백하지요." 그러자 다른 하인들도 그대로 따라 읊었다.

그런데 갑자기 최홍도가 호통을 쳤다. "이놈들 보거라, 감히 나를 속여! 맛을 못 보았는데 어떻게 담백한 줄을 알아?" 그는 그러고도 성이 풀리지 않아 그들에게 곤장 80대씩을 때렸다.

만나고 싶지 않은 최홍도

최홍도는 집안의 자제들을 다스리기 위해 매일 자기가 관아에서 돌아오는 시각에 자식과 조카들이 대청에 모여 그의 처벌을 기다리게 했다.

그는 관아에서 잘못을 저지르는 자는 누구든 형법에 의해 처벌하곤 했는데, 이를 가법家法으로 제정 실

●●● 역사문화백과 ●●●

[앵두 연회]

수·당 시대에는 특정한 과일은 돈 있는 사람만이 먹을 수 있었다. 당나라 시대에 누군가가 과일의 등급을 매겼는데 앵두가 세 번째였다. 장안 황가 궁궐에 앵두원이 있었는데 매년 4월 앵두가 익을 때면 황제는 앵두 연회를 거행해, 앵두를 가까운 신하에게 하사하고 남으면 집으로 가져가게 했다.

| 중국사 연표 |

598년 수나라 군사가 고구려를 공격, 실패했다.

금테 백옥 컵
이 컵은 입구가 바르고 입술 부위가 평평하며 울이 높고 밑이 편평하고 속이 찼다. 입구 가장자리 안팎에 금을 둘러 상감했다. 제작과 조형이 정밀해 수나라 시대의 옥기 제조 기술이 매우 뛰어났음을 보여 준다.

●●● 역사문화백과 ●●●

[별학과 단어탕]

《제민요술》의 '별학鼈臛'은 자라탕이다. 자라를 삶아서 껍질과 내장을 제거한다. 양고기 1근, 파 3뿌리, 두시豆豉(청국장과 같은 콩을 발효한 중국 음식 재료) 5합, 경미 반합 및 생강·술 등과 함께 끓이는데, 소금과 쓴술 등 조미료로 간을 한다. 또한 '단어탕䱉魚湯'도 자라탕이다. 자라 머리를 자르고 솥에 넣어 생강·감초가루 등 여러가지 조미료를 넣고 살짝 삶아서 건져내, 껍질과 내장을 제거한 후 물을 부어 간장을 넣고 끓인다. 그리고 후추 등을 넣고 여러 번 끓인 후 소금·생강·피를 조금 넣어 간을 맞춘다.

시하자 자식과 조카들은 감히 밖에 나가 나쁜 짓을 하지 못했다.

최홍도의 가법은 조야 인사들에게 칭찬을 받았지만 그의 부하와 가족들은 항상 그를 피해 다녔기에 '식초 세 말을 마실지언정 최홍도는 안 만난다.'라는 말이 집 밖으로 새어 나갈 정도였다.

후에 최홍도는 집안에서 배출한 두 왕비의 황실 내분으로 인해 권세를 잃었고, 최홍도의 동생들도 성격이 괴팍한 형과 왕래하기 싫어했기에 두문불출하며 홀로 적막 속에서 만년을 보낼 수밖에 없었다.

| 세계사 연표 |

600년 영국 켄트 국왕이 잉글랜드의 첫 법전을 제정했다.

016

《수서隋書·독고타전獨孤陀傳》 출전

고양이 귀신

독고 황후는 재상 양소의 부인과 똑같은 질병에 걸렸는데 의사가 고양이 귀신의 농간이라 했다. 이 사건의 주모자는 도대체 누구인가?

581~763 수나라

고양이 귀신을 믿은 수나라 문제

고양이 귀신은 수나라 민간에 전해지는 무당 법술로 이를 공양하면 공양주가 미워하는 사람의 집에 잠입한다고 전해지고 있었다. 이에 저주를 당하면 이상한 병에 걸리고 그 집의 재물도 고양이 귀신을 공양하는 주인의 것이 된다고 하는데 문제는 이런 신고가 들어오면 관부에서 기각하게 했다.

어느 날 독고 황후가 난데없이 괴상한 병에 걸렸는데 황제가 재상 양소와 이야기하다가 재상의 처도 똑같은 병에 걸렸다는 것을 알았다.

황제는 명의를 불러 두 부인의 병을 진단하게 했는데 의사는 황후와 재상의 부인을 보더니 모두 고양이 귀신 병에 걸려서 약으로는 치료하기 어렵다고 말했다. 이렇게 되자 문제도 고양이 귀신의 존재를 믿지 않을 수 없었다.

귀신 잡는 종규

개원 연간 당나라 현종이 갑작스럽게 병에 걸렸다. 어느 날 꿈에 붉은 옷을 입은 작은 귀신이 장화 한 쪽 발에, 한 쪽 허리에 차고 양귀비의 향낭과 현종의 옥피리를 훔쳐갔다. 현종이 대로해 질책하자 해진 모자와 남루한 옷에 각대角帶를 찬 큰 귀신이 달려와 작은 귀신을 먹어 버렸다. 큰 귀신은 자신이 종남산終南山 진사였는데 자살한 후 요괴 제압을 직업으로 삼는다고 했다. 현종이 깨어나니 병도 다 나았다. 이에 오도자吳道子에게 꿈속 형상대로 종규鍾馗의 초상을 그리게 했다. 이때부터 종규는 중국 고대에 귀신을 잡는 첫 신선이 됐다. 이는 청나라 김농金農의 〈종규 그림〉이다.

금동 노군상老君像
노군상은 높이가 10.6cm, 폭이 8.4cm이며 1965년 서안 교외에서 출토됐다.

••• 역사문화백과 •••

[수나라 시대 관리의 녹봉]

수나라 시대 관리의 녹봉은 조로 계산해 춘추 두 계절에 지급했다. 정일품은 900석이며, 1품부터 정4품까지는 100석씩 적어지고, 종4품부터 정6품까지는 50석씩, 종6품부터 종9품까지는 10석씩 적어진다.

유구流求 63

| 중국사 연표 |

600년 수나라 문제가 태자 양용楊勇을 폐위하고 양광楊廣을 태자로 세웠다.

한종리 초상 (명나라 조기趙麒 그림. 위 왼쪽 그림)
한종리漢鍾離는 도가의 여덟 신선 중의 하나로, 한나라 또는 당나라 사람이라고 한다. 여동빈呂洞賓과 함께 '천하 도산 한종리권天下都散漢鍾離權'이라 자칭했다. 그림의 한종리는 바다 위에 맨발로 서 있는데, 옷을 휘날리며 선풍도골을 보여 준다.

남채화 초상 (원나라 무명씨 그림. 위 오른쪽 그림)
남채화藍采和는 여덟 신선의 하나로 당나라 사람이다. 남색의 낡은 옷을 입고 허리에는 검은 나무단추 여섯 개를 단 띠를 둘렀으며, 한쪽 발에만 신을 신었다. 여름에는 적삼에 솜을 넣고 겨울에는 눈 위에서 자는데 숨 쉬는 것이 솥에서 김이 나는 것과 같았다. 그는 매일 거리에서 노래를 부르고 동냥을 했는데 신발에서 저절로 짝짝 소리가 났다고 한다. 한번은 남채화가 술집에서 술을 마시는데 갑자기 공중에서 노랫소리와 함께 아름다운 백학이 내려왔다. 그러자 남채화는 '때가 됐구나!' 하며 선학을 타고 하늘로 날아갔다.

모습을 드러낸 용의자

황후가 고양이 귀신이 들어 침이나 약으로도 어쩔 수 없다고 하자 수나라 문제는 고양이 귀신을 공양하는 자를 찾아낼 수밖에 없었다.

문제와 양소는 황후의 배다른 형제 독고타獨姑陀를 용의자로 점찍었다. 독고타의 처도 양소의 부인과 배다른 자매이고 사이가 좋지 않아 두 집을 함께 괴롭힐 동기가 충분하다고 여겼기 때문이다.

황제는 독고타의 친형제 독고목獨姑穆에게 그 사건을 알아보게 하자 독고타는 완강히 부인했고, 문제도 그를 찾아가 물어 보았지만 역시 부인했다. 문제는 화가 나서 고경 등 대신들에게 이 사건을 심의하게 했다. 대신들은 독고타의 집 사람들을 심문해 결국 하녀 서아니徐阿尼의 자백을 받아냈다.

귀신 흉내를 낸 사람

사건의 전말은, 술을 좋아하는 독고타가 아내가 돈을 주지 않자, 고양이 귀신을 공양하는 서아니를 찾아가 고양이 귀신에게 양소의 재산을 자기 집으로 옮겨 오게 했다. 그리고 황제와 황후가 자기에게 재물을 하사하게 해 달라고 부탁한 것으로 밝혀졌다.

서아니가 궁전으로 보낸 고양이 귀신을 다시 불러오기 위해 길일을 택해 궁전의 토담 밖에서 향죽을 놓고 주문을 외우자 얼굴이 검푸게 변하며 비틀거렸다. 독고타 쪽 사람들 말에 따르면 고양이 귀신이 서아니의 몸에 들어와서 그렇다고 했다.

문제가 대신들에게 관련자들의 죄를 판결하게 하자 기장공 우홍牛弘이 말했다. "요괴는 사람의 지시를 받으므로 요괴를 지휘하는 자를 죽이는 게 상책입니다." 모두들 학문이 깊은 기장공의 말에 일리가 있다고 생각했지만, 문제는 독고타를 서민으로 강등하고 처 양씨를 비구니로 출가시키는 것으로 사건을 마무리했다. 고양이 귀신의 농간이라는 것을 독고 황후와 우홍 모두 믿지 않았던 것이다.

| 세계사 연표 |

600년 백제의 무왕武王이 즉위했다.

017

《수서隋書·채왕지적전蔡王智積傳》 출전

채왕의 머리

왕공 귀족의 존귀함을 가진 양지적楊智積은 일생을 조심스럽게 살았다. 사람들은 양지적이 죽을 때가 되어서야 그가 왜 그렇게 살았는지 그 이유를 알게 되었다.

일을 만들지 않는 채왕

수나라 문제의 조카 양지적은 문제의 죽은 동생 양정楊整의 아들이다. 수나라 건국 후 양지적이 채왕으로 책봉돼 동주同州 자사로 부임하게 되자 황제는 채왕蔡王을 금란보전으로 불러 작별하면서 고취악대까지 선물했다.

동주 자사로 부임한 채왕은 황제의 친조카이지만 전혀 귀족 행세를 하지 않았고, 공무를 마친 후에는 혼자 시를 읊거나 역사서를 읽었다.

그는 지역 호족이나 신사들과도 교제하지 않고 사냥과 유람도 하지 않았다. 채왕이 간혹 몇몇 유학자들과 식사를 할 때는 기껏해야 조금의 안주와 한두 잔의 술만 마셨다.

왕부에 황제가 하사한 고취악대가 있었지만 설이나 명절, 모친 왕태비를 위해 몇 곡 연주할 뿐 평소에는 단 한 번도 주악 소리를 들을 수 없었다.

가산이 없는 채왕

왕태비의 말에 따르면 채왕의 부친 양정은 살아생전 황제와 사이가 나빴고 결혼을 한 후에는 동서 간에도 알력이 심했다고 한다. 양지적은 부친이 죽은 지 오래됐지만 항상 조심하는 것이 최선이라고 생각해 정숙하게 지냈다.

총명한 문제가 이를 모를 리가 없었다. 그는 두려움에 떠는 조카가 불쌍했지만 떳떳이 왕으로 살아가기

보다 지금처럼 살아가길 바랐다.

누군가 채왕에게 자손을 위해 가산을 좀 마련하라고 하자 그는 고대에 평원군이 가산이 지나치게 많아 노천에 쌓아 두었다가 늘 근심에 잠겼었다는 이야기를 하면서 "지금 다행히 가산이 없는데 어찌해서 근심을 만들겠는가." 하고 말했다. 채왕은 아들이 다섯이었는데 평소에 《논어論語》, 《효경孝經》을 가르치고 밖에 나가 친구를 사귀지 못하게 했다. 그는 아들의 재능과 학문이 높을 경우 화를 초래할까 봐 두려웠던 것이다.

머리를 보전하려 애쓴 채왕

개황 20년에 조정은 채왕蔡王을 도성으로 불러들이고 더는 관직을 맡기지 않았다. 채왕은 이후 두문불출하며 황제 배알 외에는 외출하지 않았는데, 수나라 양제가 등극한 후 황제의 친척들이 관직이나 작위를 삭탈당하자 그는 더욱 공포에 떨었다. 조정은 대업 7년에 채왕에

당나라 시대 자기의 걸작 – 흑색 유약을 바른 탑식 단지

단지의 높이는 51cm이고, 둘레가 7.4cm이다. 1972년 섬서성 동천 황보진黃堡鎭 요주요耀州窯 유적지에서 출토됐는데 자기의 질이 강하고 색깔이 윤택하고 전체가 검은빛이 난다. 입구와 윗부분은 둥글며, 아랫부분은 경사지고 밑면이 평평하다. 아래는 기다란 잎 모양의 꽃잎으로 장식했으며, 밑면의 사면은 탑의 형태를 갖추고 있다. 그 속에 인물·불상·꽃 등을 조각했으며, 밑판은 불규칙한 다각형이다. 덮개는 탑 꼭대기 모양이고 그 꼭대기에 원숭이가 앉아 있다. 특별한 조형과 화려한 장식, 정교한 제작이 당나라 자기 장식 예술의 우수성을 반영한다. 당나라 흑색 유약 자기 중 보기 드문 진품이다.

581~763 수나라

《수서隋書·경적지經籍志》 65

| 중국사 연표 |

601년 수나라는 각종 학교를 폐지했으며, 국자학생 70명만 남기고 국자학을 태학으로 개칭했다.

게 홍농 태수를 제수했지만 채왕은 공무 일체를 수하에게 맡겼다. 후에 양현감楊玄感이 배반해 홍농군을 공격하자 양지적이 친히 군사를 거느리고 방어해 반란군이 입성하지 못하게 했다. 이를 보면 양지적이 수나라 조정에 충성했음을 알 수 있다.

수나라 말년에 채왕은 양제를 수반해 남쪽 순행 중에 병사했는데, 공포 속에서 일생을 보낸 채왕은 죽음을 앞두고 가족의 손을 잡고 말했다. "나는 평생 내 머리가 남의 손에 떨어질까 봐 근심했는데 정말 다행이

중국 도자기의 진귀한 표본 – 수나라의 백색 유약을 바른 용 손잡이에 코끼리 머리 주전자
1959년 하남성 안양安陽 장성張盛 묘에서 출토됐다. 수나라 개황 15년(595)의 작품으로 청자기의 특징이 약간 나타나며, 쟁반식의 입구는 높고 약간 기울었고 목이 좁고 어깨가 넓다. 타원형의 복부가 아래로 갈수록 좁아지며 발은 옆으로 퍼지고 어깨 부위에 대칭되는 4조의 매듭이 있다. 지름이 가장 넓은 부위에 코끼리 머리가 조각됐으며 코끼리의 두 귀가 주전자에 부착됐고 코끼리의 코가 주전자 입구를 이루고 있다. 다른 한 측면에 용의 머리가 주전자 손잡이를 이룬다.

용도가 서로 다른 수·당 베개 (위 사진)
중국에서 도자기 베개는 수나라 시대에 출현했다. 당나라 이후 도자기 베개는 남북 각지에서 많이 발견되며 교태絞胎 유약 베개·채색 베개·청화자기 베개 등이 있다. 이 베개는 작아서 진맥을 할 때 이용했다는 설도 있고 부장품이라는 설도 있다.

당삼채 꽃무늬 베개 (아래 사진)

야. 머리를 고스란히 가지고 염라대왕을 만날 수 있게 됐으니 말이야."

••• 역사문화백과 •••

[비파의 전래]

4세기 전후 서역에서 중국 북방에 목이 휜 비파琵琶가 전해져 당나라 시대에는 전국에서 유행했다. 가운데가 둥글고 크며 머리 부분에 조각달 모양의 음공이 두 개 있다. 처음에 나무 조각으로 타서 소리를 내고 후에 손으로 탄다. 음역이 넓고 음색이 고우며 표현할 수 있는 범위가 넓다. 이는 수·당나라 궁정 악대 중의 중요한 악기인데, 계속적으로 발전돼 오늘의 비파로 발전됐다.

| 세계사 연표 |

602년 다뉴브 강 수비 장군 푸코가 봉기해 동로마 황제를 죽이고 황제를 자칭했다.

018

《수서隋書·고조외가여씨전高祖外家呂氏傳》 출전

황제의 외삼촌

황제 어머니의 친척인 두 산동 농민의 운명이 하룻밤 새 바뀌었다. 그들은 황궁으로 들어가 단번에 신분 상승을 했다.

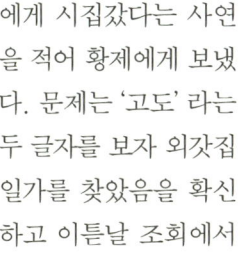

자칭 황제의 외삼촌

황제의 외삼촌은 성이 여呂가이고 이름이 도귀道貴, 자칭 수나라 문제 양견의 외삼촌이라고 하지만 사실은 외삼촌의 사촌형이다.

어느 날, 조카 여영길呂永吉이 시장에서 돌아와 도귀에게 황제가 지난해 산동에 와서 그의 외갓집 일가를 수소문했다는 말을 하면서 황제의 모친은 성이 여씨이고 황제의 부친에게 시집갔다고 했다.

도귀가 손뼉을 치면서 말했다. "태후가 네 고도苦桃 고모일지도 몰라. 그해에 한 장군에게 시집가지 않았나. 그 장군이 양씨인 것 같아."

그들은 즉시 제남 태수를 찾아가 황제에게 편지를 써달라고 사정했다. 태수는 관할 구역 내에 여영길이란 사람의 고모 이름이 고도이고 양씨 성을 가진 사람에게 시집갔다는 사연을 적어 황제에게 보냈다. 문제는 '고도'라는 두 글자를 보자 외갓집 일가를 찾았음을 확신하고 이튿날 조회에서 영을 내려 조서를 작성, 외할아버지 여쌍주呂雙周를 상주국·태위로 추증, 제군공齊郡公으로 책봉하고 외사촌 동생 영길이 그 작위를 계승하게 했다.

고도 누나를 닮은 황제

황제의 뜻에 의해 장안에 온 여영길과 여도귀가 황제를 접견하러 갔다. 문무백관은 황제 외가의 귀빈이 촌뜨기일 줄은 생각지도 못했다. 문제는 오랜만에 친척을 만나자 감격해서 서로 말을 꺼내기도 전에 흐느꼈지만, 두 사람은 아랑곳하지 않고 금빛 휘황한 궁전을 이리저리 구경했다. 그런데 도귀가 황제의 얼굴을 빤히 쳐다보더니 큰 소리로 말했다. "아견이, 그대는 고도 누나를 정말 많이 닮았구먼."

화려한 자기 베개

하남성 섬현 당나라 묘에서 당나라 시대의 생활 용구인 자기 베개가 출토됐다. 모양은 직사각형이고 나이테무늬로 장식했다. 당나라 시대에 출토된 구조가 특이한 교태 자기로서 화려하다.

과학적으로 제작한 자기 베개 (위 사진)

오吳 지역에서 출토됐으며, 베개 면을 오목하게 만들어 과학적이다.

••• 역사문화백과 •••

[수나라 도읍 대흥성과 당나라 도읍 장안성]
수나라 건립 후 문제 양견은 새로운 도읍을 건설했다. 북주 때 대흥군공大興郡公에 책봉된 적이 있는 그는 새 도읍을 대흥성大興城이라 명칭했다. 당나라 시대에는 장안이라 개칭했으며 계속적으로 확장했다. 당나라 장안의 건축군은 세 부분으로 구분되는데 궁성은 황제 및 그 가족이 거주하고 황제가 정사를 처리하는 장소다. 황성은 상서성 및 중앙 관서 관아의 사무 장소이고, 외곽 성이 비로소 백성의 거주 지역이다.

581~763 수나라

'감히 당한다'는 말로 천하무적을 가리킨다. 사기邪氣를 막는 의미가 있다.

| 중국사 연표 |

602년 양소楊素가 돌궐 보가步迦 칸을 대파, 이로부터 막남漠南이 약탈을 당하지 않았다.

황제의 이름을 직접 부르는 것도 대역무도한데 도귀는 점점 더 듣기 거북한 말을 했다. 대신들은 감히 한마디도 곁들이지 못했고, 문제 또한 몹시 언짢았지만 첫 만남이라 화를 낼 수도 없었다. 도귀와 영길이 궁중에서 나오자 재상 고경이 그들에게 궁중의 규칙을 가르쳐 주었지만 글 한 자도 모르는 도귀는 그렇게 많은 법도를 다 기억할 수 없었다. 이제 황궁 내외에서 어떤 망신을 당할지 모를 판이었다.

금의환향한 황제의 외삼촌

외사촌의 사촌에게 실망한 황제는 고경에게 일러

수나라 건축 양식이 반영된 도기 집 (위 사진)
수나라 건축은 남북조 건축이 당나라 건축으로 바뀌는 과도기라 할 수 있다. 수나라 묘에서 출토된 도기 집의 지붕받침은 비교적 간단하며 망새(전통가옥의 용마루 끝에 얹는 장식 기와)의 모양이 당나라 건축에 비해 간결하지만 전반적으로 당나라 건축 형태를 보인다.

수나라의 농업활동을 반영하는 백도기 석마 및 키를 든 용
수나라의 통일은 농업이 발달하는 환경을 제공했다. 수·당 시대에는 경작을 권장했으며, 농업 생산 발전을 적극적으로 독려했다. 이 사진은 당시 사람들의 농업 생산 장면과 농기구를 보여 주고 있다.

| 세계사 연표 |

604년 일본이 귀족 및 관리의 준칙으로 '헌법 17조'를 제정했다.

연주 대칭 공작 '귀'자 무늬 비단 복면
이 수나라 문물은 신강 투루판 아스타나 북구 제48호 묘에서 출토됐다. 대칭된 두 마리 공작새의 중간에 '귀'자를 넣어, 부귀와 길상을 나타내고 있다.

맹호연孟浩然〈춘효〉시의도 (청나라 전혜안錢慧安 그림)
봄날의 잠에 날 밝은 줄도 모르는데 도처에서 새의 지저귀는 소리 들려오네. 밤새 비 내리고 바람이 불었으니 얼마나 많은 꽃잎이 땅에 떨어졌느냐.

세계 최초의 아치형 돌다리 조주교 – 하북성 조현趙縣
조주교趙州橋는 일명 안제교安濟橋로 수나라 장인 이춘李春이 건축한 세계 최초의 아치형 돌다리이다. 1400년이 지난 지금도 사용 중이다.

그가 고향 제남에 돌아가 태수 노릇을 하게 하면서 더는 도성으로 오지 못하게 했는데, 도귀는 구속에서 풀려나 금의환향하는 것이 더 좋았다. 제남에 돌아온 도귀는 자기가 황제의 외삼촌이라는 빌미로 사흘이 멀다하고 관아에서 연회를 열어 먹고 마셨고, 흥이 나면 꽹과리와 북을 치면서 거리를 돌곤 했다. 이 소식을 들은 문제는 도귀에게 더는 직무를 배정하지 않았다.

여영길은 젊고 총명해서 두문불출하다시피 해 외사촌 황제에게 누를 끼치지 않았다. 이에 수나라 양제는 그를 상당 대업 연간에 태수에 제수했다.

그런데 글 한 자 모르는 영길이 관아의 탁자 위에 쌓인 공문을 보자 적응하지 못하고 겨우 몇 달 후 조정에 사직서를 제출, 고향 제남으로 돌아갔다.

수나라隋朝 69

| 중국사 연표 |

604년 수나라 문제가 죽고 차자 양광楊廣이 즉위, 그가 바로 수나라 양제다.

019

황제의 낡은 옷

태자 양용楊勇은 일찍부터 정사에 참여했다. 검소한 수나라 문제는 사치스러운 태자가 걱정돼 항상 그에게 과거의 일을 들려주곤 했다.

천하가 태평하면 왜 유랑하겠는가

수나라 문제는 슬하에 아들 다섯을 두었다. 태자로 옹립된 맏아들 양용이 16세가 되자 황제는 태자가 정사를 일찍 익히게 하려고 중대한 사건 외에는 태자에 맡겨 심리하게 했고, 황제와 대신들이 국사를 의논할 때 태자도 참석해 견해를 발표하게 했다.

한번은 황제가 조정 대신들과 산동의 정세를 토론하면서 말하기를, "산동에는 떠도는 인구가 너무 많아 사회질서의 혼란을 초래하므로 그곳의 호적을 철저히 조사하고, 부역을 도피하는 사람들을 모두 북방 변경으로 보내 황무지 개간과 변경을 수비하게 하자."고 했다. 대신들은 모두 이에 동의했지만 태자는 반대를 하며 말했다. "백성이 고향을 등지는 것은 지난 세월 북주와 북제의 전쟁이 멎지 않아 생활이 안정되지 못했기 때문입니다. 천하가 태평해 편히 지낼 수만 있다면 어느 누가 유랑을 하겠나이까, 천하가 안정되어 유랑 인구가 감소되면 사회는 자연히 안정될 것입니다." 아들의 말에 일리가 있다고 느낀 수나라 문제는 원래의 계획을 포기했다.

수나라 문제는 태자가 이미 출중한 정치 재능을 과시했지만 황제의 보좌에 오르는 것은 여전히 안심할 수가 없었다.

어느 날 수나라 문제는 태자가 새 갑옷을 입은 것을 보았는데 옷감은 당시 가장 귀중한 '촉 갑옷'이었다. 조회가 끝난 후 황제는 태자를 내궁에 불러 촉 갑옷의 원가가 얼마인지 자세히 물은 후 아들에게 의미심장하게 말했다. "하늘은 종래로 어느 누구를 자기의 친척으로 생각하지 않는다. 오직 품성이 고상한 사람만을 돌보아 줄 뿐이다. 이전 왕조의 제왕들을 보아라, 사치한 자들의 통치는 오래가지 못하는 법이다." 수나라 문제는 잠깐 멈추었다가 다시 힘주어 말했다. "황태자인 네가 만약 위로 하늘의 마음에 들지 못하고 아래로 백성의 뜻에 부합하지 않는다면 어찌 천만 민중을 거느릴 수 있겠느냐."

상자에 담긴 역사

수나라 문제는 힘든 생활을 겪어 보지 않은 아들에게 보이려고 궁녀에게 상자 하나를 옮겨 오게 했다. 황제가 상자를 가리키며 물었다. "넌 이 상자 안에 무엇이 들었는지 아느냐?" 양용은 부친이 입궁할 때 가져온 물건이라는 것만 알 뿐 무엇이 들어 있는지 몰랐다. 태자가 머뭇거리자 황제는 궁녀에게 상자를 열라고 했는데, 상자 안에는 낡은 옷이 가득 들어 있었다.

황제는 옷 하나를 들어 아들에게 보이며 말했다. "이건 내가 망산邙山에서 제군齊軍과 싸울 때 입던 전포다. 이 핏자국은 내가 화살을 맞아 흘린 피란다. 둘째 숙부 양정은 바로 그 전쟁에서 전사하셨다." 황제는 또 다른 옷을 꺼내 아들에게 보이며 말

앉은 자태가 아름다운 삼채 여자용
높이가 27cm이며 1999년 섬서성 장안현 곽두진郭杜鎭 오교촌五橋村에서 출토됐다. 아름다우며 우아한 모습이다.

| 세계사 연표 |

605년

이듬해에 페르시아 군대가 동로마 동부 지역에 도착했다.

《주서周書 · 양용전楊勇傳》

민족 교류의 증거 – 수 · 당 시대 과자
신강 투루판에서 당나라 시대의 파손된 호적·문서·《논어論語》·《신농본초神農本草》 등 고서와 만두·밀가루 과자 등의 식품이 출토됐다. 중원 지역의 농업 기술, 방직·염색 기술 등 한족 전통 문화가 신강의 광활한 지역에도 전파되고 일상생활에서도 서로 영향을 주었음을 알 수 있다.

'천하 곡창' 벽돌 명문
함가창성含嘉倉城은 수당동성隋唐東城 북쪽에 위치한다. 수나라 대업 연간(605~616)에 창건됐으며, 당나라 시대에 계속 사용했고 수·당의 대형 관아 양곡 창고의 하나이며, 고대 중국 최대의 곡창 지대다. 사면에 벽이 있고 남북으로는 725m, 동서로는 612m이며 면적이 43만m²이다. 창고 성벽 내에 배열된 봉폐식 지하 원형 움이 있다. 움은 위가 크고 밑이 작으며 벽이 아래로 경사지고, 움 밑바닥은 불로 구워 만들었다. 밑바닥에 나무판자를 세로로 두 겹 깔고 주위에 나무판자를 둘러막고 기름칠을 했다. 대부분 움 속에 벽돌 명문이 있는데 이 그림은 그중의 일부분이다.

했다. "이 홑적삼은 선제宣帝가 나를 죽이려 할 때마다 입었던 것인데 늘 위험에서 벗어나곤 했지. 그래서 나는 이 적삼을 복을 주는 물건으로 여긴다."

이야기를 끝낸 황제가 또 아들에게 말했다. "나는 늘 이 낡은 옷을 꺼내 보곤 하면서 지난날의 어려움과 수나라 창업의 어려움을 생각한단다."

태자에게 하사한 단검

수나라 문제는 또 자루가 달린 단검 하나를 꺼내 단검의 대단한 공적에 대해 말했다.

"이건 당년에 내가 신변 보호용으로 지니던 것인데 이것이 있었기에 우문宇文씨 집안이 나에게 시도한 수차례의 암살을 무사히 피할 수 있었다." 양용은 우문씨 집안의 자객을 피하도록 부친을 도운 건 이 단검이 아니라 충성스러운 이원통李圓通임을 알고 있지만 그래도 공경스럽게 두 손으로 단검을 받았다. 부친이 그에게 이후 이 단검을 볼 때마다 강산 창업의 어려움과 수성守成의 어려움을 더욱 명심하라고 하자 그도 진심으로 받아들였다.

하지만 이처럼 수나라 문제가 입이 닳도록 낡은 옷과 단도를 보여 주며 실시한 교육은 실제로는 태자에게서 별로 효과를 보지 못했다.

●●● 역사문화백과 ●●●

[수나라의 호적 등록 – 대삭모열]
수나라가 진나라를 멸할 때 전국 호적은 겨우 400여 만 호였다. 후에 전국적인 '호적 조사'로 나이를 일일이 등록해 토호 지주에 속해 있던 농민을 납세 농호로 바꿔 조정이 장악한 호적은 900만 호로 급격히 늘어났다. 납세자의 증가는 조정의 재원을 크게 증가시켰다. 수나라의 이 같은 호적 조사 등록을 가리켜 '대삭모열大索貌閱'이라 부른다.

아침은 주로 죽이나 빵, 점심은 밥, 저녁은 국과 떡, 전병 등이다

| 중국사 연표 |

605년 연호를 대업大業으로 고치고 낙양을 건설하고 통제거通濟渠를 개통했으며, 수나라 양제가 처음 양주에 갔다. 유명한 장인 이춘李春이 조주교를 건설했다.

020

구름 속의 용

수나라 문제 부부는 그들의 손자가 장인匠人의 딸 운비雲妃의 소생이라는 점이 마음에 들지 않았다. 하지만 운비는 시아버지의 물음에 지혜롭게 답했다.

재능 있는 장인을 좋아한 여러 황자들

수나라의 몇몇 황자들은 재능 있는 장인을 불러 모으길 좋아했다. 토목건축에 재능이 있는 장인은 대부분 진왕 양준楊俊의 문하에 집결했다. 월왕 양수楊秀의 수하에서는 경순耿詢이라는 장인이 장형張衡의 수운 혼천의渾天儀를 복제했으며 말 위에 놓는 각루 시계도 제작했다. 장안성의 유명한 병기 제작자 운정흥雲定興은 태자 양용楊勇의 동궁에 들어갔다.

운정흥이 제작한 것은 귀족이 사용하는 마구·군복·창검이었는데 그는 기술이 뛰어나고 조형과 설계도 창의적이어서 새로운 물품을 만들어 낼 때마다 다른 장인들이 모방하곤 했다. 태자는 운정흥의 제품이 유행을 만들어 내는 것을 보고 그를 더욱 중시했다.

동궁에 입궁한 장인의 딸

운정흥은 기예로 동궁에서 높은 지위를 차지했는데 태자는 그에게 가족들을 데리고 궁내를 출입할 수 있도록 허락했다. 운정흥 장인을 따라 궁전에 드나드는 횟수가 가장 많은 사람은 그의 딸 아운阿雲일 것이다. 한창 나이의 처녀는 태자의 눈에 들어 얼마 안 돼 소훈昭訓으로 책봉됐다.

남자가 벼슬을 하려면 반드시 직함이 있어야 하듯이 후궁 역시 품위品位가 있어야

삼채 천왕용天王俑

했다. 품위가 있어야 신분을 가리고 등급을 구별하고 그에 상응한 녹봉을 받는 것이다.

당시 운 소훈의 위로는 태자의 본처 원비元妃가 있었다. 태자가 아운을 소훈으로 책립한 것은 자연스러운 일이었지만 수나라의 상황은 좀 특수했다.

태자의 모친 독고 황후는 평생 남자의 호색함에 질색을 했고, 수나라 문제 역시 아내 때문에 쉽사리 다른 여자를 접촉하지 못했던 것이다. 그리고 원비는 독고 황후가 친히 아들에게 골라준 며느리로 태자가 따로 여자를 찾는다면 황후의 심기를 건드릴 것이다.

황후가 태자의 장인 소생 소훈의 책봉을 꺼릴수록 태자와 아운은 점점 더 친밀해져 결국 황제와 황후는 소훈의 책봉에 동의할 수 밖에 없었다.

독고 황후는 며느리들이 입궁해 황후에게 문안을 올릴 때마다 항상 원비의 손을 잡고 이것저것 물으면서 아운 앞에서 원비의 현숙함을 칭찬했지만, 아운이 문안을 올릴 차례가 되면 황후의 얼굴에서 웃음이 사라지곤 했다.

물음에 재치 있게 답한 아운

아운 소훈이 아들을 낳자 수나라 문제는 속으로는 좋아 어쩔 줄 몰라 했지만 겉으로는 나무랐다. "넌 태자의 장자이니 짐의 황태손이다. 그런데 어찌하여 다른 곳에서 태어났단 말이냐?" 이 말은 들은 아운은 화가 났지만 시아버지에게 재치 있게 말했다. "용의 종자가 구름 끝에서 나왔는데 폐하께서는 타당치 못하다고 하시나이까?"

황제는 아운의 재치 있는 말에 순간 당

| 세계사 연표 |

606년 인도 하르샤 왕이 재위(~646)했다. 그간 북부 인도가 통일되었다.

출전 《수서隋書·운정흥전雲定興傳》
《수서隋書·양용전楊勇傳》

달리는 적금 용龍
높이가 2~2.8cm이고, 길이는 4cm로 예술성이 뛰어나다.

황했고, 장인의 딸이라고 업신여겨서는 안 된다는 것을 알았다. 아운이 아들을 낳자 태자와 원비는 더욱 멀어졌고 원비는 화병으로 죽고 말았다.

황후와 황제는 태자가 의사를 시켜 원비의 약에 독을 넣지 않았는지 의심했지만 아무런 증거도 찾을 수 없었다.

희압도戲鴨圖
당나라 인덕 2년(665) 작품으로 높이는 100cm이며 너비는 84cm이다. 1973년 함양시 예천현醴泉縣 이진李震 묘에서 출토됐다. 여인은 머리를 쪽지고 둥근 깃에 좁은 소매가 달린 남색 적삼과 붉은색 줄무늬 치마를 입고 손으로 흰 오리와 놀고 있다. 오리는 목을 빼든 채 입을 벌리고 두 날개를 퍼덕인다. 그림 전체가 동적이고 표정이 생동감이 있다.

기회를 얻은 양광

태자의 동생 양광楊廣은 동궁에 입주할 기회를 노리고 있었다. 지혜와 모략이 뛰어난 양광은 어머니가 호색한을 싫어함을 알고 왕부에 처첩이나 궁녀를 적게 두었고, 황후가 안부차 궁녀를 보내면 처와 함께 밤을 지내도록 했다.

황후가 하루 종일 여인의 치마 폭에 싸여 있는 태자 양용보다 양광을 더 좋아하자 양광은 기회를 보아 황후에게 하소연했다. "아운이 황후가 되면 우리 형제들은 장인의 딸에게 머리를 조아려야겠네요." 눈물로 하소연하는 양광의 말은 황후를 일깨웠다.

황후는 황위 계승자를 다시 고려하도록 수나라 문제를 설득하려고 작심했고, 이로써 양용의 지위는 매우 위태로워졌다.

금동 거북(4점)
금동 거북은 모두 길이가 6cm로 생동감 있고 조형이 재미있다. 서안 동쪽 교외에서 출토됐다.

●●● 역사문화백과 ●●●

[아미와 입술 화장]

아미蛾眉는 당나라 시대 여자의 눈썹 화장인데, 또는 활미闊眉, 즉 짙고 넓은 눈썹이란 뜻이다. 당나라 이후 아미는 점점 짧아져 계엽桂葉으로 형용했다. 이하李賀의 시에 "새로 자란 계피나무 잎은 아미와 같고 가을바람에 푸른 잎은 하느작거리네"라는 시구가 있다. 당나라 시대는 입술 화장이 매우 중요했고, 당나라 말기에는 더욱 발전해 티베트족처럼 '검은 입술'을 그리는 습관도 있었다.

581~763 수나라

양과 돼지

| 중국사 연표 |

606년 낙양 신도시를 낙성, 동도라 칭했다. 수나라 명신 양소楊素가 죽었다.

021

도박으로 유혹하다

우문술宇文述은 양약楊約과 도박을 하면서 지기만 하고 이기지는 않았다. 우문술은 누군가가 목적을 이루기 위해 파견한 사람이었다.

불구자 양약

양약은 재상 양소의 동생으로 어릴 때 나무에서 떨어지는 사고로 생식 불능의 불구자가 됐다. 그 때문인지 양약은 침착하고 독서를 즐겼다.

어느 날 양약이 《역경易經》을 읽고 있었는데 주국柱國 장군 우문술이 놀러 왔다. 우문술은 다른 사람의 기분을 매우 잘 맞추는 풍류남으로 양약은 그를 지기지우知己之友로 여겼다.

우문술이 술이나 한잔 하자며 양약을 자기 집으로 데려갔다. 두 사람은 스스럼없이 술을 마시기 시작했는데, 우문술이 수많은 보물을 꺼내놓았다. 양약도 보물에 일가견이 있는지라 모두 희귀한 보물임을 알아보고 이리저리 만지작거리며 손에서 놓지 않았다.

사자 모양의 은 장식물
높이가 10.5cm이며, 칠 나무함 위에 붙이는 장식물이다.

이기지 못하는 비밀

술이 어느정도 취하자 우문술은 양약에게 주사위를 던지며 내기를 하자고 했다.

우문술과 양약은 모두 주사위 놀이에는 능수였는데 어찌된 영문인지 우문술이 매번 졌다. 나중에 많은 돈을 잃은 우문술은 도박 빚으로 골동품 몇 개를 내놓으면서 내일 또 내기를 하자고 말했다.

독서와 내기 외에는 다른 취미가 없던 양약은 친구의 많은 돈을 따고 나니 이튿날 자연히 갈 수 밖에 없었다. 이상한 것은 이튿날에도 우문술이 또 많은 보물을 잃은 것이었다. 이렇게 며칠간 우문술은 자기 집안의 보물을 모두 잃고 말았다. 양약은 미안했지만 많은 보물을 잃은 우문술은 도리어 태연했다.

우문술의 대범한 태도에 감동한 양약에게 우문술이 말하기를, 이런 보물들은 모두 진왕 양광의 부탁으

| 세계사 연표 |

607년 일본의 첫 견수사遣隋使 오노 이모코小野妹子가 국서를 가지고 수나라에 당도했다. 국서에 '해가 뜨는 곳의 천자가 해가 지는 곳의 천자에게 드림' 등의 글이 있다.

출전
《수서隋書·우문술전宇文述傳》
《수서隋書·양소전楊素傳》
《수서隋書·양약전楊約傳》

581~763 수나라

화려한 금속 사발
은 사발은 해바라기꽃 모양의 입구에 내벽과 밑 부분이 금박으로 장식됐으며, 밑판에 두 마리의 새가 꽃 속에서 날개를 펼치고 있다. 주위에 현무늬·밧줄무늬·꽃잎무늬를 장식했고, 내벽에 둘씩 마주보도록 반원형 도안에 꽃무늬를 장식했다. 가장자리는 반대로 배치된 꽃잎무늬가 연속적으로 있다. 전체적으로 화려하며 무늬가 규칙적이다.

로 선물하는 것이라고 했다.

항상 침착하던 양약도 그 말을 듣고 대경실색해서 진왕이 이렇게 많은 재물을 주는 이유가 무엇인지 묻자 우문술이 대답했다. "그대의 형이 천하의 권력을 쥐고 여러 해 동한 집정하면서 많은 조정 대신들의 미

| 중국사 연표 |

607년

《대업률大業律》을 편찬했다. 주관朱寬이 유구流求에 이름. 수나라가 주州를 군郡으로 개칭했다. 수나라 양제가 북으로 순행해 지금의 내몽골에 이르렀다.

목이 긴 용무늬 백자 술병

움을 샀는데, 태자 양용마저 하는 일마다 늘 자네 형의 견제를 받게 되자 뼈에 사무치게 미워하고 있네. 지금 자네 형은 비록 황제와 황후의 심복이지만 일단 황제가 죽으면 그대 형제는 누구에게 의지한단 말인가? 지금 태자는 황후의 총애를 잃어 황제가 그를 폐위할 생각이니 만약 자네 형이 진왕 양광을 태자로 책립하도록 폐하에게 권한다면 앞으로 일이 성사될 경우 그대 형제는 대공을 세운 것이 되지 않겠는가? 그러면 진왕은 이 일을 가슴에 새겨 두고 영원히 잊지 않을 걸세."

●●● 역사문화백과

[소금차와 우유차]

당나라 사람들은 차茶를 끓여 마실 때 소금을 넣었다. 육우陸羽는 특히 소금은 물이 처음 끓을 때 넣어야 한다고 설명했다. 이 밖에 민간에는 파·생강·대추·산수유·귤껍질·박하 등을 차에 넣는 것이 유행이었는데 육우는 이에 반대했다. 당나라 시대에는 차에 버터를 넣기도 했는데, 이는 지금의 우유차에 해당한다.

음모의 서막

양약은 우문술의 말을 듣고 한참 생각한 후에 머리를 끄덕였다.

그는 돌아가서 진왕의 뜻을 형 양소楊素에게 전했다. 양소는 오래전부터 황위 계승권 쟁탈이 자신의 지위를 위협할까 봐 걱정했는데 양약의 말을 듣자 몹시 기뻐했다. "나는 이 점을 전혀 고려하지 못했는데 네가 나를 일깨워 주었구나." 양약은 양소가 자기의 말을 믿자 형에게 독고 황후를 자주 뵐 것을 권했다. 이에 양소는 독고 황후를 찾아가 진왕이 예의로 선비를 대한다고 칭찬하면서 그가 황위를 계승할 가장 적합한 인물이라고 말했다.

이리해 양용을 폐위하고 양광을 책립하는 음모가 이 주사위 놀이에서 조용히 서막을 열었다.

도금 봉황무늬 은쟁반
은쟁반은 높이가 1.5cm이며 지름은 16.3cm로, 음식을 담는 그릇이다. 1970년 서안시 남쪽 교외 하가촌何家村에서 출토됐다.

| 세계사 연표 |

608년　수나라가 배세청裵世淸을 일본에 사신으로 파견, 오노 이모코小野妹子와 함께 출발했다.

022

《수서隋書 · 문사자전文四子傳》 출전

은행나무의 하소연

태자 양용楊勇이 점차 황제의 신임을 잃어 동궁의 지위가 흔들렸는데 그가 무당에게 매달리자 더욱 그 지위가 위태로워졌다.

581~763 수나라

무당에게 손을 내민 태자

태자 양용에 대한 수나라 문제 부부의 불만은 사소한 집안일이었기 때문에 황후가 황제에게 양용과 양광楊廣의 폐립에 관해 말했지만 황제는 결단을 내리지 못했다.

태자는 진왕 양광과 재상 양소가 자주 왕래하면서 자기에게 불리한 일을 꾸미고 있음을 알게 되자 불안해진 마음에 무당에게 의지하게 됐다.

무당 법술을 아는 모사가 태자에게 말하기를 흰 노을이 동궁 대문을 휘감고 태백금성이 달을 범하는데 이는 모두 태자의 지위가 안정치 못함을 설명하므로 구리 무쇠 병기를 많이 주조해야 태자를 위협하는 사악한 기운을 진압할 수 있다는 것이었다. 이 밖에 또 누군가 하늘의 기상이 태자를 폐하려 하는 이상 먼저 궁중에 '서민 마을'을 만들고 초가집에서 거친 음식과 거친 옷을 입고 볏짚 자리에서 생활하면 액운을 피할지도 모른다고 했다.

진왕은 태자가 무당의 법술로 액운을 피하려 하는 일을 알고 그럴듯하게 꾸며서 양소를 통해 수나라 문제에게 전달했다. 이에 문제가 재상 양소를 보내 살펴보게 했다.

재상이 방문하러 온다는 소식을 들은 태자는 이미 옷을 갖춰 입고 대청에 단정히 앉아 기다리고 있었다. 그러나 양소는 태자의 화를 돋우기 위해 일부러 수레에서 머물며 내리지 않았다. 태자가 한참을 기다린 후에야 양소는 아무 일 없다는 듯이 느릿느릿 걸어왔고, 이에 태자는 저도 모르게 얼굴에 노기가 어렸다. 양소는 모르는 체하고 돌아가서 수나라 문제에게 태자의 온 얼굴에 원한이 서렸다고 보고했다. 양소의 말에 이어 독고 황후가 또 동궁의 사소한 일들을 들춰내자 태자에 대한 수나라 문제의 불신은 점점 더 깊어졌다.

다민족 문화의 융합을 구현한 당나라 삼채 악용
낙타를 탄 당나라의 이 악용樂俑은 높이가 48.5cm이고 길이가 41cm이다. 낙타는 웅장하고 아름다우며 무용·악용 모두 생동감 있다. 지하에 1300년간 매장돼 있었지만 색이 바래지 않고 선명했다. 5명의 악사 중 두 사람이 한족, 세 사람은 코가 높고 눈이 오목하고 수염이 난 서양인으로 당나라 시대 실크로드 문화 교류의 정형을 보여 준다.

부지런히 공부하는 것을 의미한다

| 중국사 연표 |

608년 영제거永濟渠를 개통했다. 남으로 황하에 이르고 북으로 탁군涿郡, 지금의 북경 서남쪽에 이르렀다.

당나라 시대 양곡 가공 도구 (오른쪽 사진)
묘에 생활용품을 부장하는 풍습은 한나라·삼국·진나라·남북조를 거쳐 당나라 시대로 이어졌다. 이 도기는 모형으로 맷돌과 방아는 모두 양곡 가공과 관계되며, 우물 모양은 물을 표시하고 주방 용품을 상징한다.

밤에 화장실을 못 가는 황제

태자는 황제가 자신을 점점 더 냉정하게 대하자 만일을 방지하기 위해 암암리에 도성 내외에 보초를 세우고 황제의 동정을 살폈다. 그러나 이 일 또한 바로 황제의 귀에 들어갔고, 이 때문에 수나라 문제는 더욱 태자를 의심하게 됐다.

그해 수나라 문제는 인수궁仁壽宮에서 피서를 일찍 끝내고 돌연히 장안으로 돌아왔다. 그는 조정 신하들이 태자의 음모에 대해 어떻게 생각하는지 살펴보기 위해 다음날 조회에서 대신들에게 말했다. "외지에서 돌아오면 짐의 마음이 상쾌해져야 하는데 어젯밤 내내 잠을 이루지 못했으니 이게 웬 영문인지 모르겠노라." 그러자 성품이 너그러운 기장공 우홍牛弘은 황제의 숨은 뜻을 짐작하지 못하고 성실하게 말했다. "폐하께서 근심하시는 것은 저희들이 무능하기 때문인

왕창령王昌齡〈장신원〉 시의도 (청나라 나빙羅聘 그림)
새벽에 빗자루 들고 궁전을 쓸고서 둥근 부채 동무하며 수없이 배회하네. 까마귀는 그래도 햇빛을 받으며 날아오건만 옥 같은 이 용모 겨울철 까마귀보다 못하구나.

●●● 역사문화백과 ●●●

[수·당나라 궁정 악곡 - 법곡]

법곡法曲은 수·당나라 궁정 악곡으로 일명 법악法樂이라고도 한다. 이는 도교·불교 음악이 발전된 형태다. 당나라 시대에는 법곡이 발달했는데, 〈예상우의곡霓裳羽衣曲〉이 바로 그 유명한 법곡이다. 법곡은 노래와 춤, 기악 연주를 곁들인다. 당나라 현종은 법곡을 좋아해 항상 신곡을 창작한 후 이원梨園에게 맡겨 연주하게 했다.

| 세계사 연표 |

609년 오노 이모코가 배세청을 배웅해 수나라에 온 후 귀국했는데, 그 수행 인원은 대부분 중국에 남았다.

낙타를 탄 삼채 악용樂俑 (오른쪽 사진)

듯하옵나이다." 황제는 우홍 등이 자기의 뜻을 이해하지 못하자 곧바로 말할 수밖에 없었다.

"인수궁이 도성과 멀지 않지만 짐은 매번 돌아올 때마다 적국에 진입하는 것처럼 경계를 삼엄하게 해야 하네. 어제 설사가 났지만 감히 옷을 벗지 못한 채 누웠고, 밤중에 화장실에 가려 해도 뒤쪽이 안전하지 못해 앞의 대전으로 갈 수밖에 없었지. 한 나라의 군주가 도성에서마저 방비를 해야 하니 이건 다 동궁의 관리들이 가정과 나라의 안녕을 파괴하기 때문이란 말일세."

말을 마치고 난 문제는 당장 영을 내려 태자 주변의 사람을 모두 큰 옥에 가두게 했다. 혹독한 고문에 못 견딘 그들은 태자가 평소에 말한 불만의 소리들을 고할 수밖에 없었다.

수나라 문제는 불만을 가지고 있다는 것만으로 모반의 죄를 씌어 태자를 폐위한다면 천하 사람들이 불복하리라는 점을 알고 있었다. 이에 또 양소를 파견해 동궁에 가서 증거를 수집하게 했다.

증거가 된 부시

양소는 동궁 창고에 있는 수천 개의 부시(부싯돌을 쳐서 불이 일어나게 할 때 쓰는 쇳조각)를 보고 기뻐했다. 그것은 밤에 당직을 서는 위병들이 불을 켤 때 쓰는 도구였는데, 양소는 이 점을 잘 알면서도 이를 모반의 증거로 삼았다. 이때 누군가가 태자가 밤에 인수궁을 습격하려고 말 1000필을 기른다고 모함했다. 그러자 양소는 진위도 알아보지 않고 이 일을 모두 문제에게 보고했다.

이에 수나라 문제는 양용을 폐위하고 진왕 양광을 태자로 세웠다. 그리고 새로 세운 태자 양광에게 양용을 동궁 후원에 감금하게 했다.

감금된 양용이 몇 번이나 자신을 변호하는 글을 써서 황제에게 바쳤지만 양광이 매번 전달하지 않자 양용이 밤에 늙은 은행나무에 기어올라 황제가 듣도록 큰 소리로 외쳤다. 그러자 양소는 문제에게 양용이 미쳤다고 보고했다. 문제가 죽은 후 양광은 등극 전에 부친의 명의로 양용을 사형에 처했다.

중서성中書省·문하성門下省·상서성尚書省 79

| 중국사 연표 |

609년 지금의 신강·청해에 4군을 설치했다. 수나라 인구가 약 4600만 명으로 집계되었다. 수나라 양제의 서쪽 순행은 지금의 청해·감숙에 이르렀다.

023

목수 황자

제왕의 가정에서 태어난 것이 셋째 황자 양준楊俊에게는 결코 행복한 일이 아니었다. 그는 궁전 건축에 몰두하고 환락에 빠진 결과 그가 먹을 참외에 부인이 독약을 넣는 일이 발생했다.

승려가 되려 한 진왕

목수 황자 양준은 수나라 문제의 셋째 아들로 집 짓는 일을 좋아해 이런 이름을 갖게 됐다.

수나라가 건립되던 해에 목수 황자는 겨우 11세에 두 형과 함께 왕으로 책봉됐다. 양준은 자신도 알지 못하는 진왕·상주국에 행대상서령·낙주 자사란 숱한 직함을 가졌지만 어려서부터 모친을 따라 소식을 하고 불경을 외운 목수 황자는 부귀공명에 아무런 흥미도 못 느꼈다. 몇 년 후 진왕秦王이 출가를 선언하자 수나라 문제 부부가 설득해 겨우 진정시켰다.

진왕을 독살하려 한 왕비

후에 불교에 대한 진왕의 열성은 점차 감퇴되어 더는 출가의 뜻을 비치지 않았지만 어느 때부터인지 또 도끼질과 톱질에 흥미를 느끼기 시작했다.

그는 처음에는 정밀한 장난감을 만들다가 후에는 재능 있는 장인을 초청해 그들과 함께 대형 토목건축을 하기 시작했다.

공사가 커져 많은 돈이 필요해지자 황자는 관리들이 백성에게 꾸도록 했다. 관리가 백성에게 돈을 빌리는 위법을 행하자, 이 일을 알게 된 황제가 이러한 행위를 엄금했다. 그러자 진왕은 아예 관부의 공금을 유용해 궁전을 크게 건설했다.

건축에 빠진 목수 황제가 제일 만족스러워 하는 작품은 왕부 화원에 건설한 수상 궁전이었다.

이 궁전은 호수 중간에 건설했는데, 벽에는 향유를 바르고 계단은 백옥으로 만들었으며, 기둥은 황금을 싸고 창틀엔 환한 거울을 상감하고, 문마다 구슬을 꿴 커튼을 달았다.

수상 궁전이 낙성된 후 진왕은 많은 손님을 청해 감상하게 했는데, 손님들은 향기가 넘치는 전당에서 무희들의 노래와 춤을 감상하고 진왕이 왕비를 위해 만든 칠보 면구를 감상했다. 하지만 시끄러운 것을 싫어하는 왕비는 몹시 우울해했다.

왕비는 대장 최홍도崔弘度의 여동생으로 최씨 댁의 정숙한 분위기는 당시 도성에서도 유명했다. 왕비는 집안 분위기에 영향을 받아 성

소 상시常侍가 조각한 선업善業 조각상
흙 소상은 길이가 9.2cm, 너비가 8.6cm, 두께가 1.3cm이며 반타원형, 청회색이다. 중간의 부처는 오른팔을 드러내고 어깨가 넓고 가슴이 불거지고 얼굴이 통통하며 정사각형의 방석에 앉아 있다. "모든 법은 '연緣'에 의해 생기게 되는데 여래如來는 이를 '인因'이라 하며, 모든 법은 '연'에 의해 멸하니 이는 대사문大沙門이 말한 바이다." 이는 불교의 '연기게緣起偈' 또는 '사리게舍利偈'로, 불가에서는 흔히 이 게를 사리탑의 기초 또는 불상 속에 소장한다. 조각상 배면에 14자의 제사題詞가 있다.

| 세계사 연표 |

610년 마호메트가 이슬람교를 전파하기 시작했다. 동로마 헤라클리우스 왕조 시대(~695)가 시작되었다.

《수서隋書·문사자전文四子傳》

격이 내성적이고 홀로 있기를 좋아했다. 그러므로 진왕이 절제된 생활을 하며 경을 읽을 때는 부부가 뜻이 맞았고, 진왕이 누각을 건설할 때에도 그런대로 적막감을 참을 수가 있었다.

하지만 지금 남편이 종일 술을 마시며 환락을 추구하자 그녀는 불만이 커졌다. 평소에 말수가 적던 왕비가 뜻밖의 일을 벌였으니 바로 남편이 먹는 참외에 독약을 넣었던 것이다.

진왕은 먹은 후 즉시 거품을 토하며 경련을 일으켰는데 다행히 제때에 치료해 생명만은 건졌지만 목수 황자는 이때부터 반신불수가 되었다.

'천자 아들 법률'

이 일을 알게 된 독고 황후는 매우 초조해서 즉시 사람을 보내 아들을 도성으로 데려왔다. 그러나 수나라 문제는 아들이 공금을 유용해 토목건축을 한 사실을 알고 매우 화가 나서 조서를 꾸며 목수 황자의 일체 직함을 모두 박탈하고 그에게 왕부에서 근신하며 죄를 뉘우치라고 했다.

독고 황후는 이를 막지는 못했지만 재상 양소에게 황제에게 사정해 달라고 부탁했다. 양소는 황제를 보자 얼굴 가득 웃음을 띠며 말했다. "폐하께서는 아직

정밀한 유리 대야 (오른쪽 사진)
중국 당나라 시대 유리는 지금의 유리 같지만 실은 서방의 값비싼 수정으로 만들었다.

●●● 역사문화백과 ●●●

[비서성]

수나라 시대 비서성秘書省은 도서冊의 정리를 책임졌고, 장관은 비서감으로 정3품, 차관은 비서승, 그 수하는 비서랑·교서랑·정자·녹사 등이다. 비서성 산하에 저작조·태사조 두 부서를 설치해, 전자는 국사 편찬을 책임지고 후자는 역법 수정을 책임졌다. 당나라 고종 때 비서성은 난대蘭臺로 개칭됐고, 무측천 때 인대麟臺로 개칭, 당나라 예종 때 원래 명칭을 회복했다.

진귀한 당나라의 삼채 건축 모형 (위 사진)
모형 가옥은 한·위 시대에 항상 보는 부장물인데, 모형 기와는 녹색, 기둥은 황색, 벽은 백색 유약을 사용했다. 보통 세트로 출현되는데 이 가옥은 전반 건축군의 일부로 추정된다. 정전 높이는 20cm, 협전 높이는 18~21cm, 폭은 17~20cm이다. 1987년 섬서성 동천시銅川市 교외 당나라 묘에서 출토됐다.

581~763 수나라

개원통보開元通寶. 개원은 기원 개척의 의미, 당나라 무덕 4년(621)부터 주조했다

| 중국사 연표 |

610년

정월 15일 낙양에서 잡극을 공연해 밤에 등불을 밝게 비추었는데 원소절 경축이 이로부터 시작되었다. 소원방巢元方이 《제병원후론諸病源候論》 편찬을 완성했다.

도 진왕 때문에 화를 내고 계시나이까? 진왕은 공가의 재물을 좀 남용해 궁전을 몇 채 지었을 뿐이옵니다. 하물며 그 자신도 많이 바쁘게 보내지 않았나이까?' 수나라 문제가 얼굴을 찡그린 채 대답했다. "고대 성현 주공은 관후하고 인자한 군자라 하겠지만 그 역시 법을 어긴 동생 관숙管叔과 채숙蔡叔을 죽이지 않았는고? 짐이 물론 감히 주공과 비길 수는 없지만 그렇다고 따로 '천자 아들 법률'을 제정할 수야 없지 않은가."

이말에 양소는 아무런 대답도 못하고 물러났다. 목수 황자는 부친이 관대히 용서하지 않음을 알고 자신이 자유롭게 움직일 수 없는 상황이라 사람을 보내 사죄를 드렸다.

수나라 문제는 탄식을 하며 아들에게 전하라고 하며 말했다. "짐이 천신만고 끝에 수나라 대업을 창립하고서 만조 문무백관에게 조심해서 영토를 보존하라고 부탁하는 형편이다. 그런데 지금 짐의 아들이 가업을 망쳤으니 짐의 마음이 어찌 아프지 않을 수 있단 말인고!'

목수 황자는 후회가 되기도 하고 황공하기도 해서 병세가 점점 더 중해졌고 2년 후에 병사했는데, 그때 나이 겨우 31세였다. 수나라 문제는 아들이 죽을 때까지 한 번도 찾아가 보지 않았지만 아들이 죽었다는 소식을 듣자 눈물을 몇 방울 흘렸다. 그리고 문제는 바로 영을 내려 진왕이 생전에 제작한 모든 것을 불태우게 했다.

목수 황자가 죽은 후 이미 본가로 되돌려 보내졌던 왕비는 성지에 의해 집에서 자살했다. 최 왕비가 낳은 왕손 양호楊浩도 모친의 죄명에 의해 왕위 계승권을 취소당했는데 수나라 양제가 등극한 후에 진왕으로 책봉되었다. 후에 경박한 공자 우문화급宇文化及은 강도江都에서 수나라 양제를 살해하고 양호를 허수아비 황제로 옹립했다. 그리고 얼마 안 되어 우문화급 자신이 황제가 되려고 또 양호를 살해했다. 그러나 이는 모두 이후의 일이다.

앉은 낙타를 탄 채색 호인용
높이가 57.5cm이고, 길이는 42cm이며 섬서성 함양에서 출토됐다. 함양은 장안의 서쪽에 위치하며 당나라 '실크로드'의 교통 요지다. 호인胡人은 당나라 시대 서역에 거주한 유목 민족으로 낙타를 몰고 '실크로드'에서 왕래, 경제 및 문화 교류 발전에 크게 공헌했다. 이 호인용은 호상胡商이 잠깐 휴식한 후 채찍을 들어 출발하려는 정경을 묘사했다.

| 세계사 연표 |

611년 페르시아 군대가 시리아의 수도 안티오크를 점령했다. 백제 사람 미마지味摩之가 일본에 건너 가 '오吳' 나라 기악무伎樂舞를 전수했다.

024

《수서隋書·문사자전文四子傳》 출전

맹호와 서캐의 싸움

수나라 문제는 호랑이를 죽이는 동물은 호랑이의 몸에 있는 이와 서캐라는 것을 알고 있었다. 그런데 문제의 몸에 있는 서캐가 바로 그를 가장 많이 닮은 넷째 황자였다.

시름하는 넷째 황자

수나라 문제가 황제가 된 후 다섯 아들은 모두 왕으로 책봉됐다. 월왕으로 책봉된 넷째 양수楊秀는 겨우 아홉 살이지만 수나라 문제는 촉蜀에 파견해 24주 군사를 총괄하게 했고, 황제는 1년 후에 그를 장안으로 소환했다.

10여 년이 지나자 양수는 건장한 젊은이로 자랐고 부친은 생김새나 천성이 자기와 비슷한 그를 무척 사랑했다.

그러나 양수가 촉으로 돌아간 후 수나라 문제는 그가 이후 형들과 황위를 다툴까 봐 근심했는데 과연 양수는 촉에서 왕의 자리를 지키는 데 만족하지 않았다.

양수는 조정이 병부시랑 원형元衡을 촉주에 파견해 시찰할 때 그를 농락했으며, 후에 찬爨족이 서남 변경에서 반란을 일으켜 문제가 양무통楊武通 장군에게 촉주에서 출병하게 해 평정하려 할 때 양수는 심복 하급 관리를 양무통의 행군 사마로 파견했다.

서캐를 용인하지 못하는 범

수나라 문제는 도처에 심복을 심어 놓은 양수의 행동을 불만스러워하며 말했다. "짐의 법도를 파괴할 자는 필경 짐의 자손일 걸세, 이는 마치 호랑이를 이길 동물은 없어도 이나 서캐가 그 고기를 물어뜯고 피를 빨아 먹는 것이나 마찬가질세." 문제는 북주北周 문제의 아들 선제가 아버지의 법도를 파괴하지 않았더라면 주나라가 절대 자신의 손에 들어오지 않았음을 잘 알고 있었다.

수나라 문제는 결코 몸의 이를 용납하는 맹호가 아니었기에 양수의 권력을 삭탈하기 시작했다.

이후 자신의 포부를 실현할 수 없다고 느낀 양수는 점차 황음무도해졌으며, 점을 치는 술사와 부적을 읽는 무당들을 왕부에 불러 모았다.

'수'는 8000년

어느 점쟁이가 말했다. "수秀자는 위가 '화禾'자이고 아래가 '내乃'자로 구성돼 있는데, 이 '화禾'자는 또 팔천八千으로 분해할 수 있다. 즉 월왕이 황제가 된

581~763 수나라

물리학 지식을 응용해 창제한 이불 속 향로 (위 사진)
수·당 시대 사람들은 물리학의 무게중심 및 균형 개념에 정통했다. 서안에서 출토된 이불 속 향로(은제 훈향 공)는 《서경잡기西京雜記》1권에는 "그 구조가 360도 회전하지만 노 자체는 평형을 유지했다."고 기록되어 있다. 이는 중국의 장인들이 무게중심 및 균형 등 물리학 지식을 이용해 만든 것이다.

수나라 문제 태릉 (오른쪽 사진)
수나라 문제 태릉은 섬서성 부풍현성 동남 26.5km 지점의 삼치원三畤原에 위치하고 있다. 능묘의 흙무덤은 엎어놓은 말 형상이고 높이는 27.4m이다.

와강채瓦崗寨, 즉 지금의 하남성 활현滑縣을 근거지로 해 유래했다

| 중국사 연표 |

611년 왕박王薄이 장백산長白山, 지금의 산동성 경내에서 봉기를 주창했다.

미인 애도사 - 미인 동董씨 묘지명
수나라 개황 17년에 조각했으며, 편찬자는 수나라 문제의 셋째 아들 촉왕 양수다. 동 미인은 병사 시 나이 19세로, 양수는 글을 지어 애도를 표시했다. 이 묘지명의 글씨는 북위 서체를 계승하고 당나라 새로운 기풍을 창도, 글자체가 단정하고 아름다우며 풍만하다.

한백옥漢白玉 수렵 무사용

다면 수나라는 8000년을 지속할 수 있다."

또 어떤 무당은 양수에게 서악 화산의 성모에게 황제로 하여금 그를 계승자로 임명하도록 기도를 드리라고 권했다. 양광은 동생의 일거일동을 재상 양소楊素를 통해 수나라 문제에게 빠짐없이 보고했고 대로한 수나라 문제가 바로 양수를 촉주에서 소환했다.

양수는 부친인 문제를 찾아 용서를 빌었지만 수나라 문제는 그를 만나주지 않고 월왕부의 사람에게 말했다. "월왕이 화산의 신령에게 빈 것은 그가 짐을 부친으로 여기지 않는다는 뜻일세. 그러니 그를 국법으로 다스릴 수밖에 없네." 한 신하가 이 일을 알고 월왕은 성격이 강해서 중한 처벌을 감내하지 못할 경우 자살할까 봐 두렵다고 아뢰었다.

이 말은 수나라 문제의 아픈 곳을 건드렸고 문제는 노발대발하며 양수를 내사성의 옥에 가두었다.

●●● 역사문화백과 ●●●

[술집 · 호희 및 '주호자']

당나라 사람들은 술집에 가서 술을 마셨다. 당시 내지에 이주한 많은 호인들이 술집을 경영했고, 호인 여자들이 매대에서 술을 팔곤 했는데 시가에서는 그녀들을 '호희胡姬'라 불렀다. 당나라의 시에 '주호酒胡' '주가호酒家胡' '희'라는 서술이 매우 많다. 당시 주연에 술을 권하는 인형이 있었는데 이를 쟁반에 놓고 돌려서 인형이 멈춘 쪽 사람이 술을 마셨다. 이런 인형을 '주호자酒胡子' 또는 '주호'라 불렀다.

| 세계사 연표 |

612년 고구려가 살수대첩으로 수나라 양제의 참공을 격퇴했다.

수나라 양제가 등극한 후에도 양수는 여전히 옥에 갇혀 있었다. 수나라 양제가 피살된 후 우문화급은 양수를 황제로 옹립하려 했지만 주변에서 동의하지 않자 셋째 황자 양준의 아들 양호楊浩를 괴뢰 황제로 옹립하고 양수를 사형에 처했다.

위엄 있는 삼채 천왕용天王俑
너비가 19cm이며, 높이는 40여 cm로 묘의 사기를 제압하는 무장이다.

수나라 문제가 화려한 호랑이의 가죽 속에 이風와 서캐(이의 알)가 수없이 많았음을 어찌 알았겠는가.

피백披帛

| 중국사 연표 |

612년 수나라 양제가 이때부터 연속 3년간 고구려를 정벌했다. 수나라의 가장 걸출한 기사技師 우문개宇文愷가 죽었다.

025

태평공의 평생 고초

어릴 때 전쟁의 승부를 예견한 사만세史萬歲는 후에 병졸이 되어 적의 간담을 서늘하게 만들었다.

천재 소년 사만세

북주北周의 한 자사는 자기의 아들이 점을 치지 않고도 앞일을 맞힌다고 자랑했다. 그해 자사는 15세인 아들을 데리고 북제北齊를 공격했는데 쌍방이 교전하기도 전에 아들은 이 전쟁이 반드시 패한다고 말했다. 과연 전투가 시작되자 북주 군사는 곧바로 붕괴되었다. 군사에 대한 특수한 오성悟性이 있는 이 소년이 바로 이후 수나라의 명장 사만세다.

사만세는 28세 때 부친이 전사하고서야 소속부대가 생겼다. 북주의 무제는 그가 공신의 아들이므로 부친 태평공의 작위를 계승하도록 허용했다. 재주와 학식을 겸비하고 소탈한 새 세대의 태평공은 전쟁에서 한번 솜씨를 보이고 싶었다.

양견이 승상이 된 후 사만세는 노장 양사언梁士彦을 따라 상주相州 총관 위지형尉遲逈을 토벌했는데 행군 도중에 그는 한번에 양사언이 가리키는 기러기를 쏘아 맞혀 명사수 칭호를 얻었다. 사만세는 무예가 출중하고 병법에 정통했지만 복잡한 인사에 대해서는 문외한이었다. 그는 위지형의 반란을 평정하는 전쟁에서 공을 세워 상장군이 되었는데, 얼마 안 되어 한 차례 병란에 참가한 혐의로 파직되어 돈황에 유배, 일개 병졸이 되었다.

돌궐이 수나라 변경을 침범해 양측 군사가 돈황에서 마주쳤는데 당시 통수 두영정竇榮定은 사만세와 오랜 교분이 있었다. 사만세는 자기를 적군 선봉대장에게 도전하도록 허락해 달라고 청했고, 이에 두 장수가 맞붙어 불과 몇 합 만에 사만세가 적군 장수를 말 아래로 떨어뜨렸다. 돌궐 군사는 대장이 수나라 군사의 보통 병졸을 당하지 못함을 보자 공포에 떨며 급히 징을 울리면서 물러갔다.

이로부터 돈황 병졸 사만세의 명성만 들으면 돌궐 기병들도 간담이 서늘해졌다.

병을 띄워 구원 요청

사만세는 이 공功으로 다시 태평공 작위를 회복하고 진나라 평정 전쟁에서 또 상의동령 거기 장군을 제수 받았다.

수나라가 천하를 통일한 후 얼마 안 되어 강남에서 연이어 반란이 발생하자 조정은 사만세를 선봉으로 양소楊素를 따라 정벌하게 했다. 강남 반란군은 관군의 기세에 눌려 소부대로 분산되어 심산 밀림 속으로 들어갔다. 관군의 많은 군사로도 어쩔 수 없자 양소는 사만세에게 2000의 군사를 거느리고 심산 속으로 들어가 적들과 싸우게 했다. 사만세는 깊은 산 속에서 2000리를 행군하며 700여 차례의 접전을 벌여 반란군을 소멸했지만 깊은 산 속에서 방향을 잃어 오도가도 못하게 되었다. 다행히 개울물에 떠다니는 대나무 통에 소식을 써 넣어 산 아

기세등등한 기마 무사
기마 무사용은 높이가 36cm, 길이가 26.5cm로 검은 두건을 쓰고 눈이 크다. 깃을 밖으로 넘긴 호복을 입고 검은 장화에 검은 전대를 찼다. 건장한 갈기 덮인 말을 탄 무사의 위용이 당당하다.

역사 시험장 〉 수·당 시대 서예 전문학교인 서학書學이 있었는데 그 주요 강의 내용은 무엇인가?

| 세계사 연표 |

613년 고구려가 제4차 수나라의 침공을 격퇴했다.

《수서隋書·사만세전史萬歲傳》 출전

래로 띄워 보낸 후, 관부官府의 도움으로 위험 속에서 벗어날 수 있었다. 수나라 문제는 위험을 두려워하지 않는 사만세를 크게 칭찬하며 상금을 하사하고 좌령군 대장으로 승진시켰다.

이후 몇 년간 태평한 세월을 보냈는데 운남 변경에서 또 찬爨족의 반란 소식이 전해왔다. 이에 수나라 문제는 사만세를 파견해 정벌하게 했는데 찬족은 사만세 군사의 기세에 눌려 싸우기도 전에 무기를 바치며 투항했고, 관군은 찬족이 바치는 많은 금은보화를 얻었다. 사만세는 조정에 보내는 첩보에 찬족의 수령 완翫을 인질로 도성에 압송하는 문제에 대해 건의했다.

억울하게 죽은 사만세

사만세는 하약필·한금호와 함께 공신 명장으로 관직이 좌위대장군에 이르렀다. 재능이 뛰어난 그를 하약필은 '기마 장군'이라 불렀다. 군사를 엄하게 처벌하고 무고한 자를 마구 죽이는 양소의 질투와 모함으로 억울하게 죽었다.

뛰어난 기술의 수나라 시대 유리 제품
물을 담는 그릇으로 입구와 복부가 모두 타원형이며 취관吹管으로 제작했다. 두께가 극히 얇으며 형태는 중국 전통 제조 양식이다.

찬족 대대로 내려오는 귀한 진주

도성으로 주서를 보낸 지 얼마 안 되어 찬완이 사만세에게 그를 압송하지 않는다면 찬족이 대대로 전하는 귀한 진주를 사례하겠다고 사정했다. 찬족의 진주는 천하에 귀한 보물로서 전쟁에서 생사를 도외시하는 장군 사만세도 진주를 보자 탐욕이 생겨 찬완의 청을 받아들였다.

●●● 역사문화백과 ●●●

[당나라 시대 유행한 날염 천]
고대 사람들은 염힐染纈이라 불렀다. 목판이나 기름종이에 꽃무늬를 새기고 누공 부위에 도말해 인쇄한 것을 협힐, 설계된 꽃무늬를 실로 고정하고 염색물에 담근 후 실을 뽑은 것을 교힐이라 한다. 지금의 납염을 납힐이라 하는데 녹은 초로 흰 천에 꽃무늬를 그리고 염색물에 담근 후 납을 제거하면 남색 바탕의 흰 꽃이 나타난다. 당나라 시대에 이미 퇴색 방지 약물을 사용했는데, 이 방법을 발염拔染이라 한다. '발염'도 흰 꽃무늬를 얻는 데 '방염防染'보다 효과적이다.

581~763 수나라

석경石經·설문說文·자림字林 등

| 중국사 연표 |

613년

양소楊素의 아들 양현감楊玄感이 배반했다.

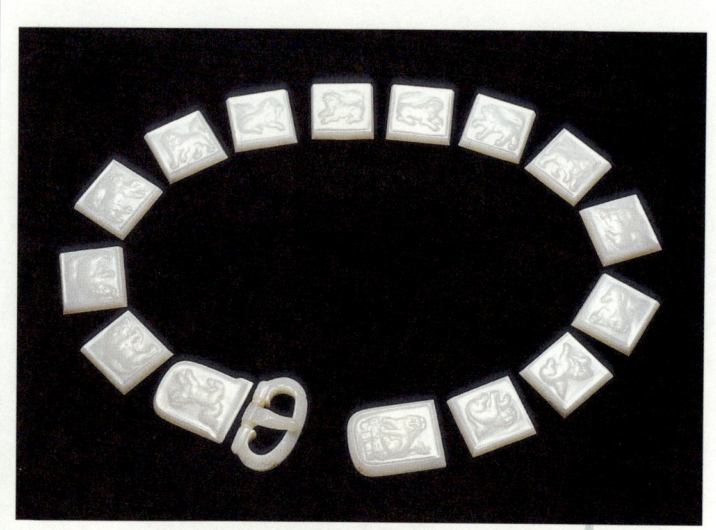

사자무늬 백옥 띠
신강 매옥으로 조각했으며, 윤기가 나고 부드럽다. 정면에 각종 형태의 사자무늬를 조각했다. 당나라 시대의 독특한 조각 기술이다.

사만세는 운남에서 개선해 도성으로 귀환하는 도중에 월왕 양수가 주둔하는 촉주를 지나게 되었다. 월왕 역시 찬족의 진주를 꿈에도 그리던 터였는데 진주가 사만세의 수중에 있음을 알자 수하 사람에게 명해 수색하게 했다. 사만세는 월왕의 행동에 불만스러워하며 진주를 금사강에 던져 버렸다. 이에 월왕은 비록 사만세가 패도를 부렸지만 더는 어쩔 수가 없었다. 그런데 몇 년 후 찬완이 또 한번 반란을 일으키자 양수는 이 기회를 이용해 수나라 문제에게 사만세가 뇌물을 받은 사실을 털어놓았다.

수나라 문제는 얼굴이 시뻘게지면서 큰소리를 질렀다. "짐은 줄곧 그대를 공신으로 인정해 주었거늘 도리어 재물을 탐내 찬완을 비호했군그래. 그대가 받은 것은 진주 하나에 불과하지만 조정은 이 때문에 또 한번 군사를 일으켜야 하는 걸세." 수나라 문제는 말을 마치고 다음날 사만세를 참수하라 명했다. 그러나 고경과 태자 양용의 보호 덕분에 사만세는 겨우 목숨을 건질 수 있었다.

개황 18년에 돌궐의 달두 칸이 변경에 침입하자 수나라 문제는 진왕 양광과 양소가 하나로, 한왕 양량楊諒과 사만세가 하나가 되어 적에게 대항하게 했다.

달두 칸은 수나라의 장수가 바로 당년에 접전한 적이 있는 돈황의 병졸임을 알자 싸우기도 전에 도주했고, 이에 사만세는 수백 리를 추격해 적 수천 명을 사살했다. 그런데 조정에 귀환한 후 공을 논할 때 양소는 도리어 돌궐이 이미 자신에게 투항했고, 사만세가 추격한 것은 변경에서 방목하던 평민이라고 거짓 보고를 했다.

얼마 후, 수나라 문제가 태자 양용을 폐위하자 양소는 사만세가 양용과 한패라고 모함했다. 수나라 문제는 사만세를 입궁하라 하여 죄를 다스리려 했는데 이 사실을 모르는 사만세는 도리어 황제에게 돌궐 전쟁 이후 상이 공평하지 못하다고 하소연을 했다. 이에 수나라 양제가 대로해 어림군御林軍에게 몽둥이로 사만세를 그 자리에서 때려죽이게 했다.

사만세는 수나라 초기 4대 명장 중 하나이지만 그는 전쟁터에서 죽은 것이 아니라 조정에서 맞아죽었다. 이로써 태평공의 작위가 결코 그에게 태평을 가져다주지 못했음을 알 수 있다.

••• **역사문화백과** •••

[축국 – 현대 축구·배구의 시조]
이전에 축국(공차기)에 쓰인 도구는 속에 짐승의 털을 넣은 가죽 공이다. 당나라 사람들은 공기를 넣은 동물 방광에 가죽을 씌워 탄성이 좋고 가벼운 기구를 만들었다. 당시에는 또 높은 문이 출현해 축국 놀이에서 더욱더 새로운 방식이 생겨났다. 초지 중앙에 문 하나를 설치해 지금의 배구와 비슷하게 하는 방식, 초지 양측에 문을 둘 설치해 지금의 축구와 비슷하게 하는 방식이 출현했다. 문이 없는 '백타白打'도 출현했는데 이는 두 사람 또는 여러 사람이 마주 차며 여자들이 즐겼다.

| 세계사 연표 |

614년 페르시아 군대가 예루살렘을 점령, 성 십자가를 약탈했다.

026 인수궁의 일화

《자치통감資治通鑑》・수문제 인수隋文帝仁壽 4년
《수서隋書・양소전楊素傳》 출전

수나라 문제는 멀리 내다볼 줄 몰랐다. 수나라의 혼란은 그가 통치하던 시기에 이미 그 화근이 싹트고 있었다.

인수궁仁壽宮은 문제의 여름 궁전으로 장안 서쪽 기주岐州에 있다. 개황 10년(593), 53세인 문제가 기주에 갔다가 행궁을 건축하도록 명했다.

근심하는 양소

인수궁 건축은 양소楊素에게 맡겨졌고 개황 15년에 준공됐다. 수나라 문제는 재상 고경을 파견해 검수하게 했는데 고경이 돌아와서 인수궁이 너무 호화롭다고 보고하자 문제는 양소의 낭비에 크게 언짢아했다.

양소는 이 소식을 듣고 몹시 불안해하며 사촌매부 봉덕이封德彝에게 의논했는데 그는 독고 황후를 찾으라고 충고했다. 양소는 독고 황후에게 편지를 써서 지금과 같은 태평세월에 행궁을 너무 누추하게 지을 수 없었다고 했다.

그해 3월에 수나라 문제는 친히 기주에 행차했는데 지쳐 죽은 잡부의 시체를 불에 태운 일을 자사에게서 들었다. 문제가 인수궁에 도착한 후 궁전이 휘황함을 보자 더욱 화를 내며 궁을 이토록 호화롭게 장식해 백성들이 황제를 미워하게 했다고 양소를 질책했다.

양소자 안절부절못하자 봉덕이가 조용히 말했다. "월공은 근심하지 마십시오. 황후가 보면 상을 후하게 내리실 것이외다."

녹색 유약을 바른 용 손잡이 박산로 (위 사진)
노의 높이는 36.3cm로 1989년 섬서성 장안시 위곡진韋曲鎭 북원北塬에서 출토됐다.

눈물을 흘린 황제

다음날 가슴을 졸이며 입궁한 양소는 대전에 들자 황제와 황후가 함께 앉아 있음을 보고 마음이 놓였다. 아니나 다를까, 독고 황후는 양소가 황제와 황후가 만년을 보낼 곳이 없음을 알고 행궁을 호화롭게 장식했다고 칭찬하며 100만 전의 돈과 3000필의 비단을 하사했다.

사학자들은 수나라 문제와 독고 황후의 근검정신과 백성을 사랑하는 마음을 찬양하곤 한다.

인수궁이 준공되기 전해에 관중 지역에 한재가 들고 도성에 지진이 발생해 농민들은 콩 찌끼나 겨로 목숨을 부지했다. 문제는 이재민의 음식을 보고 눈물을 흘렸고, 자신이 더는 술과 고기를 먹지 않겠다고 선포했다. 문제는 확실히 백성을 돌보는 황제였지만 그것 또한 자신의 통치를 공고히 하기 위함이니 인수궁 건축이 바로 그 실례이다.

작은 일만 돌본 수나라 문제

수나라 문제는 20여 년간 집정하면서 엄숙했으며, 영을 내리면 반드시 실행했다. 그러나 대소를 불문하고 모두 자신이 홀로 결정하기 좋아하고, 매번 조회는 오후가 되어서야 폐하곤 했다. 문제는 생활이 검소해 연회나 제사를 제외하고는 끼니마다 야채 요리 한 가지만 먹고 평소에 타는 마차나 기타 어용 물품도 다 낡아야 바꿨으며, 후궁 비빈 궁녀의 복장도 여러 번 입고 교체하라고 명했다.

581~763 수나라

각 관서가 그 조세에 의해 사무 경비를 해결하는 토지를 가리킨다

| 중국사 연표 |

614년 각지의 수나라 반대 봉기군 두령이 스스로를 왕이라 칭했다.

수나라 '낙주 손선' 와당 (앞뒷면)
수나라 인수궁은 개황 13년(593)에 건축, 당나라 초기에 구성궁九成宮이라 개칭했으며, 수·당 시대의 중요한 이궁이었다. 그중 37호 전 유적지는 수나라 때에 건설해 당나라 초기에 수리했다. 발굴된 유물 중 장인 성명 및 원적을 찍은 와당이 희귀하다. 37호 대전 유적지의 발굴은 수나라 시대 궁전 건축역사의 공백을 보충했다.

연대가 제일 오래된 마애 석각 – 방산 석경 제사題詞
북경시에 현존하는 최초의 마애 석각은 수나라 시대 석경으로 용동 입구 오목 부위 암벽에 수나라 대업 10년에 새긴 '대반 열반경 수명품' '여래 연화경 관세음 보문품' 이라는 글씨가 있으며, 석경 오른쪽 0.15m 부위에 제사가 있다. 석경과 제사는 3분의 1이 물에 잠겼는데 내용이 풍부하고 제재가 광범위하며 일정한 가치가 있는 글씨체다.

이렇게 검소한 황궁의 영향으로 개황·인수 연간에 보통 남자들은 모두 견포(굵은 생사 직물)를 입고 고급 능라주단을 입는 사람은 드물었으며, 장신구도 구리나 쇠나 뼈로 만들었다.

사회 모든 구성원의 근검절약으로 백성의 생활은 모두 충족했고, 나라의 창고 역시 차고 넘쳤다. 수나라 건립 초기에 400만밖에 안 되던 호적이 인수 말년에 이르러 890만으로 증가했다.

수나라 관아의 양곡·포백은 모두 장안·낙양 및 중원의 창고에 저장했는데, 사서의 기록에 따르면 하남성 공의鞏義의 낙구창洛口倉은 둘레가 20리나 되는 성으로 내부에 3000개의 움이 있었고, 하남성 맹진孟津의 회락창回洛倉은 주위가 10리, 내부에 움이 300개인데 두 곳의 양곡을 합치면 2000여 만 석이나 되었다.

20세기 70년대에 낙양에서 발견된 함가창含嘉倉은 움이 200여 개, 그중 1개 큰 움은 용적을 1만 석으로 계산할 경우 이미 탄화된 곡식 50여 만 근을 발견했다. 고고학 증명에 의하면 수나라 양식 창고 유관 기록은 결코 과장되지 않았다.

그러나 수나라 문제는 작은 일에만 연연하고 멀리 내다보지 못했으며, 의심이 너무 많아 참언을 쉽사리 믿어 개국 공신이나 이전의 부하 친신들 중 끝까지 무사하게 보낸 자가 몇 안 되었다.

수나라 양제가 후에 고금에 놀라운 큰 사업을 해낸 것은 개황·인수 연간에 축적한 대량의 재물에 의한 것인데 양제 집정 시 점점 더 첨예해진 조야의 모순은 개황·인수 연간에 이미 형성된 화근이다.

구성피서도九成避暑圖 (송나라 그림. 일부분)
당나라 시대 구성궁九成宮은 섬서성 인유현성麟遊縣城 서쪽 25km 지점, 보계시 동북 130km 지점에 위치하며, 수나라 문제 개황 13~15년(593~595)에 건축했다. 처음에 인수궁으로 불렸고 후에 수차례 확장, 구성궁으로 개칭했다. 정교한 건축과 아름다운 수목으로 '수·당 이궁의 최고' 라 불렸다. 이 그림은 구성궁 전경이다.

| 세계사 연표 |
615년 페르시아 군대가 이집트를 침략해 알렉산드리아를 포위 공격했다.

027

《수서隋書·이원통전李圓通傳》 출전

581~763 수나라

대장군이 된 하인

양견楊堅이 손님을 청하면 하인은 주방에서 감독했다. 그는 하인을 대장에 임명했지만 아들 양광楊廣은 하인의 관모를 벗겼다.

검은 아기의 사생아

양견의 부친 수국공隋國公의 저택에 한 노비가 있었는데, 못생기고 얼굴이 검어 사람들은 검은 아기라 불렀다.

모든 사람이 그녀를 싫어했지만 이경李景이라는 군사가 저택에 심부름을 왔다가 그녀와 눈이 맞아 검은 아기가 임신을 했다. 이 일을 알게 된 수국공은 더는 이경에게 저택으로 심부름을 다니지 못하게 했다. 이리해 검은 아기가 낳은 아이는 생부를 보지 못했고 이원통李圓通이라는 이름도 주인이 지어 주었다. 검은 아기는 못생겼지만 아들은 코도 눈도 큼직한 게 매우 귀엽게 생겼다.

주인은 그 아이가 10여 세 때 나이가 비슷한 양견 도련님의 수종 하인을 시켰다.

호령하는 주방 감독관

양견은 젊어서 친구 사귀기를 무척 좋아했고, 손님이 오면 항상 주연을 베풀곤 했다. 그때 양견은 아직

당나라 삼채 식기
당나라 삼채는 당나라 시대 채색 유약 도기의 총칭으로 제작 연대가 당나라이고, 황·녹·백 3종 색채를 가장 많이 사용해 생긴 이름이다. 실제 사용한 색깔은 남색·적갈색·자색·흑색 등이다. 이런 도기는 한나라 시대 저온 연유 도기 공예를 기반으로 점점 발달해 금속 원소를 함유한 각종 원료를 새롭게 발견, 성공적으로 제작한 것이다.

《당률소의唐律疏儀》

| 중국사 연표 |

615년 수나라 양제가 북으로 순행 도중, 안문雁門에서 돌궐 군사에게 포위당했다.

따로 세간을 나지 않아 집안에 식구가 많았고, 주방에 준비해 놓은 요리를 아직 연회석에 올리기도 전에 조카들이 마음대로 집어먹곤 했다. 하인들은 미처 음식을 다시 만들 수가 없어 남은 것을 억지로 모아 올리곤 해서 양견은 늘 체면이 깎이곤 했다.

이후 양견은 손님을 청할 때마다 꼭 이원통을 주방에 보내 감독하게 했다. 이는 게걸스러운 조카들을 말리라는 뜻일 뿐이었는데 이원통은 이것을 군령으로 받들어 호통을 치면서 타인은 얼씬 못하게 했다. 주방에서 장난으로 음식을 집어 먹던 자들도 이원통의 기세에 눌려 더는 시끄럽게 굴지 않았.

이원통은 남들이 드나들지 않는 것을 보자 더욱 신이 났다. 그러나 이 '주방 감독관'을 눈에 차지 않아 하는 사람이 있었으니 그가 바로 양견의 아들 양용을 돌보는 유모였다.

그날 또 손님을 청했는데 유모는 대범하게도 주방에 와서 먹을거리를 골라 양용에게 주었다. 요리사는 어린 도련님에게 주는 것이라 이원통이 허락할 줄로 여기고 유모의 부탁대로 음식을 주워 담았다. 그런데 이것을 본 이원통이 다짜고짜 요리사를 후려치는 것이었다. 경력이 오래된 요리사는 체면도 있고, 또 유모가 뒷심이 되어 주자 이원통에게 대들었다. 떠드는 소리가 객청으로 퍼져 가니 손님들 앞에 선 주인은 더욱 체면이 깎이게 되었다.

사람들은 양견이 거들먹거리는 이원통을 처벌하리라 믿었지만 사연을 물어본 양견은 처벌은 커녕 오히려 칭찬을 하면서 위로하는 듯 나머지 술과 안주를 그에게 하사하는 것이었다.

수렵 도안이 그려진 봉황머리 병
주전자는 높이가 31.8cm로 서안 교외에서 출토됐다. 입구 아래는 봉황머리 모양으로 길고 둥글며 가운데 부분은 편평하고, 발은 벌어진 원통형이다. 복부에 기마 사격 인물의 도안이 그려지고 전체에 채색 유약을 발랐다.

가노를 용납하지 않은 수나라 양제

주방 사건이 발생한 후 양견은 이원통을 더욱 신임했고 이원통도 주인에게 충성했다. 후에 양견이 북주의 승상이 된 후 주나라 황족은 계속 자객을 파견해 양견을 암살하려 했다. 이에 양견은 건장하고 재빠른 이원통을 호위병으로 삼았고, 한 걸음도 떨어지지 않는 이원통 덕분에 매번 죽음에서 벗어나곤 했다.

양견은 제위에 등극한 후 이 충성스러운 하인을 잊

역사 시험장 › 당나라 시대 부병府兵을 통솔하는 기구는 무엇인가?

| 세계사 연표 |

616년 비지코트 군사가 동로마의 스페인 지역 영토를 탈환했다.

지 않았다.

우선 그를 어림군 수령으로 임명한 후 얼마 안 되어 파격적으로 형부상서로 승진시켰다. 이 형부상서는 국법에 의해 사람의 생사를 판결하는 요직이었다. 이원통이 몇 년간 형부상서를 지낸 후 양견은 또 그를 대장군으로 임명해 그에게 진왕秦王부의 장사를 역임하면서 세상일을 잘 모르는 셋째 공자 양준楊俊을 보좌하게 했다.

수나라 양제도 등극 후 이원통을 여전히 중용했다. 양제는 강남을 순행할 때 이원통에게 서울 유수관의 중임을 맡겼는데 그는 이때 이미 60이 넘었지만 양씨에 대한 충성은 여전했다.

누군가 허국공 우문술宇文述이 백성의 토지를 강점

마갈무늬 금제 컵
높이가 3.5cm이며 지름이 13cm이고 무게가 174g이다. 울이 낮고 발이 둥글며 컵 전체가 네 개의 해당화 모양이다. 주 무늬는 기저 부위에서 돌기한 마갈 구슬무늬, 꽃잎 띠무늬는 저부 및 벽의 분해 무늬 장식이다. 내벽은 두 조의 대칭되는 보상 꽃무늬와 여의 꽃무늬로 장식했으며, 입구 안쪽 및 발 바깥쪽을 각각 한 바퀴의 꽃잎 띠무늬로 장식했다.

했다고 고발하자 그는 우문술이 수나라 양제의 측근임을 잘 알면서도 이해타산을 따지지 않고 그 토지를 백성에게 돌려주게 했다. 화가 난 우문술은 이원통이 뇌물을 받았다고 고발하자 수나라 양제가 우문술의 말을 곧이듣고 이원통을 파직, 이후 얼마 안 되어 그는 우울한 기분 속에서 죽었다.

수나라 문제는 지용을 겸비한 사만세는 용납하지 못하면서도 가노 이원통은 전혀 의심하지 않았다. 그러나 수나라 양제는 음모를 잘 꾸미는 우문술을 신임해 이원통과 같은 오랜 가노마저 용납하지 못했다.

충신과 가신을 구분하지 못하니 왕조가 어찌 망하지 않으랴!

581~763 수나라

왕유王維 〈산속의 가을〉 시의도 (명나라 항성모項聖謨 그림)
인적 없는 산속에 비가 멎었는데 맑은 하늘에 가을은 늦게 오네. 밝은 달은 소나무 사이로 비치고 맑은 냇물은 돌 위로 흐르네.

●●● 역사문화백과 ●●●

[서역에서 전래된 호족 음식]
당나라 시대 서역 또는 중앙아시아 지역으로부터 중원에 전래된 식품을 호식胡食이라 불렀다. 당시 호식은 호떡과 필각饆饠인데 호떡은 구운 것과 찐 것, 야채소와 고기소, 깨떡으로 나뉘며 사회 각 계층이 모두 즐겨 먹었다. 필각은 소를 넣은 고급 분식이었다. 호식의 유행은 당나라 민족 융합 및 대외 교류를 촉진했다.

절충부折沖部 93

| 중국사 연표 |

616년 수나라 양제가 세 차례 양주에 내려갔다. 이밀李密이 와강군瓦崗軍에 투신했다.

028

시인의 죽음

수나라 문제의 비서 설도형薛道衡은 선황을 칭송하는 시를 써서 수나라 양제의 원수가 됐다.

책에서 기쁨을 찾은 설도형

수나라의 저명한 시인 설도형은 6세 때 부모를 잃었다. 친족의 보호를 받지 못한 설도형은 책에서 기쁨을 찾을 수밖에 없었다. 책은 설도형을 일찍 성숙하게 했는데 그는 13세 때에 벌써 사람들의 찬탄을 받는 시를 지었다.

북제北齊 재상 양준언楊遵彦은 그가 쓴 시를 읽고 그를 조정에 천거했고, 이에 그는 사신을 접대하는 예의관이 되었다. 그때 북제는 서쪽의 북주北周, 강남의 진陳나라와 사신의 왕래가 있었는데, 시인이기도 한 진나라 후주가 파견하는 사신은 비교적 높은 문화 소양을 갖고 있었다. 설도형이 그해에 접대한 진나라 사절 부재傅縡는 시를 잘 짓는 사람으로 설도형이 북방 시인 중 두각을 나타내는 수재임을 알고 그 자리에서 50운이나 되는 장시를 그에게 선물했다.

그런데 뜻밖에 설도형은 즉시 운에 맞춰 그에게 한 수 화답하는 것이었다. 설도형의 필적이 채 마르지 않은 시를 읽은 부재는 크게 찬양하며 자기의 시는 구슬을 이끌어 내는 벽돌에 지나지 않는다고 말했다.

이 일은 당시 남북 시단의 미담이 되었고, 이로부터 설도형의 시명은 강남에 전해져 그의 새로운 시가 전해질 때마다 진나라의 문학 애호가들은 서로 다투어 낭독하곤 했다.

군사를 담론한 서생

북주가 북제를 멸망시킨 후 설도형은 친구 이덕림李德林 · 노사도盧思道와 함께 주나라 무제의 부름을 받고 장안으로 갔다. 수나라 문제가 주나라를 대체한 후 이 문인들은 또 새로운 군주를 위해 봉사했다.

세상이 주마등처럼 돌고 돌며 누가 황제가 되든지 간에 이덕림과 설도형과 같은 학자 시인들은 떠날 수가 없었다. 특히 설도형처럼 물 흐르듯이 글을 써 내려가는 문인을 황제는 매우 중용했다.

조정은 축전을 거행할 때마다 기세가 웅대한 조고詔誥가 없어서는 안 되었고, 황제가 역도의 무리를 토벌할 때에도 먼저 엄정한 격문을 써내야 했다.

수나라 문제가 주나라 정제周靜帝의 손에서 황위를 빼앗을 때에도 이유가 당당하면서도 재미있게 엮은 글을 내놓아야 했다. 물론 황제를 위해 조서나 명령을 기초하는 일은 비서의 직업에 불과해 조정에서의 설도형의 지위는 그다지 높지 못했다.

진나라 평정 전쟁에서 도형은 재상 고경의 수하에서 심부름을 했다. 재상은 간혹 시인과 한담할 때면 그가 풍월만 읊는 것이 아니라 정치에 대한 분석도 대단히 명석함을 발견했는데, 설도형은 도성에 돌아온 고경의 천거로 이부시랑이 되어 관리의 임면

은도금 금권초호무늬 문좌 파라자門座 波羅子 1조

| 세계사 연표 |

617년 영국 노섬브리아 왕 에드윈이 재위(~632)했다.

《수서隋書·설도형전薛道衡傳》 출전

선화 부인이 부자父子를 섬기다

선화 부인은 진陳나라 선제의 딸로, 수나라가 진나라를 멸한 후 수나라 문제의 비빈이 되었는데 깊은 총애를 받아 선화 부인으로 책봉됐다. 문제가 병이 위중할 때 태자 양광은 궁중에서 진씨를 간음했고, 후에 양광이 즉위하자 사람을 파견해 몇 개의 동심 매듭을 보냈다. 이로부터 진씨는 또 양제의 시중을 들었다. 두 그림은 청나라 간행본 《설당연의전전說唐寅義全傳》에 실려 있다.

581~763 수나라

과 승강을 책임졌다.

관리 임면은 지연과 혈연 관계를 피하지 못하며 낭만적인 시인이 할 일이 못 되어서 설도형은 얼마 안 되어 사람을 잘못 등용한 죄목으로 파직돼 영남嶺南에 유배되었다.

설도형의 유배 소식을 듣자 당지에 주둔하는 진왕晉王 양광楊廣과 한왕漢王 양량楊諒은 모두 그를 자기의 문하에 두려 했다. 진왕은 설도형에게 양주를 거쳐 영남에 가라고 제의하면서 그가 양주에 도착한 후 방법을 찾아 그를 그곳에 남기겠다고 했고, 한왕은 그에게 강릉을 거쳐 남하하라고 했다. 설도형은 한왕의 제의를 받아들였는데 뜻밖에 이 선택이 이후 그의 죽음을 초래하는 화근이 되었다.

누워서 글을 지은 설도형

설도형이 강릉을 떠난 지 얼마 안 돼 황제는 그를 소환·내사성의 관리를 거쳐 내사시랑으로 승진시켰다. 내사성은 조서 칙령의 기초를 만드는 부서였는데 설도형은 조정의 공문을 기초할 때 신중을 기해 홀로 침대에 누워 벽을 보고 구상하곤 했다.

이렇게 편찬한 조서는 매번 수나라 문제에게 찬양을 받았다. 당시 설도형은 황제의 신임은 물론 고경·양소楊素와도 매우 밀접히 내왕했고, 몇몇 황자와도 친근하게 지냈는데 진왕 양광도 겉으로는 여전히 싹싹하게 대했다. 이후 의심이 많은 문제는 양소를 멀리하게 되면서, 설도형이 조정의 기밀을 양소에게 누설하지 못하도록 그를 양양에 보내 총관을 역임하게 했다. 군신이 작별할 때 수나라 문제가 아쉬워하며 말했다. "그대가 떠나 짐은 한쪽 팔이 떨어지는 듯하네."

시인은 비록 늙었지만 천진함은 그대로 남아 있어

●●● 역사문화백과 ●●●

[우란분절]

우란분절盂蘭盆節은 불교의 명절로 음력 7월 15일이다. 당나라 시대 우란분절이 되면 관아 비용으로 사원에서 의식을 거행했다. 간혹 궁정에 도장을 설치해 선조에게 제사를 드리고 망령을 제도했다. 지금도 이날이면 지전을 태우고 성묘하는 풍속이 있다.

황제가 왜 자신을 도성에서 쫓아내는지는 생각지도 못하고 그 말 한마디에 목이 메어 눈물을 흘렸다.

죽어서도 천진한 시인

설도형은 수나라 양제 대업 연간에 장안에 소환되었다. 수나라 양제는 본래 그에게 비서의 일을 시키려 했는데 뜻밖에 이 늙은 시인이 입궁해서 처음 한 일이 바로 황제에게 〈고조문황제찬高祖文皇帝贊〉을 바치는 것이었다.

문장은 아름답고 감정도 진실했지만 수나라 양제는, 선황제를 찬미함은 바로 자신을 풍자하려는 뜻이라고 여겨 속으로 몹시 불쾌해하며 임시로 설도형에게 사예 대부를 제수했다.

설도형의 옛 친구 방언겸房彦謙, 즉 당나라 역사상 유명한 대신 방현령房玄齡의 부친은 이미 늙은 시인이

큰 화를 당하리라는 것을 예상했지만 시인 본인은 추호도 눈치를 채지 못했다.

친구들은 설도형에게 두문불출하며 시비를 따지지 말라고 했지만 그는 여전히 조정을 비판했고, 심지어는 고경이 죽지 않았다면 기강이 이 정도로 문란해지지는 않았을 거라고까지 말했다. 고경은 수나라 양제가 처형했는데 이 말을 들은 양제는 그가 고경을 변호한다는 죄를 씌워 옥에 가두었다.

설도형은 여전히 자기가 큰 죄를 짓지 않았고 황제가 자기와 같은 늙은이를 어찌하지 못하리라고 여겨 속히 판결하라고 재촉했다.

판결을 선고하기 전날 그는 가족에게 술을 많이 준비하라고 이르면서 집에 돌아가면 경하하러 오는 친구들을 잘 대접하겠다고 했다. 그러나 다음날 내린 판결은 그를 집으로 돌려보내는 것이 아니라 그에게 옥에서 자결하라는 것이었다.

천진한 시인은 죽으면서도 당년에 그에게 양주로 가라고 청하던 양광이 어찌해 말 한마디 때문에 그를 죽을죄로 모는지 알지 못했다.

당나라 초기 '18학사'의 한 사람 설수
설수薛收(592~624)는 자가 백포伯褒이고, 포주蒲州 분음汾陰, 지금의 산서성 만영萬榮 서남쪽 사람으로 수나라 말기의 저명한 문학가 설도형의 아들이다. 12세에 문장을 써서 조카 설덕음薛德音·설원경薛元敬과 함께 '하동 삼걸'로 불렸다. 진왕부 주부·천책부 기실 참군을 역임했고, 진왕 이세민을 따라 유흑달 평정에 공을 세워 분음현 남汾陰縣男으로 책봉됐다. 설수는 당나라 초 '18학사'의 한 사람으로, 왕무공王無功은 그의 부를 "운취가 높고 기이하며 뜻이 요원하고 높고 소슬해 말로 형언할 수 없다"고 평했다. 이 그림은 《역대명신상해》에 실려 있다.

●●● 역사문화백과 ●●●

[촌학村學]
당나라 시대에는 보통 6, 7세 되는 아동은 가정교육 외에 각지의 촌학에서 계몽 교육을 받을 수 있었다. 교재는 유가 경전 외에 《문선文選》·《천자문千字文》·《토원책부兎園冊府》 등이다. 물론 당시 사람들의 시문이나 산술 등도 배웠다.

| 세계사 연표 |

618년

고구려 영류왕榮留王이 재위(~642)했다.

029

《수서隋書·장형전張衡傳》 출전

뚱뚱한 게 죄

진왕晉王은 황제가 된 후에도 뚱뚱한 시종 집에 놀러 갔다. 그러나 시종은 자기 생각을 말한 죄로 황궁에서 쫓겨났다.

시종의 벼락 출세

진왕이 어디에 가든지 항상 뚱뚱하고 작달막하고 얼굴이 복스럽게 생긴 시종이 그 뒤를 바싹 따르는 것을 볼 수 있었다. 진왕은 이 시종의 직위가 높지 않지만 그의 계책은 다 들어 주었다.

이 지략이 많은 시종이 아니었더라면 진왕 역시 영원히 진왕으로 남아 동궁 태자는 물론 역사상 유명한 수나라 양제가 될 수 없었을 것이다. 이 시종이 바로 진왕부의 장형張衡이다.

수나라 양제는 장형의 막후 계책으로 천하를 얻어 제위에 등극하자 그를 어사대부로 벼락 출세시켰는데 장형에 대한 황제의 은총은 여기서 끝나지 않았다.

대업 3년에 양제는 성지를 내려 태항으로부터 하내군의 장형 고향에 이르는 관도를 닦게 하고, 준공된 후 장형의 집에 놀러 가기까지 했다. 장형 일가는 풍성한 술과 요리로 천자를 환대했지만 천자가 가장 좋아한 것은 장형 정원에 있는 시원하고 달콤한 약수였다. 며칠 더 약수를 마시기 위해 황제는 작은 산장에서 연속 3일이나 묵었다.

성현의 교시

장형은 황제의 각별한 은총을 입어 그 권력이 천하를 압도했고, 간교하고 교활한 성격으로 인해 다년간의 궁정 투쟁에서도 재능을 키워 갔다.

그러나 젊을 때 이미 태학에서 열심히 공부한 장형은 성현의 교시를 모두 잊지는 않아서 수나라 양제가 자신에게 은총을 베풀수록 더욱더 철저하게 자신을 단속했다.

그해 장형은 양제를 따라 분양궁汾陽宮을 순행했는데 식사가 끝난 후 황제는 장형과 분양궁 개축 사항에 대해 의논했다. 장형은 황제가 요 몇 해 동안 백성의 재물을 낭비하는 일이 많았음을 떠올리고는 술기운에 용기를 내어 백성을 아끼라고 간했다. 평소에 자기에게 간계를 대어주던 장형이 갑자기 백성을 우려하

581~763 수나라

석질 석가여래 사리 보장寶帳
보장은 높이가 109cm이며 밑면의 길이는 53cm이다. 보리수 높이는 50cm고 금련화 높이는 29.5cm이다. 재료는 석회석, 공工자형 수미 연화좌에 처마는 이중이고, 위로 들렸다. 꼭대기는 연꽃 복숭아형, 전체는 직사각형의 정자 모양, 6건이 중첩됐다. 보장에 각종 장식 도안이 조각됐는데, 교지 모란·연꽃·가릉빈가·보상화 등을 비롯해 꽃잎은 모두 얇고 꽃봉오리는 바로 피어날 듯하다. 보장 중부 사면에 석가 설법·열반 다비를 조각, 네 복의 부처 공양 이야기 그림이 있다.

불교 경전 일체를 종합해 편찬한 전서

| 중국사 연표 |

618년 당나라 고조 이연李淵이 재위(~626)했다.

손잡이 달린 마노 컵

중국을 말한다

가렴주구한 수나라 양제 (당나라 염립본閻立本 그림)
수나라 양제는 재위 기간에 대운하를 개통했으며, 낙양성을 건설했다. 그리고 《대업률大業律》을 반포했고 도량형을 개정했으며, 과거제도로 선비를 등용했다. 그러나 가렴주구하고 끝없이 유희를 즐겨 민력을 탕진했다. 전국적 봉기 속에 강도江都, 지금의 양주로 피신했으나 신하인 우문화급에 의해 교살됐다.

는 척하자 양제는 의아해했다. 그리고 잠시 뒤 노발대발하며 사람들 앞에서 장형을 크게 질책했다. "짐이 천하를 얻은 것이 너의 계책 덕분이라 여겨서 네놈이 이렇게 짐에게 건방지단 말이냐?"

장형은 자신의 조심스러운 간언에 황제가 이렇듯 진노할 줄은 꿈에도 생각지 못했다. 황제는 얼마 안 되어 죄명을 하나 만들어 장형을 유림 태수로 좌천시켰다.

이듬해 수나라 양제가 다시 분양궁으로 갔을 때 장형이 공무로 인해 찾아가서 배알했다.

양제는 장형을 만나기 전에는 본래 공로가 많은 옛 신하를 복직시키려 했는데, 통통한 모습의 장형을 보자 즉시 생각을 달리했다. 그는 본래 자신의 은총을 잃으면 장형이 몹시 후회해서 초췌해지리라 여겼는데 복스러운 그 얼굴은 여전하지 않은가.

양제가 비꼬듯 한마디 했다. "얼굴이 여전히 번들거리는 걸 보니 유림의 물과 땅이 그대에게 적합한 모양이군."

●●● **역사문화백과** ●●●

[과거시험 중 두 가지 방법 – 상과와 제과]
상과常科와 제과制科는 당나라 과거 시험의 두 가지 방법이다. 이부가 매년 정기적으로 거행하는 시험은 상과로, 과목은 진사進士·수재秀才·명경明經·명법明法·명서明書·명산明算 등이다. 그중 진사과와 명경과가 특히 중요하며, 진사과 합격 비례가 가장 적고 가장 인정받는다. 황제가 임시 과를 설치하는 과거 시험은 제과로 과목이 다양한데 직언특간直言特諫·현량방정賢良方正·박학홍사博學弘詞·재감경방才堪經邦 등 많은 과목으로 전문 인재를 선발한다.

들추고 싶지 않은 지난 일

한 걸음도 떨어지지 않던 군신이 이렇게 차지도 뜨겁지도 않은 몇 마디 말로 마지막 회견을 끝냈다. 수나라 양제는 얼마 후 또 장형을 강도江都에 보내면서 궁중의 정원을 책임지고 가꾸게 하면서 동시에 예부 상서 양현감楊玄感을 보내어 시찰하게 했다.

양현감이 강도에 도착하자 누군가 그의 앞에서 장형이 지출을 줄이기 위해 궁중 정원의 원유苑囿를 대폭 줄였다고 했다. 하지만 장형은 양현감과의 회견 시에 이런 말을 한 마디도 언급하지 않고 반대로 황제가 죽음을 내린 설도형이 억울하게 죽었다고 탄식했다.

양현감이 장형의 언행을 모두 수나라 양제에게 보고했고, 대로한 양제가 장형을 강도 저잣거리로 끌고 나가 처형하라고 영을 내렸지만 곧 생각을 바꾸어 장형을 서민으로 강등해 고향으로 쫓아 보냈다.

몇 년 후 수나라 양제의 측근이 장형의 첩의 입을 통해 장형이 황제를 원망한 증거를 잡았다. 이 소식을 들은 황제는 세월이 지나면 장형이 자기를 위해 저지른 계략을 모두 털어놓을까 봐 이 기회를 이용해 그를 자결하게 했다.

장형이 간언하다
장형은 자가 건평建平이고 하내 사람이다. 역사상 그를 "어려서 지향을 품고 강직한 기풍이 있다."고 했으며 진왕을 도와 등극해 벼락출세를 했다. 벼슬이 시종관에서 어사대부로 승진했으며, 관직·작위·토지·황금을 하사받았다. 후에 간언을 해서 죽음의 화를 초래했다. 이 그림은 청나라 간행본 《수당연의隋唐演義》에 실려 있다.

강도 행차는 영원한 역사의 거울
수나라 양제의 양주 행차 그림이다. 양주 옛 성 강도江都의 관음산에 양제의 사치스러운 '미루迷樓'가 있는데 현재는 '감루鑒樓'라 부른다.

●●● 역사문화백과 ●●●

[야광컵과 봉래잔蓬萊盞]

당나라 시에 '훌륭한 포도주를 야광 컵에 담아'라는 시구가 있다. 여기서 야광 컵이란 화려한 술잔을 이르는 말이다. 수·당 시대는 5대에 걸쳐 술잔을 무척 강조했는데 봉래잔·소라잔·파초잔 등 모두 9종이 있으며 각각의 사용법이 달랐다. 즉 봉래잔에는 산이 있어 술을 산이 잠기게 붓고, 야광 컵은 옥으로 만들어졌다. 당나라 시대에는 금은 컵이 많았는데, 가장 특이한 컵은 중앙아시아 소그드粟特 지역의 손잡이가 달린 컵이다.

| 중국사 연표 |
619년 당나라가 조용조租庸調법을 제정했다.

030

동궁의 괴상한 노인

유진劉臻이 유납劉訥을 보러 유의동의 집으로 갔는데 유진의 아들이 나와서 문을 열었다.

진짜 독서는 몽롱한 것

괴상한 노인이라 불리던 유진은 태자 양용楊勇의 깊은 존경을 받은 문인이다.

그는 본래 양梁나라 사람으로 양나라가 망한 후 북방에서 유랑했다. 일찍 북주北周 재상 우문호宇文護 수하에서 문서를 지내다가 수나라 건립 후 재상 고경高熲의 눈에 들어 군사를 따라 남하했고, 진陳나라를 정벌한 후 고경의 천거로 동궁의 태자 학사가 되었다.

당시 태자 양용은 진왕 양광때문에 골치를 앓았고 주변 사람들은 서로 계책을 대느라 바빴다. 그러나 유진만은 무엇을 물어도 앞뒤의 말이 맞지 않았다. 유진의 머릿속에는 고대 성현과 전조前祖의 명신뿐이었다. 동료 중 그와 의기투합한 자는 그와 같은 의동儀同인 유납뿐이었는데, 유납 역시 독서만 알고 권모술수는 모르는 사람이었기 때문이다.

유 의동이 찾은 유 의동

어느 날 유진은《한서》의 내용을 토론하려고 유납을 찾아 다니다가 그가 입궁하지 않았음을 알게 됐다.

유진이 마부에게 유 의동 집으로 가자고 했다. 마차가 어느 저택에 도착하자 유진이 "유 의동, 유 의동…" 하고 불렀는데 뜻밖에도 나와서 문을 여는 사람은 그의 아들이었다. 유진이 이상해 "네가 왜 여기 있느냐?" 하고 물으니 딱히 할 말이 없어진 아들은 공경스럽게 부친에게 말했다. "아버님, 여긴 아버님의 집입니다!" 유진은 사방을 둘러보고서야 마부를 나무랐다. "성 동쪽 유 의동 댁에 가야 하는데 넌 어째서 우리 집으로 왔느냐?" 아들은 평소 부친이 분간을 못함을 알기에 바삐 마부를 대신해 변명했다. "유납 아저씨도 의동이라 부르니 마부가 성남 유 의동의 집인지 성동 유 의동의 집인지 구분하지 못한 것입니다."

진영에 잘못 들어선 선비

유진은 이렇게 책에 깊이 빠져 세상사에 구애되지 않는 괴상한 노인이었다. 그러나《한서》연구는 당시 그를 따를 사람이 없었다. 태자 양용은 유진의 학문을

당나라 시대 주령 은살
강소성 단도丹徒에서 출토된 산가지 통에 50대 금박 은 산가지가 있는데, 산가지에는 위에《논어》문구를 쓰고 아래에 주령을 썼다. 내용은 음주법·음주대상·음주량 등이다.《논어》로 편찬한 주령은 '정화민락政和民樂(정치가 청명하고 백성이 낙업함)'으로 수신 양성·치국평천하가 취지인 일종의 오락이다.

색채가 맑고 질이 우수한 종이 (위 사진)
수·당 시대에 중국 제지술 및 제지 생산이 획기적으로 발전했다. 피지 생산이 증가하고 제지 공예가 발전했으며 종이가 더 희어지고 견고해졌다. 납지·경황·경백·방수지·수문지 등 각종 가공 종이는 제지 기술의 발전을 보여 준다. 일본 정창원에 수장된 당나라 종이는 색채가 좋고, 품질이 우수하다.

| 세계사 연표 |

620년 일본이 《천황기天皇記》·《국기國記》를 편찬했다.

《수서隋書·유진전劉臻傳》 출전

581~763 수나라

당나라 주령 깃대
강소성 단도丹徒에서 출토된 주령酒令 깃대는 고대 주연에서 사용하던 도구로 연회의 질서를 유지하는 감주 집사가 연석 중 실례·주정·사단 행위의 징벌에 사용한다. 그 규칙은 현대 족구 경기와 비슷하다. 주령 깃대에 '역사力士' 두 글자를 새겼다.

춘야연도리원도春夜宴桃李園圖 (청나라 영목冷枚 그림)
이백의 《춘야연도리원서》의 내용에 근거해 이백과 형제들의 복숭아 과수원에서의 봄밤 모임을 묘사했다. 고대 사람들이 촛불을 들고 밤에 유람하며 '꽃 속에 앉아 향기로운 술로 연회를 차리고 깃털 붙인 잔을 날리며 달빛에 취하는' 정경을 표현, 문인의 생활 정경을 묘사한 작품이다. 인물을 위주로 하는 산수 인물 그림으로 필치가 정연하고 색채가 농염한 것이 서양화의 영향을 받은 듯하다.

당나라 〈음중 팔선飲中八仙〉 (청나라 오유여吳有如 그림)
두보가 〈음중 팔선가〉에 서술한 당나라 8주선八酒仙은 동시대 사람으로서 술을 좋아하고 호방하고 활달한 면에서 서로 비슷하다. 8주선은 하지장賀知張·장욱張旭·이백李白·이진李璡·이적지李適之·최종지崔宗之·소진蘇晉·초수焦遂를 말한다.

존경했고 두 사람의 관계도 매우 가까웠다. 양용이 폐위되지 않았더라면 유진의 학술도 널리 알려졌을 것이나 애석하게도 그가 진영에 잘못 들어서서 사서에 그의 불후의 문장이 실리지 않았다.

교방教坊

| 중국사 연표 |
620년 진왕 이세민李世民이 왕세충王世充을 토벌해 낙양에 진입했다.

031

군자와 익살꾼

이사를 할 때 육상陸爽은 책만 옮겼다. 황제는 후백侯白의 익살을 즐겨 들었지만 그의 관작은 올려주지 않았다.

육상과 후백은 모두 위군魏郡 임장臨漳 사람으로 모두 조정에서 벼슬을 했지만 두 사람은 성격이 완전히 달랐는데, 육상은 장중하고 후백은 익살스러웠다.

너는 재물, 나는 책

육상은 아홉 살 때 스스로 매일 2000자의 문장을 외운 후 서재를 떠난다는 규칙을 세웠다.

북제北齊의 명사가 된 육상은 북제 멸망 후 주나라 무제의 부름을 받고 장안으로 갔는데, 그의 수레에 실은 짐은 서적 1000권이 다였다. 당시는 책을 모두 손으로 썼으니 이 1000권의 책에 들인 시간은 짐작이 가고도 남는다.

수나라 건립 후 태자 양용의 문학 시종이 된 그는 수나라 문제가 지은 손자의 이름을 고치라고 간했다. 문제는 그의 말대로 큰손자의 이름을 양엄楊儼이라 고쳤는데 후에 양용이 폐위되자 수나라 문제는 이름을 고친 일을 몹시 후회했다.

"짐이 손자의 이름도 제대로 못 지어 줄까 봐 바보 선비가 여러 말을 한단 말인가? 양용이 지금 짐과 맞서는데 이 아들이 선동했는지도 모르는 일이야." 당시 육상은 이미 죽었는데 문제는 그 분노를 육상의 자손들에게 풀어 그들의 직무를 면제하고 평생 등용하지 못하게 했다.

고대 익살꾼 일인자

육상의 동향 후백도 학문이 깊은 선비였다. 수나라 초기 과거제도 실시 초기에, 수재는 조정이 선비에게 주는 최고 학위였는데 수재를 얻는 것이 후세에 진사 시험에 합격되기보다 더 어려웠다.

후백은 바로 그 많지 않은 수재의 하나였다. 이처럼 재능이 뛰어난 그였지만 평소에는 선비 같지 않았다.

그는 말을 무척 재미있게 했는데 입만 벌리면 말이 줄줄이 쏟아져 나와 듣는 사람들로 하여금 배를 움켜쥐고 웃게 했다. 그러나 그 자신은 도리어 왜 그러냐는 식으로 의아해하면서 마치 자신의 말은 이 세상 가장 엄숙한 일

당나라 공작새 컵
당나라 시대 예술은 매우 발달했다. 당나라 공작새 컵은 술잔으로 정밀하게 만들어졌다.

역사 시험장 〉 당나라의 최대 국립 도서관은 무엇인가?

| 세계사 연표 |

622년

이슬람 교력(헤지라력의 기원)이 시작되었다.

《수서隋書·후백전侯白傳》
《수서隋書·육상전陸爽傳》 출전

당나라 시대 설창을 하는 남자용

당나라 시대에 통속적인 설창說唱 문학 형식인 변문變文이 출현됐다. 변문은 소설과 서사시의 결합으로, 사건을 이야기로 편찬해 설창 형식으로 노래를 부르는데 풍격이 익살스러워 대중의 환영을 받았다. 설창을 하는 세 점의 용은 1966년 섬서 서안 서쪽 교외에서 출토됐는데 당시 설창의 면모를 반영한다.

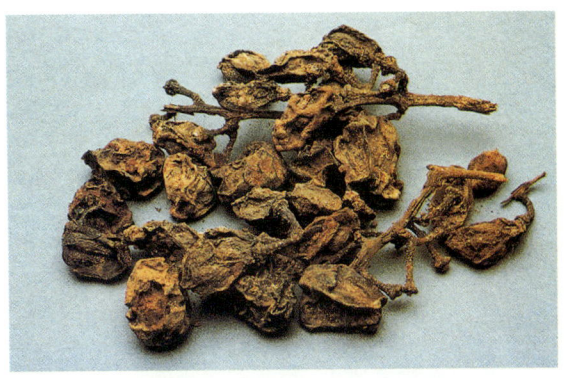

당나라 시대 건포도

포도는 지중해 및 카스피 해 지역이 원산지로, 원고遠古 내지 상고上古 시대에 중아시아 민족에 의해 전해졌다. 당나라 시대에 많은 지역에서 대량 재배했으며, 당시 농서隴西·하동 지역은 이미 유명한 포도 산지였다. 북방 지역은 또 서역의 고창에서 신품종인 마유 포도를 들여와 주로 양조에 썼다.

581~763 수나라

인 체했다. 후백의 그런 표정을 보는 사람들은 더욱 웃음을 참기 어려워했다.

후백의 청중은 보통 사람이 아니었는데, 좀처럼 웃지 않는 재상 양소楊素도 그의 우스개를 듣기 좋아했다. 한번은 양소와 이부상서 우홍牛弘이 앞서거니 뒤서거니 하며 궁에서 나오는 중이었는데 두 사람은 모두 서북 지역의 장대한 사나이고, 또 모두 멋진 수염을 날리고 있었다.

궁문 앞에서 한창 다른 사람과 우스개말을 하고 있던 후백은 양소가 아는 체하자 몸을 돌리며 물었다. "해가 넘어갔어요?" 그때는 금방 정오가 지난 때라 뜨거운 해가 바로 머리 위에 걸려 있었으므로 사람들은 후백의 말뜻을 알아듣지 못했다. 그중 눈치 빠른 양소만이 후백의 숨은 말뜻을 알아듣고 웃으면서 천성이 소박하고 말주변이 없는 우홍에게 말했다. "이 작자가 지금 그대를 소로, 나는 양으로 몰아붙여 풀을 다 뜯고 산에서 내려왔다는 거 아닌가!"

익살꾼 후백

양소는 위풍이 늠름하고 근엄했지만 후백만은 감히 그를 웃기곤 했다.

그는 이 익살꾼을 딱딱하고 의심 많은 수나라 문제에게 천거했는데 후백의 우스개가 황제에게 잠시나마 휴식을 주었던지 문제도 늘 그의 우스갯소리를 들으며 소일하곤 했다. 그러나 황제의 눈에 후백은 우스갯소리를 하는 배우일 뿐이었다. 수나라 문제는 후에 그에게 5품관의 녹봉을 주었는데 겨우 1개월의 녹봉을 받고 병사했다.

당시 수나라 문제와 많은 사람들은 후백이 복이 없다고 탄식했다.

●●● 역사문화백과 ●●●

[고등 교육 기관 – 국자감]

당나라는 수나라 체제를 답습해 서울에 국자감國子監을 설치했다. 국자감은 당시 국가 최고 학부, 최고 교육 행정 주관 부서로 산하에 국자·태학·광문·국문·율·서·산 등 7학을 설치했으며, 태자에 대한 강의도 책임진다. 청나라 말년 과거제도의 폐지와 함께 폐지했다.

622년 | 중국사 연표 |
진왕 이세민 등이 유흑달劉黑達과 싸웠다.

032

걸음이 빠른 장군

이상한 사건을 해결하니 범인은 뜻밖에도 기인이었다. 조정의 은총을 입은 그는 죽음으로 보답하려 했다.

걸음이 빠른 도둑

남조 시대 사람인 맥철장麥鐵杖은 걸음이 빨라 하루에 500리를 걸었다. 물고기 잡이로 생계를 유지하던 그는 해마다 기근이 들자 산으로 들어가 도적이 됐고, 이내 광주 관부에 붙잡혀 진陳나라 황제에게 전리품으로 호송돼 진나라 궁전의 하인이 됐다.

노예 신세가 싫었던 맥철장은 조회가 끝난 후 빠른 걸음으로 도성에서 100여 리 떨어진 남서주南徐州로 달려가 부자의 토성에서 재물을 훔쳐서는 날이 밝기도 전에 도성으로 돌아와 제시간에 부역에 나갔다.

이후 맥철장의 도적질이 발각돼 남서주에서 올린 소송장을 받은 조정은 매일 제시간에 입궁한 맥철장이 남서주에서의 도적질을 믿을 수가 없었다. 이에 상서 채징蔡徵이 궁중의 노복들을 불러놓고 긴급문서를 당일 밤에 남서주로 보내 내일 아침 조회 때 회답을 받아야 하는데 이 소임을 감당하는 자에게 황금 100냥을 상으로 주겠다고 말했다. 맥철장은 조금도 주저 없이 임무를 맡고 이튿날에 과연 제시간에 황궁으로 돌아왔다.

밀과 콩은 동류

남서주의 절도 사건이 밝혀졌지만 황제는 맥철장을 죽이지 않았다. 이런 기인은 다시는 없을 것이기 때문이었다.

진나라가 수나라 군대에 멸망하자 맥철장은 북방의 한 성에 숨었다가 수나라의 양소楊素 장군의 군대에 투신했다. 양소는 강남의 반란을 평정할 때마다 맥철장을 보내 적의 상황을 정탐하게 했고, 그가 적의 군영을 오가면서 얻은 정보에 의해 양소는 많은 공을 세웠다. 전쟁이 끝나고 맥철장의 공로를 잊은 양소가 마차에 앉아 도성으로 귀환할 때 맥철장이 도보로 동행하자 그제야 깨우치고 도성에 도착해 즉시 그의 공로를 아뢰었다.

양소는 돌궐 정벌 때 맥철장을 거기 대장군으로 임명했는데 승전해 돌아와서는 주국 장군으로 진급해 지방의 자사로 파견됐다. 하지만 조정의 일부 사람은 여전히 그를 학식이 없는 거친 사나이로 보았다.

한번은 관리 심사를 책임진 고공랑 두위竇威가 놀리는 어조로 그에게 말했다. "밀은 무슨 성인가요?" 그러자 맥철장이 재치 있게 대답했다. "밀은 콩豆과 동류인데 그대 두竇씨가 하필이면 이상하게 여길 건 뭔가요?" 이리해 조정의 대신들은 더이상 그를 깔보지 못했다.

전쟁터에서 죽은 장군

수나라 양제는 전쟁을 좋아해서 세 차례나 고구려를 정벌했다. 조정 및 백성은 모두 원정을 반대했지만 맥철장만은 충성을 다했는데 양제가 그를 우둔위 대장군으로 승진시켰기 때문이다.

감격한 맥철장은 황제를 위해 목숨을 바

위풍당당한 백자 무사용
수나라 시대에 이미 백자가 출현했는데, 조형이 아름답고 질이 견고하다. 장성張盛 묘에서 출토된 무사용은 복련좌 위에 서 있는데 투구 갑옷 차림, 왼손에 본래 무기를 든 듯하다. 전체에 백색 유약을 칠하고 유약이 두꺼운 곳은 약간 청색이 나는데 이는 바로 백자와 청자의 연관 관계를 설명한다.

624년

| 세계사 연표 |
고구려에 당나라의 도교가 들어왔다.

《수서隋書·맥철장전麥鐵杖傳》 출전

581～763 수나라

고구려 벽화
길림성 옛 성 집안集安은 고대 고구려의 국도國都다. 고대 묘 벽화의 주요 소재는 수렵과 가무인데 대형 수렵 그림과 가무 그림은 고구려가 용맹하고 가무에 능한 민족임을 설명한다. 벽화 중 태권도의 원형 화면이 있는데 고대 분묘 벽화의 태권도 유적은 매우 진귀한 발견이다. 이는 당시 태권도와 비슷한 활동이 존재하고 성행했음을 알 수 있다.

칠 각오를 했다. 그가 의사에게 한 말이다. "군인으로서 어찌 약을 먹고 침을 맞으면서 여자의 품속에서 죽으리오."

맥철장은 수나라 양제가 1차로 고구려를 정벌할 때 출정하면서 자녀에게 당시 젊은이들이 입는 호화 복장인 옅은 색 황색 적삼을 준비하게 한 후 말했다. "나는 국은을 입었으니 국가를 위해 몸을 바쳐야 한다. 내가 죽더라도 너희들은 조정에 충성해야 한다."

맥철장은 요동에서 전사했다. 이에 수나라 양제는 그를 광록대부에 숙국공宿國公으로 추증했으며, 고구려 정벌 시 패전한 장군들에게 모두 맥 장군을 위해 조문을 하라고 명했다.

왕유王維 〈종남 별업〉 시의도 (원나라 강체 그림)
중년이 돼 상당히 도를 좋아하고 만년에 남산 밑에 집을 잡았네. 흥이 도도하면 항상 홀로 걸으니 기분 좋은 일은 홀로만 아노라.

약 달이는 도구 – 은 손잡이 솥
당나라 시대에는 의학이 발달했고 약초를 달여 먹었다. 섬서 서안 하가촌何家村에서 출토된 약 달이는 기구다.

●●● 역사문화백과 ●●●

[안마에 전문과가 생기다]

수나라 시대에는 안마사를 안마박사라고 불렀다. 당나라 시대 태의서太醫署는 황실의 안마 전문 병원으로 안마사는 안마박사·안마사·안마공 등 3급으로 구분했다. 안마박사는 안마사와 안마공의 협조 아래 의료에도 종사하고 기술도 전수했다. 《당6전》에 의하면 안마는 풍·한·서·습·기饑·포飽·노勞·일逸 등 병을 치료하고 병이 들면 모두 안마로 치료했다. 손사막은 안마를 양생 보건의 좋은 처방으로 인정했으며, 《천금방千金方》은 또 수많은 고약 안마 처방과 안마 방법을 소개, 당나라 안마술의 발전에 기여했다.

홍려사鴻臚寺의 속관. 외국 사신 접대 및 장례 사무를 관장한다   105

| 중국사 연표 |

624년 당나라가 상서·문하·중서中書 3성省을 설치했다.

033

날짐승과 수나라 양제

심광沈光은 10장丈의 높은 곳에서 떨어졌으나 조금도 다치지 않았다. 그는 황제의 중용에 감격해 죽음으로 보답하려 했다.

위험한 장면을 본 황제

대업 연간에 수나라 양제는 군사를 거느리고 요동을 정벌했다. 대군이 높은 성문 앞에 이른 후 병사들이 15~16장 높이의 구름사다리를 성벽에 기대어 놓자 한 장사가 나는 듯이 기어 오르더니 꼭대기에 이르러 적과 육박전을 하며 10여 명의 적병을 무찔렀다. 그러자 적병이 달려들어 장사를 떨어뜨렸는데, 장사가 땅에 떨어지려는 순간 사다리에 드리운 밧줄을 잡더니 다시 사다리를 타고 오르기 시작했다.

날짐승 심광

심광은 자가 총지總持이고 오흥吳興, 즉 지금의 절강성 호주 사람으로 용감하고 기마술에 특히 능했다. 선정사 수축 시 10여 장이나 되는 깃대 위의 밧줄이 끊어져 깃발을 달아 올릴 수 없었는데 심광은 밧줄의 한 끝을 입에 물고 두 손으로 올라가 밧줄을 잘 맨 후 고공에서 거꾸로 떨어졌지만 아무 일 없이 지면에 내려 물구나무서기로 수십 보 걸은 후에야 두 발을 땅에 디뎠다. 이리하여 사람들은 그를 날짐승이라 불렀다. 이 그림은 청나라 간행본 《백장도百將圖》에 실려 있다.

우문화급宇文化及

수나라 대군代郡 무천武川 사람이다. 수나라 대장 우문술의 아들이며 양광이 태자로 있을 때 금군을 통솔하여 깊은 신임을 받았고 수나라 양제 즉위 후 태복소경으로 임명됐다. 대업 연간에 무분랑장 사마덕감이 수만 군사를 거느리고 반란을 일으켜 화급을 두령으로 옹립하자 수나라 양제를 교살하고 진왕 양호楊浩를 옹립, 자칭 승상이 되었는데 후에 이밀李密에게 패배했다. 무덕 2년(619)에 두건덕이 화급의 두 아들을 나포해 모두 참수함으로써 그의 정권도 동시에 멸망했다. 이 그림은 청나라 간행본 《설당연의전전》에 실려 있다.

| 세계사 연표 |

625년 신라가 당나라에 사자를 파견, 고구려의 공물 통로 차단을 하소연했다. 마호메트가 성지(메카) 부대를 격파했다.

《수서隋書·심광전沈光傳》

왕유王維〈대청산 도사 방문 불우〉시의도
(명나라 이유방李流芳 그림)

들판의 대나무 안개 속에 푸른데 나는 폭포 푸른 봉우리에 걸렸네. 어디로 가셨는지 아는 사람 없으니 이 근심을 두세 그루 소나무에 의탁하리.

성루 밑에서 이 장면을 목격한 수나라 양제가 그를 장막 앞에 불러다 물어보니 이름이 심광이고 자원 입대한 '효과驍果'였다. '효과'란 용맹하고 결단력 있는 장사를 가리키는데 심광은 입대 전부터 기마술로 명성이 높았다. 부친은 진陳나라의 이부시랑을 지내다가 진나라가 망한 후 수나라로 와서 태자 양용楊勇과 한왕 양량楊諒의 수하에 있었다. 양용과 양량이 패망하자 그는 남의 책을 베껴 주면서 생계를 유지했지만 아들 심광은 도성의 부잣집 자제들을 사귀어 의식 걱정이 없었고 '날짐승'이라 불렸다.

10장 높이의 깃대에 오른 심광

어느 날 심광은 환관 자제들과 함께 들에 놀러 나갔는데 금방 준공된 선정사에 이르니 승려들이 깃대를 둘러싸고 걱정을 하고 있었다. 높이가 10여 장 되는 장대 꼭대기에 깃발을 매는 밧줄이 끊어져 승려들이 어쩔 줄 몰라 하고 있었다. 심광은 밧줄을 입에 물고 장대를 타고 올라가더니 밧줄을 맨 후 공중에서 뛰어내렸다. 심광은 놀란 사람들이 고함도 지르기 전에 물구나무서기를 하면서 수십 보 걸었다. 심광의 이 놀라운 솜씨는 즉시 도성에 전해져 사람들은 그를 '날짐승'이라고 불렀다.

지기지우를 위해 죽는 용사

'날짐승' 심광은 수나라 양제의 어림군이 됐고, 조청대부朝請大夫를 거쳐 황제 신변의 위병이 돼 늘 어용 의복과 음식을 하사받았는데, 수나라 양제의 은혜에 지극히 감격했다.

수나라 말년에 심광은 황제를 따라 강남에 내려갔다. 양제가 우문화급宇文化及에게 교살된 후 황제에게 충성하는 심광과 황제 신변의 다른 장사들이 우문화급을 죽이고 양제의 원수를 갚으려 하자 우문화급이 이 소식을 알고 급히 숨어 버렸다. 심광은 장사들을 거느리고 심야에 그 군영을 습격해 허탕을 치고 갑옷을 입지 않은 몸에 숱한 화살을 맞아 죽었다. 부하 수백 명도 살아 돌아온 자가 없었다.

심광은 죽을 때 겨우 28세였다. 그 소식을 들은 천하의 장사들은 눈물을 흘리지 않는 자가 없었다.

수나라 양제 묘
수나라 양제 능은 양주楊州 서북쪽 7km 뇌당雷塘, 한강현邗江縣 괴사槐泗 수나라 양제 동로에 위치한다. 수나라 대업 14년(618) 수나라 양제 양광은 부장 우문화급에게 강도궁에서 교살돼 궁내 유주당에 매장됐고, 후에 성 서북쪽 5리 오공대에 매장됐다. 당나라 무덕 3년(620)에 황제의 예로 지금 위치에 매장됐다. 청나라 가경 12년(1807)에 학자 원원阮元이 묘를 발견해 새롭게 비석을 세웠다.

581~763 수나라

안 된다. 남자만이 토지를 받을 수 있다

| 중국사 연표 |
625년 돌궐·토욕혼이 당나라와 무역을 실시, 중원 지역이 변경으로부터 대량의 가축을 취득, 경작에 이용했다.

034

고함을 쳐 적을 막다

수나라 군대에는 어구라魚俱羅라는 기인이 있었다. 그는 우레와 같은 목소리로 고함을 쳐 적을 한번에 물리쳤다.

수백 리로 퍼진 소문

어구라는 장안 부근의 하규下邽에 거주했다. 그는 키가 8척이고, 힘 또한 장사이다. 그리고 천성적으로 목청이 커서 어린 나이에 황가 보위대로 선발되어 어전 시위가 되었다. 진왕 양광이 군사를 거느리고 진나라를 평정할 때 어구라는 이미 대도독으로 진급해 부하를 거느리고 참전했다. 평진 싸움에서 공로가 탁월하고, 후에 재상 양소楊素를 따라 강남 반란군을 토벌할 때 혁혁한 전과를 세워 조정은 그를 거기 장군·첩주疊州 총관으로 임명했다.

어구라가 첩주에서 임직하고 있을때 노모의 병사 소식을 듣고, 고향으로 돌아가고 있었다. 그런데 길에서 대군을 거느리고 돌궐과 싸우러 가는 옛 상관인 양소를 만났다. 양소는 황제에게 어구라를 데리고 전선으로 갈 수 있도록 상주했고, 이에 어구라는 고향으로 돌아가지 않고 양소를 따라 전선으로 나갔다.

양소 대군은 밤낮 행군해 얼마 후 변경에 다다랐다. 어구라는 몇몇 장사를 거느리고 적의 허실을 탐지해 보기 위해 장사들과 함께 가벼운 복장으로 말에 올랐다.

돌궐 대군은 도전하러 온 군사가 겨우 7, 8명 밖에 안 되자 할 말을 잃고 그저 바라만 볼 뿐이었다.

어구라는 돌궐 군사가 끄떡도 하지 않음을 보자 화가 치밀었고, 두 눈을 부릅뜨고 벼락 같은 고함을 지르며 화살처럼 돌궐 군사를 향해 돌격했다.

어구라는 본래 목청이 크기로 유명했는데 이 고함소리는 마치 청천벽력처럼 적의 간담을 서늘하게 함은 물론이고 타고 있는 전마마저 후닥닥 놀라서 발굽을 차며 울부짖었다.

돌궐 군영은 순식간에 사람도 말도 모두 놀라서 혼란에 빠졌다. 어구라는 이 기회에 장사들을 거느리고 돌격해 들어갔고, 이어 양소가 진공해 들어와 돌궐 군사 수만 병마를 물리쳤다.

그 동생에 그 형

어구라가 고함소리로 적을 물리친 소식은 순식간에 장안으로 전해졌고, 황제는 그를 주국 장군에 풍주豊州 총관으로 임명했다. 어구라가 풍주에 온 후 돌궐 군사는 더는 경거망동하지 못했다.

그러나 수나라 양제 대업 연간에 황제가 어구라를 의심하기 시작했다. 어구라에게는 어구찬魚俱瓚이라는 동생이 있었는데 진왕부에서 시종을 지내다가 진왕 즉위 후 거기 장군으로 임명됐다.

어구찬은 성품이 잔혹해 벼슬이 높아지자 고기를 조금 덜 익히거나 태우면 쇠꼬챙이로 하인의 눈을 찌르기도 하고, 술을 데울 때 조금만 뜨거워도 하인의 혀를 잘랐다.

이에 수나라 양제가 어구라를 도성으로 불러 훈계하고, 그에게 동생을 엄하게 단속하라고 명했다. 그러나 뜻밖에도 집으로 돌아간 어구찬이 자살하고 말았다. 수나라 양제는 동생 어구찬이 자살하자 마음을 놓을 수가 없어 곧바로 어구라를 변경에서 불러들였다.

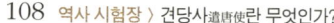
금동 밑판 백옥 컵

| 세계사 연표 |

626년 일본의 소가우마코蘇我馬子가 죽고, 그 아들 에미시蝦夷가 직위를 계승했다.

《수서隋書 · 어구라전魚俱羅傳》 출전

무사의 영웅 기세
수나라 무사는 몸에 두꺼운 갑옷을 입고 허리에 긴 검을 차고 있다. 589년 그들은 4개월 동안에 진나라를 멸했다. 이 한 쌍의 무사 도기용은 수나라 무사의 형상을 재현하고 있다.

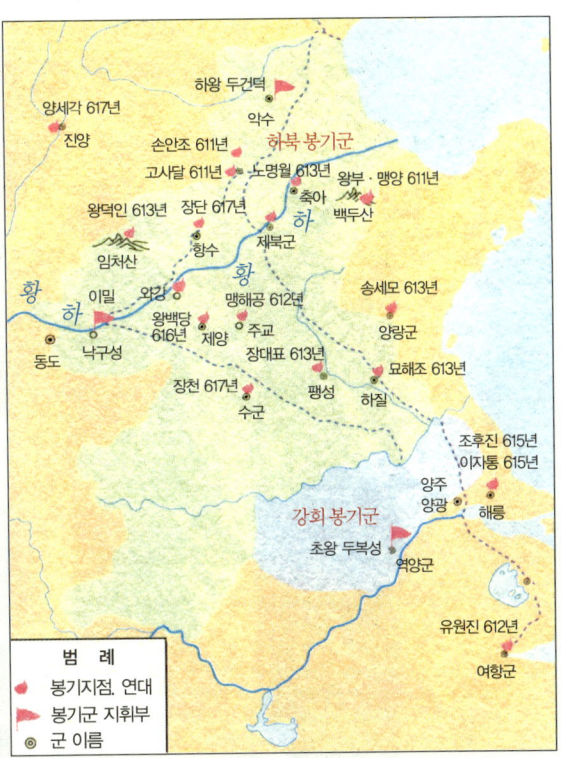

수나라 말기 농민 봉기 초기 시의도

홀로 받칠 수 없는 누각

수나라 말에 도처에서 농민 봉기가 폭발하자 수나라 양제는 용맹한 어구라가 생각났다.

어구라는 수나라 양제의 부름을 받고 다시 전선에 나가 수많은 승전을 했으나 수나라가 이미 무너지고 있음을 발견하고 동도 낙양에 있는 처자를 생각했다. 그는 몰래 몇 척의 배에 양곡을 싣고 낙양에 실어다 팔았다. 여비를 마련해 처자를 자기 곁으로 데려오려 했던 것이다.

어구라의 이 행동이 관아에 발각되자 조정은 그가 모반을 꾀한다고 의심해 그와 가족 모두를 처형했다.

어구라와 맥철장麥鐵杖 · 심광沈光은 모두 절개를 지키고 조정에 충성했지만 무너지는 누각을 홀로 받칠 수는 없었다. 비록 신선이 속세에 내려온다 하더라도 수나라의 멸망을 막지 못했을 것이다.

●●● 역사문화백과 ●●●

[만화경萬華鏡의 시조]

선조들은 발사광선 효과에 근거해 관찰하고 묘사했다. 수나라 말기 육덕명의 《경전석문經典釋文》에 나오는 말이다. "거울로 그림자를 비추는데 거울속에 이미 그림자가 있어 두 거울을 합치니 그림자가 수없이 중복된다." 당나라 법장은 불경 강의시 10개의 거울을 팔방 상하에 하나씩 놓고 중간에 불상을 방치, 횃불을 비춰 불상이 거울 속에서 반사돼 기묘하게 조합된 복잡한 색채가 나타났다. 이는 만화경의 시조라 불린다.

당나라에 파견돼 국교 및 문화 교류를 추진하는 일본 사신

| 중국사 연표 |

626년 현무문 정변이 발생했다. 당나라 태종 이세민李世民이 즉위(~649), 고조가 태상황제로 불렸다.

장비가 견고한 수나라 무사
이 두점의 수나라 시대 무사용은 투구 갑옷 차림으로, 얼굴만 노출되고 온몸은 완벽하게 갑옷으로 무장했다.

| 세계사 연표 |

627년 부남扶南이 북부 속국 진랍眞臘에게 멸망되었다. 영국 노섬브리아 국왕이 기독교에 귀의했다.

035

《수서隋書·양제기煬帝紀》 출전

'우는 아이'의 전설

동도 낙양은 수·당의 광활한 영토의 빛나는 보석과 같고, 전체 길이가 4,5000km에 달하는 대운하는 보석 양쪽을 장식한 은빛 목걸이와 같다.

나무거위의 검수

운하의 제1기 공사인 통제거通濟渠와 한구邗溝는 길이가 2000리인데도 시공 기간이 171일밖에 걸리지 않았다.

이처럼 짧은 기간에 공사를 끝낼 수 있었던 것은 운하의 많은 구간이 이전에 이미 만들어져 있었기 때문이다. 분열 시대에는 구역의 운하를 소통할 수 없었으므로 이미 만들어진 운하의 전면적인 소통의 사명은 수나라 양제에게 부과됐다. 짧은 시공 기한에 완벽을 기하기 위해 감독들은 백성을 무척 가혹하게 다뤘다.

현장에서 쇠틀을 밑에 단 나무로 하상의 깊이를 검사해서 깊이가 표준에 도달하지 못하면 시공에 참가한 인원을 모두 죽였다고 한다. 운하 건설 현장에서는 늘 잔혹한 사건이 발생해 민간에는 운하와 관련한 수많은 무서운 이야기가 전해졌는데 그 중 하나가 바로 사현泗縣의 '우는 아이' 전설이다.

어린아이를 훔쳐 먹은 마호

고하두枯河頭는 사현 동북 20리, 고대 변하汴河 강변에 있는 저잣거리다.

수나라 양제는 대장 마숙모麻叔謀에게 운하건설 현장의 감독을 맡겼다. 대장 마숙모는 곰발바닥熊掌 요리를 좋아했는데, 운하를 지금의 사현 동쪽까지 팠을 때 부근에 산이 없어서 곰발바닥 요리를 맛볼 수 없자 부하 도陶와 도류陶柳를 보내 어린아이의 손을 잘라 요리를 했다.

마숙모가 어린아이를 잡아먹었음을 알게 된 이곳

581~763 수나라

한강승람도勝覽圖 (청나라 원요袁耀 그림. 일부분. 위 그림)
한강현邗江縣은 강소성 양주시 교외의 장강 북안에 위치, 경항 대운하가 경내를 관통한다. 양주는 수·당나라 시대에 이미 유명한 도회지였다. 그림은 양주시 교외 한강의 번화한 정경이다.

5월의 운하 양안 정경 – 강소성 흥북興化

••• 역사문화백과 •••

[당나라 시대 관리 휴가 제도]

당나라 시대 관리는 설·하지·동지 등 계절 명절에 휴가를 쇠는 외에 당나라 현종 천보 연간에 또 10일간의 순절휴가를 주어 중서 문하백관은 입조할 필요가 없고, 지방관도 관아에 출근할 필요가 없었다. 당나라 시인 왕발王勃의 《등왕각서滕王閣序》에 '순절 휴가에 친우가 구름 같다'는 말이 있다. 이는 순절 휴가에 친구들과 만나는 정경이다.

용문 석굴 111

| 중국사 연표 |

627년 현장이 서쪽으로 경을 가지러 감. 학자 육덕명陸德明이 사망, 생전에 저서 《경전 석문》을 남겼다.

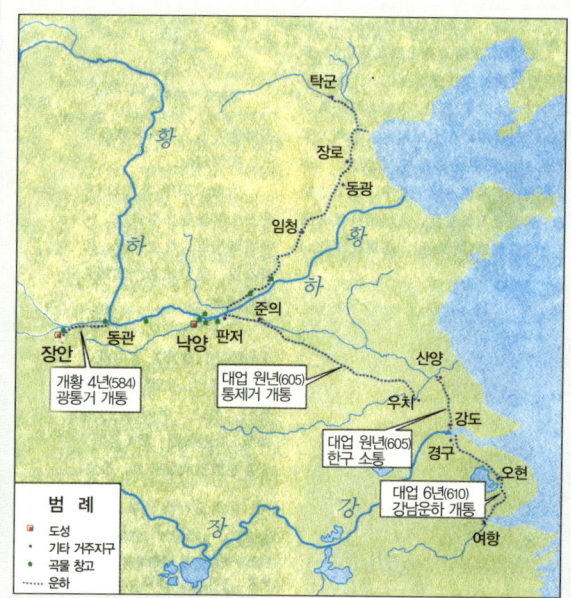

왕유王維 〈대숲 속의 별채〉 시의도 (명나라 항성오項聖謨 그림)
아늑한 대숲에 홀로 앉아서 거문고를 타며 길게 읊조리노라.
깊은 숲속이라 사람들은 모르는데 밝은 달이 마주 비추누나.

남북을 관통하는 대운하

수나라 양제는 즉위한 후 대운하를 개통했다. 양제는 605년에 하남·회북의 인부 100여 만 명을 징발해 낙양 서원으로부터 회하 남안 산양山陽, 즉 지금의 강소성 회안淮安에 이르는 통제거를 소통시켰고, 회남 백성 10여 만 명을 징발해 강도江都, 지금의 강소성 양주揚州 구간의 춘추 시대 오왕 부차가 개통한 '한구'를 소통시켰다. 그 후 5년간 또다시 인부를 징발해 운하를 소통했다. 후에 네 갈래의 운하를 연결해 남북을 관통하는 4000리 대운하를 완성했다.

백성들은 이 원한을 기억하기 위해 이 저잣거리를 곡해두哭孩頭(우는 어린아이)라 이름 짓고 대륙이 해방된 후에야 비로소 고하두枯河頭로 개칭했다.

마숙모가 어린애를 잡아먹은 일을 고증할 수는 없지만 루쉰魯迅은 《24효도》에서 이렇게 썼다. "지금 북경 사람들은 늘 '마호자'란 말로 어린아이들을 달랜다." 《대업습유기大業拾遺記》에도 이렇게 써 있다. "수나라 양제는 강도에 이르러 장군 마호麻胡에게 운하를 소통하게 했다. 마호가 인부를 잔혹하게 부려 백성은 공포에 질렸는데 밤에 아이가 울음을 그치지 않을 경우 마호가 왔다고 말하면 바로 울음을 그쳤다."

대업 원년에 경항京杭 대운하는 반 밖에 준공하지 못했고, 그중 가장 중요한 구간인 통제거는 1000여 년 전에 황하의 흙모래로 메워졌다. 그러나 통제거와 한구는 운하에서 가장 중요한 구간으로 인부들은 171일 동안 악몽을 겪었지만 그들의 피땀은 민족의 혈맥을 연결시키고 정신을 통일시켰다.

후세 사람을 경계하는 감루 – 강소성 양주

감루鑑樓는 수나라 양제의 미루迷樓로, 그 유적지는 양주 관음산에 있다.

| 세계사 연표 |

628년 프랑크 왕 다고베르트 1세가 재위(~639)했다. 메카인이 마호메트와 계약을 체결, 마호메트 및 그 신도의 성지 순례를 허용했다.

036

《수서隋書 · 유구전流求傳》 출전

보물섬 유구

대업 3년에 수나라 양제는 우기위羽騎尉 주관에게 유구국流求國에 출사하게 했다. 유구는 오늘의 타이완을 말한다.

가로양과 다발도

유구는 건안군의 동쪽에 위치하는 섬이다. 그 섬에는 동굴이 많았고, 그곳의 사람들은 모두 동굴에 거주하고 있었다. 유구의 국왕은 성이 환사歡斯이고 이름이 갈자두渴剌兜였다.

그곳 사람들은 국왕의 가족이 어디에서 왔는지, 그들이 몇 세대를 통치했는지 모르고 있었으며, 왕을 '가로양可老羊'이라 부르고 왕의 처는 '다발도多拔荼'라고 불렀다. 또 왕이 거주하는 동굴을 파라단波羅檀이라 불렀는데 동굴 밖에 가시가 박힌 나무로 세겹의 울타리를 둘렀고, 물이 세 갈래로 흐르는 연못이 있었다. 왕의 동굴에는 그림을 가득 그려 놓았는데 그 크기는 대략 16~17칸 정도였다.

섬에 사는 사람들은 모두 흰 모시풀로 머리를 감아 올렸다. 남자들은 새의 깃으로 관을 만들어 쓰고 여자들은 새 그물무늬의 흰 천으로 만든 방건을 썼다.

그리고 가죽 · 모시풀 · 털로 밝은 색 옷을 입었는데 옷에는 조개껍데기로 장식을 해서 걸을 때마다 옥패 같은 소리가 났다. 여자들은 목걸이를 좋아했으며 남녀 모두 등나무 덩굴로 만든 삿갓을 쓰고 삿갓에는 깃을 달았다. 또 그곳의 남자들은 수염과 솜털을 깨끗이 밀고, 여자들의 손등에는 뱀 모양의 문신을 했다.

나무로 조각한 짐승 모양의 자리

유구 사람들의 칼 · 창 · 검 · 활 등은 주로 석기나 골기로 만든 것이었다. 왕의 행차 때 앉는 의자는 나무로 만든 짐승 모양으로 양쪽에서 메고 걸었다. 각 동굴은 모두 어느 누구에게도 소속되지 않고 전쟁 시에도 서로 지원하지 않았다. 쌍방은 접전 시 3~5명만 선

581~763 수나라

묘의 사기 제어용 채색 쌍두 짐승
높이는 52.9cm이며 길이가 48.4cm이다. 1987년 섬서성 예천현 위후 귀비 묘에서 출토됐다.

| 중국사 연표 |

628년 위징魏徵이 "고루 들으면 밝아지고 한쪽 말만 들으면 어두워진다"는 말로 당나라 태종에게 간했다.

발해 활을 쏘았는데 만약 이기지 못하면 전체가 퇴각한 후 사람을 보내 화해를 청하고 전사자의 시체를 거두었다.

유구에는 규정된 형법이 없었고 범죄 행위는 동굴의 수령이 처리하고 불복할 경우 국왕에 상소했다. 국왕 역시 대신들을 모아 의견을 듣고 형벌을 결정했다. 섬의 옥에는 형구가 없고 밧줄로 범인을 묶었으며, 중죄는 사형시켰고 가벼운 죄는 곤장을 쳤다.

문자가 없어 달의 움직임에 의해 날짜를 계산하고 꽃이 피는 정도에 의해 시간을 결정했다.

잔을 들어 함께 마시는 유구국

유구 사람들은 결혼을 할 때 술 안주와 진주, 조개껍데기를 약혼 예물로 보내고 남녀가 서로 눈이 맞으면 부부가 되었다.

산모는 아이를 낳은 후 반드시 태반을 먹어야 하고 해산 후 뜨거운 방에서 땀을 내고 5일이 지나야 외출할 수 있었다.

섬사람들은 나무 그릇에 바닷물을 담아 증발시켜서 소금을 만들었다. 나무즙을 마셨으며 쌀로는 약한 술을 양조했고 밥은 손으로 집어 먹었다.

수나라 시대 방패를 든 무사용
무사는 머리에 투구를 쓰고 어깨에 갑옷을 걸치고 몸에 진귀한 고급 갑옷을 입었다. 이는 고급 갑옷이 점차 보통 병사에 보급됐음을 설명한다.

묘 사기 제어용 삼채 짐승
높이가 29cm이며 너비는 16cm이다. 섬서성 장안현 영소향靈沼鄉에서 출토됐다.

진귀한 음식을 얻으면 먼저 촌장에게 드리고 연회 시에는 반드시 이름을 부르면서 잔을 들어 술을 마셨다. 왕에게 술을 부을 때에도 왕의 이름을 부른 후에 여러 사람이 함께 마셨는데 이런 습관은 돌궐과 매우 비슷했다.

섬 사람들의 장례는 숨이 끊어지기 전에 밖으로 들어내고 친척과 친우들이 곡을 한 후 시체를 깨끗이 씻

> 역사 시험장 > 당나라의 진사 시험에 합격된 후 또 이부 시험을 경과, 합격돼야 관직을 제수했다. 이 시험을 무엇이라 하는가?

| 세계사 연표 |

629년 — 페르시아 국왕이 여러 동생을 죽이고 얼마 후 급성 전염병으로 죽어 혼란한 정세가 출현되었다.

일상생활 그릇 – 남색 유약 도기
서안 당나라 묘에서 출토됐다. 발을 제외한 전체에 남색 유약을 칠했는데 당나라 삼채 중 남색 유약의 출현은 후에 중국 자기에 사용된 청화유약의 기초가 된다. 이 남색 유약 사발은 실용 그릇으로서 당나라 삼채 중의 일부 그릇이 일상생활에 광범위하게 사용됐음을 설명한다.

어 흰 천과 갈대를 감은 후 직접 흙에 매장하고 무덤을 쌓지 않았다. 부친이 죽으면 그 아들은 몇 달 동안 육식을 금했다.

섬에는 곰과 이리나 승냥이 등의 짐승이 있었고, 가축은 돼지와 닭은 많았지만 소와 양과 나귀와 말은 없었다. 토지는 매우 비옥했는데 먼저 불을 지르고 물을 관개한 후 석기 농기구로 밭갈이를 했다. 밭은 벼·수수·기장·참깨·콩·팥·잠두를 심기에 적합했다.

나무는 단풍나무·남목·소나무·삼나무가 나고 참대와 등나무도 있었다. 과일은 강남과 비슷하고 기후는 영남 지역과 같았다.

유구 사람들은 산신과 해신을 믿었고, 쌀로 빚은 술로 신령을 제사 지냈다. 전쟁 시 적을 죽이면 그 시체로 제사를 지내거나 수림에 작은 집을 하나 짓고 거기에 포로의 해골을 쌓아 놓거나 나무 위에 걸어 놓았다. 왕이 거주하는 곳에는 부락의 민중이 바친 해골이 가득 쌓였는데 많을수록 용맹한 부락임을 뜻한다.

주관朱寬 등 사람들이 돌아와 수나라 양제에게 보고한 내용은 사서에 기록되지 않았지만 대륙 사람들은 몇 차례 항해를 통해 이 섬에 대해 알게 되었다.

이백의 〈고요한 밤의 생각〉 시의도 (청나라 석도石濤 그림)
침대 앞에 밝은 달이 비추니 방바닥에 서리가 내린 듯하네. 머리를 드니 밝은 달이 바라보이고 머리를 숙이니 정든 고향 그리워지네.

●●● 역사문화백과 ●●●

[중추절中秋節]
중국은 선진先秦 시대에 이미 달을 숭배하고 제사 지내는 풍속이 있었지만 구체적인 날짜는 정해지지 않았다. 그 외에 8월 15일에 달을 감상하는 풍속이 형성됐다. 중추절에 뜨는 달은 또 온 집안 식구가 함께 모이는 것을 의미해 중추절이 되면 외지에 나간 사람은 고향을 더 그리게 됐다. 송나라는 당나라의 중추절을 답습하고 조정이 이를 명절로 확정했다.

석갈釋褐 시험. 석갈은 평민 복장을 벗음을 가리킨다

629년 | 중국사 연표 |

당나라가 각 주에 의학박사를 설치하고, 현종 때 또 조교를 증설했다.

••• 수·당 역사 유적표 •••

명칭	지점	간략 소개
인수궁	섬서성 인유현성 동쪽	수나라 문제 창건, 주변 산수, 여름 청량. 당나라 태종 구성궁九成宮 개칭. 주위 1800보, 화원·무기고·궁사宮寺를 금지, 규모 웅대, 수·당 이궁 중 첫째.
태릉	섬서성 부풍현 오천향 왕상촌	수나라 문제 묘, 엎은 말 모양, 높이 20m, 동서 150m, 남북 172m. 능 앞 청나라 필원이 비석을 세움. '수나라 문제 태릉' 제사題詞.
감루	강소성 양조 서북 촉강동봉 관음산	수나라 양제 미루迷樓 유적지. 양주 3회 순행 궁전 중 하나. 후세 교훈용 특제 감루, 남향, 앞면 5칸, 중간 편액 '감루' 명나라 최동崔桐 제사. 누각 내 설비 질박·우아. 정상 양주 시내 및 수서호 풍경 관망 가능.
안제교	하북성 조현성 남쪽 교하	수나라 장인 이춘 건축, 일명 조주교, 세계 최초 아치형 돌다리. 조형 특이, 우미 장관, 길이 50.82m, 너비 9.6m, 단일 아치형 돌다리 형식, 수중 교각 미설, 대형 아치 양단에 각각 2개의 소형 아치 설치, 다리 중량 및 교각 압력 경감. 건설 기술 이미 모든 지역 아치형 돌다리 건설에 보편 채용
헌릉	섬서성 삼원현 서목진 영화촌	당나라 고조 이연 능묘, 엎은 말 모양. 길이 100m, 높이 13m. 신도에 화표華表·석서石犀·석호 등 대형 석각 설치. 석호 제사 – '무덕 10년 9월 11일 석공 소탕 2기.' 당나라 초기 신하 친척 이봉·이신통·이효통·장외각 등 배장陪葬 묘지 30여 곳.
소림사	하남성 등봉시 서북 소실산 북쪽 기슭 오유봉 아래	북위 건립 시작, 선종의 조정. 당나라 초기 소림 승려 지견·담종 등 13명이 이세민을 도와 왕세충 토벌에 공을 세움. 그로부터 승려 권술 습득 시작. 소림권·선종 '천하 제1명찰' 명예 부여. 백의전 내 벽화 사림사 13승려 당나라 왕 이세민 구원 고사 묘사. 종루 앞 '태종 문황제 어필 비' 태종 세민 2자 서명. 당나라 배최 '소림사비' 단서 지극 진귀.
부다라궁	서장성 라싸시 서북성 홍산	7세기 초 송찬간포가 서장 각 부족을 통일, 나사(라싸) 도읍, 홍산정 왕궁 건설, 문성 공주 장례 후 대규모 성보 형성. 청나라 순치 2년(1645) 5세 달레 확장, 현재 규모로 형성. 장한 2족 건축 예술 융합, 주루 13층, 높이 110m, 동서 360m, 모두 목석 구조, 홍공 백공 2대 부분.
건릉	섬서성 건현 북문 외 6km 양산	당나라 고종과 무측천의 합장 묘. 해발 1047.9m, 규모 웅대, 당나라 능의 대표. 능원 내외 2겹의 성벽. 땅 위의 석각 남북 1km 배열, 남향 주작문朱雀門 외 2통 비석.《술성기비》무측천 집필, 중종 이현 친필. 무자비 제왕 '공덕 위대' 표시.
요공 석실	강서성 연화현 동남 1km	일명 윤양동. 동문 너비 71m, 높이 14m. 빌딩 모양, 110명 용납, 횃불 조명, 동내 대소 바위 좌석 가능. 청천 동하 부단, 수천 무의 토지 관개 가능. 당나라 승상 요승 거주, 산중 독서대 건축으로 산굴 명칭 유래.
장회태자묘	섬서성 건현 양산 동남 2km	당나라 고종 6자 이현, 사후 장회 태자 추봉, 유배지 사천 파중 사망, 사후 이동. 건을 배장 묘 중 하나. 엎은 말 모양, 높이 18m, 모실 길이 71m, 묘벽 벽화 40여 조, 총면적 400㎡, 그중 수렵 순행도·영빈도·의위도·청룡도·마구도·백호도 등 보존 상당 완벽, 당나라 문화 및 제도 연구 귀중 자료 제공.

중국을 말한다

역사 시험장 〉 '약왕藥王'으로 존대된 사람은 누구인가?

흥경궁	섬서성 서안 함녕로 북 흥경공원	당나라 현종 즉위 전 저택, 이궁 개조. 원 궁전 당나라 말기 훼손. 고고 발굴 중 화악상휘루·근정무본루 유적지 발견, 1958년 화악상휘루 등 명소 건축, 공원 설치.	
화청지	섬서성 서안 임동구 여산 북쪽기슭	당나라 정관 18년(644) 탕천궁 건립, 천보 6년(747) 화청궁 확장, 현종 매년 동계 양 귀비 동반 도래 목욕 향락. 현대 고고학 화청지 발견, 대규모 수선 확장, 현재 구룡탕·연화탕·해당탕·양비탕·비하각·비홍교 등 설치, 경치가 매우 아름다움.	581~763 수나라
이원	섬서성 서안 서북 3km 미앙구 대백양촌	당나라 현종 악공원 설치하여 악공 양성, 당시 황제 제자 호칭, 후세 음악·무용 대비 영향 지대, 후세 이원 호칭, 배우 이원 제자 호칭, 무대 후면 당나라 현종 초상 공양. 당나라 이원 유적지뿐임.	
쌍묘	하남성 상구현성	안사의 난, 장순·허원 수양(현재 상구현) 공동 수비. 2인 기념 본묘 건축. 현존 청나라 건축 1개소, 명나라 천계 비석 1통, 정면 장순 시 《수수양작》, 배면에 장순의 수양 수비 사적 기록.	
구성 궁예천명	섬서성 인유현 당나라 구성궁 유적지	이무기 머리 방좌, 높이 3.1m, 너비 1.2m, 두께 0.3m. 상부 '구성궁 예천명' 6자, 비신 24행 50자. 당나라 정관 6년(632) 위징 집필, 구양순 친필. 당시 구양순 근 팔순, 본문 역대 서예 교재 충당.	
자은사	섬서성 서안시 남쪽 4km 언덕	당나라 정관 22년(648), 태자 이치 그 모친 장손씨 명복 건축, 동년 당나라 태종 칙령 근거 현장 사무 주최, 현장 10년 거주, 대량 불경 번역. 현존 전당 명·청 2대 건물, 근대에 약간 보수.	
대안탑	자은사 내	당나라 영휘 3년(652), 현장 인도 불경 불상 대비 상주, 자은사 내 탑 건설 청구, 설계 시공 참가. 탑 높이 7층, 전체 방형, 남문 동서 당나라 태종·당나라 고종 편찬 《대당삼장성교서기》 각 1편, 서예가 저수량 친필.	
광효사	광동성 광주시 광효로	당나라 의봉 원년(676) 혜능 등단 계율 접수, 불교 남종 창립, 후세 '선종 6조' 호칭. 광동 최초 최대 명찰.	
등왕각	강서성 남창시 감강 강변	당나라 현경 4년(659) 건축, 태종 동생 등왕 이원영 건설, 상원 2년(675) 재건, 낙성 시 시인 왕발 즉석 《등왕각서》 창작, 등왕각 누차 훼손 누차 재건, 20세기 80년대 유적지 재건.	
노자 화상 비석	강소성 소주시 관전가 현묘관 삼청전	화상 당나라 화가 오도자 창작, 표정 표일, 풍채 늠름, 화필 강건 유창, 의복 주름 완연, 화면 수미일관. 남송 시대 비석 수립, 높이 1.96m, 너비 0.72m, 보존 완미.	
감진 기념당	강소성 양주시 대명사 내	당나라 건축 모방, 1962년 양사성 주최 설계, 1973년 준공. 내부 비석 정자 건설, 정면 곽말약 친필 '당 감진 대 승려 기념비.' 기념당 정전 등 풍격 일본 나라 당초제사 풍격 상사.	
도화담	안휘성 경현성	담나라 현애 절벽 아래 위치, 수심 수 장, 청수 저면 가시, 양안 석벽 천태 만상, 언덕 고목 덩굴 생장, 서남 40km 산새 도처 비행. 왕륜 담 동안 왕씨 별장 건설, 이백 초청 유람. 작별 시 이백 시 1수 창작, 명칭 《증왕륜》. 현재 담 부두 어귀 답가 고안 누각 건설.	
두보 초당	사천성 성도시 완화계 강변	두보 759년 성도 거주, 이듬해 봄 초당 건축 거주, 거주 4년, 시 200여 수 창작, 명작 《추풍 모옥 파괴가》 포괄. 모옥 유적지 훼손, 후세 역대 재건 수건, 1984년 두보 초당 박물관 개칭.	

허리에 칼을 찬 병사

618년~763년

당나라 시대 전국 지도

《중국 역사 지도집》 제5권 : 수·당·5대 10국 시대

당나라 전기 세계표世系表

1 고조高祖 이연李淵 → 2 태종太宗 이세민李世民 → 3 고종高宗 이치李治 → 4 중종中宗 이현李顯 →
5 예종睿宗 이단李旦 → 6 주周 측천제則天帝 무조武曌 → 7 중종中宗 이현李顯 → 8 소제少帝 이중무李重茂 →
9 예종睿宗 이단李旦 → 10 현종玄宗 이융기李隆基 → 11 숙종肅宗 이형李亨

| 중국사 연표 |

630년 명재상 두여회杜如晦가 죽었다. 각 민족 추장이 당나라 태종을 '하늘 칸'으로 추대했다.

037

쇠뿔에 책을 걸다

수나라 양제는 이밀李密의 관상을 보고 그의 관상이 좋지 않다고 했는데, 후에 이밀은 과연 반란을 일으켰다.

관상을 믿은 수나라 사람들

수나라 사람들은 미신보다 관상을 더 믿었다. 수나라 문제는 황릉 선택에 대해 말하면서 양씨 조상 묘의 풍수가 나쁘다면 "내가 천자가 되지 말았어야 않는가" 했다. 그러나 풍수가 좋다고 말하니 "그러면 동생 양정楊整이 전쟁터에서 죽지 말았어야 하지 않는가" 했다. 반면 관상은 신뢰했다. 내화來和라는 한 관상가가 양견楊堅의 관상을 보고 꼭 "사해의 왕이 될 것이다"고 말했다.

양견이 등극한 후 내화가 편지를 썼다. "여러 해 전에 황제의 눈이 샛별같음을 보고 꼭 천하를 소유하리라 믿었는데 과연 그렇게 됨은 하늘의 뜻이옵나이다." 내화의 말은 문제의 가려운 곳을 긁어 주었고, 이에 황제는 즉시 그의 관직을 올려 주었다.

이밀의 관상을 본 수나라 양제

수나라 양제는 남의 관상을 볼 줄 알았다. 어느 날 양제는 조회 시에 낯선 자를 본 후 마음이 불편해서 어림군 우문술宇文述을 불러 그 사람이 누군지 물었다. 우문술은 그 사람의 이름은 이밀李密이고 작고한 보산공 이관李寬의 아들이라고 하자, 양제가 눈썹을 찡그리며 말했다. "그 자는 관상이 좋지 않아. 특히 두 눈이 이상하니 그에게 황가 호위를 맡기지 말게."

우문술이 다음날 이밀을 불러 말했다. "그대처럼 총명한 사람은 재능과 학식으로 관직을 얻어야지 왕부에서 묵으면 세월을 허송하는 것 아닌가."

이밀은 수나라 양제가 자기를 몰아낸 줄도 모르고 휴가를 내고 집에 들어앉아 사학 명가 포개包愷를 스승으로 《사기》, 《한서》 및 병서를 부지런히 읽었다.

어느 날 이밀은 《한서》를 쇠뿔에 건 채 한 손으로 쇠고삐를 잡고 한 손으로 책을 들고 읽으며 스승 포개에게 갔다. 재상 양소楊素가 그 모습을 보고 말을 달려

이밀이 쇠뿔에 책을 걸다
이밀은 방석을 깔고 소를 타면서 《한서漢書》를 쇠뿔에 걸고 보았다. 월국공 양소는 길에서 이밀을 보고 무슨 책을 읽는가를 묻자 이밀은 "《한서》 중 〈항우전項羽傳〉을 읽습니다."라고 대답했다. 이 이야기는 이밀의 근면함과 양소의 식별 능력을 설명한다. 이 그림은 청나라 마태의 《마태화보》에 실려 있다.

| 세계사 연표 |

632년 이슬람교 창시자 마호메트(약 570년생)가 죽었다.

《구당서舊唐書·이밀전李密傳》

와강채 봉기를 결의하는 그림 (청나라 말기 연화)
수나라 말기의 호걸 선웅신單雄信은 녹림에 편지를 띄워 강호의 친구들을 산동 제남에 청해 모친의 축수를 기원하는 잔치를 열었다. 연회에서 정교금程咬金 등 36명 호걸은 의형제를 맺고 정교금을 맏형으로 와강채瓦崗寨에서 봉기하기로 했다.

쫓아가서 물었다. "서생은 어디 사람인고?" 그러자 이밀은 즉시 소 등에서 뛰어내려 예를 올린 후 성명을 알렸다.

양소는 집에 간 후 아들 양현감楊玄感에게 이밀과 사귀라고 말했다.

관상과 독서

'쇠뿔에 책을 걸다'는 말은 후에 유명한 고사가 됐고 이밀도 재상의 아들 양현감과 문경지교를 맺었다.

이 두 사람은 모두 배움을 즐기는 젊은이인데다 웅대한 포부를 품은지라 수나라 양제의 통치에 대한 불만이 마음속에서 자라났다. 후에 양현감이 여양黎陽에서 군사를 일으켜 조정에 반대하자 이밀이 장안에서 달려와 도왔지만 애석하게도 양현감은 용기는 있으나 모략이 없어 패전해 피살됐다. 이밀은 추격을 피해 책양翟讓이 인솔하는 와강군에 투신, 수나라 말기 봉기의 중요한 성원이 됐다.

미신을 믿는 사람들은 수나라 양제가 관상을 잘 본다고 하지만 얼굴 검은 젊은이가 수나라를 반대해 큰 일을 성취한 것은 '쇠뿔에 책을 건' 일에서 시작됐다고 보아야 할 것이다.

풍진삼협도風塵三俠圖 (청나라 임신任頤 그림)
풍진삼협도는 수나라 말기에서 당나라 초기의 세 협객 규염객虯髯客·이정李靖·홍불녀紅拂女를 가리킨다. 이정은 큰 포부를 품고 병법 모략을 깊이 연구했다. 홍불녀는 경국지색으로 권신 양소의 저택에서 이정을 본 후 심히 사모, 심야에 찾아가 부부가 돼 강호를 돌아다녔다. 둘은 여행 도중 규염객을 만났는데 홍불녀의 미모에 규염객도 깊이 빠졌다. 홍불녀는 규염객이 보통 인물이 아님을 알고 규염객과 오누이를 맺으면서 이정을 소개, 세 사람은 함께 말을 타고 천하를 돌아다녔다. 이는 당나라 전기 소설《규염객전虯髯客傳》의 이야기이고, 그림은 규염객이 홍불녀의 미모에 놀라는 장면이다.

581~763 당나라

| 중국사 연표 |

632년 문무 관원이 봉선封禪을 힘써 권하지만 위징은 허명을 추구해 실해를 입지 말아야 한다고 주장했다.

038

술을 탐하는 이연

술에 취해 진양궁에 눕다

이연李淵은 진양궁에서 술을 마시기 좋아했다. 이세민李世民은 배적裵寂과 계책을 꾸며 그가 수나라를 반대하는 길로 들어서도록 압박했다.

진양궁은 황제의 태원에 있는 행궁으로 병주幷州에 속했다. 수나라 때 병주는 북방의 군사 중진이므로 황제는 항상 이곳으로 순행했다.

그러나 대업 말년에 수나라를 반대하는 봉기가 도처에서 폭발하자 수나라 양제는 멀리 강도로 도피해 북방에 갈 수 없었다. 행궁에 어가가 올 수 없는 상황이라 궁전을 수비하는 관리들은 한가롭게 지냈다. 황제가 없는 기회를 이용해 진양궁감 배적은 친구를 청해 궁중에서 회식을 했는데 가끔 황제를 위해 움에 저장해둔 어주 맛도 보곤 했다.

진양궁에 가서 술을 가장 많이 마신 사람은 당지 최고장관 태원 유수 당국공 이연李淵이었다. 이연은 수나라 양제와 이종사촌 형제이자 배적의 오랜 친구였

황가 공신 이효공

이효공李孝恭(591~640)은 당나라 고조 이연의 오촌조카로 지혜롭고 침착하고 담력이 있었다. 이연이 도성을 점령한 후 이효공은 좌공록대부, 산남도 초위 대사를 맡아, 군사를 거느리고 촉에 돌입해 30여 주에서 항복을 받아냈다. 고조 무덕 3년(620)에는 소선蕭銑을 격파, 형주 대총관으로 진급했다. 이후 그는 또 강동 보공석輔公祏의 반란을 평정해 양주 대도독으로 진급했다. 황가에서는 전공이 탁월한 그를 이세민에 버금가는 하간군왕에 책봉했다. 정관 14년 폭사, 시호는 원元이다. 이 그림은 《역대명신상해》에 실려 있다.

시소

시소柴紹(?~638)는 자가 사창이며, 진주晉州 임분臨汾 사람으로 조부와 부친이 모두 북주·수나라의 고관이다. 이연이 등극 전에 딸(평양공주)를 그에게 시집보냈다. 이연이 봉기한 후 시소는 즉시 태원으로 달려가 임분을 점령, 강군絳郡을 평정해 우광록대부를 제수받았다. 고조 때 이세민을 따라 설거·송금강·왕세충·두건덕 등을 평정해 곽국공에 책봉됐고 후에 우효위 대장군이 됐다. 정관 원년에 우위 대장군, 정관 7년에 초국공에 책봉, 사후 형주도독에 추증됐다. 시호는 양襄이다. 이 그림은 《역대명신상해》에 실려 있다.

역사 시험장 〉 명산明算은 당나라 과거 과목의 하나이다. 시험의 주요 내용은 무엇인가?

| 세계사 연표 |

633년 신라가 선덕여왕 3년에 분황사 석탑을 건립했다.

《신당서新唐書·배적전裴寂傳》
《구당서舊唐書·배전전裴寂傳》 출전

당나라 초기 대신 배적

배적裴寂(570~632)은 자가 현진, 포주蒲州 상천桑泉 사람으로 수나라 말기 이연 태원 봉기를 획책한 사람중의 하나이다. 당나라 건국 이후 상서복야 등을 역임해 이연에게 최고 신임을 받았다. 태종 정관 3년(629)에 죄를 입어 본읍에 귀환한 후 정주靜州, 지금의 광서성 소평昭州에 유배됐다. 사후 하동군공을 추증받았다. 이 그림은 《제감도설》에 실려 있다.

배적은 둘째 공자가 이렇듯 귀중한 물건을 밑천으로 내걸자 진짜로 도박을 하기 시작했고, 몇 시간 안 돼 이세민이 모두 다 잃었다. 배적은 손안의 보물을 보면서 이세민이 계책 같은 건 전혀 꾸밀 줄 모른다고 생각했다.

둘째 공자는 밑천을 다 잃자 이튿날 역시 또 많은 재물을 가지고 와서 배적과 결판을 내려 했다. 도박 기술이 약한 둘째 공자가 매번 지다 보니 재물은 모두 배적의 주머니에 들어갔다. 이렇게 해서 배적과 이세민은 비밀이 없는 지기지우가 됐다.

수나라 강산을 건 도박

많은 돈과 보물을 따서 싱글벙글하는 배적에게 이세민이 말했다. "배 백부님, 수나라의 강산을 밑천으로 삼아 도박을 해서 이기면 그 재물은 대대손손 다 누리지 못할 겁니다."

어려서 부모를 잃어 남의 손에 자랐고 나이 마흔이 넘었지만 여전히 황제의 궁을 지키는 궁감을 맡고 있던 배적은 수나라 강산을 밑천으로 하는 도박에 참여하고 싶었다. 이연이 천자가 되면 물론 벼슬도 높아질 것이었다. 이세민은 부친 이연을 설득하기만 하면 즉시 수나라를 반대하는 대군을 집결할 수 있을 것이라

다. 이연은 본래 술을 탐하는 사람인데다 근간에 황제가 그를 의심하자 우울한 마음에 진양궁에 올 때마다 밤새도록 술을 마시며 몹시 취하곤 했다.

도박을 한 이세민과 배적

어느 날 당국공 댁의 둘째 공자 이세민이 보물 몇 점을 가지고 배적을 찾아왔다. 이세민은 배적 백부가 격오格五 놀음의 능수임을 알기에 몇 가지 보물을 도박 밑천으로 삼아 백부가 이기면 보물을 주려고 했다.

●●● 역사문화백과 ●●●

[《당서》의 사료 원천]

신·구 《당서唐書》와 《자치통감資治通鑑》은 수·당의 역사의 학습과 연구의 필독서인데 주요 사료는 어디에서 왔는가? 당나라 시대에는 황제 좌우에 기거랑을 설치해 매일 황제의 언행을 기록했는데 이를 '기거주'라 불렀다. 당나라 사관은 '기거주'의 원시 기록에 근거해 '국사' 또는 '실록'을 편찬했다. 후인이 편찬한 《구당서舊唐書》·《신당서新唐書》·《자치통감》의 사료는 주로 '국사'와 '실록'에서 왔다. 지금은 온대아의 《대당창업기거주大唐創業起居注》 외에 당나라 건국 후 '기거주'를 읽을 수 없다. 《한창려집韓昌黎集》에 《순종실록順宗實錄》 5권이 보존된 외에 기타 실록은 모두 소실됐다.

581~763 당나라

《구장 산술》, 《주비산경》 등 수많은 산경算經

| 중국사 연표 |

633년 이순풍李淳風이 천문 관측용 혼천의를 개조했다.

수당 18로 호한 전도 (청나라 말기 연화)
이 그림의 인물은 수나라 말 당나라 초기의 18명 호걸이다. 즉 이원패李元覇·우문성도宇文成都·배원경裵元慶·웅활해雄闊海·오운소伍雲召·오천사伍天賜·나성羅成·양림楊林·위문통魏文通·선웅신單雄信·진경秦瓊·정교금程咬金·위지공尉遲恭·왕백당王伯當 등이다.

고 말했다. 현지 유수이자 수나라 양제의 이종사촌인 이연을 설득하는 것은 쉬운 일이 아니었지만 배적에게는 묘책이 있었다.

어느 날 저녁, 그는 이연을 진양궁으로 청해 좋은 술을 꺼내 서로 대취하도록 마셨다. 연후에 이연을 침전에 부축해 들게 하고 어여쁜 궁녀에게 그를 시중들게 했다. 이튿날 아침 깨어난 이연은 옆에 누운 궁녀를 보자 대죄를 범했음을 알게 됐다.

아들의 올가미에 걸린 아비

며칠 후 이연은 또 진양궁에 가서 술을 마셨다. 배적은 이연이 술이 취한 틈을 이용해 말했다.

"전에 당공이 진양궁에 취해 누웠던 일로 당공의 둘째 공자와 저는 많이 걱정했습니다. 그 일이 드러나면 우리 모두 목이 날아나게 될까 봐 이미 암암리에 군사를 모아 반란의 기치를 들려 하오이다. 당공이 결단을 내린다면 황제의 자리에 앉을 수 있소이다. 모두 당공의 한마디 호령을 기다리고 있소이다."

이연은 취기가 싹 가셔 한참을 침묵하더니 말했다.

"내 아들이 이 일을 도모한 이상 그 아이 말을 들을 수밖에 없겠군."

이연이 대장군부를 설치하고 배적을 장사로 임명해 장안을 공략, 수나라 양제의 손자 양유楊侑를 황제로 옹립하려 했다. 뭇 사람이 이연에게 등극하라고 권했으나 그가 사양하자 배적이 말했다. "상나라의 주왕이 죽은 후 자손이 있었지만 주나라 무왕은 결코 그들에게 양보하지 않았소이다." 얼마 안 돼 이연은 순조롭게 제위에 등극했다. 이연은 등극 후 줄곧 진양궁에 취해 누웠던 일을 잊지 않고 배적을 상서우복야로 책봉했고 많은 보물을 하사하면서 자신이 제위에 오른 것은 모두 배적의 공로라고 했다.

| 세계사 연표 |

635년
아랍이 다마스쿠스를 공략했다.

039

《신당서新唐書·유문정전劉文靜傳》
《구당서舊唐書·유문정전劉文靜傳》 출전

원망은 모반이 아니다

유문정劉文靜은 지위가 배적보다 못해 술을 마시며 화풀이를 하다 죽음의 화를 초래했다.

영웅을 알아보는 영웅

이연李淵 부자가 진양晉陽에서 봉기할 때 배적의 역할은 진양령 유문보다 못했다.

이연이 태원太原 유수일 때 유문정은 첫눈에 그가 천하의 영웅이고, 둘째 공자 이세민도 전도가 원대함을 알아보았다. 이세민도 태원에 있을 때 재주와 학식을 겸비한 유문정을 눈여겨보았다.

두 사람이 사귄 지 얼마 안 돼 유문정은 와강군의 이밀李密과 사돈 간이어서 관부에 잡혀 옥에 갇혔다.

이세민이 그를 보기 위해 옥으로 갔다. 그들은 눈앞에 닥친 정세를 논했는데 유문정은 일부러 지금 상나라 탕왕·주나라 무왕·한나라 고조·광무제 같은 인재가 없어 국면을 수습하기 어렵다고 말했다.

이에 이세민이 참을 수가 없어서 불쑥 말했다. "왜 기백이 있는 사람이 없다는 거죠? 그저 태산을 알아보지 못한 뿐이지요. 제가 위험을 무릅쓰고 옥에 찾아온 것은 선생과 함께 대계大計를 도모하려는 겁니다."

유문정의 옥중 대책

유문정은 이세민이 호탕하게 말하자 단숨에 천하 형세를 분석했다. 낙양은 이미 이밀에게 포위됐고, 수나라 양제는 피신했으며,

당나라 개국 황제 고조 이연

반란군들은 이미 주·군을 점령했고, 조정은 고구려 정벌로 태원으로 도피해 혼란스러웠다. 당공 이연이 기치를 내걸면 황제의 대업은 근심할 필요도 없었던 것이다.

이세민이 부친 설득의 어려움을 표하자, 유문정은 배적을 사귀고 배적을 이용해 부친을 설득하라고 일렀다. 또 유문정은 태원 호걸을 동원하기 위해 수나라 양제의 조서를 위조해서 조정이 또 고구려와 전쟁을 하기 위해 20~50세의 군사를 모집한다고 선포해 민심을 이간질했다.

유문정은 의심할 바 없는 태원 봉기의 주모자이지만 당나라 건립 후의 지위는 줄곧 배적의 밑이었다. 황제가 된 이연이 여전히 배적과 친구처럼 지내자 유문정이 황제와 대신은 예절을 지켜야 한다고 비판했다.

이에 황제는 유문정이 주제 넘게 상관한다고 질책하자 유문정은 늘 울적해 했고 상서복야 배적과 등졌다.

불평을 토로한 개국 공신

어느 날 유문정이 동생 산기상시 유문기와 술을 마시면서 칼을 꺼내 기둥을 몇 번 찍으며 외쳤다. "배적은 죽어 마땅하다!"

유문기는 유부에 귀신이 조화를 부리곤 해 무당을 청해 법사를 했는데 총애를 잃은 첩이 이 두 가지 일을 조정에 고발했다.

그 결과 유문정 형제가 옥에 갇

581~763

당나라

국자감 125

| 중국사 연표 |

635년 당나라 고조 이연(李淵, 566년생)이 죽었다.

당나라 군사가 이정

이정李靖은 경조 삼원三原 사람이며 저명한 군사가다. 당나라 통일 전쟁, 변경 안무 전쟁에서 여러 차례 군사를 거느리고 작전해 완승을 거두었다. 저서 《이정병법李靖兵法》은 이미 소실되었고, 청나라 왕종기가 편찬한 《위공병법집본衛公兵法輯本》 세 권이 남아 있다.

왕유王維〈상사〉 시의도 (청나라 호석규胡錫珪 그림)
홍두는 남쪽 나라에서 나거늘, 봄이 돼 몇 가지나 나왔는고? 군께서 홍두 잎 많이 뜯기 바라거늘, 이 물건은 상사의 정 제일 깊다네.

했다. 주심관은 바로 그의 정적 배적이었다.

법정에서 유문정은 태연히 말했다. "태원 봉기 때는 그대와 나의 지위가 비슷했소. 지금 그대는 재상으로 큰 저택에 살고 나는 의탁할 곳 하나 없으니 취한 김에 불평을 토로한 것이오." 당나라 고조는 유문정

●●● 역사문화백과 ●●●

[전적 석각 – 당나라 석경]
당나라 시대 사람들은 유가·불가 경전을 돌이나 암벽에 새겨 영구 보존 및 교화를 기했다. 예를 들면 개성 연간의 《개성석경開成石經》만 해도 《주역周易》·《상서尙書》·《시경詩經》 등 10부의 저서가 있다.

이 모반을 도모했다고 믿었는데 예부상서 이강, 중서령 소우, 진왕 이세민이 나서서 변호했다. 그러나 이연은 지나치게 기민한 유문정이 미웠는데 배적마저 옆에서 부추기자 이 개국 공신을 처형했다.

유문정은 형장으로 가는 길에 가슴을 치며 통곡했다. "새를 다 잡으니 활을 감춘다 했거늘 옛 사람들의 말이 하나도 틀리지 않는구나!"

| 세계사 연표 |

636년 아랍이 동로마 군사를 대파, 시리아 대부분을 점령했다. 프랑스어와 독일어가 분명히 구별됐다.

040

《신당서新唐書·위지경덕전尉遲敬德傳》·
《구당서舊唐書·위지경덕전尉遲敬德傳》 출전

문신門神 위지경덕

위지경덕尉遲敬德의 초상이 1000만 호의 문에 붙은 것은 그가 용맹하기도 하지만 청렴하고 충성스럽기 때문이다.

임기가 찬 문신

중국은 역대로 새해에 귀신의 초상을 문에 붙이는 풍속이 있었다. 원래의 문신門神은 신도神荼와 욱루郁壘 두 신선인데 당나라 시대에 이르러 이 두 문신은 진경秦瓊과 위지경덕에게 자리를 내주었다. 이 두 영웅은 어떻게 문신이 되었는가?

어느 날 당나라 태종이 병에 걸렸는데 창문 밖에서 귀신이 울고 있어 안심하고 잘 수가 없었다. 다음날 태종이 이 일을 대신들에게 알리자 진경이 나서서 아뢰었다. "신과 위지경덕이 폐하를 위해 문어귀에서 보초를 서겠나이다."

이 말을 들은 태종은 기뻐하며 그들에게 군복 차림으로 불침번을 서도록 허락했다. 그러자 귀신마저 무예가 출중한 이 두 장군을 두려워했던 것인지 그날 밤은 귀신이 나타나지 않고 조용히 지나갔다. 이리하여 두 사람은 문신이 됐다.

긴 창을 잘 쓰는 위지경덕

위지경덕은 무덕 3년에 유무주劉武周의 장수 심상尋相과 함께 당나라에 귀순했는데 이세민은 그를 우부통군으로 임명했다.

얼마 안 돼 심상이 배반하자 이세민의 수하 장수들

위지경덕
위지경덕尉遲敬德은 이름이 공恭, 수나라 말기에 종군해 용맹으로 조산대부를 제수받았다. 무덕 3년(620)에 당나라에 패해 투항, 진왕 이세민을 따라 각지 봉기군과 군벌을 정벌했고 현무문 정변에서 이원길을 사살해 장손 무기와 함께 첫 공을 세웠다. 후에 재상의 배척으로 조정에서 밀려났다.

진경
이 그림은 《역대명신상해》에 실려 있다.

581~763 당나라

당나라 시대에 형성된 격률시格律詩 127

| 중국사 연표 |

636년

경교景敎가 페르시아로부터 중국에 전해졌다. 당나라 태종이 영을 내려 〈여칙女則〉을 인쇄하게 했는데 이로부터 인쇄를 중요시했다.

이 위지경덕을 죽여 후환을 없애라고 권고했다. 그러나 이세민은 머리를 저으며 말했다. "위지경덕이 나를 배반하려 했다면 벌써 했을 걸세. 그를 나에게 데려오게." 위지경덕을 만난 이세민이 말했다. "오늘 일을 마음에 두지 마십시오. 난 충성스러운 사람은 해치지 않습니다. 장군께서 기어이 떠나시겠다면 이 금을 받으십시오. 우리의 정을 표시하는 겁니다." 위지경덕은 이세민의 말을 듣자 뜨거운 눈물을 흘렸다.

이세민이 500의 기병을 거느리고 진지를 순시할 때 갑자기 1만 여 대군을 거느린 왕세충의 대장 선웅신單雄信이 말을 달려 이세민을 찌르려 했다. 이때 위지경덕이 긴 창을 휘둘러 선웅신을 말 아래로 떨어뜨렸다. 그러나 그와 이세민은 이미 적병의 포위 속에 깊이 빠졌다. 위지경덕은 이세민을 데리고 단신으로 포위망을 돌파했다. 때마침 당나라 장군 굴돌통屈突通이 군사를 거느리고 달려와 왕세충을 크게 격파했다.

이후 위지경덕의 창 솜씨가 조정에 알려지자 제왕 이원길李元吉이 위지경덕과 무예를 겨루고자 했다.

"서로 무쇠 날을 제거해 상처를 입지 않도록 합시다." 진왕 이세민이 위지경덕에게 말했지만 위지경덕은 굳이 날을 제거하지 않겠다고 했다. 이원길이 말을

문신 경덕 (왼쪽 그림), 문신 진경 (오른쪽 그림) (청나라 말기 연화)
민간에서는 이 그림을 문신門神으로 간주한다. 사기를 제어하고 귀신을 쫓는다고 한다.

몰며 창을 들어 위지경덕을 찔렀다. 위지경덕이 왼쪽으로 슬쩍 비키자 이원길은 큰 소리로 "창을 봐라!" 하고 고함을 지르며 창끝을 왼쪽으로 돌려 찌르자 위지경덕이 오른쪽으로 번개같이 돌아왔다. 이원길이 급히 말머리를 돌리며 창을 휘둘러 찌르려 하자 위지경덕은 또 몸을 돌리며 이원길의 몸 뒤로 가서 그의 손에서 창을 빼앗았다.

위지경덕이 창을 이원길에게 돌려주자 이원길은 부끄럼이 노염으로 변해 또 찔렀지만 다시 창을 빼앗기고 말았다. 이렇게 세 번을 계속 패한 이원길은 몹시 부끄러워하며 가 버렸다.

돈에 마음을 움직이지 않는 장군

진왕 이세민을 죽이려는 태자 이건성李建成이 위지경덕을 매수하려고 금 그릇 한 수레를 보냈지만 위지경덕이 거절했다.

이에 이건성이 화를 내자 이원길이 말했다. "화 낼 필요 없습니다. 제가 오늘 밤 자객을 보내 그자를 죽일 겁니다." 그들의 음모를 전해 들은 이세민은 위지경덕에게 방비를 하라고 했지만 위지경덕은 창문을 다 열어놓고 자객을 기다렸다. 삼경이 되어 자객이 왔는데 창문이 열려 있음을 보고 감히 들어가질 못하고 망설이다가 돌아가 버렸다.

무덕 9년(626) 2월에 현무문 정변이 생겼다. 이세민이 이건성을 죽였는데 갑자기 이원길의 습격을 받았

●●● 역사문화백과 ●●●

[당나라 시대 금군]
당나라 고조는 태원에서 봉기한 인원 중 3만 명을 금군으로 선발해 황궁을 지키게 했는데, '원종 금군'이라 불렀다. 황성 북쪽에 주둔해 일명 북위北衛라 불렀고, 대족에서 건장한 젊은이를 선발해 금군을 보충해 비기飛騎라 불렀다. 다시 그중 기마궁노에 강한 자를 선발해 백기百騎라 불렀다.

팔선도八仙圖 (청나라 황신黃愼 그림)
도교에서 숭배하는 여덟 신선은 이철괴·종리한·장과로·하선고·남채화·여동빈·한상자·조국구로 그 이야기는 당나라로부터 시작됐다.

다. 그때 위지경덕이 말을 달려 이원길을 죽이고 이세민을 도와 이 정변을 끝맺었다. 태자가 된 이세민은 위지경덕을 악국공鄂國公으로 봉했다.

정관 13년(639)에 누군가 위지경덕이 모반하려 한다고 고하자 이 소식을 들은 위지경덕은 윗옷을 벗어 던지고 온몸의 상처를 태종에게 보이며 말했다. "신은 폐하와 함께 숱하게 죽음의 고비를 넘겼습니다. 지금 천하가 태평해졌는데 폐하께서도 신이 모반하리라 믿으시나이까?" 그러자 태종은 눈물을 흘리며 말했다. "빨리 옷을 입게. 짐은 그대를 의심하지 않네."

얼마 안 돼 태종이 그의 딸을 위지경덕에게 시집보내려 하자 위지경덕이 사양하며 말했다. "짐은 글을 많이 읽지는 못했어도 부귀해진 후 조강지처를 버리면 안 된다는 도리는 알고 있나이다. 신은 폐하의 깊은 사랑을 받을 수 없나이다."

| 중국사 연표 |
637년 방현령房玄齡 등이 《정관률貞觀律》을 제정했다.

041

당나라에 귀순한 위징

위징魏徵의 마음속에는 항상 천하의 백성이 있었다.

때를 못 만난 위징

소설 《설당說唐》에서 위징은 도사로 묘사돼 있다. 이는 소설가가 지어낸 것이라고 누군가 말했지만 사실 그는 이 일대에서 이름난 도사였다.

어려서 부친을 여읜 위징은 가슴에 품은 뜻이 있어 독서에만 열중했다. 이때문에 가정형편은 항상 빈곤했다. 수나라 말년 봉기가 도처에서 일어나고 전쟁의 불길이 남북에 번지자 위징은 자신의 뜻을 펼칠 시대

쟁신諍臣 위징

위징魏徵은 자가 현성玄成이고 이밀을 따라 당나라에 투항했다. 태종 즉위 후 간의대부로 승진했으며, 늘 태종의 침실에 불려가 정사의 득실을 자문했다. 그는 천성이 강직했는데 항상 역대의 득실을 거울로 삼아 부세 감소, 상벌 분명, 형벌 신중, 의견 청취에 관해 태종에게 간했다.

가 아님을 알고 통분해하며 도관道觀에 들어가 도사가 됐다. 그러나 치국평천하에 뜻을 둔 선비가 어찌 도를 수련한단 말인가?

붓을 버리고 와강에 들어간 위징

도관을 떠난 위징은 와강군에 가입해 이밀李密의 수하에서 문관 관리로 있었다. 이밀이 우문화급을 격파하자 왕세충의 대군이 와강군을 공격했다. 대군이 낙구洛口에 이르자 위징이 이밀의 부하 정정鄭頲에게 건의했다. "비록 위공魏公이 승전을 했지만 와강군의 규모가 매우 크니 공격할 것이 아니라 좀 더 지켜보아야만 합니다." 그러자 위징을 일개 서생으로 본 정정이 말했다. "그 말은 선비들이나 하는 소릴세!" 이밀은 수하 장수들과 함께 출전했다가 산산조각이 나서 하는 수 없이 부하를 거느리고 이연李淵에게 투신했다. 위징은 큰 뜻을 펴려고 이밀을 따라 장안에 왔지만 지위가 너무 낮아 재능을 보일 기회를 찾지 못했던 것이다.

여양에서 만난 서세적

이연은 서세적徐世勣이 거느리는 봉기군이 아직도 산동의 넓은 지역을 통제함을 알고 있었다. 그는 전쟁 없이 이 강적을 귀순시키려 했다. 이연의 뜻을 이해한 위징은 공을 세울 기회가 왔다고 여겨 고조에게 서세적을 설득하겠다고 말했다. 고조는 기뻐하면서 위징을 비서승으로 임명해 그를 즉시 여양黎陽으로 보냈다. 위징은 와강군에 있을 때 서세적과 사이가 좋았다. 와강군에서 두 번째 자리를 차지했던 서세적은 이밀의 배척을 받아 여양으로 왔던 것이다. 이밀이 당나

| 세계사 연표 |

미얀마가 역법을 수정, 후세에 이를 '미얀마 역법'이라 칭했다.

《신당서新唐書·위징전魏徵傳》
《구당서舊唐書·위징전魏徵傳》 출전

구변이 좋고 법률을 익숙히 아는 왕세충 (왼쪽 그림)
왕세충은 자가 행만行滿, 본성이 지支, 서역 출신으로 박식하며 병법을 좋아하고 법률을 익히 알고 있었다. 대업 연간에 양제는 왕세충을 장군으로 임명해 10여만을 거느리고 낙구에 주둔하게 했다. 양제가 죽은 후 왕세충은 양동을 옹립했는데 역사상 황태주라고 부른다. 양동은 왕세충을 이부상서로 임명, 정국공으로 책봉했다. 당나라 무덕 2년(619) 4월 황태주를 폐위하고 황제를 자칭, 연호를 개명開明, 국호를 정鄭으로 칭했다. 후에 독고수덕에 피살됐다. 이 그림은《설당연의전전》에 실려 있다.

수나라의 효웅 두건덕 (오른쪽 그림)
두건덕은 패주貝州 장남漳南 즉 지금의 하북 고성 사람이다. 대업 7년(618) 11월 낙수樂壽, 지금의 하북현에 도읍, 국호를 대하大夏, 연호를 오봉이라 개칭했다. 후에 이세민에게 패해 장안에서 피살됐다. 이 그림은 청나라 간행본《설당연의전전》에 실려 있다.

라에 귀순하니 그 역시 미래가 불투명했지만 경솔히 결정할 수가 없어서 주저하고 있던차에 위징이 왔던 것이다. 서세적은 연회를 베풀어 위징을 영접했다. 위징이 물었다. "장군께서는 눈앞의 형세에 대해 어떤 고견이 계시는지요?" 그러자 서세적이 겸손하게 말했다. "선생께서 장안에서 보고 들은 것이 많을 터인즉 저는 가만히 들으려 합니다."

들어갈지 의론이 분분합니다. 승자는 당나라 황제 이연일 것입니다. 위공은 수십만 군사를 거느리고 와강에 웅거해 이름을 날렸지만 눈 깜짝할 사이에 대패해 결국은 당나라에 귀순했으니 이 어찌 천의가 아니겠습니까! 장군께서는 이런 형세를 보시고 빨리 결정하시는 것이 바람직합니다."

서세적도 여러 상황을 보고 크게 성공할 사람은 이연 부자라고 생각하고 있었는데 위징의 말을 듣고 그의 뜻에 흔쾌히 동의했다. 서세적의 귀순은 당나라의 역량을 크게 강화시켰고, 이는 위징의 공이 컸다. 얼마 안 돼 두건덕竇建德이 여양을 공략했고 아직 장안으로 귀환하지 않은 위징은 나포돼 농민 봉기군에 억류됐다가 이세민이 두건덕을 섬멸하고 난 후에야 다시 당나라 조정에 돌아와 태자 이건성 동궁의 일원이 됐다.

영웅을 논하는 위징과 서세적

곧은 성격의 위징은 바로 그의 의견을 이야기했다. "양제가 무도해 천하가 큰 혼란에 빠졌고 뭇 영웅이 중원 패권을 쟁탈하니, 이 강산이 도대체 누구 손에

●●● 역사문화백과 ●●●

[북문 학사北門學士]
당나라는 3성 6부제를 실시했는데 조정의 조서를 기초하는 부서는 중서성이다. 중서·문하·상서 3성 장관이 바로 재상이다. 후에 무측천은 재상의 권력을 분산하고 문학 유신을 초모해 북문으로부터 궁정에 진입해서 조정 정사를 의론하고 문건을 기초하게 했는데 이를 '북문 학사'라 불렀다.

당나라 귀족의 약함
덮개와 몸체에 꽃무늬가 있고 덮개 가운데에는 십자형의 꽃잎이 있다. 이 금은 그릇은 당시 당나라 통치자가 귀중한 약품·향약·화장품을 넣어 신하에게 하사했다는 기록이 있다.

얇은 조가비를 각종 도안으로 오려 상감하거나 칠기에 조각한다

| 중국사 연표 |
638년 서예가 우세남虞世南(558년생)이 죽었다.

042

현무문玄武門 정변

수나라는 일찍 형제간에 황위 쟁탈전이 발생했는데, 26년 후 역사는 같은 도시에서 같은 일이 반복됐지만 완전히 다른 결과를 가져왔다.

세 형제의 속셈

긴 전쟁을 거쳐 국가 통일 상태가 안정되자 무덕 7년(624)에 당나라 고조 이연은 국내 문제를 전면적으로 정돈했다. 하지만 태자 이건성李建成·제齊왕 이원길李元吉·진秦왕 이세민 삼형제의 투쟁은 점점 더 치열해졌다.

이건성은 이연의 장자로 태자에 책봉됐고, 이원길은 넷째 아들이다. 이건성은 이세민이 공이 뛰어나고 신변에 재능 있는 문무 관원들이 버티고 있어 자신에게 위협이 됨을 알고 있었다. 삼형제가 충돌하자 이연은 적장자 계승 원칙을 세우고 이세민을 냉대했다.

현무문 정변
무덕 9년(626)에 진왕 이세민은 정변을 일으켜 태자 건성 및 동생 원길 등을 사살했는데, 역사상 이를 '현무문 정변'이라 한다. 이세민은 이로써 제위에 등극했다. 왼쪽 그림 〈현무문 형제 상잔〉과 오른쪽 그림 〈위지경덕이 원길을 주살하다〉는 청나라 간행본 《수당연의》에 실려 있다. 중간 그림, 〈이원길이 진왕을 모살하려 계책을 꾸미다〉는 명나라 간행본 《수당연의》에 실려 있다.

이세민의 준비

이건성은 이세민이 모반을 꾀한다고 무고했으며, 또 부친이 총애하는 귀비를 매수해 황제에게 이세민을 나쁘게 말하도록 시켰다. 이에 이연이 이세민을 죄로 다스리려 했으나 대신 진숙달陳叔達이 나서서 말리자 주저했다. 이건성의 이러한 행동은 진왕부를 공포에 떨게 했다. 이세민의 친신 방현령房玄齡이 이세민의 처삼촌 장손무기長孫無忌에게 말했다. "진왕에게 권해 즉시 움직여야 합니다." 방현령의 말에 찬성한 장손무기가 이세민에게 즉시 결단을 내리라고 간했다. 이건성과 이원길은 이연에게 간해 방현령과 두여회를 진왕부에서 몰아내고 정지절鄭知節을 강주 자사로 보내려고 했다. 명석한 정지절이 이세민에게 말했다. "대왕 신변의 사람을 모두 떠나 보내면 대왕도 위험해집니다. 저는 죽어도 대왕을 떠나지 않으렵니다."

| 세계사 연표 |

639년 프랑크 왕궁의 궁재_{宮宰}가 권력을 독점, 역사상 이를 '나태 국왕 시대'(~751)라 부른다.

《자치통감資治通鑑·당고조무덕唐高祖武德 9년》

단지현

단지현段志玄(598~642)은 당나라 초기의 제주齊州 사람으로, 이연이 군사를 일으켰을 때 1000여 명을 모집해 따랐는데 싸움마다 앞장섰다. 왕세충·두건덕을 격파한 후 공으로 진왕부 우이호군이 되었고, '현무문 정변'에서 위지경덕 등과 함께 이건성·이원길 등을 죽였다. 이세민이 즉위한 후 좌효위 대장군에 번국공, 정관 11년(637)에 포국공으로 고쳐 책봉됐다. 사후 소릉에 함께 매장됐다. 이 그림은 《역대명신상해》에 실려 있다.

삼조 공신 장손무기

장손무기(?~659)는 자가 기보機輔이다. 하남 낙양 사람인 그는 당나라 태종 문덕 황후의 오빠다. 당나라 개국 공신으로 처음에 제국공에, 후에 조국공으로 책봉됐으며 무덕 9년(626)에 현무문 정변의 결책에 참여해 이세민의 등극을 도왔다. 정관 11년(637)에 방현령 등과 함께 《정관률》을 제정했다. 후에 고종의 무측천 황후 책립을 반대해 작위를 삭탈당하고 검주黔州, 지금의 귀주)에 유배돼 목매 자살했다. 이 그림은 《역대명신상해》에 실려 있다.

이건성의 이런 인재 제거 방법은 진왕부 사람들을 두려움에 떨게 했다.

공교롭게도 돌궐 수령이 군사를 거느리고 당나라를 공격했다는 급보가 변경에서 전해졌다. 이건성은 이를 이세민을 제거할 기회로 여기고 이원길에게 군사를 거느리고 정벌하되 진왕부 대장 위지경덕·정지절·단지현段志玄·진숙보秦叔寶를 휘하에 배치하도록 이연을 부추겼다. 하지만 바로 그날 밤에 동궁의 한 관원이 진왕부에 찾아와 태자의 음모를 폭로해 이세민은 밤새도록 방현령·두여회를 불러 대책을 상의했다.

6월 4일 새벽

새벽에 이세민의 병마가 현무문에 매복했고, 곧이어 이건성·이원길이 말을 타고 조회에 나왔다. 상황이 이상함을 눈치 챈 두 사람이 급히 말을 달려 달아나자 이세민이 단 한 번에 이건성을 쏘아 죽였다. 위지경덕이 군사를 거느리고 달려와 이원길이 탄 말을 쏘아 눕히자 이원길이 낙마해 나뭇가지에 걸린 이세민을 보고 덮쳤다. 이를 보고 위지경덕이 큰 소리로 외쳤다. "이 도적놈아, 우리 주공을 상하게 하지 마라!" 이원길은 놀라서 급히 도망가다가 위지경덕의

| 중국사 연표 |

639년 위징魏徵이 '실패를 초래하는 열 가지 폐단에 대한 상주문'을 올렸다.

화살에 맞아 죽었다. 이때 이건성의 위병들이 당도해 쌍방은 현무문 앞에서 싸움을 벌였고, 이세민은 위지경덕에게 입궁해 이연을 보위하도록 명했다.

이연은 위지경덕이 칼을 들고 입궁하자 놀라 물었다. "누가 밖에서 난을 일으키는고?" 위지경덕이 대답했다. "태자와 제왕이 모반해 이미 진왕에게 죽었나이다. 신은 진왕의 명을 받들어 거가를 보호하러 왔나이다." 이연은 급히 좌우에 물었다. "이제 어떻게 하면 좋겠는가?" 그러자 소우蕭瑀 등이 대답했다. "천하 평정의 공을 세우지 못한 건성과 원길이 진왕의 공을 질투해 그를 모해하려 해서 진왕이 그들을 죽인 것이옵나이다. 폐하께서 진왕을 태자로 책봉하시면 더이상 일이 없을 것이옵니다." 이연은 성지를 내려 군사들이 진왕의 지휘를 받게 하고 이를 위반하지 못하도

결단성 있는 장공근
장공근張公謹은 자가 홍신弘愼, 위주魏州 번수繁水 사람이다. 왕세충 수하 관리, 위지공 등이 이세민에게 천거, 막부에 인입했다. 현무문 정변 전에 이세민이 길흉을 점치게 하자 장공근이 진언했다. "지금 일은 결단을 내리는 일인데 점괘가 필요합니까?" 이세민이 공감해 정변을 발동, 장공근 역시 이세민 등극의 중요 인물이 됐다. 정관 원년에 대주 도독을 역임했고, 누차 전공을 세워 추국공에 책봉됐다. 양주襄州 도독 재임 중 병사했다. 태종은 생일도 마다하지 않고 통곡했다(고대 예법 및 당시 풍속에 생일에 울지 않음). 시호는 양襄이다. 이 그림은 《역대명신상해》에 실려 있다.

록 했다.

이후 당나라 고조 이연은 이세민을 태자로 봉하고 두 달 후 이세민에게 제위를 양도했다. 그가 바로 당나라 태종이다. 태종이 즉위한 후 이연은 태상황이 됐다.

'현무문 정변'은 한 차례 궁정 정변이긴 하지만 역사상 저명한 '정관 치세'는 바로 이 사건을 기점으로 한다.

개국 공신 정교금
정지절鄭知節(?~665), 본명은 요금이다. 제주濟州 동아 사람이다. 사서에 따르면 "어려서 용맹하고 기마용 창을 잘 썼다." 이밀 봉기군에 가담했다가 다시 당나라에 귀순, 우무위 대장군에 노국공으로 책봉됐다. 능연각 개국 24공신의 하나. 이 그림은 청나라 간행본 《설당연의전전》에 실려 있다.

| 세계사 연표 |
640년 아랍이 아르메니아를 공략했다.

043

《자치통감資治通鑑》· 당고조무덕唐高祖武德 9년
《신당서新唐書》· 두여회전杜如晦傳
《구당서舊唐書》· 두여회전杜如晦傳
출전

신하의 모략과 결단

당나라 태종은 나이 많은 대신을 공경했고, 그래서 조정이 평화로웠다.

천하 쟁탈에 꼭 필요한 인물

태자 이건성이 이세민의 세력을 약화시키려하자 방현령이 말했다. "두여회만은 진왕부를 떠나면 안 됩니다." 이세민이 두여회의 재능이 어떤지 묻자 방현령이 말했다. "진왕께서 천하를 쥐려 하신다면 여회는 꼭 필요한 인재입니다."

사실 현무문 정변은 방현령과 두여회가 획책한 것이다. 당나라 초기의 전장典章 제도는 모두 방현령과 두여회가 제정한 것으로 국사를 논할 때면 방현령은 항상 두여회가 도착한 후에야 결정하곤 했다. 두여회 역시 방현령이 제출한 계책을 받아들였는데 당시 사람들은 이를 가리켜 '방씨의 계책과 두씨의 결단'이라고 했다.

두 사람은 많은 직무를 겸직했는데 감찰어사 진사합陳師合이 조정의 겸직이 너무 많다고 비판하자 태종이 말했다. "방현령과 두여회가 겸직을 하는 것은 그들이 재능이 있기 때문이다." 이런 불만을 없애기 위해 태종은 심지어 그 어사를 유배 보내기까지 했다.

신하를 그리워하는 황제

정관 4년, 두여회가 46세로 죽자 태종은 대성통곡하며 계속 그를 그리워했다.

한번은 태종이 참외를 먹다가 그 맛이 좋자 반을 남겨 두여회에게 제사 지냈다. 또 한번은 태종이 은 허리띠를 방현령에게 하사하면서 그에게 두여회 집에 보낼 금 허리띠도 챙겨 보냈다. 그는 귀신이 은을 두려워한다는 설이 있자 특별히 금 허리띠를 보낸 것이다. 얼마 후 태종이 방현령에게 말했다. "밤에 두여회를 보았는데 생전과 똑같았네. 주방에 가서 안주를 갖추라 하게, 짐이 가서 제사를 지내겠네."

정관 조정의 연령

'방씨의 모략과 두씨의 결단'은 당나라 초기의 두 재상의 어울림을 설명하지만 당나라 태종의 중용이 없었더라면 그들의 지혜는 펼치기 어려웠을 것이다. 사서에 의하면 태종은 15세에 군인 생활을 시작, 등극할 때 겨우 27세였다. 근 12년의 군인 생활에서 그는 경험이 많은 부하를 존중했고, 전쟁에서도 인재를 아껴야 패권을 쥘 수 있음을 깨달았다. 현무문 정변 때 방현령은 47세, 위징은 46세, 두여회도 42세로 당나라 태종보다 15~20년 연상이었다.

소년시절에 모친을 여읜 태종은 수많은 전쟁을 겪은 이후에도 모친을 생각할 때면 장소를 가리지 않고 눈물을 흘리곤 했다. 이런 외향성은 그의 성격의 다른

당나라 시문 도기 주전자 (위 사진)
호남성 장사시에서 출토됐다. 당나라 장사요 제품, 나팔 입구에 긴 목, 짧은 주둥이, 뒷면에 손잡이가 있고 복부에 오언 율시가 있다. '봄물은 봄 못에 가득 차고 봄철에 봄풀이 자라나는데 봄 사람은 봄 술을 마시고 봄의 철새는 봄 소리를 뽐내누나.'

581~763 당나라

녹미綠眉, 즉 푸른 눈썹이란 뜻이다 135

| 중국사 연표 |

640년 공영달孔穎達이 《오경정의》를 편찬했다.

두여회

두여회(584~630)는 자가 극명克明이며 경조 두릉杜陵 사람이다. 그는 당나라 명재상으로 수나라 말기 진왕 이세민부에서 병조 참군으로 획책·계책을 많이 제출했다. 천책부 종사 낭중·섬동도 대행대 사훈낭중 등을 역임했고, 태종 즉위 후 상서우복야 겸 이부상서로 방현령과 함께 조정을 장악했다. 이를 역사상 '방씨의 모략, 두씨의 결단'이라 한다. 이 그림은 《역대명신상해》에 실려 있다.

정관 명상 방현령

방현령(579~648)은 이름이 교喬, 자는 현령, 제齊주 임치臨淄, 지금의 산동성 치박 사람으로 당나라 초기의 명재상이다. 수나라 말기 방현령은 이세민에게 투신, 무덕 9년(626)에 '현무문 정변'의 획책에 참여해 당나라 태종 즉위 후 중서령에 제수됐다. 두여회와 함께 '방씨의 모략, 두씨의 결단'의 영예를 향유, '정관 치세'를 추진했다. 이 그림은 명나라 간행본 《역대고인상찬》에 실려 있다.

한 측면을 반영했는데 이런 성격의 사람은 흔히 나이 많은 사람과 어울리려 하며, 타인의 지도 또한 허심탄회하게 받아들이려 한다. 황제가 매우 겸손한 태도로

이런 나이 많은 관료를 대한 것은 당시 그의 연령이나 성격과 매우 잘 어울린다.

●●● 역사문화백과 ●●●

[무측천이 처음으로 무거 설치]

무측천 때 설치한 무관 선발 시험을 '무거武擧'라 하며 병부원외랑이 시험을 주최했다. 내용은 사격·기마궁노·마상 창법·보사·재모·언어·교관(역도, 길이 1장 7자, 폭 3치 반)의 쇠뭉치를 5회 이상 들면 급제함 등이다. 합격자는 관직을 제수받는다. 명장 곽자의는 바로 무거 이등으로 좌위장사를 제수받았는데 한나라 시대 실시 후 정지했다.

●●● 역사문화백과 ●●●

[당나라 금은 그릇의 발견]

1970년 섬서 서안 하가촌何家村에서 움에 저장한 도기·은 단지를 발견했다. 그 속에 귀중한 각종 그릇이 소장, 금은 그릇만 200여 점으로 모두 정품이다. 1982년 강소성 단도丹徒에서 또 당나라 금은 그릇을 발견했고, 1987년 법문사 지하궁전에서 또 연대기록이 있는 당나라 금은 그릇을 발견했다.

| 세계사 연표 |
641년 인도 하르샤 제국과 당나라가 서로 사신을 파견했다.

044 명신과 현군

《자치통감資治通鑑》·당고조무덕唐高祖武德 9년
《정관정요貞觀政要》·직관直諫

출전

태종 같은 현군이 있기에 양신良臣이 있는 것이다. 이는 위징의 논리다.

죄를 물은 진왕

위징이 동궁에 들어갈 때 태자와 진왕의 대립이 매우 격렬했기에 위징은 태자에게 일찍 손을 쓰라고 권했다. 현무문 정변 이후 이세민은 위징을 불러 엄숙하게 물었다. "어찌해 그대는 우리 형제간의 관계를 도발하려 했는고?" 이 말을 들은 대신들은 깜짝 놀랐으나 위징은 태연하게 대답했다. "태자께서 일찍 제 말을 들었더라면 일이 어찌 이지경에 이르렀겠습니까!" 이세민은 소문처럼 과연 그의 담력과 견식이 뛰어난 것을 보고 바로 그를 간의대부로 임명했다. 태종은 위징이 이전에 건성에게 충성한 것처럼 자기에게도 충성하리라 믿었고 위징도 이세민이 바로 자신이 계속 찾고 있던 그런 현군이라고 느꼈다.

충신과 양신이 다른 점

누군가 위징이 친척을 비호한다고 신고하자 태종은 온언박溫彦博에게 알아보게 했다. 조사를 끝낸 온언박이 태종에게 보고했다. "신이 알아본 결과 결코 그런 일이 없나이다. 그러나 고발을 당함은 그의 단속이 부족함을 뜻하옵나이다." 태종은 일리가 있다고 여겨 온언박이 직접 위징에게 그런 말을 전하게 했다.

며칠 후 위징이 입궁하자 태종이 물었다. "최근 짐이 그대에게 부당한 점이 있었는고?" 위징이 대답했다. "폐하께서 전일에 온언박을 시켜 신에게 전하신 말씀은 타당하지 못하옵나이다. 모든 사람이 이처럼 조심스럽게 행동한다면 나라를 어떻게 흥성시킬 수 있겠습니까?"

그의 말을 들은 태종이 말했다. "짐이 타당하지 못했네. 이후부턴 그런 일이 없을 것이네." 그러자 위징이 다시 말했다. "폐하께서는 신을 양신良臣으로만 여기시기 바라나이다." 태종이 물었다. "양신과 충신은 무엇이 다른고?" 위징이 대답했다. "양신은 군주의 영예를 빛나게 할 수 있고, 충신은 자신이 피살되고 군주도 혼군昏君의 명성을 갖게 하나이다."

태종은 또 물었다. "짐이 어떻게 하면 현군이 될 수 있겠는고?" 위징이 대답했다. "고루 들으면 밝아지고 치우쳐 들으면 어두워지옵나이다." 그러자 태종이 고개를 끄덕이며 말했다. "일리가 있는 말이군."

아는 것은 다 말하는 위징

정관 12년(638)에 황손을 본 태종은 관원을 초대해 큰 연회를 베풀었다. 태종이 위징에게 물었다. "근래 시정

대진大秦 경교 중국 유행 비석
781년에 수립, 당나라 시대 경교景敎(기독교 계파의 하나)가 중국에서 유행된 과정을 소개했다. 비문은 모두 1780자, 당나라 태종 때 대진, 즉 동로마 제국 경교 전도사 알로본이 페르시아로부터 장안에 와서 전교한 상황을 기록했다. 이 비석은 본래 장안 대진사大秦寺 내에 세웠는데 당나라 무종이 불교를 멸할 때 지하에 매몰됐다. 명나라 말기에 비로소 서안 교외에서 출토됐다. 이 비석은 서안시 비림碑林에 보존돼 있다.

581~763 당나라

| 중국사 연표 |

641년 문성 공주가 토번의 송찬간포에 시집감. 서예가 구양순(557년생)이 죽었다.

18학사도學士圖 (당나라 염립본閻立本 그림. 위 그림)
18학사는 당나라 태종 이세민이 거느린 신하다. 이세민은 등극 후 신하들의 공을 기억해 염립본에게 18학사 초상을 그리게 해 그 공을 표창, 역사상 미담이 됐다. 송나라 흠종은 궁중에 소장한 〈18학사 그림〉을 친히 모사, 인재가 출현해 그를 보좌하기를 원했다.

홍문개관弘文開館 (아래 그림)
당나라 태종은 즉위한 지 얼마 안 돼 정전에 홍문관을 설치했다. 경사자집經史子集 4부와 서적 20여만 권을 수집하고 천하 문학 선비를 선발해 홍문관 학사를 제수했다. 태종은 항상 홍문관 학사를 내전에 청해 역사를 종합 분석하고 치국의 방략을 탐구했다. 이 그림은 《제감도설》에 실려 있다.

은 이전에 비해 어떠한가?" 위징이 대답했다. "국가는 이전보다 강성하고 폐하의 간언 수납은 처음보다 못하옵나이다." 태종이 그 이유를 묻자 위징이 말했다. "폐하께서 원률사元律師를 참하려 하셨을 때 손복가孫伏伽가 나서서 말리자 매우 기뻐하시며 그에게 난능공주원을 하사하셨나이다. 누군가 상이 너무 많다고 하자 폐하께서는 그동안 간하는 사람이 없었으니 중상을 내려야 한다고 하셨나이다. 그런데 최근 황보덕삼이 상서하자 폐하께서는 몹시 언짢아하시며 그가 비방죄를 범했다 하셨나이다." 이 말에 연회장이 찬물을 끼얹은 듯 조용해졌다. 태종이 말했다. "위징이 아니면 이런 말을 할 수 없네. 사람이 자기 자신을 제대로 안다는 것이 쉬운 일이 아니네그려."

위징의 대담한 직언과 이세민의 대범한 수용은 천고의 미담이 됐다. 그러나 양신이든 충신이든 위징이 지킨 근본은 황제에 대한 충성이었다.

●●● **역사문화백과** ●●●

[경교의 전입]
경교는 기독교의 계파로 수·당 시대에 중국에 들어와 당나라 초기에 태종이 인가해 전국으로 퍼졌다. 교의는 유가·도가·불가의 요소를 융합, 페르시아 문화를 섭취했다. 《존경》·《일신론》 등 수십 종의 경서가 있으며, 당나라 후기 무종이 불교를 멸할 때 파괴됐고 이후 점차 쇠락했다.

| 세계사 연표 |

642년 일본 고교쿠皇極 천황(여황)이 재위(~645)했다.

045

《자치통감資治通鑑·당태종정관唐太宗貞觀 4년》
《정관정요貞觀政要·군도君道》 출전

정관 초년 대토론

치국의 도는 무력으로 국가를 강성하게 하는 것인가, 문치文治를 실시하는 것인가?

초기와 수성

정관貞觀 초기에 국가는 오랜 전란으로 토지는 황폐해졌고 가뭄이 심해져 인구가 많던 하남마저 넓은 황무지가 생겨났다.

통치 계급 내부도 불안해 여강廬江왕 원瑗·연군燕郡왕 이예李藝가 반란을 일으켜 태종의 통치를 뒤엎으려 했다. 변경 지역의 소수민족도 계속 침입했는데, 특히 서북의 돌궐은 매우 위협적인 존재였다. 이러한 국면에 직면한 당나라 태종은 신변의 대신에게 물었다. "제왕의 대업은 초기가 어려운가, 아니면 수성이 어려운가?"

재상 방현령이 대답했다. "초기 단계는 천하가 크게 혼란하고 뭇 영웅이 패권을 쟁탈해 패한 자는 귀순 투항하고 이긴 자는 왕이 되는데, 왕이든 도적이든 모두 생사의 고비에 처하게 되므로 자연히 초기가 어렵나이다."

하지만 위징은 반대의 의견을 말했다. "우매하고 무도한 군주를 제거하면 백성이 지지하고, 팔방에서 귀순하는데 초기에 무슨 어려움이 있겠나이까! 천하를 얻은 후 군주가 교만해지면 백성은 빈곤해지고 국가의 쇠망이 흔히 이로부터 시작되므로 수성이 더욱 어렵나이다."

사기를 피하고 길상을 기원하는 수나라 시대 거울
수나라 시대 구리거울은 뒷면에 청룡·백호·주작·현무 4신 및 32자를 조각했다. 4신으로 구리거울을 조각함은 사기를 피하고 길상을 기원하는 뜻이다.

대신들의 의견을 듣고 태종이 말했다.

"현령은 나를 따라 천하를 쟁취하면서 고생을 많이 겪었기에 초기의 어려움을 아는 것이고, 위징은 나를 도와 천하를 다스리면서 교만하고 황음무도한 폐단이 생겨 국가가 패망할까 봐 걱정되어 수성이 어렵다고 말하는 것인데, 창업의 어려움은 지나갔으니 여러분은 수성에 신중을 기해야 하겠소."

난을 겪은 백성

이어 태종은 화제를 돌려 말했다. "오랜 동란을 거쳤으니 이제 근심스러운 것은 백성을 교화하는 일인데 쉬운 일이 아닐 듯하네." 그러자 위징이 태종의 말을 인정하지 않으며 말했다. "장기간 안정되게 생활한 백성은 비교적 사치스럽고 안일한데 이런 경우에는 교화가 어렵나이다. 동란을 겪은 백성은 생활에 쪼들리는데 이는 굶은 자가 음식을 쉬이 받는 것과 같나이다."

이에 일리가 있다고 여긴 태종이 물었다. "과거 성

 역사문화백과

[당나라에 시작된 경기병]
수나라 말기의 봉기군은 보병이 위주로, 갑옷과 무기가 부족했지만 수나라의 철갑 기병을 전승했다. 이로부터 중장비 기병은 역사 무대에서 퇴출해 사람만 갑옷을 입는 경기병輕騎兵이 출현했다. 이세민은 경기병을 잘 조직, 빠른 돌격으로 적을 타격해 전쟁 형세를 확고히 파악하곤 했다. 그는 죽으면서도 자신과 생사를 같이한 '소릉 6준마'를 잊지 못했다.

581~763 당나라

태극궁太極宮(西內)·대명궁大明宮(東內)·흥경궁興慶宮(南內)

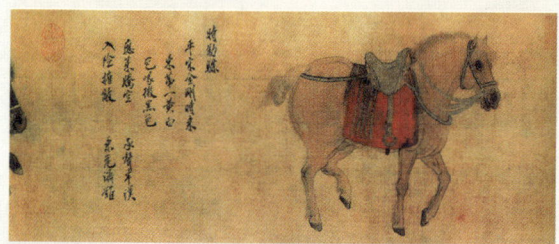

소릉 6준마 (금나라 조림趙霖 그림)
〈소릉 6준마〉는 당나라 태종의 6필 준마인데 이름은 각각 삽로자·권모왜·백제오·특륵표·청추마·습벌적이다. 당나라 개국 전장에서 주인은 이 말들을 타고 출전 입공, 등극 후 그 영준한 자태를 돌에 새겨 소릉 북궐에 상감하게 했다. 이 그림은 석각을 모사한 것이다.

과를 올린 사람들은 나라를 다스림에 있어서 흔히 100년이 걸렸는데 대란을 겪은 다음 국가를 어떻게 하면 즉시 다스릴 수 있겠는가?" 위징이 대답했다. "상하가 한마음이 되고 사방에서 노력하면 1년에 효과를 볼 수 있고 3년이면 늦은 것이옵나이다." 태종은 거듭 머리를 끄덕였는데 마음속의 우려가 적지 않게 가신 듯했다.

위징과 견해가 다른 봉덕이封德彝가 말했다.

"하夏·상商·주周 3대 이후 인심은 날로 나빠져서 진나라는 형벌로 천하를 다스렸고, 한나라는 왕도와 패도를 겸했지만 사회 풍속이 좋아지지 않았나이다."

이세민은 대신들의 논쟁이 듣기 좋아 봉덕이가 반대 의견을 발표할 때 미소를 지으며 격려했다. 봉덕이는 황제가 머리를 끄덕이자 자신의 의견에 동의하는 줄 알고 몹시 기뻐했다.

이에 위징은 반박했다. "황제黃帝는 치우蚩尤와 70

역사문화백과

[〈예상우의무〉]

이것은 〈예상우의곡霓裳羽衣曲〉에 의해 안무한 궁정 악무다. 당나라 현종 때 늘 궁정과 귀족 사대부 속에서 출연했다. 출연자는 선녀로 분장, 공작새 깃털 옷을 입었고 유연한 동작과 강건한 자태를 겸비해 화려하고 아름다운데 이를 보고 백거이가 시를 지어 찬미했다. '어깨걸이는 무지개요, 관은 걸음 따라 움직이는데 옥돌은 주렁주렁, 옥패는 부딪쳐 쟁그랑쟁그랑. 유연한 그 모습 나의마저 못 당하는 듯, 주악에 귀를 기울이며 걷다가는 다시 멈춰 서누나.'

643년 · 일본이 아스카이타飛鳥板에 천도하고 궁전을 지었다.

인도 사람 얼굴무늬 청동주전자
높이가 29.5cm이며 지름은 13.5cm이다. 봉황새 머리에 용의 손잡이, 전체가 나팔 모양이고 발은 둥글다. 가는 목에 돋을무늬가 세 줄, 복부에 사람머리를 높이 부조, 인물 형상은 인도인의 특징이 극히 강하다.

해 성왕에 이르러 크게 다스렸나이다. 만약 인심이 날로 나빠진다면 지금의 사람들은 귀신이나 요괴가 되겠으니 어떻게 교화를 시행한단 말씀이나이까?' 위징은 많은 실례를 들어가며 조리 있게 말했다.

태종이 봉덕이를 바라보며 또 의견을 들으려하자 봉덕이는 위징의 의견에 동의하지는 않았으나 반박하기도 힘들었다.

전쟁을 중지하고 교육에 힘쓴 황제

황제가 토론을 격려하자 전당의 의론이 분분해졌다. 위징은 뭇 사람의 의견을 들은 후 말했다.

"지금은 교육에 힘써야 하나이다. 한나라 무제와 수나라 양제는 공로를 탐내다 나라를 망쳤나이다. 그리고 인의를 행해야만 변경의 안정을 실현할 수 있나이다. 외족도 너 그렇게 통치하고 백성에게 인정을 베풀어야 하나이다."

태종과 신하들이 힘쓴 보람으로 정관 4년에 풍작을 거두고 유랑하던 백성들이 고향으로 돌아와 사회는 점차 안정됐다. 2년 전 조정의 논쟁을 떠올리며 당나라 태종이 말했다.

"정관 초기에 위징이 짐에게 전쟁을 중지하고 교육에 힘쓰라 했네. 짐이 그의 말대로 한 결과 지금의 좋은 결과가 나타났네. 애석하게도 봉덕이가 너무 일찍 죽어 지금의 이 천하를 볼 수 없게 됐네그려."

년간 크게 싸웠으니 그 혼란이 극도에 이르렀다고 할 수 있겠지만 일단 승리하자 천하는 빠르게 평정되었나이다. 구려九黎가 난을 일으키자 전욱이 이를 정복해 역시 빠르게 다스렸고, 상나라의 하걸夏桀이 포악해 상탕商湯이 몰아내니 상탕의 세대는 빠르게 태평해졌으며, 상나라 주紂왕이 무도하니 주나라 무왕이 토벌

581~763 당나라

방坊 141

| 중국사 연표 |
643년 위징魏徵이 죽었다. 태종이 "위징이 죽으니 짐은 거울을 하나 잃었도다"고 말했다.

046

어사대부 두엄을 꾸짖다

두엄杜淹은 관직이 높지 못하면 부화뇌동했으며, 혼군昏君을 만나면 녹봉이나 축냈다.

부화뇌동하는 신하

당나라 태종은 언변이 좋아 대신들은 조금만 방심해도 그에게 여지없이 반박을 당하곤 했다. 어사대부 두엄이 바로 이런 곤욕을 치렀다.

어느 날 조회에서 두엄은 태종에게 형부 원외랑 질회도邲懷道를 천거했다.

태종이 이 사람의 품행과 재능, 학식 등을 물으니 두엄은 질회도는 정직한 사람으로, 수나라 양제가 강도江都에 가기 전에 백관을 모아 놓고 의견을 들었는데 모두 황제의 행차에 동의했지만 질회도만은 나서서 가지 말라고 간했다고 말했다.

이 말을 들은 태종이 물었다. "수나라 양제가 강도에 갈 때 경은 찬성했는가, 반대했는가?" 두엄이 낮은 소리로 말했다. "신은 불가하다고 인정하면서도 부화뇌동할 수밖에 없었나이다."

태종은 두엄을 불같이 쏘아보았다. "회도의 말이 일리가 있음을 알면서도 경은 어찌해 그를 지지하지 않았는가?" 그러자 두엄이 변명했다. "신은 직위가 낮아 간해도 소용이 없음은 물론, 헛되이 죽음만 초래함을 잘 알고 있었기에 침묵을 지켰나이다."

길을 막는 혼군

당나라 태종은 두엄의 변명을 듣고 나서 얼굴에 웃음을 띠며 말했다. "수나라 시대 경은 지위가 낮아 감히 직언하지 못했지만 왕세충王世充이 등극할 때 경은 이미 고관의 자리에 있었는데 어찌해 여전히 아는 도리를 말하지 않았는가?" 그러자 두엄은 진땀을 흘리며 말했다. "이미 적지 않은 건의를 제출했지만 왕세충이 이행하지 않았을 뿐이옵나이다."

"왕세충이 현명한 건의를 들었더라면 멸망하지 않았을 걸세. 그러나 그 사람은 포악무도해 남의 말을 듣지 않았거든. 그런데 경은 또 어떻게 재난을 피해서 생명을 보전했는가?" 당나라 태종은 미소를 띠며 말했지만 두엄이나 만조백관 모두는 황제의 말 속의 무게를 알고 있었다.

당나라 태종이 어사대부 두엄을 힐책하는 말 속에는 확실히 뼈가 있었다. 원래 두엄은 재상 두여회杜如晦의 숙부로서 구변이 좋고 박식했다.

수나라 초기에 두엄은 처음 세상에 나서자마자 도

신수무늬 구리거울 (위 사진)

> ●●● 역사문화백과 ●●●
>
> [최대 규모의 곡창 - 함가창]
> 함가창含嘉倉은 당나라 시대 동도 낙양에 위치하며 당시 최대 규모의 곡창으로 수나라 시대에 건설했다. 당나라 초기에 동남 각지의 수로 수송 양곡은 모두 여기에 저장했는데 천보 연간 저장량이 전국 저장량의 절반에 달했다. 면적은 45만㎡, 지하 움이 수백 개에 달했다. 습기와 부패 방지 기술이 발달했다.

세계사 연표

645년 고도쿠孝德 천황이 재위(~654)했다. 연호를 다이카大化로 고쳤다.

《구당서舊唐書·두여회전杜如晦傳》 출전

성에 이름을 날리자 마음이 들떠서 높이 진급하려고 애썼다. 그는 수나라 문제가 소위蘇威를 재상으로 등용한 후 벼슬에 연연하지 않고 은거를 한 소위의 행동이 높은 평가를 받았음을 알고 친구와 함께 태백산에서 은거 생활을 했다.

하늘이 알아준 덕에 수나라 문제는 산림에 은거하는 이 두 젊은이를 알게 됐다. 그러나 그들에게 관직을 준 것이 아니라 오히려 장강 연안으로 보내 병졸들과 함께 강역을 수비하게 했다. 이는 처음 벼슬길에 나선 두엄에게는 상당한 좌절이었다. 그러나 왕세충이 낙양에서 등극한 후 그를 높이 평가해 일거에 이부상서로 등용하여 조정의 관리 임명을 관장하게 했다.

두엄이 우쭐거리기도 전에 당나라 군대가 낙양을 공격했는데 당나라 군사의 주요 모사가 바로 두엄의 친조카 두여회였다.

왕세충은 당나라를 위해 봉사하는 사람으로서 그 친척이 낙양에 있을 경우 일률로 사형에 처한다는 군령을 내렸다. 두엄은 자기의 지위를 보전하기 위해 친조카인 여회의 맏형을 팔아먹었다.

시정할 수 없는 과실

이세민은 낙양 공략 후 두엄을 사형에 처하려 했는데 여회의 동생 초객楚客이 사정하여 죽음을 면해 주었던 것이다.

두엄은 우연히 태자와 진왕의 갈등이 있다는 말을 듣고 여회가 서궁 진왕의 중용을 받는데 자기는 왜 동궁 태자 이건성李建成에 의거하지 않는가 하고 생각했다. 두엄이 암암리에 동궁의 사람들과 연락하는 것을 방현령이 적발, 방현령의 계책으로 이세민은 두엄을 진왕부로 데려다 그에게 두여회와 같은 지위를 누리게 했다. 이후 정관 연간에 두엄은 어사대부로 임명됐다.

어사대부는 관리를 천거하는 직책으로, 두엄의 천거를 받은 사람들은 대부분 뛰어났지만 그날 황제는 만조백관 앞에서 두엄의 과거를 폭로했다.

도량이 넓고 대범한 군주라면 대중 앞에서 신하의 허물을 들춰내지 말아야 한다. 하물며 이미 여러 해가 지났지 않은가. 물론 두엄은 조당을 걸어 나오면서 일부 착오는 시정할 수 있다고 생각했을 수도 있겠지만, 영원히 시정할 수 없는 착오도 있었던 것이다.

귀족이 사용한 공예 거울 – 금은 평탈 비조 함수무늬 구리거울

구리거울은 직경이 22.7cm이며, 1956년 서안 동쪽 교외 장락파에서 출토됐다. 둥근 단추가 있고 단추 외부에 은편 연잎무늬가 있고 4마리의 비조가 동시에 날개를 펼치고 날아가고 있다. 금편·은편을 배면에 붙인 후 말렸다가 가볍게 연마하고, 금은과 칠의 면을 일치시키면 금빛·은빛이 반짝이는 무늬가 나타난다.

●●● 역사문화백과 ●●●

[정사당]

정사당政事堂은 당나라가 중앙에 설치한 기구로 3성 장관이 의정을 결정하는 관서다. 처음에 문하성에 설치, 후에 중서성으로 옮겼다. 의사 인원은 재상 외에 기타 중요한 관원도 있었다. 당시 황제의 명령도 반드시 정사당이 인감을 날인해야 반포 실시했으므로 매우 중요한 지위였다.

581~763 당나라

버들 '柳'와 남을 '留'가 발음이 같아 만류하는 뜻으로 선사했다

| 중국사 연표 |
645년 당나라가 고구려를 진공, 현장玄奘이 장안에 귀환했다.

047

사람 거울을 아쉽게 잃다

당나라 태종은 정성을 다해 나라를 다스리고 간언을 수용해 안정된 천하를 실현하려 했다.

신하의 눈치를 보는 황제

위징魏徵은 황제의 체면을 생각하지 않고 직간을 해 태종을 난처하게 만들곤 했다. 하지만 태종은 점점 더 그에게 의지하고 그의 눈치를 보게 됐다.

어느 날 태종이 남산으로 사냥을 가려 하는데 위징이 고향에 성묘 갔다가 돌아왔다는 말을 듣고 즉시 어가를 멈추라고 했다. 위징이 그 이유를 묻자 태종이 말했다. "그대가 비난할까 봐 안 가기로 했네."

현인을 존경해 매를 품에 품다

태종은 위징을 매우 경외했다. 한번은 매를 가지고 놀다가 위징을 발견하자 급히 새를 품에 감추었다. 위징이 갔을 때 매는 이미 숨이 막혀 죽어 있었다. 이 그림은 《제감도설》에 실려 있다.

어느 날 태종이 대신들을 청해 연회를 열자 장손무기가 감격해 말했다. "왕규王珪와 위징이 과거 태자 이건성에게 봉사할 때 난 그들을 원수처럼 보았는데 지금 함께 앉아 즐길 줄은 생각지도 못했나이다." 태종이 술잔을 내려 놓으며 말했다. "그렇네! 위징이 과거에는 짐의 원수였지. 그러나 그는 책임을 충실히 이행하고 직언으로 간하므로 짐은 그를 중용하는 걸세."

위징은 즉시 일어나서 태종에게 두 번 절하고 공경스럽게 말했다. "신은 폐하께서 인도하셨기에 감히 간하는 것이옵나이다! 그렇지 않으며 신이 어찌 감히 폐하를 노엽히겠나이까!" 위징은 총명한 사람으로서 그는 자신이 직언함을 황제의 영명함으로 돌려 말했다.

태종은 몹시 기뻐하면서 각각 15만 전을 하사했다.

수 · 당 해수海獸 비조 포도 거울 (오른쪽 그림 포함)
구리거울은 안휘성 동릉銅陵 지역에서 출토됐다. 길상을 나타내는 짐승과 다산을 상징하는 풍만한 포도로 장식했다.

역사 시험장 〉 당나라 황제는 언제 대신들에게 크림이나 가루비누 등을 하사했는가?

| 세계사 연표 |

646년
일본이 다이카大化 혁신 조서를 반포했다.

《신당서新唐書·위징전魏徵傳》
《구당서舊唐書·위징전魏徵傳》
출전

581~763 당나라

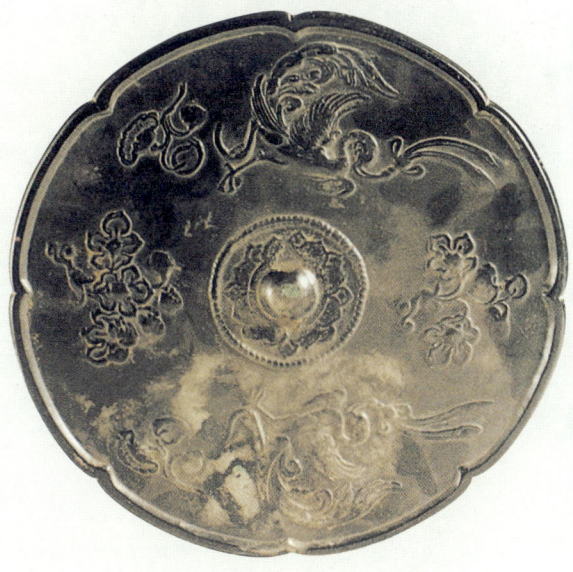

훌륭한 장인

그래도 위징을 무고하는 사람이 있었다. 이번에는 그가 모반하려 한다는 것이었다. 그러자 태종이 믿을 수 없다는 듯이 말했다. "위징은 자신의 직책에 충실하기 때문에 짐이 그를 중용하는 걸세. 어찌 함부로 의심한단 말인가?" 그리고 무고한 자를 참수했다.

후에 또 누군가 태종에게 위징이 황제가 받아들이지 않는데도 자꾸 건의하는 것은 황제를 존중하지 않는 것이라 했다. 머리가 명석한 태종이 즉시 말했다. "짐이 태자가 되었을 때 위징만이 인의도덕으로 나라를 다스리라 가르쳤네. 지금 나라가 잘 다스려지는 것

| 중국사 연표 |

646년 서돌궐 칸이 당나라에 통혼通婚을 제출했다.

두꺼비 등속무늬 금박 은 배면 구리거울
구리거울은 지름이 6.2cm이고 마름꽃 모양, 금박 은편 등 여러 가지 도안을 상감했다. 거울 단추는 두꺼비 모양, 주위에 사자·원숭이·부엉이·앵무새 등의 형상을 장식했다.

은 모두 위징의 공로일세. 그래서 짐이 그를 특히 존중하는 걸세."

위징이 몸이 약해져 태종에게 사직서를 제출하자 태종이 슬퍼하며 말했다. "금은 금광석일 때는 귀중하지 않지만 좋은 장인이 가공하면 보배가 되네. 짐은 금광석이고 그대는 좋은 장인일세. 그대가 병이 있다 해도 아직 젊은데 어찌 사직한단 말인가?" 위징은 눈물을 글썽이며 더는 사직서를 제출하지 않았다.

10년이 지나 위징이 늙고 몸져눕자 태종은 계속 사람을 보내 문안하고 약을 하사했다. 그리고 태종은 태자를 거느리고 그의 집을 방문해 병상에 누운 위징에게 형산 공주衡山公主를 그의 아들 숙옥叔玉에게 시집보내겠다고 약속했다.

사람을 거울로 삼음

위징이 죽은 후 태종이 일품 관리의 예로 장례를 지내려 하자 위징의 처 배裵씨가 완곡히 사절했다. "그는 평생을 검소하게 지냈으니 일품 관리의 예로 장사 지냄은 그이의 생전 염원에 부합하지 않나이다."

이 말이 일리가 있다고 생각한 태종은 명을 거두고 위징에게 사공司空의 직을 수여하고 친히 그의 묘비

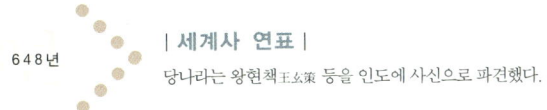

| 세계사 연표 |
648년 당나라는 왕현책玄策 등을 인도에 사신으로 파견했다.

에 비문을 썼다.

어느 날 태종이 대신들에게 말했다. "구리를 거울로 삼으면 의관을 바로잡을 수 있고, 역사를 거울로 삼으면 흥망을 알 수 있고, 사람을 거울로 삼으면 득실을 알 수 있네. 위징이 죽었으니 짐은 거울 하나를 잃었네그려."

태종이 말을 마치고 계속 통곡하니 이에 감동하지 않는 신하가 없었다.

궁전을 옮겨 민간 저택을 짓다

당나라 태종은 정관 16년 7월에 위징의 저택에 대청이 없음을 발견, 궁중 대전 공사를 중지하고 목재·벽돌 등을 보내 짓게 했다. 위징이 몹시 감동하자 태종이 말했다. "짐이 경을 위해 이런 일을 하는 건 강산 사직과 백성을 위해서인데 그리 감사할 거 있는가?" 이 그림은 《제감도설》에 실려 있다.

능을 바라보며 누각을 허물다

장손 황후는 사후 소릉에 묻혔다. 당나라 태종은 높은 누각을 지어 황후가 그리우면 누각에 올라 서북쪽 소릉을 바라보았다. 하루는 위징과 함께 누각에 올랐는데 태종이 헌릉에 대해 아무 말이 없자 위징은 일부러 헌릉을 바라보며 말했다. "신은 폐하께서 헌릉을 보시는 줄 알았는데 소릉을 보시고 계셨나이까?" 태종은 즉시 깨닫고 누각을 철거했다. 이 그림은 《제감도설》에 실려 있다.

●●● 역사문화백과 ●●●

[거울 닦는 사람]

당나라 시대 사람들은 흔히 구리거울을 사용했는데 제작 공예가 매우 정밀했다. 그러나 오래되면 빛이 바래고 닦기 힘든 때가 끼곤 했다. 이에 거울 닦는 사람이 등장했고, 그들은 특수 제작한 목천과 기름으로 구리거울을 깨끗이 닦아 주었다.

| 중국사 연표 |

648년 안서安西 4진鎭, 즉 구자龜玆·우전于闐·소륵疏勒·쇄엽碎葉진을 설치했으며 방현령房玄齡이 죽었다. 방현령과 두여회杜如晦를 '방두'라 불렀다.

048

'백전백승 장군' 이적

수·당의 명장 중 '백전백승 장군'이라 일컫는 사람이 있으니, 바로 이적李勣이다.

충성으로 이름을 날린 이적

이적은 소설 《설당說唐》에서 신통하게 예견하는 서세적徐世勣이다. 그가 무슨 이유로 성을 고쳤는지, 여기에 짧은 이야기가 있다.

수나라 말기 천하가 대란에 시달리자 17세의 서세적은 와강군瓦崗軍에 가입했다. 나이는 어렸지만 지략이 뛰어나고 용맹한 그는 곧 와강군의 중요한 장령이 됐다. 후에 와강군 수령 이밀李密이 당나라 고조 이연에게 투항한 후 서세적은 넓은 지역을 통제하며 독립 작전을 하다가 위징魏徵의 권유로 당나라에 귀순했다.

귀순 당시 그가 장악하고 있던 군사와 말과 토지는 이밀의 것인데, 자신의 이름으로 조정에 바치는 것이 수치스러워 이밀에게 편지를 보냈다.

황제가 이 사실을 알고 찬탄했다. "서세적은 진정한 충신이로다!" 그는 바로 서세적을 여주黎州 총관으

태종의 명장 굴돌통

굴돌통屈突通(557~628)은 장안 사람으로 당나라 초기의 명장, 능연각 24공신의 한 사람이다. 선조는 고막해庫莫奚 부족 사람으로 부친 굴돌장경은 북주시 공주 자사를 지냈다. 굴돌통은 '성격이 충성스럽고 청렴하며 무략이 좋고 기마궁노에 능했다.' 수나라 시대 좌기위 대장군, 당나라 귀순 후 이세민의 부장을 역임했다. 설인고 소멸 후 모두 보물을 약탈했으나 유독 굴돌통만은 미동도 하지 않았다. 왕세충 평정의 제 공신이 되어 당나라 태종의 존경을 받았다. 이 그림은 《역대명신상해》에 실려 있다.

수염을 잘라 약에 넣다

당나라 태종은 이적이 중병에 걸렸을 때 자기의 수염을 잘라 치료했다. 이적이 당나라 태종과 함께 술을 마시다 대취해 궁중에서 쓰러지자 태종은 그가 바람을 맞을까 봐 자기의 옷을 벗어 덮어 주었다. 이 그림은 《제감도설》에 실려 있다.

649년

| 세계사 연표 |
신라가 당나라의 의관을 모방 사용하기 시작했다.

《정관정요貞觀政要·임현任賢》
《신당서新唐書·이적전李勣傳》

로 임명했고, 그에게 이李씨 성을 하사해 황족과 같이 명부에 등록하게 한 후 이름도 적勣이라 고치게 했다.

이적은 부하도 무척 아꼈는데 전쟁에서 패전하는 경우가 드물어 '백전백승의 장군'이란 칭호를 갖게 됐다.

천리 길을 추적한 이적

629년 당나라 태종은 계속 변경을 교란하던 돌궐을 대규모로 공격하기로 결정하고 이적과 이정李靖을 행군총관으로 임명하고 임무를 맡겼다.

이듬해 1월 두 사람은 돌궐을 대파해 대승리를 거

양관 유적지
양관陽關은 고대 중국에서 서방으로 통하던 지역으로 비단길의 남쪽 통로의 요로다. 저명한 시인 왕유는 《양관삼첩陽關三疊》에서 이렇게 썼다. "권하오니 군은 한 잔 술을 더 마시라, 서쪽 양관으로 나서면 아는 사람이 없거늘. 양관 유적지는 지금의 감숙 돈황 이서 70km의 고동탄에 있다."

뒀으며 2월에는 동돌궐로 진격해 수만 돌궐인과 수장 힐리 칸을 나포했다. 조정은 경축 연회를 베풀었고 흥이 난 태상황 이연이 비파를 연주하자 태종도 흥에 겨워 춤을 췄다.

이적이 계속 돌궐을 방어해 변경이 안정되자 태종이 기뻐하며 말했다. "수나라 양제는 장성을 지어 돌궐을 방어했는데 지금은 이적의 덕행과 위력으로 변경이 무사해졌으니 이는 장성보다 더 강대하지 않은가!" 그는 이적과 이정이 고대의 명장 백기白起·한신韓信에 버금가는 명장이라고 칭찬했다.

646년, 설연타진주薛延陀眞珠 칸이 20만 대군을 거느리고 남침해 당나라에 귀순한 돌궐 부락을 공격했

돌궐 묘 앞의 돌사람
6세기 돌궐은 신강 북부 일대에서 유목 생활을 했다. 사진은 수·당나라 시대 사막 북부의 패권을 쥔 돌궐인의 흔적이다. 이런 조각상은 대부분 황막한 초원에 있으며 형태도 비슷하다. 생동감 있는 선이 중국 고대 돌궐인 조각 예술을 보여 준다.

| 중국사 연표 |

649년 당나라 개국 명장 이정李靖이 죽었다. 이정의 본명은 약사藥師, 저서로 《이위공李衛公병법》이 있었다.

현존하는 중국 최초의 모자 - 진덕관
당나라 소릉 이적의 묘에서 출토된 삼량 진덕관進德冠은 현존하는 중국 최초의 모자다. 매우 얇은 금박 동편을 붙였고, 그 위에 가죽, 가죽 외면에 조각한 꽃무늬를 붙였다. 모자 뒷면에는 네모난 구멍이 뚫리고 구멍에 문이 달려 모자 너비를 조절하게 했다.

왕유王維 〈9월 9일 산동 형제를 추억〉 시의도
(청나라 석도石濤 그림)

홀로 타향에 사는 외로운 나그네, 명절이 올 때마다 친족을 더욱 그리네. 멀리 언덕에 형제들이 높이 올라서니, 곳곳마다 산수유 가지를 꽂는데 한 사람이 적구나.

다. 급보를 받은 태종은 이적을 삭방도 행군총관으로 임명해 대적하라고 명했다.

이적은 경기병 6000명을 거느리고 청산靑山에서 설연타 군사를 대파한 후 울독군산鬱督軍山 동쪽 줄기까지 추격해 설연타 칸에게 항복을 받아 냈다.

당나라 태종이 사랑한 장수

이적은 혁혁한 전공으로 태종의 심복 대신이 됐다. 한번은 이적이 병에 걸렸는데 의사가 수염을 태워 치료해야 한다고 말하자 태종이 즉시 자신의 수염을 베어 보냈다. 이적이 병이 나은 후 입궁해 머리를 조아리며 태종에게 감사를 드리자 태종은 위로하며 말했다. "짐은 나라를 위해 한 일인데 감사하다고 할 게 무엇인가."

그 후 태종은 이적과 함께 식사를 하면서 그에게 말했다. "짐은 태자에게 훌륭한 스승을 찾아주려 하는데 아무리 봐도 그대보다 더 적합한 사람은 없네. 그대가 과거에 이밀에게 충성을 다한 것을 보면 지금 짐의 기대도 저버리지 않을 것이라 여겨지네!"

이적은 눈물을 머금고 응낙하며 손가락을 깨물어 충심을 표시했다. 감정이 북받쳐 여러 잔의 술을 마신 이적이 취해 쓰러지자 태종은 그가 바람을 맞을까 봐 자기의 옷을 벗어 덮어 주었다. 이것으로 그에 대한 태종의 신임이 얼마나 두터운지 알 수 있다.

| 세계사 연표 |
650년 슬라브인이 이때쯤부터 발칸 반도를 모두 점령했다.

명랑하고 청아한 나전 구리거울
나전과 배면에 조개껍데기 도안을 상감한 구리거울로 일부는 구멍을 뚫고 일부는 조각했다. 인물의 복장이나 새의 날개가 뚜렷하고 조개껍데기도 광택이 좋아 당나라 거울 중의 정품이라 할 수 있다.

| 중국사 연표 |

650년 당나라 고종 이치李治가 즉위(~683)했다.

049

혜안으로 마주를 등용

당나라 초기에 당나라 태종이 혜안으로 마주馬週를 등용한 일은 유명한 일화다.

작은 예절에 구애받지 않는 재자

당나라 태종은 등극 초기에 많은 인재가 필요했다. 정관 3년에 태종이 한 인재를 발견했는데, 그가 바로 당나라의 일대 명신 마주馬週다.

마주는 어려서 부모를 여의고 집이 가난했지만 큰 뜻을 품고 독서에 매진, 끈질긴 노력으로 학식이 깊은 선비가 됐다. 마주는 박주博州 주학에서 직무를 맡았지만 적은 봉급으로 생활은 여전히 빈곤했다.

하지만 더욱 그를 고통스럽게 하는 것은 재능을 쓰지 못하고 포부를 펼치지 못함이었다. 그는 종일 술로 심사를 달래다가 주 자사에게 질책을 당하자 그곳을 떠나 도성으로 향했다. 천자의 신변에서 출세할 기회를 찾기 위해서였다.

장안에 도착한 마주는 다른 사람의 소개로 중랑장

마주가 술로 발을 씻다
마주는 자가 빈왕賓王, 박주 치평 사람으로 상사 최현의 모욕에 불복해 신풍新豊에 도달했다. 여관에서 술 한 말 여덟 되를 시켜 남은 술을 대야에 쏟고 발을 담그고 기분 좋게 씻어 주위 사람들을 놀라게 했다. 이 일을 계기로 상하를 만나게 되었고, 상하를 만나 당나라 태종을 접견, 현군을 만나 영웅의 재능을 발휘했다. 이 그림은 명나라 간행본 《성명잡극盛明雜劇》에 실려 있다.

수리 전문가 고사렴
고검高儉은 자가 사렴士廉, 발해 수현脩縣 사람으로 글자를 잘 썼고 정관 연대에 익주 대도독부 장사를 지냈다. 당시 성도 평원은 인구가 크게 증가해 원래의 관개 수로는 이미 부족했다. 고검은 이빙의 도강언 수로 옆에 따로 수로를 파서 이전에 폐기한 수로를 재활용, 관개 능력을 크게 확대 당지 백성에게 복을 주었다. 이 그림은 《역대명신상해》에 실려 있다.

| 세계사 연표 |

651년 영국 오스위가 노섬브리아 왕국을 재건했다.

《신당서新唐書·마주전馬週傳》

경학 대가 공영달

공영달孔穎達(574~648)은 자가 충원沖遠, 기주 형수衡水, 지금의 하북 성 사람으로 당나라 경학자다. 당나라 시대 국자박사·국자사업·국자좨주 등을 역임해 《춘추》·《상서》·《시경》·《예기》·《역경》을 해석했다. 태종의 명을 받들고 《오경정의五經正義》를 편찬하고 남북 경학자들의 견해를 융합해 귀천 존비의 구별을 주장했다. 이 그림은 《역대명신상해》에 실려 있다.

장손순덕

장손순덕長孫順德은 하남 낙양 사람으로 장손무기의 일가 숙부다. 고조 즉위 후 설국공에 책봉됐고, 현무문 정변 때 이세민을 지지해 군사를 이끌고 이건성 여당을 대파했다. 태종 즉위 후 이효상 모반 시 교제를 이유로 서민으로 삭탈됐다. 후에 소환돼 택주 자사에 부임, 백성을 위해 봉사해 일대 양리良吏가 됐다. 이 그림은 《역대명신상해》에 실려 있다.

상하常何의 문객으로 있었다. 상하는 군인이었지만 선비를 존중하는 사람이었고, 마주는 의지할 곳이 생긴 셈이었다.

배후의 대필자

정관 3년 6월 어느 날, 태종이 대신들에게 조정의 득실과 치국의 방책을 논하라고 조서를 내리자 중랑장 상하는 안절부절못했다. 군인인 그는 무예를 익히느라 책을 많이 읽지 못해 갑자기 쓰자니 한 글자도 쓸 수 없었기 때문이다.

근심에 빠진 상하를 보고 마주가 그 이유를 물었다. 상세한 이야기를 듣고 난 마주가 그를 위로했다.

"걱정하지 마십시오, 장군. 이 일을 저에게 맡겨 주시면 내일 아침 상주하도록 하겠습니다." 상하는 너무도 기뻐 손뼉을 치며 말했다. "내가 어찌해 선생을

●●● 역사문화백과 ●●●

[동자과]

당나라는 계몽 교육 전문 기관인 동자과童子科를 설치했다. 10세 이하 아동 중 유가경전을 해석·암송하는 신동을 선발해 벼슬할 기회를 부여하고 요역을 면제해주는 혜택을 주었다. 초당 4걸의 하나인 양형楊炯은 바로 10세에 급제한 동자과 출신이다.

| 중국사 연표 |

651년 당나라가 《영휘률永徽律》을 반포 실시했다.

명랑하고 청아한 나전 구리거울 (일부분)

하를 불러 물어보았다. 상하는 솔직하게 말했다. "이 상주서는 신의 문객 마주가 쓴 것이옵나이다."

태종이 마주는 어떤 사람인지 관심을 가지고 묻자 상하가 대답했다. "마주는 박주 치평 사람으로 사람됨이 충실하고 학식이 깊어 신이 볼 때 국가를 보좌할 재능이 있는 것 같나이다."

포의 재상

마주를 불러 천하 대사를 논의한 태종은 마주가 학문이 깊으며 독특한 시각에 언변이 좋음을 발견하고 그에게 문하성 직위를 제수했다. 그리고 얼마 안 돼 권한이 매우 큰 감찰어사를 제수, 백관을 감찰하게 했다. 마주는 태종의 은혜에 감격해 충성을 다해 정사를 처리했으며 평생 백성을 위해 최선을 다했다.

태종은 마주를 높이 평가해 늘 신변의 대신들에게 말했다. "마주는 민첩하고 성격이 침착하네. 또 직언을 잘하고 일의 처리가 깔끔해 다 짐의 마음에 드네. 그가 짐에게 한마음으로 충성하니 짐도 성심으로 그를 대할 걸세."

후에 마주는 관직이 중서령에 이르렀다. 이는 당나라에서 지위가 매우 높은 관원으로 보통 특수한 자격이 있거나 명망이 있는 사람에게만 수여하는데 마주가 그 관직을 제수받자 사람들은 그를 '포의布衣 재상'이라 불렀다.

이 이야기는 후에 역사 미담이 돼 소설·극본으로 쓰여 널리 전해졌다.

잊었을까요! 그럼 수고해 주십시오."

관원들의 상주서를 읽던 태종은 상하의 글이 논리 정연하고 문체가 뛰어나 무척 만족해했다. 하지만 일개 무장인 상하에게 이런 재능이 있다는 게 놀라워 상

역사문화백과

[과거 시험의 주요 의거 - 《오경정의》]

당나라 태종은 즉위 후 예를 건립, 음악을 실시하고 무력 사용을 중지, 교화를 실시하고 유가 경전을 국자학의 법정 교과서로 삼았다. 유학대사 공영달에게 전인 주해의 토대 위에서 《주역周易》·《상서尙書》·《모시毛詩》·《좌씨춘추左氏春秋》·《예기禮記》를 해석, 이를 《오경정의五經正義》라 했다. 공씨는 박식하고 고금에 정통해 그의 주해가 당시 과거 시험의 주요 근거로 됐다.

| 세계사 연표 |

652년

일본이 완전히 반전제班田制를 실시했다.

581~763 당나라

당나라 예술 정품 – 금박 무마 함배銜杯무늬 은주전자

은주전자는 높이가 18.57cm이며 입구의 지름이 2.3cm이다. 성당 예술 정품이다. 당나라 현종은 친히 무마舞馬를 훈련했다. 이는 무마곡 종료 시의 자세로 영활하고도 사랑스럽게 표현했다. 당나라 예술품 중 걸작으로 꼽힌다.

왕발王勃 · 양형楊炯 · 노조린盧照隣 · 낙빈왕駱賓王

| 중국사 연표 |

652년 당나라 호적 총수가 380만에 달했다.

050

성지에 맞서 결단하다

당나라 초기 대주戴冑는 황제 앞에서 법률을 견지하고 법에 따라 재판했다.

가장 신임받는 법관

당나라 태종이 즉위할 때 조정의 9사九寺 5감五監 관원은 배정이 끝났는데, 적합한 인물이 없어 대리사소경大理寺少卿만이 비어 있었다. 대리사大理寺는 법률을 집행하는 사법 기구이고 대리사소경은 국가의 안정 및 인명에 관계되는 중요 직무이므로 공평무사한 사람이어야 했다. 태종은 궁리 끝에 대주戴冑를 생각했다. 그는 무관 전쟁 이후부터 줄곧 태종을 따랐고 정직하고 법령에 정통하니 이 직무에 적격이었다.

정관 초기에 조정에서는 수많은 관원을 선발했는데, 그중 일부는 벼슬을 하기 위해 신분과 경력을 위조했다. 이에 진노한 태종은 지령을 선포했다. 위조자는 즉시 자수할 것이며 자수하지 않고 발각될 경우 사형에 처한다는 것이었다.

호화롭고 기세가 웅대한 인덕전

인덕전麟德殿은 당나라 황궁 대명궁의 한 궁전이다. 황제가 신하들과 연회를 거행하고 가무를 감상하며 법사를 하던 장소이다. 전·중·후 3부분으로 이뤄졌으며, 면적이 명·청나라 고궁 태화전의 3배에 달한다. 그림은 인덕전의 복원 모형이다.

성지에 맞서는 재판

황제의 지령이 내리자 각 부 관원은 즉시 심사에 착수해서 자수하지 않은 자를 발견했고, 태종은 그를 대주에게 넘겨 심리하게 했다.

사건을 접수한 대주는 난감했다. 성지대로 하면 죽을죄이지만 이는 법률에 부합하지 않았다. 법대로 하면 유배인데 그러면 황제의 지령을 위반하게 된다. 대주는 고민 끝에 법에 의해 유배로 판결했다. 동료들이 말렸지만 대주는 그대로 태종에게 상주했다.

대주의 상주서를 본 태종이 화를 내면서 말했다. "대주는 짐의 지령을 알고 있으렷다! 그대가 유배로 판결했으니 이는 천하에 짐의 명령이 실행되지 않음을 보여 주는 게 아닌가? 그대가 죄인의 뇌물을 받지는 않았는가?" 성지 위반은 보통 죄가 아니었다. 대신들은 모두 긴장했고 대리사의 관원들도 식은땀을 흘렸다. 그러나 대주는 태연히 말했다. "이 사건을 조사한 후 폐하께서 바로 그 당사자를 죽이셨다면 신도 방법이 없나이다. 하지만 폐하께서 신에게 맡기시니 신은 대리소경

655년 | 세계사 연표 |
일본 고교쿠 천황(여왕)이 재차 즉위(~661)했다.

《신당서新唐書·대주전戴冑傳》
《구당서舊唐書·대주전戴冑傳》
출전

현군 이세민 (아래 그림과 왼쪽 그림)
당나라 태종은 당나라 제2대 황제로 당나라 통일 대업에서 큰 공로를 세웠다. 즉위 후 중앙 집권을 강화해 국가 통일을 공고히 했다. 균전제 및 조용조제를 실시하고 침략에 대항해 대외 교류를 확대했다. 역사상 그가 통치한 북조 시대는 정관 치세가 출현했다.

으로 폐하와 천하 백성의 중탁重託을 받은 이상 어찌 감히 법률을 어길 수 있겠나이까!'

'큰 신용'인 법률을 아는 황제

그의 말을 들은 태종이 눈썹을 찡그리며 물었다. "그대가 법에 따라 처리하는 건 응당하다 치고 짐이 천하에 신용을 잃게 된 것은 어쩔 텐가!' 예상한 질문이기에 대주는 침착하게 대답했다. "폐하께서 반포하

●●● 역사문화백과 ●●●

[중양절]
중양절重陽節은 일명 등고절登高節·수유절茱萸節·국화절菊花節이라고도 하며 9월 9일이다. 당나라 시대 중양절은 중요 명절로 많은 훌륭한 시구를 남겼다. "홀로 타향에 사는 외로운 나그네, 명절이 올 때마다 친족을 더욱 그리네. 멀리 언덕에 형제들이 높이 올라서니, 곳곳마다 산수유가지를 꽂는데 한 사람이 적구나."라는 왕유의 시가 있다.

581~763 당나라

《당본초唐本艸》 157

| 중국사 연표 |

655년
무측천을 황후로 책립했다.

대명궁 유적지 주춧돌

대명궁은 섬서성 서안시 성 북쪽 용수원龍首原에 있다. 정관 8년(634)에 태극궁 동북쪽에 건설했다. 처음에는 영안궁, 이듬해 대명궁으로 개칭하고 용삭 2년(662)에 재건해 봉래궁으로 개칭했다. 함형 원년(670)에 함원궁, 장안 원년(701)에 대명궁을 회복했다. 중화 3년(883), 광계 원년(885), 건녕 3년(896)에 전화를 입어 폐허가 됐다.

"신 국가 법률은 천하에 큰 신용을 행하시는 것이고, 개인의 언사는 흔히 일시적인 분노에 의한 것이므로 사건 판단의 기준으로 삼을 수 없나이다. 폐하께서는 일시 분노하시어 처형한다고 말씀하셨지만 심중에는 그것이 적합하지 않음을 알고 계셨기에 사건을 대리사에 넘겨 법적으로 심리하게 하신 것이옵나이다. 이는 폐하께서 작은 노염을 참으셔서 큰 신용을 얻으시는 일로, 백성들은 폐하께서 법에 의해 행사하는 현명한 군주임을 더 잘 알게 될 것이옵나이다."

●●● 역사문화백과 ●●●

[대명궁 유적지]

대명궁大明宮은 성당 북조 시대 장안성의 가장 중요하고 웅대한 궁전 건축이다. 설계가 정밀하고 기세가 웅대해 주위 길이가 7.6km이며 면적이 3.2km²이다. 함원전含元殿·선정전宣政殿·인덕전麟德殿·자진전紫震殿·봉래전蓬萊殿 등을 포함한다. 조정의 중대 정치 활동 장소 외에 당시 건축 예술의 최고 성과를 집중적으로 구현했다.

대주의 말은 자신을 합리화하고 황제의 위신도 세워 주었다. 태종은 이 말을 듣고 감개무량해서 말했다. "짐이 법을 집행함에 잘못이 있을 경우 경이 대담히 시정하니 짐이 이제 더 무슨 걱정이 있겠는고?"

정관 북조 시대 정치가 청명하고 경제가 번영하고 사회가 안정됨은 입법의 완벽함과 법집행의 엄격함과 중요한 관계가 있다. 봉건사회에서 일국 군주가 법률을 간섭하지 않고 집법 관원이 엄격히 법에 의해 처리함은 무척 힘들고 귀중한 일이다.

함원전 유적지

함원전含元殿은 당나라 대명궁의 주전으로 당나라 용삭 3년(663)에 건설했다. 지면보다 10m 이상 높은 언덕에 위치하며, 동서 길이가 130m이고 남북의 길이가 42.3m다. 성서성 서안 용수원 남쪽 기슭에 위치하며, 당나라 기백을 가장 잘 반영하는 궁전으로 꼽힌다.

| 세계사 연표 |
655년 신라의 김유신이 백제를 공격했다.

051

《구당서舊唐書·왕규전王珪傳》 출전

능신을 연마한 환란

또 하나의 위징

당나라 초기에 감히 직언하는 대신은 위징魏徵 한 사람뿐만이 아니었다.

황제에 맞선 간언

왕규王珪는 불행한 관료 가정에서 출생했다. 그의 조부 왕승변王僧辯은 남조 시대 양梁나라의 명신으로 진패선陳覇先과 함께 후경侯景의 난을 진압했으나 후에 진패선에게 피살되었다.

이 진패선이 후에 남조 진陳나라의 개국 황제다.

왕규는 어려서부터 숙부 왕파王頗에게 글을 배웠는데, 후에 왕파도 수나라 황실 투쟁에서 피살되었다.

왕파가 죽은 후 왕규는 남산에 은거해 10여 년간 공부에 몰두했다. 이 10여 년 동안 수나라는 부패해졌고, 611년에 농민 봉기가 남북 각지에서 타올랐다.

재능을 펼칠 기회가 왔다고 생각한 왕규는 산에서 내려와 이연李淵에게 투신, 이건성李建成 수하의 관원이 됐다. 그러나 그는 이건성 형제가 투쟁을 벌일 때 이건성의 이세민 모해 사건에 연루돼 당나라 고조에 의해 수주嶲州에 유배됐다.

태종이 즉위하자 바로 왕규를 도성으로 불러 간의대부를 제수했다. 이에 왕규는 감격해하며 위징과 마찬가지로 감히 직간하고 계책을 바쳤다. 태종이 왕규에게 말했다. "그대가 간관으로 있는 한 짐은 영원히 실책이 없을 것이네." 그는 곧 시중으로 진급했다.

두 개의 복숭아 형태에, 두 마리 여우무늬의 당나라 은쟁반 식기 (위 사진)

어느 날 저녁 당나라 태종은 궁녀들에게 주악으로 흥을 돋우게 했는데 궁녀들의 연주가 운율에 맞지 않자 언짢아하며 궁녀들을 물러가게 했다.

다음날 조회 때 태종이 말했다. "조효손祖孝孫이 음악을 잘 안다고 해서 짐이 궁녀들을 가르치게 한 것인데 제대로 연주하지 못하니 이는 조효손이 음악에 정통하지 못하기 때문인가? 일심으로 가르치지 않은 까닭인가?" 말을 마치고 태종이 죄를 물으려 했다.

그러자 왕규가 즉시 나서서 간했다. "조효선의 일은 아악을 수정하는 것이온데 폐하께서 그에게 궁녀를 가르치게 하셨으니 큰 인재를 작게 쓰신 것이옵나이다. 폐하께서 인재를 부당하게 등용하시고서 어떻게 그를 처벌하시겠나이까?"

온언박溫彥博도 왕규를 따라서 상주했다. "신도 조효손을 처벌하지 말아야 한다고 인정하옵나이다." 화가 난 당나라 태종이 더욱 언성을 높였다. "그대들은 어찌해 윗사람을 업신여기며 조효손을 변호하는가?" 태종의 말에 분위기가 험악해지자 놀란 온언박은 연신 잘못을 인정했다.

위징이 나서서 간언하려는데 왕규가 당당하게 이유를 말했다. "폐하께서 재능이 낮은 신을 이렇듯 중요한 직위에 등용하셨는데 신이 사심으로 간했다고

581~763 당나라

당나라 오도자吳道子 159

| 중국사 연표 |

657년 당나라가 낙양궁을 동도東都로 했다.

소림의 칠층 부도七層浮圖
탑림塔林은 소림사의 역대 주지 및 성과·공헌이 있는 승려들의 묘지다. 소림少林 사원 서쪽 약 300m에 위치하며 탑 안에 사망자 유골 또는 생전의 가사와 바리때가 보존돼 있다. 형태가 다양하고 층수도 각각 다른데 칠층, 즉 칠급 부도가 제일 높다. 진귀한 고대 역사·문화 연구 자료로 꼽힌다.

무림 성지 소림사
소림사는 하남성 등봉에 위치한다. 보리달마菩提達摩가 면벽 9년에 새로운 선법을 창제했다고 해서 중국 선종 조정으로 추존되며, 현존 건축은 산문·객당·달마정·백의전·천불전 등이다. 당나라 이래 300여 통의 비갈碑碣이 현존하며 당나라 왕이 소림사 주교에 알리는 비문 및 소동파·미불·채경·조맹부·동기창과 일본 승려 쇼겐의 제사가 가장 진귀하다. 서쪽에 중국 현존 최대의 탑림이 있다.

생각하시나이까? 폐하께서는 늘 저희들에게 '짐이 일시 화를 낸다고 해서 짐의 의견에 굴복해 짐의 과실을 초래하는 일이 없도록 하라'고 교시하셨나이다. 오늘 폐하께서 신을 질책하심은 폐하께서 신을 저버리는 것이지 신이 폐하를 저버리는 것이 아니옵나이다."

태원 기현 사람인 왕규가 짙은 고향 방언이 섞인 어조로 또박또박 말했다. 정이 넘치는 그의 말에 태종은 비록 노기가 완전히 가시지 않았지만 일리가 있으므로 꾹 참았다.

미인을 포기 못하는 황제

왕규가 궁중에서 태종을 모시고 술을 마시는데 한 미인이 시중을 들며 옆에 서 있었다. 태종이 미인을 가리키며 말했다. "저애는 여강왕 이원李瑗의 작은 첩인데 이원이 저애의 남편을 죽이고 빼앗았네. 이원이 처형된 후 짐이 저애를 입궁시켰다네."

왕규는 그 미인이 자리를 뜨자 일어나서 태종에게 물었다. "폐하께서는 여강왕이 사람을 죽이고 그 처를

| 세계사 연표 |

658년 시리아 총독이 동로마와 평화 협의를 달성했다.

연주무늬에 마주 보는 오리 씨실 비단

당나라 초기는 중국 금릉 직조 기술의 중요한 전환기다. 당나라 시대에는 본래의 날실 직조 기술에 씨실 직조를 첨가했고, 능綾의 직조 기술을 분화해 다중 꽃무늬를 직조했다. 씨실은 8종 색실을 동시 운용해 원래 날실의 3색 범위를 대체했다. 도안 특히 연주무늬 및 씨실 비단의 기술은 페르시아의 영향을 깊이 받았다. 신강 당나라 묘에서 출토된 이 씨실 비단은 짜임이 복잡하고 색채가 화려해 당나라 예술에 페르시아 예술이 반영된 중요한 자료로 꼽힌다.

빼앗은 행위를 옳다고 보시나이까?' 태종이 당황해하며 대답했다. "사람을 죽이고 처를 빼앗는 행위야 옳고 그름을 물어볼 거 있는가?' 왕규가 다시 물었다. "폐하께서는 곽국 군주의 망국 이야기를 들으셨나이까?' 태종이 대답했다. "들은 적 없네. 그대가 말해 보게나."

왕규가 말했다. "춘추 시대 제 환공이 곽나라에 가서 부로父老들에게 '곽나라가 어찌해 망했는가? 하고 물으니 한 노인이 말했나이다. '곽 공이 좋은 사람을 좋아하고 악한 사람을 싫어하기 때문입니다.' 라고 답하자 제 환공이 이상해서 다시 물었나이다. '좋은 사람을 좋아하고 악한 사람을 싫어함은 현덕을 갖춘 군주가 아닌가? 그러자 다른 한 노인이 탄식하며 말했나이다. '곽 공은 좋은 사람을 좋아하지만 좋은 사람을 등용하지는 못하고, 악한 사람을 싫어하지만 악한 사람을 포기하지 못해 망국을 초래했소이다.'"

천연두의 신 (청나라 말기 연화)

천연두의 신은 바로 천연두 오성五聖이다. 인간 천연두를 관장하는 신선으로 두신痘神 또는 두신 형님으로 불린다. 그 이름은 장승張勝, 당나라 정관 6년 5월 5일생이라 한다.

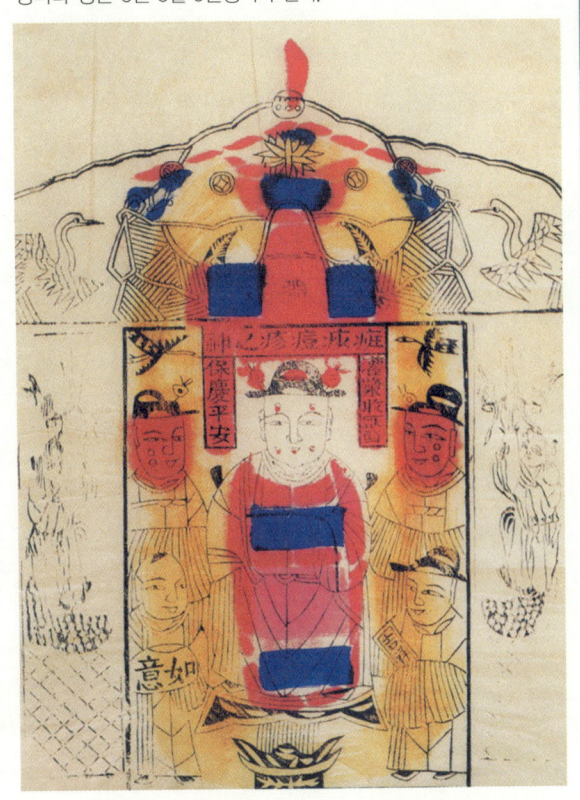

속으로 깨우친 태종은 손에 쥔 잔을 돌리면서 아무 말도 하지 않았다.

왕규가 계속 말했다. "이원이 사람을 죽이고 그 처를 빼앗음은 비도덕적인 일임을 알고 계시는 폐하께서 어찌해 그 미인을 신변에 남기셨나이까?

태종은 일리가 있다고 인정했지만 태종이 그 미녀를 어떻게 처리했는지는 사서에 정확히 기록되어 있지 않다. 일부에는 태종이 그녀를 놓치기 아까워 여전히 궁중에 있게 했다고 기록했고, 일부에는 태종이 그녀를 그의 친척에게 보냈다고 기록되어 있다. 이 미인의 이야기는 여전히 수수께끼로 남아 있다.

| 중국사 연표 |

서예가 저수량褚遂良이 죽었다. 작품으로 《성교서聖敎序》가 있다.

052

후궁의 훌륭한 보좌

성공한 남자 뒤에는 항상 한 여자가 있다. 당나라 태종 이세민에게도 현모양처가 있었다.

관례를 따른 혼수

당나라 태종의 처 장손長孫 황후는 대의를 알고 전력으로 남편을 보좌하는 현모양처이다.

장락長樂 공주는 장손 황후의 친딸로 아름답고 상대를 잘 이해해 태종의 깊은 총애를 받았다.

정관 6년(632)에 공주가 결혼할 때 장손 황후는 풍성한 혼수를 준비했는데 그녀의 고모 영가장永嘉長 공주 혼수의 배가 넘었다.

이 일을 안 위징이 태종에게 말했다. "매우 오래전 한나라 명제는 황자를 책봉할 때 이렇게 말했나이다. '아들에 대한 책봉과 상賞은 선제先帝의 아들을 초과하지 못한다.' 그러므로 한나라 명제 아들의 책봉과 상은 선제 아들의 절반밖에 안 됐나이다. 이는 합리적인 방법이나이다. 폐하께서 장락 공주에게 주신 혼수가 영가장 공주의 배를 초과하니 이는 한나라 명제의 방법과 많이 다르옵니다."

이 말을 들은 태종은 그의 말대로 공주의 혼수를 조정하려 마음먹고 궁전에 돌아와 위징의 의견을 장손 황후에게 전했다.

장손 황후가 교묘하게 간하다

위징이 조회에서 태종과 얼굴을 붉히며 쟁론하다 입궁해 몹시 노해 말했다. "짐이 이 촌뜨기를 죽여 버릴 테야." 이 말에 장손 황후는 말없이 내실에 들어가 조복을 갈아입고 태종에게 절을 하며 말했다. "듣자오니 영명한 천자에게 정직한 대신이 있다 하옵니다. 위징이 이렇듯 정직함은 바로 폐하가 영명하다는 뜻인데 첩이 어찌 축하를 올리지 않겠나이까!" 이 말에 태종의 노여움은 온데간데없이 풀렸다. 이 그림은 《제감도설》에 실려 있다.

직언하는 위징을 칭찬한 황후

황후가 황제의 말을 듣고 위징에게 탄복하며 말했다. "저는 폐하께 늘 위징을 칭찬하시는 말씀을 들었사오나 그 내용을 자세히 몰랐습니다. 그런데 오늘에야 위징이 충신임을 알게 됐나이다. 첩은 폐하와 부부

당나라 시녀도

| 세계사 연표 |

659년 일본 견당사 사카아이베 이시부坂閤部石布 등이 탄 배가 조난당한 후 5명이 생환했다.

《자치통감資治通鑑·당태종정관唐太宗貞觀 10년》 출전

당나라 황후 행종도唐后行從圖 (당나라 장선張萱 그림)
당나라 황후는 너른 이마, 긴 목, 풍만한 몸, 짙고 곤두선 눈썹을 하고 있다. 머리에 보물을 장식하고 일월포를 몸에 둘렀으며 28명이 옹위했다. 그중 환관은 소수이고 대다수가 궁녀인데 궁녀는 남장에 귀고리를 걸었다. 이 그림은 황후의 궁정 생활의 묘사했으며, 각종 인물이 수십 명인데 얼굴 표정이 서로 다르고 생동감이 느껴진다.

라 하지만 평소 폐하의 안색을 살피고 감히 그 위엄을 범하지 못했나이다. 위징이 폐하의 미움을 사는 걸 두려워하지 않고 직언하는 건 참으로 쉬운 일이 아니옵나이다! 폐하께서 어찌 그 의견을 받아들이지 않을 수 있겠나이까!'

이후 황후가 위징에게 400민緡의 돈과 400필의 비단을 보내며 말했다. "오래전에 위공의 정직함은 들었지만 오늘에야 이해하게 됐으니 위공의 충심이 영원하길 바랍니다."

황제의 노기를 풀어준 황후의 지혜

어느 날 조회를 끝낸 태종이 궁에 돌아와 노기충천해 말했다. "조만간에 이 촌뜨기를 죽여 버릴 테야!" 장손 황후는 영문을 몰라 조심스레 물었다. "폐하께서 누구를 죽이려 하시나이까?" 태종이 말했다. "위징

말고 또 누가 있겠소. 그는 늘 뭇 사람 앞에서 짐을 난처하게 만든단 말이오"

황후는 이 말을 듣고 말없이 물러가더니 잠시 후 조복을 입고 태종을 뵈었다.

황후의 조복은 축전 거행 시에만 입는 것이어서 태종은 몹시 의아해하며 그 이유를 물었다. 황후는 정중한 표정으로 말했다. "첩은 조복을 입고 폐하께 축하를 올리옵나이다." 더욱 어리둥절해진 태종이 물었다. "무슨 일로 짐에게 축하를 올린단 말이오?" 그러자 황후는 "첩이 듣자오니 군주가 현명해야 신하가 정직해진다 했으니 위징이 감히 직언으로 간하는 것이 바로 폐하의 영명하심 때문이 아니오이까? 나라에 현군이 계시고 군주 수하에 양신良臣이 있으면 백성의 복인데 첩이 어찌해 축하를 올리지 아니하겠나이까?" 하고 대답했다.

황후의 이 말은 시원한 바람처럼 태종의 머리를 맑게 했다. 태종이 기뻐하며 주변에 있는 사람들에게 말했다. "황후는 후궁의 훌륭한 보좌일세."

장손 황후는 대신들은 할 수 없는 기지를 발휘해 태종에게 많은 착오를 피하게 했다. 정관 성세에 대한 장손 황후의 공헌도 무시할 수 없다.

●●● 역사문화백과 ●●●

[붉은 잎에 시를 써서 슬픔을 나누다]
당나라 시대 황궁의 비빈은 수가 무척 많아 최고 수만 명에 달했다. 절대다수의 후궁 여자는 독수공방하며 원망 속에서 고독하게 지냈다. 누군가 궁 밖 연못 위에 뜬 붉은 잎에서 궁녀의 슬픔이 담긴 시구를 발견했는데 당시 사람들은 이를 홍엽제시題詩라 했다. 또 누군가는 붉은 잎에 시를 써서 궁중에 흘러 보내어 동정을 표시하기도 했다.

581~763 당나라

《진서》의 선제·무제 2기 및 육기·왕희지 2전의 논찬을 당나라 태종이 편찬했기 때문이다

| 중국사 연표 |

659년

《신수본초》를 반포 실시, 이는 세계 최초의 국가 약전藥典이다.

053

문성 공주의 서장 진입

토번吐蕃 국왕 송찬간포松贊干布가 당나라의 문성文成 공주를 아내로 맞이하다.

고집스러운 구혼자

서남에 있는 토번(티베트) 왕조의 창시자 송찬간포는 문무를 겸비한 사람으로, 동북으로 세력을 확장해 직접 당나라와 연계를 꾀했다. 송찬간포는 당나라의 문화를 배우기 위해 사자를 파견했다.

사자가 장안에 와서 당나라와 우호 관계를 맺고 당나라 공주와의 혼인을 요구했다. 당나라 태종이 응낙하지 않자 토번 사자는 송찬간포에게 질책을 받을 것이 두려웠다. 그래서 서북 지역의 토욕혼吐谷渾도 당나라에게 청혼했기 때문에 당나라와의 화친에 성공하지 못했다고 거짓말을 했다.

송찬간포는 남의 청혼을 가로챈 이유를 들어 토욕혼을 공격했지만 성공하지 못하고 청장고원에서 물러났다. 송찬간포는 토번의 실력을 과시하기 위해 또 당나라의 송주松州, 지금의 사천성 송반松潘 지역에서 공격을 개시하고, 당나라 공주와 혼인하지 못하면 장안까지 쳐들어가겠다고 선포했다. 하지만 토번은 당나라의 대군을 이기지 못하고 대패했다.

재능이 뛰어난 청혼 사절

송주 전쟁 후 쌍방은 화해를 위해 힘썼다. 정관 14년(640)에 송찬간포가 파견한 사자 녹동찬祿東贊이 100여 명의 사절단을 거느리고 5000냥의 황금과 수백 점의 보물을 가지고 장안에 왔다.

당나라 태종을 만난 녹동찬은 고원高原 민족 토번에 대해 소개하면서 당나라와 화친을 염원하는 국왕의 뜻을 전달했고, 청혼 동기를 알게 된 태종이 이 혼사에 응낙했다. 태종은 단정하고 온화하면서도 학문과 예절에 밝은

보련도步輦圖 (당나라 염립본閻立本 그림)
당나라 화가 염립본의 그림으로 정관 15년(641)에 토번 국왕 송찬간포松贊干布와 문성文成 공주 혼인 관련 역사 사건을 묘사했다. 당나라 태종이 토번 사신 녹동찬祿東贊을 접견하는 장면이다. 태종은 궁녀들이 든 가마에 정좌하고 녹동찬과 신하, 내시는 옆에 서 있다. 세밀한 선으로 인물 형상을 부각해 선이 유창하고 표현력이 풍부하다.

660년 | 세계사 연표 |
백제가 멸망했다.

《신당서新唐書·토번전吐蕃傳》
《구당서舊唐書·토번전吐蕃傳》
출전

조카딸을 선택해 문성 공주로 책봉했는데, 그녀는 불교를 믿고 점을 칠 줄 알아 두 민족을 연결하는 이 혼인에 매우 적합했다.

장藏족의 전설에 의하면 장안에서 청혼할 때 각국의 구혼 사자가 매우 많았다고 한다. 당나라 태종은 영을 내려 각국 사자들에게 먼저 5개의 난제를 풀게 했는데 이를 '5난 구혼 사자'라 했다. 토번의 구혼 사자 녹동찬은 매우 총명한 사람이라 이런 난제를 그만이 풀 수 있었다.

당나라 태종은 녹동찬을 아주 좋아해 그를 예의로 대하고, 또 낭아 공주의 외손녀 단段씨를 그에게 시집보내려 했다. 그런데 녹동찬이 상주해 자신은 국내에 처가 있는데 그를 포기할 수 없으며, 하물며 국왕이 아직 공주를 만나보지도 못했는데 자신이 어찌 먼저 혼인을 할 수 있는가라고 했다. 이에 당나라 태종은 이 고원 사자의 총명함에 더욱 탄복했다.

581~763 당나라

건릉乾陵 165

| 중국사 연표 |

660년 고종이 병에 걸려 황후 무측천이 정사의 결정에 참여했다.

문화 교류의 사자

641년에 24세의 문성 공주는 강하왕 이도종李道宗의 호송하에 토번으로 시집갔다.

송찬간포는 친히 라싸에서 백해栢海(지금의 청해성 능호陵湖 또는 찰능호札陵湖)로 마중을 나왔고, 두 사람은 그곳에서 성대한 혼례를 거행했다.

공주는 혼수로 금은 보화와 능라 주단은 물론 토번에 없는 곡물·과일·채소 종자·약재, 특히 누에 종자를 가져갔다. 또 일부 의약품·식수·공사 기술·천문 역법 유관 서적과 정미기·수차 등의 공구도 가져갔는데 이는 혼수를 넘어 하나의 문화 전파였다.

공주의 유모 일가와 수행 관원과 그들의 가족·시녀·위병과 일용품 제작 장인과 요리사·호위병 등도 데려갔는데, 이들은 티베트의 발전에 매우 큰 공헌을 했다.

송찬간포는 문성 공주를 라싸에 모신 후 공주를 위

중화 고대 건축 정화 – 포탈라궁

포탈라궁은 서장西藏(티베트) 라싸시 홍산 위에 위치한다. 해발 약 3700m에 부지 총면적이 약 36만m²이고, 건축 총면적은 약 13만m²이다. 주요 빌딩 고도가 117m이며, 모두 13층이다. 그중 궁전·영탑전·불전·경당·승사·정원 등이 보전, 세계 최고 높이, 최대 규모의 성보식 건축으로 꼽힌다. 7세기에 토번 송찬간포가 건축하기 시작했고 후에 확장, 1693년 13세 달라이 라마의 영탑전이 건설돼 현재의 규모가 됐다.

해 중원 식의 궁전을 건설했으며, 문성 공주도 이 도시의 기획에 참여했다. 전하는 말에 따르면 그녀는 대소사를 도시 중심으로 지정하고 사원 앞에 친히 중원에서 가져온 버드나무를 심었다고 한다. 후에 사람들은 이를 '당류唐柳' 또는 '공주류公主柳'라고 불렀다.

문성 공주는 토번에서 40년 동안 살았으며, 두 민족의 우호적 연계와 장족(티베트 족) 경제 문화의 발전을 위해 공헌했다.

지금도 티베트의 대소사大昭寺와 포탈라궁布達拉宮에는 여전히 송찬간포와 문성 공주의 조각상을 공양하고 있다.

| 세계사 연표 |

662년 아랍의 무아위야가 소아시아를 대거 진공했다.

문성 공주의 서장 진입

640년 송찬간포는 사자 녹동찬을 장안에 파견해 구혼했는데, 당나라 태종은 황족 중 아름답고 유순한 여자를 문성 공주로 책봉, 송찬간포에게 시집보냈다. 641년, 24세에 토번에 이르른 문성 공주는 토번에서 40년을 생활, 두 민족의 우호적 연계 및 장족 경제 문화의 발전에 공헌했다. 그림은 문성 공주의 모습이다.

●●● 역사문화백과 ●●●

[당나라 궁내 여관女官]

당나라 내궁의 여관 품계는 수나라의 제도를 따랐다. 황후 이하로 귀비貴妃·숙비淑妃·덕비德妃·현비賢妃 각각 1명으로 부인이라 불렀다. 정1품은 소의昭儀·소용昭容·소원昭媛·수의脩儀·수용脩容·수원脩媛·충의充儀·충용充容·충원充媛 각각 1명으로 9빈은 정2품, 첩여 9명, 정3품, 미인 4명 정4품, 재인 5명은 정5품이다. 무측천武則天은 14세에 입궁, 당나라 태종의 재인으로, 후에 재차 입궁해 고종의 소의가 됐다. 재인 이하 또 정6품의 보림寶林, 정7품의 어녀御女, 정8품의 채녀采女 등이 있다.

고대 장족의 걸출한 군주

당나라 때 토번 군주 송찬간포는 7세기에 서장 지역을 통일해 국가 기구를 건립하고 남으로 사람을 브라만婆羅門에 파견해 성운聲韻을 학습, 문자를 창제했다. 또 동으로 자제를 장안에 파견, 한족 문화 및 생산 기술을 배우고, 정관 15년(641)에 당나라 문성 공주와 혼인해 한족 지역 의약·역법 등 지식을 수입했으며, 중원 인사를 초청하고, 표주서를 관장, 한족 장인을 초청해 사회 경제 문화의 발전을 촉진했다.

●●● 역사문화백과 ●●●

[금성 공주]

금성 공주는 문성 공주 이후 또 하나의 한·장 우호 사자다. 당나라 중종 때 두 민족의 우호 내왕을 위해 710년에 금성 공주를 토번 국왕 척대주단에 시집보냈다. 금성 공주는 비단 수만 필, 각종 수공업 장인 및 구자龜玆 악대를 가져갔다. 토번 국왕은 후에 비석에 제사를 썼다. '금성 공주를 허락하시어 일가를 이루었고 천하 백성이 모두 안락하게 됐노라.'

581~763 당나라

감진鑑眞

| 중국사 연표 |

662년 설인귀薛仁貴가 철륵을 천산天山에서 격파했는데 당시 이를 '화살 세 대로 천산을 평정하다'라고 일렀다.

054

활을 만드는 장인의 강의

활을 만드는 장인의 소박한 언어가 일대 영주 당나라 태종을 일깨워 주었다.

자칭 병기 전문가 태종

당나라 태종 이세민은 10여 세에 기마와 보병 같은 무예를 익혔고, 많은 전쟁을 치렀기에 이 부분에 있어서 재능이 뛰어났다. 그는 특히 말을 타고 활을 쏘는 것에 능해 백발백중은 아니라도 화살을 헛쏘는 법이 없었다. 이세민은 활의 좋고 나쁨을 안다고 자부하고 있었다.

전쟁 중 그는 10여 가지 '절품絶品'이라 인정하는 양궁良弓을 수집해 즉위한 후에도 궁중에 소장하며 수시로 꺼내 감상하곤 했다. 또 여러 차례 문무 대신을 청해 양궁을 감상하며 몹시 자랑스럽게 말했다. "천하의 양궁은 여기 다 모였군."

장인의 도리

어느 날 태종은 장안의 활 제작 일인자를 궁으로 불러놓고 자기의 활 10종을 꺼내 보이면서 자랑스레 말했다.

"천하 제일 능수인 그대는 이렇게 좋은 활을 본 적이 있는가?" 장인이 활을 자세히 보더니 머리를 흔들었다. 이를 이상하게 여긴 태종이 물었다. "그대가 보기에는 어떤가?" 장인이 다시 자세히 살펴본 후 말했

서예 대가 장욱

장욱張旭은 자가 백고伯高, 오군吳郡 사람으로 저명한 서예가다. 그의 해서는 단정 근엄하고 규칙적이어서 황정견黃庭堅은 "당나라 정서 치고 따를 자가 없다"고 찬양했다. 그러나 진정 유명한 것은 그의 초서다. 당시 이미 이백의 시, 배민裵旻의 검춤과 함께 '삼절三絶'이라 불렸다. 장욱은 술에 취해 고함을 지르면서 뛰어다니다가 붓을 들어 "미친 장씨"라 불렸다. 두보는 〈팔선가〉에서 "장욱은 석 잔의 술에 초성草聖의 솜씨를 전하는데, 왕공 앞에서도 모자를 벗어 상투를 드러내며 붓을 휘둘러 종이에 내리니 구름이나 안개와도 같구나."라고 했으며, 그의 초서는 호방해 성당의 기세를 강하게 나타내고 있다. 이 그림은 《역대명신상해》에 실려 있다.

회소의 《식어첩》

회소懷素는 호남 장사 사람으로 10세에 출가했다. 어릴 때 독경의 여가에 서예를 즐겨 연습했고, 칠판을 종이로 삼아 부지런히 연습해 칠판에 구멍이 나고 붓도 닳아 없어졌다. 이를 하나로 묶어 필총筆塚이라 했다. 회소는 광초狂草로 유명한데 붓을 신속히 움직여 폭우나 선풍처럼 순식간에 변화하지만 법도를 구비했다. 후세 사람들이 그와 다른 한 초서 명가 장욱張旭을 "미친 장씨", "취한 소"라 불렀다. 이 글씨는 회소가 쓴 《식어첩食魚帖》의 일부다.

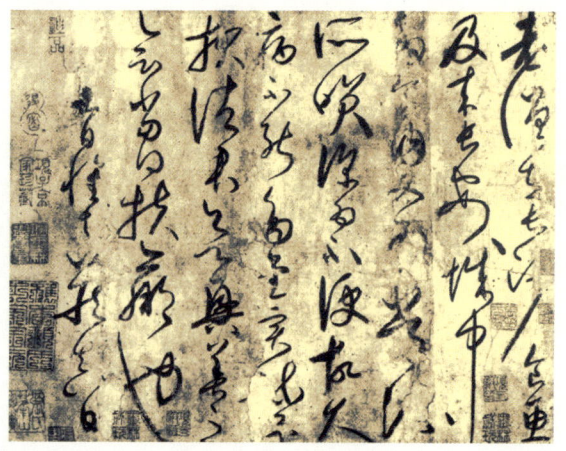

중국을 말한다

168 역사 시험장 〉 중국 고대 최초의 행정 법전은 무엇인가?

| 세계사 연표 |

664년 잉글랜드가 로마 교회로 돌아섰다.

출전 《자치통감資治通鑑·당태종정관원년唐太宗貞觀元年》

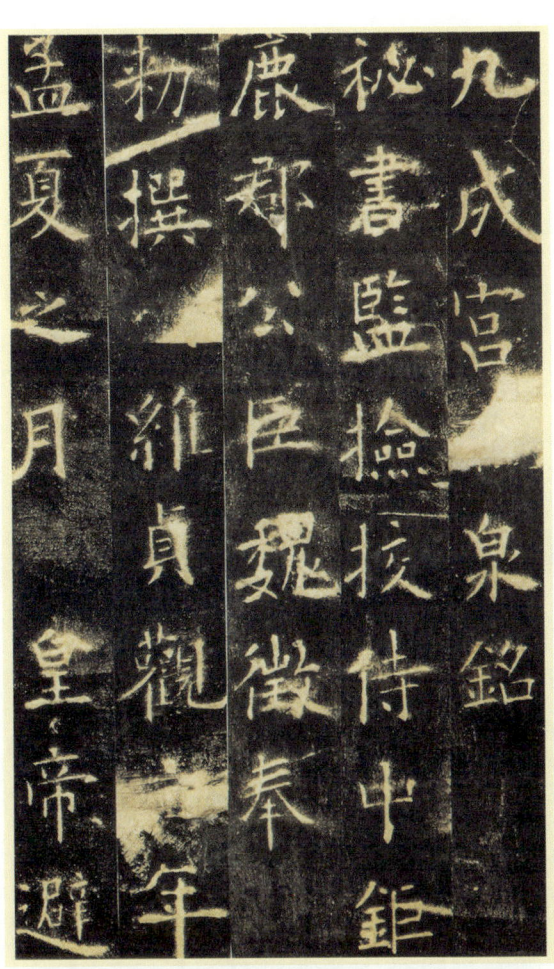

구체歐體 서예의 창시자 구양순
이 탁본은 구양순歐陽詢의 대표작이다. 구양순 서체는 진晉인을 계승했고, 독자적인 특징을 구비해 필체가 가늘고 강하며 구조가 엄밀하다. 구양순은 당나라 초기 4대 서예가의 하나로 후세 서예에 매우 큰 영향을 주었다.

공자묘당비孔子廟堂碑 – 우세남虞世南
비문은 당나라 시대 저명한 문학가이자 서예가인 우세남이 지은 친필이다. 당나라 고조 무덕 5년(622)에 공자의 후예 공덕륜을 포성후로 봉하고 공묘를 수선한 일을 기록했다. 원 비석은 당나라 정관 7년(633)에 수립, 얼마 안 돼 파손돼 후에 무측천 장안 3년(703)에 재건했으나 또 파손되었다. 현존 비석은 송나라 왕언초의 모사다. 비문은 해서 35행, 매행 64자다. 비석머리에 전서로 '공자묘당지비' 6자를 썼다. 필체가 준수 윤택하며, 글자 형태가 좀 좁고 길어 특히 수려하다. 필획이 종횡으로 바르고 곧으며 잘 펴져, 평화롭고 우아하다.

다. "활의 좋고 나쁨은 목재의 재질에 있나이다." 하지만 그는 태종이 두려워 더 이상 말을 잇지 못했다.

태종은 그가 두려워하자 부드럽게 말했다. "괜찮으니 솔직하게 말하게." 그 장인이 이마의 땀을 훔친 후 말을 이었다. "이 10여 개 활은 양궁이긴 하지만 목재의 재질이 좋지 않아 절품이 아니옵나이다."

장인의 말에 일리가 있다고 느낀 태종은 또 물었다. "어찌해 목재의 재질이 좋지 못하다고 생각하는가?" 그러자 장인은 말을 술술 이어갔다. "이 목재의 목심

| 중국사 연표 |

664년 현장 법사가 죽었다. 경론 1300여 권을 번역했으며, 저서로《대당 서역기》가 있다.

칫솔이 보급된 시대
돈황 벽화의 제196굴 서쪽 벽의 '노도차 성변 투쟁勞度叉鬪聖變'에 무도차務度叉가 왼손에 병을, 오른손에 칫솔을 들고 있다. 이는 중국 당나라 시대에 칫솔이 이미 보급됐음을 설명한다.

저수량
저수량褚遂良(596~659)은 자가 등선登善, 절강성 전당錢塘 사람이다. 당나라의 저명한 학자·문학가·서예가로 우세남·구양순·설직과 함께 당나라 초기 4대 서예가로 불린다. 그 특색은 우·구 필법을 융합, 기세가 자유로워 태종의 찬양을 받았다. 이세민은 소장하던 왕희지 필적의 진가를 그에게 감별, 하나도 잘못 판단하지 않아 왕체 서예에 대한 정밀한 지식을 충분히 과시했다. 위징은 그의 필체가 힘 있어 "왕일소의 서체를 깊이 계승했다"고 칭찬했다. 이 그림은《역대명신상해》에 실려 있다.

은 결이 가로로 뻗어 있어 활의 힘이 강해도 사격 후 화살이 비뚤어지므로 자연히 명중률이 낮아지게 되나이다."

강의를 들은 당나라 태종

태종은 활을 들어 하나하나 살펴보았는데 과연 장인이 말한 것과 같았다. 그는 탄식하며 말했다. "이 활들은 다년간 나를 따라 다녔는데 오늘에야 진정 알게 됐구나." 이를 사람이나 사물에 응용한다면 장인은 자신에게 강의를 한 것이나 다름없었다. 이세민은 장인에게 후한 상을 내렸다.

장인이 돌아간 후 이세민은 대신 소우蕭瑀에게 말했다. "오늘 장인의 말을 들으니 내 마음이 탁 트이는 것 같네. 이 활들은 늘 나와 함께였고, 그중 몇 개는 전쟁터에도 나갔다 왔는데도 제대로 모르고 있었지 않나. 천하의 일이란 그처럼 복잡하고 수시로 변하는

데 내가 어찌 다 알 수 있단 말인가?" 이후 이세민은 조서를 내려 5품 이상 서울 관원은 모두 윤번으로 중서성 당번을 서도록 규정해 자신이 수시로 정책의 득실을 문의하고 치국의 도리를 배울 수 있게 했다.

> ••• **역사문화백과** •••
>
> **[당나라 초기의 4대 서예가]**
> 구양순·우세남·저수량·설직은 당나라 초기 4대 서예가다. 그 서예는 조예가 깊고 공력이 심후하며 각자 특색이 있지만 모두 왕희지 전통 서예의 정수를 계승했다. 그들은 서예의 예술 법칙·서사 기교 및 방법을 정밀하게 연구해 '당서 상법'의 서예 예술의 새로운 방식을 개척, 점차 당나라 초기의 강경 견인한 예술 풍격을 형성했다. 후세의 서예 예술에 큰 영향을 주었다.

| 세계사 연표 |

665년 고구려의 연개소문이 죽었다.

055

《당시기사唐詩紀事》 5권
《수당가화隋唐嘉話》 하권 출전

남의 사랑을 빼앗다

서예를 사랑한 당나라 태종은 서예 명작과 관련한 전기적 이야기를 남겼다.

581~763 당나라

〈난정서〉를 갖고 싶어 한 태종

당나라 태종 이세민은 왕희지王羲之의 서예에 탄복해 그의 서예 작품을 구매하겠다고 천하에 고시했다. 그는 몇 년동안 많은 왕희지 필적을 구매했고 그때마다 우세남虞世南과 저수량褚遂良 등을 불러 함께 감상했다.

어느 날 태종이 궁중에서 왕희지의 필적을 감상하다가 갑자기 탄식을 하자 옆에 있던 감찰어사 소익蕭翼이 그 영문을 물었다. 태종이 침울한 어조로 말했다. "이건 모두 왕희지의 친필이네, 그런데 〈난정서蘭亭序〉는?" 태종이 탄식을 한 원인을 알게 된 소익이 말했다. "이 일은 신이 알아서 처리하겠나이다. 곧 〈난정서〉를 폐하께 올리겠나이다." 태종은 잠시 침묵하더니 말했다. "변재辯才 화상은 만만한 사람이 아니니 조심해서 처리하게." 소익이 대답했다. "안심하시옵소서."

왕씨네는 〈난정서〉를 대물림하는 보물로 삼아 절대 외부에 공개하지 않았다. 그런데 왕희지의 7세손이 출가했는데 그가 바로 영선사永禪師라 불리는 지영智永 화상이다. 저명한 서예가인 영선사는 후대가 없어 임종 전에 소장하던 〈난정서〉를 제자 변재 화상에게 넘겨주었다.

태종은 몇 번이나 조서를 내려 변재에게 물었으나 그는 계속 〈난정서〉가 자신의 손에 없다고 잡아뗐다. 태종은 거짓말인 줄 뻔히 알고 있었지만 수색할 수도 없는 일이었다.

바둑으로 맺은 우정

소익은 학문도 뛰어났지만 생각도 많았다. 그는 태종에게 〈난정서〉를 바치기 위해 여러 가지 궁리를 했다. 이튿날 소익은 장안을 떠났고 날이 저물어서야 영혼사永欣寺에 숙박을 청구했다.

영혼사 주지 변재 화상은 바둑 손님이 왔다는 전갈을 받고 크게 기뻐하며 차를 대접했다. 선비 차림인 손님은 행동거지가 고귀했고 몇 마디 나누자 바로 호감이 갔다. 소익이 말했다. "선사께서 바둑이 고명하시다기에 한 수 배우러 왔소이다." 그러자 변재는 크

소익잠난정도蕭翼賺蘭亭圖 (송나라 무명씨 그림)
이 그림의 원작은 염립본이 그렸는데 당나라 태종이 파견한 감찰어사 소익이 회계에 가서 변재 화상이 소장한 〈난정서〉를 훔치는 이야기를 그렸다. 인물의 내면을 성공적으로 묘사, 각자의 부동한 성격 특성을 표현했다. 이 그림은 송나라 사람의 모사로 판정됐지만 염립본의 예술 성과를 가늠하고, 당나라 중기 이후의 인물화 풍격을 감상하는 면에서 참고 가치가 있다.

당나라 승려 일행一行 171

| 중국사 연표 |

665년

이순풍李淳風이 '인덕력麟德曆'을 제정했다. 이해에 쌀값이 한 말에 5 전이 되었다.

에서 붓을 들었다. 마침 들어선 변재가 소익의 글을 보고 놀라며 말했다. "참으로 좋은 글씨군요! 빈도가 보기에 선생은 2왕의 서예를 계승했군요. 자태가 아름답고도 강경합니다." 소익이 말했다. "과찬이십니다. 어려서부터 모사를 즐긴 지 수십 년이 됐소이다." 변재가 웃으며 말했다. "선생께서 모사한 필적은 모두 진짜인지요?" 소익이 머리를 내저으며 말했다. "실은 제게 진짜 필적이 몇 부 있답니다!" 변재가 "빈도에게 눈요기라도 시켜주시겠습니까?" 하자 소익은 선선히 대답했다. "그야 어려울 게 없지요. 지금 바로 가서 가져오겠습니다."

당나라 황색 유약 교질 자기 사발
당나라 양주성은 남북 대운하와 장강의 교차점에 위치. 경제가 발달한 외에 해상 국제 교통 및 대외 무역의 중요한 항구로서 전국 각지에서 만든 대량의 자기가 발굴됐다. 당나라 교질 도기는 두 가지 색깔의 젖은 흙을 배합해 제작했는데 제작 방법은 두 가지다. 첫째 조합한 후 직접 제작, 둘째 3분의 2의 보통 흙으로 모형을 만든 후 다시 3분의 1 두께로 교질 흙반죽을 위에 붙이는 방법이다. 정연하고 화려해 당나라 교질 도자기 제품 중 정품으로 꼽힌다.

저수량의 〈난정서를 모사하다〉 (일부분)
당나라 태종은 왕희지의 서예를 사랑해 사후 소릉에 부장하게까지 했다. 다행히 생전에 대서예가 구양순·우세남·저수량에게 왕희지의 각종 서예 작품을 모사하게 해 지금 보는 왕희지의 서예는 대부분 모사본이다. 그림은 저수량이 모사한 왕희지의 〈난정서〉다.

게 웃으면서 말했다. "좋지요! 그럼 두어 판 둡시다."
이 승려의 바둑은 소익보다 한 수 아래였다. 그는 첫 판은 양보하고 둘째 판을 이기고 셋째 판은 변재가 겨우 이기게 했다. 날은 이미 새벽이었으나 변재는 조금도 피곤한 줄을 몰랐다. 그들은 한담을 나눴고 소익이 그의 말에 맞장구를 쳐주자 변재는 그를 지기로 느꼈고, 이후 두 사람은 막역한 사이가 됐다.
어느 날 아침, 소익은 변재가 올 때쯤 일부러 객방

●●● **역사문화백과** ●●●

[〈난정서〉 종적의 수수께끼]
동진의 저명한 서예가 왕희지가 353년에 쓴 〈난정서〉 224자 인데 필법이 수려하고 경건해 후세에 '천하 제1행서'로 불린다. 당나라 초기에 태종이 소장, 진품으로 간주됐다. 태종이 죽은 후 그의 염원에 좇아 부장했다고 한다. 전하는 모사 석각은 매우 많은데 모사본은 〈신룡난정〉, 석각은 〈정무본定武本〉이 가장 진귀하다.

666년 | 세계사 연표 |
일본이 백제 사람 2000여 명을 동국東國에 안치했다.

도기 가마 유적지
당 중종 정릉 능원 내에 위치한다. 섬서성 부평 궁리향 상원촌桑園村에서 출토됐는데 이곳은 당 정릉에 건축 재료를 공급한 곳이다.

우아한 도적이 된 선비

며칠이 지난 후 소익이 다시 영혼사에 오르자 변재가 즉시 그를 선방으로 모셨다. 소익이 상자에서 왕희지의 필적을 꺼내자 변재는 단번에 그것이 진짜임을 알아보고 흥분해서 말했다. "과연 진짜군요, 하지만 애석하게도 왕우군王右軍의 정품은 아니군요." 소익이 말했다. "이것마저 정품이 아니라면 세상에 정품이 없겠요." 그러자 변재가 웃으며 말했다. "〈난정서〉를 들어보셨는지요, 빈도가 소장하고 있는데 내일 선생에게 보여드리지요."

이튿날 변재는 과연 〈난정서〉 진필을 내놓았고 소익은 칭찬하며 손에서 놓기 아까워했다. 한참을 감상한 후 두 사람은 또 바둑을 두기 시작했다. 소익은 자기가 가져온 왕희지 필적을 〈난정서〉 위에 슬쩍 올려놓았다. 이후 두 사람은 날마다 바둑을 두면서 왕희지의 글씨를 감상했다. 그러자 변재는 경계심을 완전히 상실했다. 어느 날 변재가 외출하자 소익은 선방에 들어가 〈난정서〉를 들고 장안의 태종에게 바쳤다. 변재는 뒤늦게 속았음을 알았지만 상대방이 황제인데 무슨 수가 있단 말인가!

당나라 태종은 이렇게 부당한 수법으로 남의 보물을 빼앗았고, 임종 시 이 서예 진필을 순장하라고까지 말해 이 명작은 세상에서 사라졌다.

●●● 역사문화백과 ●●●

[미친 기운을 계승한 회소 화상]
회소懷素는 승려로 본성은 전錢이고 회소는 그의 법명이다. 초서를 애호했는데 집이 가난해 종이를 살 수 없어 파초 1만여 그루를 심어 그 잎을 종이 삼아 글씨를 연습했다. 거주지에 모두 파초여서 그곳을 '녹천암綠天菴'이라 불렀다.

당나라 태종 이세민의 휘를 피하기 위함이다

056 약왕 손사막

당나라 명의 손사막孫思邈은 어릴 때 늘 커다란 회화나무 아래서 독서를 했다고 한다.

약관에 노장을 논한 의사

손사막은 약관弱冠에 노장의 철학과 제자백가를 능숙하게 논했다. 기록에 의하면 그는 장안 근처 태백산에 은거하고 있었는데 당시 북주 승상인 수나라 문제가 그를 국자박사로 초청했으나 손사막은 50년 후에 성인이 날 테니 그때 나서서 돕겠다고 말하며 완곡하게 사절했다.

과연 50년 후 손사막은 당나라 태종이 부름을 받고 입궁했는데, 태종은 그의 얼굴이 매우 젊음을 보고 그가 신선 같다고 칭찬했다.

그가 몇 살까지 살았는지는 의견이 분분하지만 믿을 만한 설은 손사막이 수나라 문제 개황 원년(581)에 출생해 101살을 살았다는 것이다. 그는 의사로서 의학 경전 《황제내경黃帝內經》·《상한잡병론傷寒雜病論》·《신농본초神農本草》 등을 연찬했고 임상 경험도 많았다. 손사막은 이미 20여 세 때 명성을 날렸고, 당나라 태종을 접견할 때는 40여 세였으니 매우 젊어 보였을 것이다.

손사막은 당나라 태종과 고종이 제수한 관직과 작위를 받지 않고 계속 장안에 거주하다가 당나라 고종 상원 원년(674)에 고종에게 환향을 요구했다. 황제는 그를 만류하기 위해 수많은 말과 파양 공주의 장안 저택을 그에게 하사했다.

최초의 의학 분류서적

손사막은 의술이 뛰어나고 학문이 깊어 수많은 명사들이 그를 스승으로 모셨다. 저명한 시인 송지문宋之問의 부친 송영문宋令文, 약리학에 정통한 진사 맹선孟銑, 당나라 초기 4걸의 하나인 노조린盧照隣이 그를 찾아가 가르침을 받았다. 노조린은 파양 공주 저택에 관한 문장을 쓴 적이 있는데 손사막에 대해 말할 때 그가 천문·역법 등, 모두 정통해 서한의 천문학자 낙하굉落下閎과 진秦나라 방사 안기생安期生에 버금간다고 했다.

그러나 손사막의 가장 큰 성과는 그가 편찬한 중국

약왕 손사막 (위 사진)
손사막은 당나라의 저명한 의학자로 저서는 《천금요방千金要方》과 《천금익방千金翼方》 각 30권이 있다. '인명이 중요하기를 천금처럼 귀중하다'는 것이 주제로, 중국 의학계에서 의덕을 훈계하는 전범으로 꼽힌다.

••• 역사문화백과 •••

[사기를 구축하고 병을 치료하는 세아]

수·당 5대 시대에 궁정과 민간에 모두 세아洗兒, 즉 출생 3일 된 영아 목욕 풍속이 유행됐다. 목욕은 맑은 물이 아니라 손사막이 말하는 도근탕, 즉 도근桃根·이근李根·매근梅根 각 2냥을 좀 오래 끓여 찌꺼기를 버리고 그 물에 영아를 목욕시키면 사기를 구축하고 피부병이 나지 않는다 한다.

| 세계사 연표 |

668년

신라가 당나라 군사와 연합해 평양을 공략, 고구려가 멸망했다.

당나라의 단약丹藥
중국 전통 양생학인 복이服餌 양생법은 천연 약물·인공 약물·천연 식물 등을 복용해 보건 장수하는 것이다. 거기에는 인공 약물로, 도가가 제련한 단약도 포함된다. 그림은 섬서 서안 하가何家에서 출토된 당나라 연단 약재다.

최초의 의학 분류 서적 《천금방千金方》이다.

위진 남북조에 수많은 의학자 출신 사대부가 있었고 의학 연구가 유행했다. 그러나 전쟁으로 의학 서적이 대부분 소실되고, 남북이 분열돼 의학자들은 장기간 교류할 수 없었다.

수·당나라 의학이 발전하려면 전인의 경험과 유산을 종합해야 하는데 손사막의 《천금방》이 바로 그를 집대성한 저작이다.

둥근 지혜, 모난 행동

손사막은 의학에서 독특한 지혜를 발휘하기도 했다. 손사막과 노조린의 대화에서 그의 견해를 엿볼 수 있다.

노조린이 물었다. "명의는 병을 어떻게 치료합니까?" 그러자 손사막이 대답했다. "하늘은 사계절과 오행이 있어 추위와 더위가 서로 교체되고, 사람은 사지와 오장이 있고 호흡으로 낡은 기를 내보내고 새로운 기를 흡수하지요. 자연계에 수많은 이변이 있듯 사람도 각종 질병이 있어 그중의 도리 역시 서로 통하지요." 손사막은 또 훌륭한 의사라면 반드시 대담하고 세심해야 하며, 행동은 모나고 지혜는 둥글어야 한다고 말했다.

그가 가진 또 하나의 능력은 그가 앞일을 예견하는 것이었다. 태자 궁전의 고위급 관리인 노제경盧齊卿이

구의도求醫圖 (벽화)
돈황 막고굴 217굴에서 발견됐다. 손사막은 "환자의 친족이 의사를 찾을 때 위험을 피하지 말고 밤낮, 춥고 더움, 피로를 불문하고 한결같은 마음으로 구원하라."고 했다. 그림 왼쪽의 의사는 흰 지팡이를 들고 조수가 수행하는데 품에서 진찰 기구를 꺼낸다. 앞의 녹색 상의를 입은 여성이 환자 가족이고 정면에 주부가 앉고 옆에 영아를 안은 사람이 환자다. 당나라 시대 의사의 왕진 상황을 생생하게 묘사했다.

약왕산 유적지
당나라 의약 기구는 상당히 발달했으며 수많은 의약 거작이 출현했다. 그중 손사막의 《천금요방千金要方》과 《천금익방千金翼方》은 널리 알려져 있다. 섬서성 요현 약왕산 손사막 옛 주택에 손사막의 초상과 역대 명의 초상을 모셔 이 명의를 기념하고 있다.

581~763 당나라

| 중국사 연표 |

668년 당나라가 평양에 안동 도호부를 설치, 설인귀를 도호로 했다.

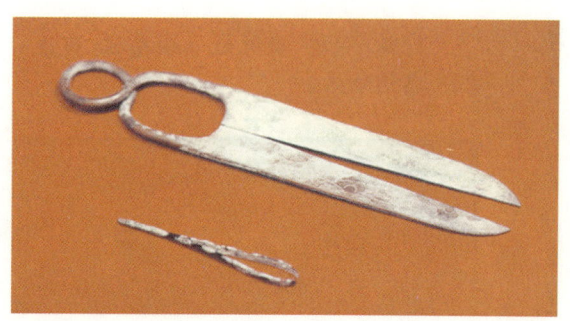

1000여 년 전의 외과 수술 도구
문헌에 의하면 전국 시대 명의 편작扁鵲은 마취약으로 환자를 수술 했고, 한나라 말기의 화타도 '마비산麻沸散'으로 환자를 마취해 종 양을 제거했다. 당나라에 이르러 마비산 처방은 사라졌고, 당시는 다른 마취약으로 외과 수술을 했다. 사진은 당나라 외과 수술 도 구다.

어릴 때 손사막에게 명을 보아 달라고 했는데, 그는 50년이 지나면 지방 장관이 될 것이고 자기의 손자도 노제경의 수하에서 일할 것이라고 했다.

이후 노제경은 진짜 서주 자사가 됐고 손사막의 손 자는 서주 소현蕭縣에서 현승을 지냈다. 손사막은 명 을 예견하는 재주 외에 연단술도 알고 있었는데 최초 의 흑화약 조제 처방은 그가 쓴 《단경丹經》에 보존되

손사막이 침으로 용왕을 치료하다 (청나라 말기 연화)
민간 전설에 의하면 손사막은 탕약과 침구로 용왕의 병을 치료했다 고 한다. 그림은 청나라 말기에 이 전설을 내용으로 그린 양류청楊 柳靑의 연화다.

장구령張九齡 〈감우感遇〉 시의도 (명나라 항성모項聖謨 그림)
외로운 기러기 바다에서 왔는데 작은 연못마저 돌아보지 못하 네. 옆을 보니 두 마리의 비취색 새가 세 그루의 주옥나무에 둥지를 틀었어라.

어 있다.

손사막은 1000여 년 전 사람이지만 그의 이야기는 지금도 민간에서 널리 전해지고 있다. 섬서·사천·하 남 지방에 모두 그의 유적이 있는데 어떤 곳은 '약왕 동藥王洞'이라 하고, 어떤 곳은 '약왕산葯王山'이라 하 는 것을 보면 후세 사람이 손사막을 기억하는 것은 그 의 의학 성과 때문임을 알 수 있다.

| 세계사 연표 |
670년 신라가 고구려왕을 책봉하고 백제 80여 성을 점령했다.

057

《자치통감資治通鑑·당태종정관唐太宗貞觀 17년》 출전

태자 자리의 쟁탈

당나라 태종은 계승자 문제로 고민했지만 결과 역시 마음에 들지 않았다.

여의치 못한 태자

태종에게는 14명의 아들이 있었는데 첫째 이승건李承乾, 넷째 위왕魏王 이태李泰, 아홉째 진왕晉王 이치李治의 세 아들이 장손 황후 소생이다.

626년 이세민은 황위에 오르면서 장자 계승 규칙에 의해 8세인 승건을 태자로 책립했다. 태상황 이연李淵이 죽자 태종은 10세인 승건에게 정무를 맡겼는데 제법 잘 처리했다. 그러나 태자는 자라면서 여색을 탐하고 성격도 잔인해졌다. 하지만 태자는 태종이나 대신들 앞에서는 정인군자正人君子의 모습을 보이고 자주 충효를 되뇌이곤 했다.

결국 태종이 승건의 포악한 성정과 행동을 알게 돼 시정하기를 바랐지만, 고칠 수 없음을 알고 태종은 즉시 태자를 교체하려고 생각했다.

위왕 이태는 모든 분야에서 모두 승건보다 나았으므로 태종은 제위를 그에게 넘기려 했다. 이태도 부황의 환심을 사기 위해 빈객을 널리 끌어모으고 저술 활동에 전력했다. 그는 또 태종의 비준을 거쳐《괄지지括地誌》를 편찬해 4년 만에 완성했다.

책을 본 태종은 무척 기뻐하며 조서를 내려 비각秘閣에 소장하게 하고 위왕에게 큰 상을 내렸다. 태종은 또 매월 위왕부에 지출하는 재물을 늘리도록 영을 내렸는데, 그 양이 태자에게 내리는 것보다 많았다.

당나라 시대의 발달한 자기 제작 기술을 반영하는 수주요의 병
(위 사진)
수주요壽州窯는 안휘 회남에 위치하며 주로 황색 유약 자기를 만들었다. 이 자기는 목이 짧고 복부가 곧은 통 모양에 6줄의 무늬가 있으며, 전체 표면에 황색 유약을 칠했다. 유약 밑으로는 두드려 찍은 그물 모양의 꽃무늬를 볼 수 있다.

모반을 한 불효자

위왕을 미워한 이승건은 그에게 자객을 보냈으나 성공하지 못하자 반란을 시도했다. 숙부인 한왕 이원창李元昌과 대신 후군집侯君集 등 많은 왕공 대신이 그의 일당이 됐다. 그런데 그들이 서궁에 들어가 황위를 빼앗으려 할 때 제왕 우祐가 먼저 제주齊州에서 모반을 했다.

이우는 태종의 다섯째 아들로 제주 도독을 맡고 있었는데, 외삼촌 음홍지陰弘智의 방조아래 군사를 길러 정관 17년(643)에 반란을 일으켰다. 이에 분노한 태종은 이적李勣에게 9주 병마를 주어 제왕 우의 반란을 진압했다. 도성으로 압송된 제왕 우는 내시성에서 자결할 것을 명령 받았고, 그 일당 44명에게도 사형이 언도됐다.

제왕 우의 사건에 승건의 수하 흘간승기紇幹承基도 연루돼 사형에 언도되자 그는 살기 위해 승건이 모반한 일을 모두 털어놓았다. 태종은 장손무기·방현령 등에게 조사하게 했고, 모반이 사실로 밝혀지자 태자 승건을 서민으로 폐해 우령군소右領軍所에 구금하고 한왕 이원창은 집에서 자결하도록 명했으며, 그 일에 관련된 후군집 등은 모두 참수했다.

최종 선택은 평범한 자

승건의 난이 평정된 후 위왕 이태는 태종을 정성스럽게 받들면서 태자의 자리를 차지하려 했다.

어느 날 그는 태종에게 말했다. "신에게 아들이 있다면 죽을 때 꼭 아들을 죽이고 진왕에게 제위를 넘겨

581~763 당나라

병기 이외의 수공업 제품은 모두 제작 장인의 이름을 써야 한다

| 중국사 연표 |

670년
토번이 서역 18주를 공략하자 당나라가 설인귀를 파견해 토번을 공격했다.

절세의 진품 - 당나라 짐승 머리 마노 컵
이 컵은 현존하는 당나라 유일의 아름다운 색깔의 옥 조각이다. 정밀하게 제작된 이 컵은 세계적으로도 드문 붉은색 마노로 조각했다. 심홍색·담홍색의 중간에 연백색이 한 층 섞였다. 색이 아름다울 뿐만 아니라 조각이 자연스럽고 뛰어나다.

주겠습니다." 이 말을 들은 태종은 무척 기뻐하며 대신들 앞에서 위왕의 마음이 넓다고 칭찬했다. 그러나 장손무기·저수량 등은 위왕의 말을 믿기 어려우니 진왕 이치를 태자로 세워야 한다고 주장했다.

위왕은 장손무기 등 실권을 쥔 대신들이 자신의 태자 책봉을 반대하자 계책을 하나 생각해내어 진왕에게 말했다. "그대는 역적 원창과 관계가 매우 좋은데 원창이 이미 법에 의해 죽었으니 그대 역시 자신의 문제를 생각해 볼 때가 되지 않았는가?"

그의 말을 들은 심약한 진왕 이치가 온종일 근심에 잠겨 있자, 이것을 이상히 여긴 태종이 캐묻자 진왕이 위왕과 있었던 일을 말했다. 위왕 이태의 음험하고 비열

소릉의 북사마문 유적지에 노출된 석각

한 행동을 알게 된 태종은 이전에 승건이 한 말이 생각났다. "태자인 내가 더 무슨 바랄 것이 있겠는가, 내가 모반을 한 것은 위왕이 핍박하기 때문이요, 만약 그를 태자로 세운다면 이는 바로 그 간계에 넘어가는 것이다." 가슴이 서늘해진 태종은 여러 궁리 끝에 진왕 이치를 태자로 책립하려고 마음 먹었다.

어느 하루 태종은 서의전에서 장손무기·방현령·저수량 등 몇 사람에게 침울한 심정으로 말했다. "짐

사물에 비추어 태자를 가르치다
당나라 태종은 이치 태자 책립 후 교육을 실시했는데 모든 장소를 이용해 가르쳤다. 식사 시 농민의 어려움을 알도록 했으며, 승마 시 말의 힘을 탕진하지 말도록 가르쳤고, 승선 시 '백성은 물, 군주는 배와 같아 배를 띄울 수도 있고 엎을 수도 있으니 근신하게 처사해야 한다'고 타일렀다. 이 그림은 《제감도설》에 실려 있다.

| 세계사 연표 |

672년 일본 오아마노大海人 황자와 고분弘文 천황이 싸움. 고분 천황이 피살되고, 오아마노 황자가 권력을 장악했다.

아동희희도兒童嬉戲圖 (당나라 무명씨 그림)

의 세 아들과 동생의 행위를 보니 사는 재미가 없네그려." 그리고 태종이 검을 뽑아 자결하려 하니 저수량 등이 급히 제지했다.

장손무기가 태종에게 이유를 묻자 태종이 말했다. "짐은 진왕을 태자로 세우려 하네." 그러자 장손무기가 즉시 대답했다. "그 일에 이의를 제기하는 자는 신이 바로 참수하겠사옵나이다."

바로 그날 태종은 영을 내려 위왕을 구금하고 뒤이어 조서를 내려 진왕 이치를 황태자로 책립했다. 649년 당나라 태종이 죽은 후 진왕이 즉위했는데 그가 당나라 고종이다.

당 소릉昭陵

섬서성 예천현醴泉縣 동북 22.6km의 구종산九嵕山에 위치한다. 당나라 제2대 황제 이세민과 문덕 황후의 합장묘다. 정관 10년(636)에 시작해 10년 만에 준공했으며, 해발 1188m이다. 중국 당나라의 산을 능으로 하는 선례를 개척해 관중 당나라 18릉 중 대표성을 띤 제왕 능묘로 꼽힌다. 주변의 길이가 60km이며, 동반 묘지만 200여 개소가 있고 중국 능원 중 면적이 제일 크고 동반 묘지가 제일 많다.

581~763 당나라

자형紫荊, 즉 박태기나무. 자상공紫相公으로 존칭했다

| 중국사 연표 |

672년 토욕혼 토지를 토번이 점령했다. 당나라는 토욕혼 부락을 선주鄯州, 지금의 청해 낙도樂都로 이주시켰다가 다시 영주靈州, 지금의 영하 영무靈武 서남쪽에 이주시켰다.

058

화살 세 개로 천산을 확정

설인귀薛仁貴가 화살 세 개로 적장 셋을 죽여 적의 간담을 서늘하게 했다.

천산 기슭에서의 결전

661년 정월, 북방 소수민족 9성 돌궐 추장 비속청比粟靑이 다년간의 우호 관계에도 불구하고 10여만 대군을 거느리고 당나라 변경을 침입하자 급보가 거듭 도성에 날아들며 구원병을 요청했다.

대로한 당나라 고종은 우령군 중랑장 설인귀 등 몇몇 대장을 파견해 토벌을 명했고, 당나라 대군은 밤낮없이 행군을 해 3월에 천산天山 기슭에 도착했다.

비속청은 당나라 군사가 이렇듯 빨리 당도하리라고는 예상치 못했기에 급히 진을 치고 방어했다. 그는 당나라 군사가 장거리 행군에 몹시 지쳤으리라 짐작하고 실력을 보이려고 몇십 명의 용맹한 군관을 선발해 진 앞에 나서서 싸움을 걸게 했다.

이들은 모두 돌궐군 중에서 아주 뛰어난 무사들이라 당나라 군사를 전혀 두려워하지 않고 오히려 우쭐거리며 진영 앞으로 나왔다.

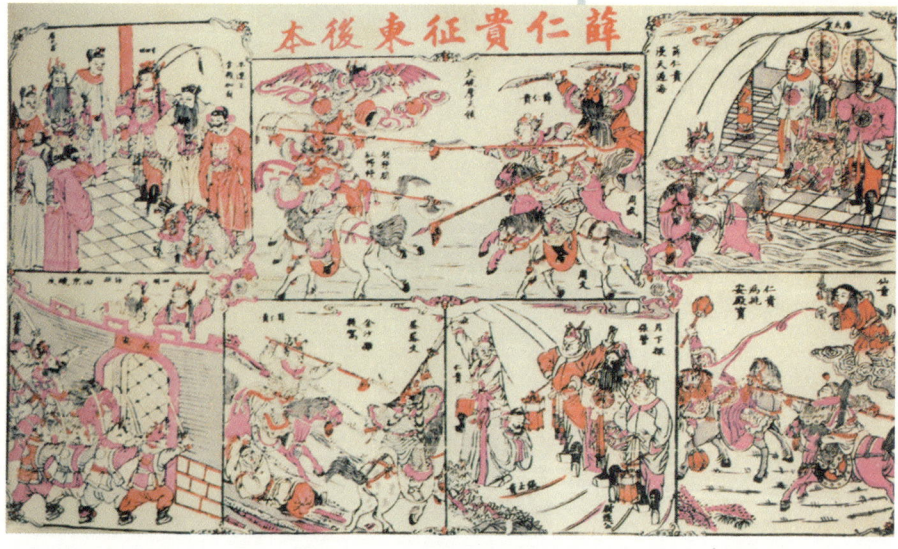

설인귀의 동정東征 (청나라 시대 연화)
명장인 설인귀(614~683)는 이름이 예禮이고 용문龍門 사람이다. 그는 용맹하고 기마 궁노에 능했다. 용삭 초기에 북방 9성의 10여만 군사가 침입하자 설인귀는 천산으로 원정, 활을 들어 수십 명의 군관 중 셋을 연이어 명중해 항복을 받아냈다. 영순 2년(683)에 병사했다.

| 세계사 연표 |

673년 일본 덴무天武 천황이 재위(~686)했다.

《신당서新唐書·설인귀전薛仁貴傳》
출전

백발백중 명사수

이때 설인귀가 백마에서 뛰어내리며 크게 고함을 질렀다. "내 화살을 받아라!" 말이 채 끝나기도 전에 쉭 하는 소리와 함께 앞에 선 돌궐 군관이 말에서 떨어졌다.

설인귀가 또 소리쳤다. "조심하라, 나의 두 번째 화살이다!" 말소리와 함께 또 한 명의 돌궐 군관이 말에서 떨어졌다. 당나라 군사의 환호 속에서 설인귀가 물었다. "셋째 화살로는 누구를 쏠까?" 한 병사가 소리쳤다. "수염이 긴 자를 쏘시옵소서!" 설인귀가 웃으면서 말했다. "좋아, 그럼 저 수염이 긴 자를 쏘지!" 그 말에 놀라서 말을 돌려 도망치던 수염이 긴 군관이 등에 화살이 박혀 비명소리를 지르며 말에서 떨어졌다.

설인귀가 큰 소리로 호령했다. "죽지 않으려거든 빨리 말에서 내려 항복하라!" 그러자 돌궐 병사들은 대경실색해 급히 말머리를 돌렸고 비속청도 뒤따라 도망쳤다. 돌궐 병사들은 죽은 자, 생포된 자, 짓밟혀 죽은 자가 이루 헤아릴 수 없었으며 천지는 모래 바람과 시체와 부러진 창뿐이었다.

독특한 조형의 금박 곰무늬 6곡 은쟁반 (위 사진)
1970년 섬서성 서안 하가촌何家村에서 출토됐는데 곰은 당나라 시대 남성의 양기를 상징했다. 금은 기물의 장식으로, 꽃무늬가 쓰이는 경우는 많지 않다. 그러나 서방 6곡 조형과 결합해 새로운 풍격을 보여 준다.

당나라 서역 변성 유적지
변새 시인 왕창령王昌齡의 〈종군행從軍行〉의 시에는 "청해호에 구름이 덮여 설산이 희미한데 외로운 성에서 멀리 옥문관을 바라보네. 백전을 겪은 갑옷 황사에 구멍 뚫리는데 누란을 깨치지 아니하면 종생 안 돌아가리라."라고 했다. 시인의 감동을 일으켰던 서역의 변성이 지금은 황량한 폐허다. 사진은 타클라마칸 사막에 있는 매몰되고 버려진 당나라 변성邊城의 유적지다.

●●● 역사문화백과 ●●●

[당나라 연령 호칭]
《예기·곡례편》에 10세를 유幼, 20세를 약弱, 30세를 장壯, 40세를 강强, 50세를 애艾, 60세를 기耆, 70세를 노老, 8, 90세를 모耄, 백세를 기期로 불렀다. 후대에 또 유학幼學·약관弱冠·기이期頤로 10, 20, 백세를 가리켰다. 당나라 조용조제 아래 남녀 출생을 황黃, 4세를 소小, 16세를 중中, 20세를 정丁, 60세를 노老로 불렀다.

581~763 당나라

화산華山 181

| 중국사 연표 |
673년 유명 화가 염립본이 죽었다. 전하는 작품으로 〈역대 제왕도〉가 있다.

059

후궁을 피로 적시다

무측천의 생존 철학은 오직 야심을 실현하는 것이었다. 고대 궁정은 늘 이렇게 칼이 번쩍였다.

능력 없는 황제

당나라 고종 이치가 즉위한 지 다섯째 해인 어느 날 감업사感業寺에 가서 향을 올리는데 비구니가 된 무 재인才人을 만나자 두 사람은 마주 보며 흐느꼈다.

무 재인은 바로 무측천이었다. 입궁 후 그녀보다 25세 많은 태종이 그녀를 매우 좋아해 재인으로 봉했고 태종의 병이 위중해지자 그녀는 줄곧 시중을 들었다. 그녀를 좋아한 태자 이치는 병문안을 핑계로 그녀에게 접근하곤 했다.

태종이 죽자 무측천은 다른 후궁들과 함께 감업사로 쫓겨나 비구니가 되었다. 황제가 된 이치는 소 숙비蕭淑妃를 총애해 잠시 무측천을 잊었지만 뜻밖에 다시 만나자 두 사람은 옛 정이 다시 타올랐다. 무측천은 고종이 자신을 궁전에 데려가기를 원했지만 우유부단한 고종은 결단을 내리지 못했다.

고종의 냉대를 받던 왕 황후는 이를 안 후 몹시 기뻐했다. 소 숙비에게 질투를 느끼던 왕 황후는 고종에게 무측천을 궁전에 불러들이라고 권했다.

돌을 들어 제 발등을 찍다

하지만 왕 황후의 이 계책은 큰 실수였다. 무측천은 권모술수가 뛰어난 여인으로 궁전에 돌아와 왕 황후를 잘 받들자 왕 황후도 고종 앞에서 무측천을 자주 칭찬하곤 했다.

얼마 안 돼 고종은 무측천을 소의昭儀로 봉하고 점점 더 총애했다. 그러자 무측천의 태도가 변하면서 이전처럼 왕 황후에게 예의를 다하지 않고 오히려 왕 황후 주변의 궁녀를 매수해 왕 황후의 일거일동을 감시했다.

무측천은 고종의 딸을 낳았는데 왕 황후가 보러 온다는 소식을 들은 그녀는 나쁜 계책을 생각해 냈다.

그녀는 궁녀를 내보낸 후 자신도 몸을 숨기고 어린 공주 혼자서 요람에 누워 있게 했다. 어린 공주는 살결이 눈처럼 희고 부드러워 몹시 사랑스러웠다. 왕 황후는 공주를 안고 볼에 입을 맞추었다. 왕 황후가 돌아간 후 무측천은 방 안에 다른 사람이 없는지 살핀 후 자기의 친딸을 목을 졸라 죽이고 이불을 덮어 놓았다.

얼마 후 고종이 들어오자 무측천은 태연히 웃고 떠들며 무척 기뻐하는 척했다. 고종이 어린 공주를 보려고 이불을 들추어 보니 아기는 이미 숨져 있었다. 이에 무측천은 땅을 치며 대성통곡했다. 고종이 급히 누가 왔었는가 물으니 궁녀는 황후가 금방 다녀갔다고 대답했다.

고종은 대로했다. "황후가 이렇게

다채로운 당나라 여성 복장
당나라 여성 복장은 초기·전성기·중기·말기에 각각 달랐다. 여자용은 높은 상투, 소매가 짧은 저고리, 땅에 끌리는 치마, 긴 허리띠에 어깨에 수건을 걸쳤는데 이는 초기 복장이다.

| 세계사 연표 |

674년 아랍이 두 갈래로 동로마 수도 콘스탄티노플을 공격했다. 전쟁이 7년 간 계속되었으나 아랍의 실패로 끝났다.

《자치통감資治通鑑·당고종영휘唐高宗永徽 5년》

독할 줄이야, 감히 짐의 딸을 살해하다니!' 무측천은 흐느끼면서 황후 측의 궁녀가 전한 소식으로 황후의 잘못을 고자질하기 시작했다.

영휘 6년(655)에 고종은 조서를 내려 왕 황후와 소 숙비를 모두 서민으로 폐하고 11월에 무측천을 황후로 봉했다.

미친 듯한 보복

고종은 왕·소 두 여인을 관대히 처리하려 했다. 이 소식을 들은 무측천은 즉시 사람을 보내 왕·소 두 사람에게 곤장 100대를 치게 했다. 고생을 모르던 두 여자는 결국 반주검이 되었지만 무측천은 그래도 성이 차지 않아 그들의 수족을 잘라 술 단지에 담그게 하고 두 사람이 죽은 후 목을 베게 했다.

소씨는 형벌을 받을 때 무측천을 향해 소리질렀다. "아무阿武 같은 요괴니까 이런 악독한 짓을 하는 것이다. 난 죽은 후 고양이가 되고 아무는 쥐가 될 것이니, 난 세세대대로 그녀의 숨통을 물어 뜯을 테다!'

미신을 믿는 무측천은 그때부터 궁중에서 고양이를 기르지 못하게 했고, 세상의 고양이는 모두 소씨가 변한 것일까 봐 두려워했다. 악행을 많이 저지른 무측천은 밤이면 늘 악몽을 꾸었는데, 산발한 왕씨와 소씨가 피투성이가 되어 나타나 그녀에게 목을 내놓으라고 해 밤잠을 제대로 자지 못했다.

고종이 죽은 후 무측천은 장기간 낙양에 거주하면서 장안궁에는 감히 거주하지 못했다.

단정한 여자용
여자용은 높이가 37cm, 절반 쪽진 머리에 앞섶을 헤친 짧은 저고리, 긴 치마를 입었다. 성당시대 복장이다.

몸매가 날씬한 채색 여자용

●●● 역사문화백과 ●●●

[방직 기술의 특출한 성과를 나타내는 양면 견]
1973년, 신강 투루판의 아스타나 지역(당나라 비단길 북쪽 통로)의 당나라 묘에서 대량의 방직물을 발견했다. 그중 한 점은 양면 비단으로 백색의 씨실과 날실, 침향색의 씨실과 날실을 교차해 평직무늬 양면 직물로 쌌다. 명나라 시대부터 생산한 것으로 알려졌지만 이 발견으로 양면 비단의 직조 기술을 적어도 무측천 시대로 앞당겼다.

581〜763 당나라

| 중국사 연표 |
674년 신라가 고구려의 반당나라 무리를 받아들이고, 백제의 땅을 합병했다. 당나라가 유인궤劉仁軌를 파견해 신라를 공격했다.

060

집안일은 스스로 결정하라

이적李勣은 한마디 말로 고종의 난제를 해결했고, 무측천이 정식으로 역사 무대에 등장했다.

아들 때문에 귀하게 되는 모친

당나라 고종은 왕 황후를 폐위하고 싶었으나 장손무기長孫無忌·이적·우지녕于志寧·저수량褚遂良 등 오랜 신하들이 동의하지 않을 것이 분명했다.

무측천이 공주를 죽이고 왕 황후를 무고한 그달, 고종은 이 네 명의 대신을 내전에 불렀다.

이적은 병을 핑계로 불참하고 장손무기·우지녕·저수량 셋이 내전에 들었다. 고종이 세 대신에게 말했다. "불효에는 세 가지가 있는데 후대가 없는 것이 첫째라, 황후는 지금까지 출산하지 못하므로 짐은 무 소의武昭儀를 황후로 세우려 하는데

비구 법률 니삼중 보탑상 (위 사진)
보탑상寶塔像은 높이가 11cm이며 너비가 9.6cm로 서안 남쪽 교외에서 출토됐다. 다소 불규칙한 정사각형에 흙질이 보드랍고 심청색이며 가장자리에 연주무늬가 한 줄 있다. 탑의 1층은 석가다보 병좌상, 2~3층은 각각 하나의 부처, 탑 양측에 10부처가 있다. 보살은 신체가 뒤틀리고 자태가 아름답다. 배면은 양문 제사, 종횡 각 7격에 매 격에 1자, 중간 1격은 비어 도합 48자. 내용은 이러하다. "대당국 지상사 비구 법률은 영휘 원년 이래 국 및 사승 부모 법계 창생이 다보불탑 8만 4000부를 제조해 유통 공양하며 이를 영원히 명기했다." 당나라 초기에 만들었다.

경들의 의향이 어떤지 듣고 싶소?"

저수량이 대답했다.

"선제께서 붕어하실 때 신 등의 손을 잡고 '짐의 훌륭한 아들 며느리를 오늘 모두 그대들께 맡기노라' 하고 말씀하셨나이다. 황후가 큰 과실이 없는데 어찌 그렇게 쉽게 폐위할 수 있으리까. 신은 감히 폐하의 뜻에 따를 수 없거니와 더욱이는 감히 선제의 유명을 거역할 수 없나이다." 고종은 이치에 맞는 저수량의 말에 할 말이 없자 손을 내저으며 그들을 물러가게 했다.

조정의 충돌

다음날 조회 시 고종이 또 왕 황후를 폐위하고 무 소의를 책립할 일을 의논하자 저수량은 필사적으로 반대했다. "황후를 따로 세우시려면 명문 대족 가운데서 선발하셔야 합나이다. 선제를 모셨던 무 소의를 황후로 책립하면 천하 사람들이 무엇이라 하겠나이까? 늙은 이 신은 폐하의 염원을 거슬렀으니 이 죄 만 번 죽어 마땅하옵나이다." 말을 마친 수량이 두건을 풀고 머리를 땅에 부딪혀 선혈이 낭자하게 흘렀다.

그때 휘장 뒤에서 한 여인의 쨍쨍한 목소리가 들려왔다. "이런 멧돼지를 어찌해 죽이지 않으시나이까?"

| 세계사 연표 |

675년 아랍인들이 해상으로 스페인을 공격했으나, 비지고트인들의 함대에 의해 격파되었다.

《구당서舊唐書·장손무기전長孫無忌傳》
《구당서舊唐書·저수량전褚遂良傳》 출전
《구당서舊唐書·이적전李勣傳》

문무를 겸비한 배행검

배행검裴行儉은 당나라 고종 때 명신이다. 어려서 병법을 공부했고 출정해 계책을 잘 운용했다. 서돌궐 10성 칸 아사나복연도지阿史那匐延都支를 생포하고 동돌궐 반란군 수령을 항복시켰다. 고종이 예부상서 겸 검교우위 대장군을 제수했다. 행검은 인재를 잘 등용해 군대 내에서 등용한 군관은 모두 일대 명장이 됐다.

휘장 뒤에서 줄곧 엿듣던 무측천이 저수량의 말을 듣고 그만 참지 못해 큰소리로 외쳤던 것이다.

장손무기가 재빨리 나서서 말했다. "수량은 선제의 유조를 받은 고명대신이라 죄가 있어도 형을 쓸 수가 없나이다." 장손무기는 황제의 외삼촌이자 탁고托孤

●●● 역사문화백과 ●●●

[당나라 삼채三彩 제작]

당나라 삼채는 숯불로 구웠으며, 온도는 1000℃다. 2회는 유약 소성, 온도는 약 800℃ 정도다. 1회 경과 후 2회 온도를 감당, 변형하지 않는다. 2회 소성한 당나라 삼채는 색채가 화려하고 면이 윤택하다. 지난 세기 공현鞏縣 고대 요窯에서 대량의 기물이 출토됐다. 당나라 시대에는 2회 소성법을 사용했다.

이중연 묘 의장 벽화

당나라 묘실 벽화도인데 제왕 후장 기풍에 따라 발전했고 규모와 예술 수준은 전대를 뛰어넘었다. 의덕 태자 묘실 벽화는 누각의 장관을 표현했고, 경사 묘도 측벽의 벽화 길이가 각각 26m이다. 화면은 명암법으로 입체감과 궁정 의장의 웅대함을 강화해 기세가 방대하고 다채롭다.

중신이고, 고종은 또 이 외삼촌 덕에 제위에 등극한지라 그의 말을 듣지 않을 수 없었다.

뒤이어 한원韓瑗·내제來濟도 이구동성으로 무측천을 황후로 세우면 안 된다고 간하자 고종도 어쩔 도리가 없었다.

외인에게 물을 필요가 없는 집안일

무측천은 태위 이적이 며칠째 병을 핑계로 집에 들어박혀 있으면서 이 일에 대해 아무런 입장도 표시하지 않자 고종에게 이적을 불러 그의 의견을 들어보라 했다.

| 중국사 연표 |

675년 문학가 왕발(648년생)이 죽었다. 왕발과 낙빈왕·노조린·양형을 초당 初唐 4걸이라 칭했다.

이적은 고종은 나약해 주관이 없고, 무측천은 모략이 많고 마음이 악함을 충분히 알고 있는지라 무측천이 황후가 되는 일은 이미 막기 어려움을 의식하고 있었다.

이적을 불러들인 고종이 물었다. "짐은 무 소의를 황후로 책립하려 하는데 저수량 등이 반대하고 있구먼. 그대는 이 일을 어떻게 했으면 좋겠는고?"

이적이 가벼운 어조로 한마디 했다. "이는 폐하의 집안일인데 바깥 사람에게 물을 것이 있나이까?" 이 말에 고종은 가슴이 탁 트였고 무측천은 너무도 기뻐 어쩔 바를 몰라 했다.

'그렇다! 선제께서 국사를 장손무기 등 오랜 신하들에게 물으라 하셨지 집안일을 물으라 하지는 않으셨다!' 이리해 고종은 무측천을 황후로 책립했다.

상상력이 뛰어난 당나라 금동용 (오른쪽 페이지 사진)
금동용은 높이가 34cm이고 길이가 28cm로 내부에 철심을 넣고 외면을 도금했는데 정밀하고 생동감이 넘친다. 큰 머리와 가는 목과 큰 눈에 입을 벌리고 이빨을 드러내고 혀를 내밀고 있다. 두 발은 매 발톱처럼 예리하고 두 다리는 땅에 버티고 서 있다. 상상력이 뛰어난 걸작으로, 당나라 조각 예술과 야금 예술이 유기적으로 결합됐다.

••• 수·당 서화가 일람표 •••

성명	생몰년	출생지	작품 특성	주요 작품
지영	진·수 연간	산음(절강성 소흥)	해서 초서 겸비	〈정초천자문正草千字文〉
구양순	557~641	임상(호남성 장사)	해서 초서, 험준 추구	〈구성궁례천명九成宮禮泉銘〉, 〈몽전첩夢奠帖〉 등
우세남	558~638	여요(절강성 내)	2왕 전통 계승, 외유내강	〈공자묘당비孔子廟堂碑〉
저수량	596~658	전당(절강성 항주)	해서, 전체	〈맹법사비孟法師碑〉, 〈안탑성교서雁塔聖教序〉 등
설직	649~713	분음(산서성 만영)	해서 저수량파, 그림	〈신행선사비信行禪師碑〉
손과정	무측천 때	오군(강소성 소주)	초서, 서예 이론	〈서보書譜〉
이옹	678~747	강도(강소성 양주)	해서	〈녹산사비麓山寺碑〉, 〈이사훈비李思訓碑〉 등
장욱	당 현종 때	오현(강소성 소주)	광초	〈고시사첩古詩四帖〉
안진경	709~785	만년(섬서성 서안)	해서 초서, 선이 굵음	〈제질문고祭侄文稿〉, 〈안근예비顔勤禮碑〉 등
회소	725~785	장사	광초, 취한 회소	〈고순첩苦筍帖〉, 〈자서첩自叙帖〉 등
이양빙	당 숙종 때	조군(하북성 내)	고문자 학자, 전서	〈삼분기三墳記〉, 〈이정첩怡亭銘〉 등
류공권	778~827	화원(섬서성 요현)	해서 표준, 현비답비 등	〈신책군비神策軍碑〉, 〈현비탑비玄秘塔碑〉 등
염립본	?~673	만년(섬서성 서안)	인물·마차 그림	〈보련도步輦圖〉
이사훈	653~718	성기(감숙성 천수)	산수·수석 등 그림	〈강범누각도江帆樓閣圖〉
장훤	당 현종 때	경조(섬서성 서안)	인물화 특장	〈괵국부인유춘도虢國夫人遊春圖〉
오도자	약 685~758	양책(하남성 우주)	인물·금수·초목 등 그림	〈천왕송자도天王送子圖〉
노릉가	당 숙종 때	장안(섬서성 서안)	불상 그림	〈도수승도渡水僧圖〉
왕유	701~761	기(산서성 기현)	산수화	〈설계도雪溪圖〉
진굉	당 현종 때	회계(절강성 소흥)	인물·말 그림	〈팔공도八公圖〉
한간	?~780	경조(섬서성 서안)	인물·화초·말 그림	〈목마도牧馬圖〉, 〈조야백도照夜白圖〉 등
한황	723~787	장안(섬서성 서안)	인물·야수 등 그림	〈오우도五牛圖〉
주방	당 덕종 때	경조(섬서성 서안)	사녀화	〈휘선사녀도揮扇仕女圖〉, 〈잠화사녀도簪花仕女圖〉

676년 | 중국사 연표 |
안동 도호부를 요동 고성故城, 지금의 요양遼陽시에 옮겼다.

061

휘황한 법전

《당률소의唐律疏儀》는 현존하는 당나라 최초의 법전으로 중국의 입법에 1000년간 영향을 주었다.

《당률소의》의 탄생

당나라는 법을 중요시했다. 당나라 고조는 당나라 건립 7년 후 《무덕률武德律》을 반포해 수나라 《개황률開皇律》 12편, 500조의 구조를 채용했다. 태종은 즉위한 해에 장손무기·방현령 등에게 새로운 법전을 만들게 했는데 이를 《정관률貞觀律》이라 한다. 하지만 애석하게도 보존되지는 못했다.

당나라 고종은 즉위한 해에 법전을 수정, 영휘 2년(650)에 반포했고, 영휘 4년(652)에 재상 장손무기의 인솔하에 《율소律疏》를 편찬했다. 법전에 대해 조목마다 자세히 설명하고 법적으로 발생 가능한 문제를 문답 형식으로 예를 들어 설명했다.

《율소》는 율조와 동등한 법률 효력을 가진다고 명확히 규정했다. 각급 관원은 《율소》에 근거해 법률을 해석하며 《율소》를 인용해 재판했다. 이후 이를 《영휘율소》라 부르고, 송·원 시대에 《당률소의唐律疏議》라 개칭했다.

이는 현존하는 중국 최초의 완전하게 보존된 고대 법전 및 그 입법 해석 합편본이다.

걸출한 입법 성과

《당률소의》의 가장 큰 특징은 도덕 예제는 정교政教의 근본이며, 형벌은 정교의 수단임에 의거해 법률을 제정했다.

당률의 기본 정신은 삼강오상의 예교禮敎 윤상 준칙倫常准則을 관철하는 것으로서 삼강을 위반하는 행위는 모두 10악 유형의 엄중한 범죄로 간주된다.

《당률소의》는 전체 법률에 고도의 논리 통일성을 구비해 항목이 간결하고, 개념이 명확해 세계 법제 역사상 우수한 법령으로 꼽힌다.

이 법전은 〈명례名例〉를 첫 편으로 하여 율의 전반적인 원칙을 규정해 현대의 법전 총칙과 비슷하다. 이하 〈위금衛禁〉, 〈직제職制〉, 〈호혼戶婚〉, 〈구고廏庫〉, 〈천흥擅興〉, 〈도적盜賊〉, 〈두송斗訟〉, 〈사위詐僞〉, 〈잡률雜律〉의 9편은 오늘날 법전의 세칙에 해당하는데 각종 범죄의 처벌 방법을 규정했다. 최후 〈포망捕亡〉, 〈단옥斷獄〉은 체포·심판 분야의 제도를 규정했다.

《당률소의》의 일부분 (위 사진)
고종 영휘 4년(653)에 장손무기·이적 등이 편찬했다. 모두 30권 12편 502조로 여러 규제를 해석하는 저서다. 송·원·명·청나라 시대 법률의 기본이 됐고, 중국 최초의 가장 계통적인 법률 저서로 꼽힌다.

●●● 역사문화백과 ●●●

[당률이 제출한 10악 불용죄]

당률은 10종 중대 죄명, 즉 모반·모대역謀大逆·반란·악역·무도·대불경·불효·불목·불의·내란을 규정했다. 이 10항 죄는 보통 사면하지 않으며 특권 귀족 관료도 예외가 없다. 북제부터 설치한 중죄 10조를 수나라 문제 때 10악이라고 명명해 법전에 나열했다. 당률은 이를 답습해 10악 불용죄를 규정했다.

| 세계사 연표 |

676년 신라가 한반도를 통일했다.

《당률소의**唐律疏儀**》
《대당육전**大唐六典**》
《신당서**新唐書**·형법지**刑法誌**》
출전

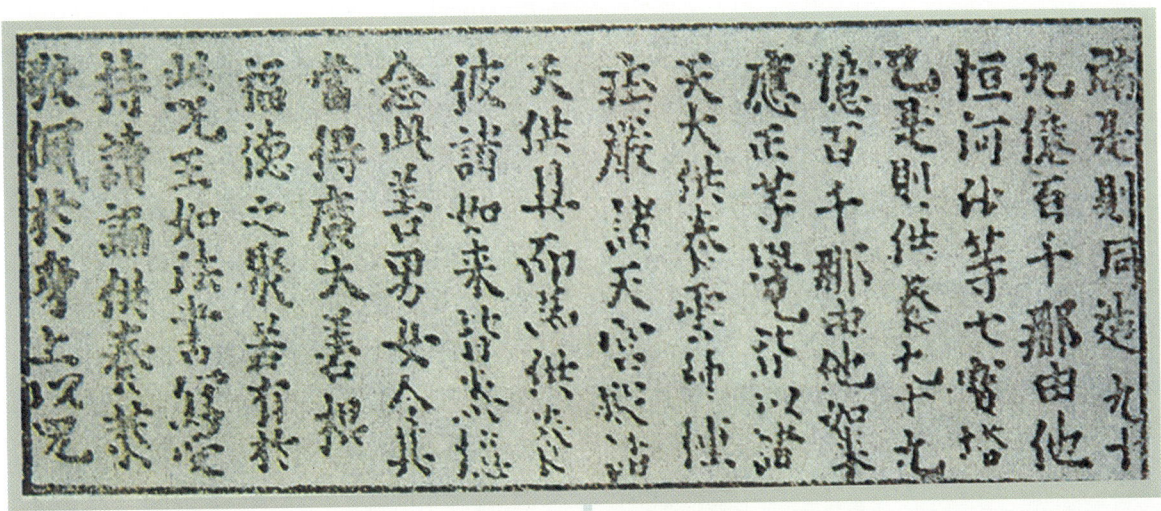

세계 최초의 인쇄물 〈무구정광대다라니경〉
인쇄술은 중국 고대 4대 발명 중 하나다. 현존하는 세계 최초의 인쇄물은 1966년 한국의 불국사 석가탑에서 발견된 〈무구정광대다라니경〉 한역본이다. 그 경문에 무측천 등극 시 제자**制字**가 기록돼 당 무주 시대(690~704) 각본으로 확정할 수 있다. 당나라 조각판 인쇄술은 주로 민간에 유행, 사원·사가 인쇄물에서도 발견되고 있다.

깊고 광범위한 영향

《당률소의》는 오랜 기간 이후 왕조에 답습됐으며 송나라의 법전 《송형통**宋刑統**》은 거의 다 《당률소의》를 복제했다. 원나라 시대에는 당률에 상당하는 법전을 정식으로 반포하지는 않았지만 사법 집행에서는 흔히 《당률소의》를 준칙으로 했다. 《당률소의》가 반포된 지 700년이 지난 명나라 초기에 이르러서도 법전 제정 시 여전히 《당률소의》를 기본으로 했다.

《당률소의》는 동아시아 지역 각국의 법률에도 중대한 영향을 미쳤는데 일본이 8세기에 공포한 《대보율령**大寶律令**》도 바로 당나라 율령을 기초로 탄생한 것이다. 고구려도 당률을 모방해 법률을 제정했으며, 월남 등지의 고대 왕조 역시 당률을 입법의 기본으로 삼았다.

중국에서 가장 오래된 사찰 백마사**白馬寺** (하남 낙양)
백마사는 불교가 중국에 들어온 후 건설한 첫 사찰이다. 한나라 명제 때 건설, 후에 몇 번 재건했는데 무측천 때 건설 규모가 가장 컸다. 직사각형의 구조로 남향이며 주요 건축은 천왕전**天王殿**·대불전**大拂殿**·대웅전**大雄殿**·접인전**接引殿**·비로각**毗盧閣**·제운탑**齊雲塔** 등이 있다.

| 중국사 연표 |

678년
당나라 장군 이경현李敬玄이 청해에서 토번과 싸워 대패했다.

062

칼을 품은 고양이

무측천은 몇몇 신하와 결탁해 정적을 숙청했다. 그 신하 중 가장 유명한 자가 이의부李義府다.

웃으며 사람을 맞이하는 명사

무측천의 측근인 이의부는 문벌은 높지 않지만 글 재주가 있어서 젊어서부터 명성을 날렸다. 그의 문장은 후에 마주馬周·유계劉洎 등 명사의 칭찬을 받았고, 후에 태자 이치李治의 시종이 되었다.

태자가 제위에 오른 후 이의부는 중서사인으로 진급했고, 얼마 후 국사를 편찬, 홍문관 학사로 책봉됐다.

이의부는 고종의 신임을 받았지만 태위 장손무기는 이의부를 음흉하고 교활한 인물로 여겨 그를 '이 고양이'라고 불렀다. 장손무기는 '이 고양이'를 황제 신변에서 몰아내려 했지만 이의부가 먼저 손을 써서 무측천의 황후 책립을 옹호했고, 무측천의 호감을 받아 중서시랑으로 진급, 심복이 되었다.

증거를 없애려 사람을 죽임

이의부는 대리사가 심리하는 간통 사건 중 범인 순우淳于씨의 미모가 뛰어나다는 말을 듣고 나쁜 생각을 했다. 대리승 필정의畢正義는 그의 요구에 따라 순우씨를 관대히 처리했는데 대리경 단보현段寶玄이 심리가 부당함을 발견해 당나라 고종에게 재심리를 건의했다.

이에 이의부가 추문이 폭로될 것을 우려해 필정의를 죽이자, 시어사 왕의방王義方이 목숨을 걸고 고종에게 이의부의 죄를 폭로했지만 고종은 오히려 왕의방이 대신을 무고했다며 그의 벼슬을 박탈했다.

이의부가 웃으며 왕의방에게 말했다. "왕어사는 무고한 대신을 탄핵하니 부끄럽겠구려." 그러나 왕의방은 늠름하게 말했다. "공자는 7일 사구에 소정묘少正卯를 죽였는데 나는 16일 어사에 나라의 해를 제거하지 못했으니 부끄럽기 이를 데 없소이다."

2년이 지나 이의부는 중서령으로 진급해 재상의 지위에 올랐고, 조정에서는 허경충許敬忠과 한 통속이 되어 무측천의 지시하에 장손무기·저수량 등 수많은 대신들을 박해했다.

300년간 유통된 당나라 화폐 – 개원통보開元通寶 (위 사진)
당나라 무덕 4년(621)에 오수전을 폐지하고 개원전을 주조했다. 개원開元은 연호가 아니라 새 세상을 개척한다는 의미다. 윤곽이 분명하며 정밀한 주조로 규범적이고 문자는 서예가 구양순의 필적이다. 당나라 시대 유통 기간이 가장 길었던 화폐다.

타마구도打馬球圖 (벽화)
장회 태자 이현李賢 묘 벽화 중 마구 치기 그림으로 20필의 말이 서로 쫓고 있다. 5명 마구수가 서로 쟁탈하는 긴장된 순간을 묘사했다. 당나라에 유행된 마상 체육 항목을 생생하게 기록했다.

| 세계사 연표 |

678년 — 프랑크 왕실이 파피루스 사용을 중지하고 점차 양가죽으로 대체했다. 이로부터 동서 무역이 영향을 받게 되었다.

《신당서新唐書·이의부전李義府傳》
《구당서舊唐書·이의부전李義府傳》 출전

인과응보

이의부와 관련된 온갖 악행과 추문을 들은 고종이 이의부에게 말했다.

"위법 행위를 한 그대의 아들과 사위의 죄를 짐이 다 덮어 두었네. 앞으로 단속하기 바라네." 이 말을 들은 이의부는 오히려 발끈하며 고종에게 되물었다. "누가 폐하에게 고발했나이까?" 고종은 무측천의 힘을 믿고 방자하게 구는 이의부가 마음에 들지 않았다.

이후 이의부가 고종의 권고에도 아랑곳없이 더욱 날뛰자 양인영楊仁潁 등이 이의부의 죄를 고발했다. 그러자 고종은 이의부를 옥에 가두게 한 후 이의부는 숭주로, 그의 아들과 사위도 변경 지역에 유배시켰다. 판결 소식이 전해지자 장안성은 들끓었고, 사람들은 쾌재를 불렀다.

그러나 많은 사람들은 '이 고양이'가 재기할까 봐 근심했는데 건봉 원년(666)의 대사령에 이의부 같은 사람은 사면 범위에 속하지 않음을 규정하자 모두 안심했다. 이의부도 이 때문에 울분 속에서 죽었다.

당나라의 화폐 일부
개원통보는 당나라에서 300년간 통용됐고 이외에 몇 종이 더 있다. 고종 건봉 원년에 건봉천보를 주조했는데 정식 연호 화폐로서 1년도 못 돼 폐기했다.

'웃음 속에 칼을 품는다.'는 말은 이의부의 이야기에서 나온 말로 겉은 친절하지만 속은 음험하고 악독한 사람을 가리킨다.

수정과 청동으로 만든 개원통보

●●● 역사문화백과 ●●●

[서역 제국의 중요한 병풍 – 안서安西 4진]
640년에 당나라 태종이 서북 변경의 고창高昌을 평정한 후 서주 교하성에 안서도호부를 설립했다. 후에 구자龜玆로 옮겨 구자·소륵疏勒·우전于闐·언기焉耆에 성을 쌓고 군진軍鎭을 설치했다. 이 네 군진은 서역 제국의 진공을 방어하는 중요한 병풍으로 안서 4진이라 불렸다.

518~763 당나라

정월 15일 밤에 변소나 돼지우리에서 변소의 신神 자고紫姑를 영접했다

| 중국사 연표 |
680년 문성 공주가 토번에서 병사했다.

063

권세에 빌붙은 명사

추악한 사관史官

허경충許敬忠은 탐관이자 간신으로 역사에 추악한 이름을 남겼다.

이의부李義府라 하면 사람들은 흔히 허경충을 떠올린다. 두 사람은 모두 문장을 잘 썼지만 포악하고 간사하며 무측천의 심복이었다. 허경충은 이의부보다 더 일찍 명성을 날렸다. 허경충은 이세민이 진왕일 때 설치한 문학관의 18학사 중 마지막 인물이었다.

고종이 즉위했을 때 허경충은 이미 예부상서였는데 관직이 높아지자 포악한 품성도 점차 나타났다. 그는 딸을 만족蠻族 추장의 아들에게 시집보내고 많은 재물을 요구했다. 이 일이 밝혀지자 고종은 그를 정주 자사로 내보냈으나 얼마 안 돼 복직시켰다.

영민한 그는 무측천이 이후 득세하리라 짐작하고

송자천왕도送子天王圖 (당나라 오도자吳道子 그림)
오도자는 당나라의 화가다. 그의 인물화는 생기 있고 유창해 후세에 화성畵聖이라 불렸으며 매우 큰 반향을 일으켰다. 이 그림은 불교 시조 석가모니 출생 후 정반왕과 마야 부인이 석가모니를 안고 천신묘에 가서 제신에게 제사 지내는 이야기를 묘사한 것이다.

역사 시험장 › 당나라 장강 유역의 수많은 지역에서 열렸던 해시海市는 무엇을 가리키는가?

 680년

| 세계사 연표 |

아랍 우마이야 왕조 칼리프 야지드 1세가 재위(~683)했다.

출전 《신당서新唐書·간신전姦臣傳·허경종전許敬忠傳》
《구당서舊唐書·허경종전許敬忠傳》

도련도搗練圖 (당나라 장훤張萱 그림)

장훤은 경조(지금의 섬서성 서안) 사람으로 당나라 개원 연간 사관의 화가다. 인물화에 능했는데 특히 귀족 부인과 말 등을 잘 그렸다. 이 그림은 궁중의 여자들이 비단을 다듬는 정경을 묘사한 것이다. 1조는 네 여자가 방망이로 비단을 다듬고, 2조는 두 여자가 양탄자에 앉아서 바느질을 하고, 3조는 비단을 잡아당겨서 다림질하고 있다. 각 인물의 자태와 표정을 세밀히 묘사해서 심리 및 성격 특성까지 짐작할 수 있을 듯하다.

●●● 역사문화백과 ●●●

[무측천이 글자를 만들다]

제위에 오른 무측천은 자신의 문무 치적과 지혜를 과시하기 위해 19개 한자를 수정했다. 예를 들면 조照를 조曌로 고친 것 등이다. 이는 글자 창제의 법칙에 전혀 맞지 않으며 오히려 간단한 글자를 복잡하게 고쳐 후세에 사용되지 않았다.

| 중국사 연표 |

682년 의학자 손사막이 죽었다. 사람들이 약왕으로 존칭하는데 저서로 《천금방千金方》 등 의서가 전해진다.

무측천의 황후 책립을 적극 옹호했다. 그는 이의부와 함께 저수량褚遂良·장손무기·한원韓瑗·내제來濟 등 황후 책립을 반대하는 대신을 파직하고 유배보냈으며, 심지어는 살인까지도 저질렀다.

무측천이 조정을 통제하자 허경종은 문하성시중으로, 이듬해에 중서령으로, 4년 후에는 태자 소경·동동서대同東西臺 삼품으로, 후에는 고양군공高陽郡公으로 책봉되었다.

역사 왜곡

허경종은 재상이 되었지만 계속 국사를 책임지고 감수했는데 마음이 바르지 못한 그는 제 마음대로 역사를 왜곡했다.

허경종에게는 노예 출신의 사위 전구롱錢九隴이 있었는데, 사서에는 전씨 가문의 문벌을 높여 전구롱과 유문정劉文靜을 한 권에 넣었다. 하나는 내리깎고 하나는 올려줘서 완전히 흑백을 전도되게 한 것이다.

또 허경종은 위지경덕尉遲敬德의 아들 위지보기尉遲寶琪와 사돈으로 관계가 매우 좋았고, 위지보기의 재물도 많이 가져갔는데 사서에서 위지경덕을 크게 미화하고 심지어는 태종이 장손무기를 찬미해 쓴 〈위풍부威風賦〉마저 위지경덕의 전기로 옮겼다.

허경종이 죽은 후 태상사 박사 원사고袁思古는 그의 시호를 '무繆'로 건의해 생전에 재물을 탐내고 어질

●●● 역사문화백과 ●●●

[과거 급제를 축하하는 관연과 가연]

당나라 시대 과거에 급제한 선비는 이부가 주최하는 관시關試에 통과해야 벼슬 자격을 가진다. 당시 관시 후 일부 선비들이 자발적으로 거행하는 대형 연회를 관연關宴이라 한다. 당나라 말기 관연이 가장 흥성할 때는 관시에 통과된 선비들과 조정의 고관, 심지어는 황제도 참가했는데 보통 장안성 동쪽의 곡강 정자에서 거행했다. 가연家宴은 대부분 가내에서 검소하게 치러졌다.

지 못함을 암시하게 했다. 허경종의 손자 허언백許彦伯이 이 사실을 알고 크게 놀라 황제를 찾아 시정을 간청하는 등 허씨 자제의 막후 활동을 거쳐 예부상서 양사경楊思敬이 건의해 시호를 공恭으로 고쳤다.

하지만 후인들은 이 추악한 사관의 추행을 모두 사서에 기록했다.

금박 청동 노군 입상老君立像
이 조각상은 높이가 15.7cm이며 너비가 5.9cm이다. 노군의 머리에는 관을 쓰고, 왼손은 땅, 오른손은 하늘을 가리키며 연화대좌에 서 있다. 머리 뒤에는 불꽃 모양의 후광이 있으며, 아래쪽 대좌는 팔각 능형 투조 모양이다.

| 세계사 연표 |
682년
신라 조정이 국학을 설치했다.

064

《신당서新唐書·측천황후기則天皇后紀》
《신당서新唐書·고종기高宗紀》
《당기唐紀16~24》

역사상 유일한 여황

중국 역사상 정식으로 제위에 올라 자신의 나라를 건립한 여인은 무측천 하나뿐이다.

황제의 권력을 행사

무측천은 강한 정치 야심을 가지고 있었다. 그의 남편은 나약한 황제여서 항상 그녀가 조정을 대신 집정해야 했다. 이에 그녀는 반대파를 배척하고 허경충·이의부 등을 중용했다. 무측천이 대권을 손에 쥐게 되자 남편인 당 고종과 자연히 마찰이 생겼다.

어느 날 왕 황후와 소蕭 숙비를 살해한 무측천이 늘 악몽을 꾸자 그녀는 귀신을 쫓는다며 무당을 궁전으로 불러들였다. 이 말을 들은 고종이 몹시 화가 나서 시랑 상관의上官儀를 불러 의논하자 상관의가 말했다. "황후의 독재로 천하의 사람들이 모두 불안해 하는데 폐하께서는 어찌 폐위하시지 않나이까?" 그러자 고종은 즉시 그에게 폐위조서의 기초를 만들게 했다. 그런데 상관의가 조서를 다 작성하자 무측천이 노기등등해 들어오더니 고종을 질책했다. 그러자 고종은 "짐이 그대를 폐위하려는 것이 아니고 이는 모두 상관의의 주장일세."라며 얼버무렸다. 가련한 상관의는 무능한 황제의 배신으로 무측천에게 살해되고 말았다.

무주武週 낙양 도읍

당나라 현경 5년(660)에 고종의 병이 위중해지자 정권은 모두 무측천의 손에 들어갔다. 무측천은 낙양을 신도로 정하고 천수 원년(690)에 당나라를 주나라로 개칭, 성신 황제를 자칭했다. 낙양 도읍 기간에 명당을 건설하고 전시殿試를 창립했으며 낙양 외성 건설, 용문 석굴을 뚫었다. 중종이 복위한 후 주나라 제호를 취소했다. 왼쪽 그림은 명나라 간행본 《수당연의》에 실려 있고, 오른쪽 사진은 황택사皇澤寺 무측천 석상이다.

518~763 당나라

직접 벽에 쓰는 것이 아니라, 전문 시판에 쓴 후 벽에 건다

중국사 연표

683년 당나라 고종이 죽고, 중종 이현이 즉위했으나 정사는 무측천이 결정했다.

일대 여황 무측천 (오른쪽 위와 아래 그림)
무측천은 당나라 태종 때 궁중의 재인才人으로 14세에 태종을 시중들었다. 고종 즉위 2년 후 소의로 책봉, 후에 황후로 책립됐다. 683년, 고종 사후 태자 이현을 황제로 책립했으나 중종을 폐위하고 예종을 연금, 태후의 명의로 집정했다. 690년에 국호를 주周로 개칭하며 중국 역사상 유일한 여황제가 됐다. 집정 기간에 정치 재능을 과시해 위로 정관 치세를 계승하고 아래로 개원 성세를 시작했다. 대당의 강성을 위해 견실한 토대를 축성했다. 오른쪽 아래 그림은 청나라 김고량의 《무쌍보無雙譜》에 실려 있다.

이후 모든 정사나 상벌, 생사 판결은 모두 무측천이 결정했다. 고종은 이미 꼭두각시였던 것이다.

아들에게도 양보하지 않는 여황제

고종은 자신이 죽은 후 무측천이 이씨 조정을 탈취할까 봐 상원 2년(675)에 제위를 태자 이홍李弘에게 선양하려 했지만 무측천은 장남이자 성망이 있는 아들이 자신의 독재를 방해할까 봐 꺼렸다.

바로 그해 4월에 24세인 이홍이 까닭없이 죽자 고종은 6월에 차남 이현李賢을 태자로 책립했다. 그러나 5년 후 무측천은 또 구실을 붙여 이현을 서민으로 폐위하고 무능한 삼남 이현李顯을 태자로 세웠다.

홍도 원년(683)년 당나라 고종이 죽고 태자 이현이 즉위했는데, 그가 당나라 중종이다.

중종은 무측천을 태후로, 태자비 위韋씨를 황후로 책립하고 황후의 부친 위현정韋玄貞을 시중으로 임명하려 했다. 하지만 대신 배염裵炎이 타당치 못하다고 하자 중종이 노해 말했다. "짐이 천하를 다 현정에게 준다 한들 안 될 게 뭔가!" 이에 배염은 감히 더 말하지 못하고 무측천을 찾아갔다. 배염의 말을 들은 무측천은 즉시 황제를 폐위하기로 마음먹었다.

두 달 후 무측천이 건원전에 백관을 불러다 놓은 자리에 배염 등이 군사를 거느리고 입궁해 황제의 폐위 및 여릉왕廬陵王 책봉 명령을 선포하자 중종이 크게 소리쳤다. "짐이 무슨 죄가 있는고?" 그러자 무측천이

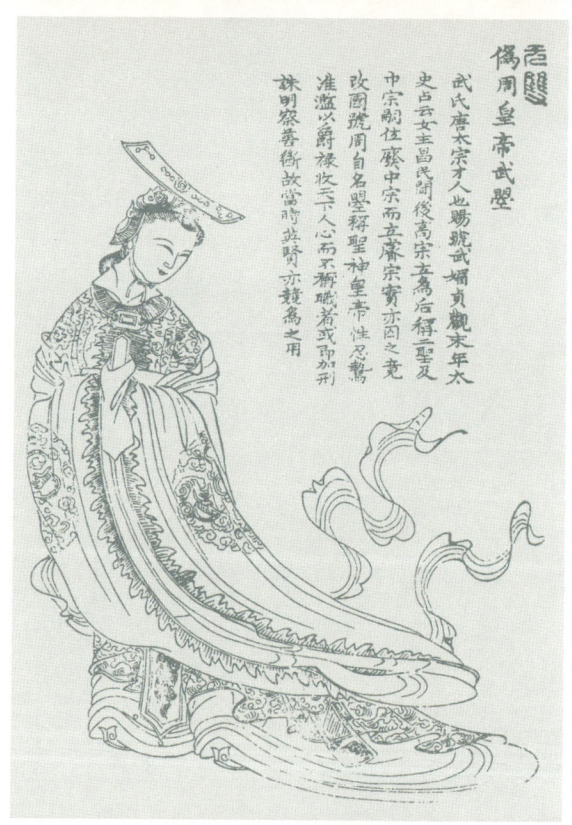

| 세계사 연표 |
683년
교황 베네딕토 2세가 81대 로마 교황으로 취임했다.

맑고 윤택한 삼채 걸작
사진의 사발·쟁반·대야·병은 모두 생활용품으로 모양이 아름답고 색이 맑으며, 정밀하게 만들어져 당나라 삼채 중의 걸작이라 할 수 있다.

노해 꾸짖었다. "네가 천하를 위현정에게 주려 하고서도 죄가 없단 말이냐?"

무측천은 아들이 넷인데 하나는 죽고 둘은 폐위하고 막내 이단李旦 하나만 남아 있었다. 이단은 어머니의 요청에 의해 어쩔 수 없이 등극했는데, 그가 바로 당나라 예종이다. 세 형의 일을 겪은 그는 정사를 어머니에게 맡기고 자신은 아무것도 하지 않았다.

천고의 여황제

무측천은 막내아들의 나약함을 알고 아무런 근심 없이 자신의 등극을 준비했다. 그러자 당나라 종실과 많은 조정 대신들은 자연히 불만을 품게 됐다.

이적李勣, 즉 서세적徐世勣의 손자 서경업徐敬業이 양주에서 군사를 일으켜 무측천을 토벌하려 했으며, 문학가 낙빈왕駱賓王도 참가해 〈무조武曌 토벌 격문〉을 썼는데 그 영향이 무척 컸다. 그러나 이 반란은 모두 진압됐다.

그녀는 자신의 지위를 공고히 하기 위해 주흥周興·내준신來俊臣 등 혹리를 등용, 통치를 강화해 반대파를 진압했다.

고종이 죽은 지 6년 후 승려 법명法明은 무측천의 의지를 받들고 〈대운경大雲經〉을 헌납, 태후가 하계에 내려온 미륵 부처라 하며, 당나라 황제를 대체해 천자가 되어야 한다고 간했다.

이듬해 당나라 예종은 신민 6만여 명을 거느리고 상서해 모후의 등극을 요청하고 국호를 주周로 고쳤다. 이는 무측천이 주나라 문왕의 후예임을 자처했기 때문이다.

그녀가 집권하는 동안 사회가 안정되고 국가는 부강했으니, 비록 음모와 수단으로 정권을 탈취하기는 했지만 재능 있는 정치가라고 할 수 있다.

●●● **역사문화백과** ●●●

[국색 천향]

당나라 시대는 꽃구경이 유행해 도처에 꽃을 감상하는 인파가 붐볐다. "상림에 거니노니 꽃은 비단결 같고 문을 나서니 도처에 꽃구경하는 사람일세." 특히 모란꽃을 가장 선호해 모란꽃을 재배·감상·찬송했다. "국색이라 아침엔 술에 취한 듯하고 천향이라 밤중엔 옷을 물들이누나." 국색 천향國色天香은 모란에 대한 최고의 찬양이자 당나라 성세의 상징이기도 하다.

685년 | 중국사 연표 |
무측천이 조당에 등문고登聞鼓와 폐석肺石을 설치해 고소를 접수했다.

065

노련한 음모 수단

무측천은 고발과 가혹한 관리를 이용해 반대파를 제거했지만 그 수단을 전적으로 믿지 않았다.

고발하고 죄를 꾸밈

무측천의 집정에서 반대 세력이란 상상할 수도 없었다. 그는 '구리상자'를 만들어 조정의 대문 앞에 놓고 고발인이 고소장을 직접 넣게 했으며, 고발인에게는 크게 상을 내리고 관리로 등용했다.

내준신來俊臣은 본래 무뢰한이었는데 무측천의 신임을 받아 어사중승으로 진급, 관원에 대한 감찰을 책임졌다. 그는 다른 혹리 만국준萬國儁과 함께 《나직경羅織經》이란 책을 지었는데 죄를 어떻게 꾸미고, 사람을 어떻게 모함하고 출세하는가에 대해 가르쳤다.

매년 3월 3일 꽃구경하는 날이 되면 내준신은 부하들을 거느리고 낙양 용문에 가서 '황당한 놀이'를 했다. 그들은 조정 관원의 이름을 쓴 돌덩이를 가득 세워놓고 멀리서 돌을 던져서, 맞힌 돌에 쓰인 이름대로 무고하곤 했다.

그러나 무측천은 결코 이런 혹리酷吏(가혹한 관리)에만 의지하지 않았다. 그는 계속 새로운 혹리를 선발해 혹리의 권세가 자신을 위협하지 못하도록 방지했다. 누군가 그녀에게 구리상자 설치를 건의한 어보가魚保家가 서경업의 반란을 도와주었다고 고발하자 무측천은 다짜고짜 그를 죽이게 했다.

단지 안에 들어간 또 다른 혹리

대신을 무고해 상서우승으로 진급한 주흥週興은 많은 참혹한 형구를 만들고 사람들을 고발했는데, 그에게 체포된 사람은 살아서 돌아갈 생각을 하지 못했다. 그런데 누군가 그와 좌금오 대장군 구신적丘神勣이 모반한다고 고발했다. 그러나 구신적은 이미 처형된 사람이었다. 무측천은 모반에 관한 고발 상주서를 받자 내준신에게 명해 심판하게 했다.

무측천의 환심을 사기 위해 주흥과 경쟁을 벌이던 내준신은 주흥을 집에 청해 술을 대접했다. 내준신이 주흥에게 물었다. "사건을 심리할 때 죄인이 죄를 인정하지 않으면 어떻게 징벌하면 좋은지요?" 주흥이

전무후무한 삼채 악무용

악무용은 높이가 11.5cm로 1959년 서안 교외 중보촌中堡村 당나라 묘에서 출토됐다. 모두 8점이 1세트로 그중 7점은 주악용, 1점은 무녀용이다. 주악용은 모두 가부좌를 틀고 손에 각각 피리·비파·생황·통소·박拍·배소排簫 등의 7종 악기를 들었다. 중간에 한 무녀용이 날씬한 몸매로 서 있다. 예술적인 과장과 절묘한 구상과 정밀한 공예로 당나라 시대의 부강하고 평화로운 기상을 재현했다.

| 세계사 연표 |

685년 아랍 우마이야 왕조의 칼리프 아브드 알 말리크 집정 시기(~705)에 동로마에 대한 전쟁을 끝맺었다.

출전 《신당서新唐書·혹리전酷吏傳·주흥週興》
《신당서新唐書·혹리전酷吏傳·내준신來俊臣》

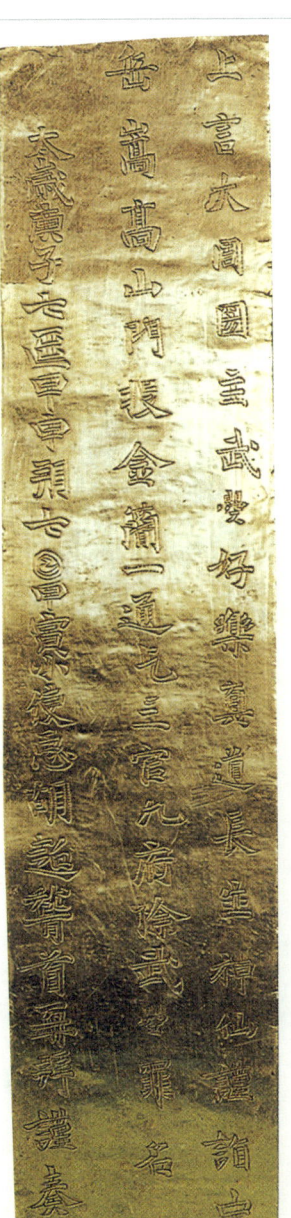

현존하는 중국 유일의 고대 금간 – 무측천 제죄금간除罪金簡

중국 고대 역대 황제는 강산과 개인의 평안을 확보하기 위해 부단히 봉선封禪 활동(태산에 올라 하늘에 제사 지내는 행위)을 거행했다. 이 금간은 중악 숭산에서 발견됐고 자칭 성신 황제의 봉선 활동의 산물이다. 금간의 정면에 해서 한자 63자를 조각했다.

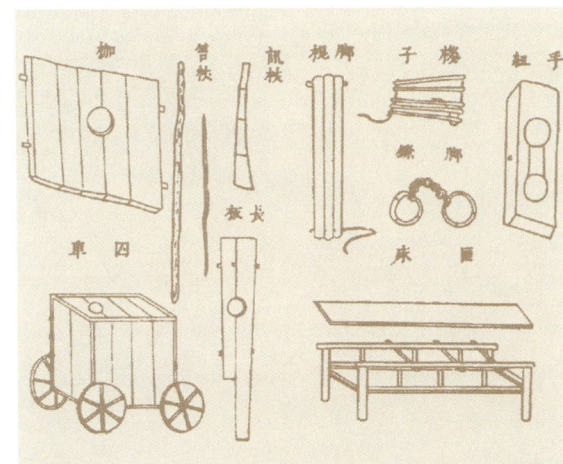

역대의 형구

역대의 형구는 크기가 다르지만 형상은 이 그림의 범위를 벗어나지 않는다.

흐뭇해하며 말했다.

"큰 단지를 가져다 놓고 범인을 단지 안에 세운 후 그 둘레에 목탄을 불태우면 범인이 인정하지 않을 수 없지요." 내준신은 즉시 부하 사람에게 커다란 단지를 대청에 가져다 놓고 그 둘레에 목탄 불을 지피게 한 후 냉정한 어조로 말했다.

"성상께서 나에게 주형의 모반 사건을 심리하라 하셨으니 어서 단지 안으로 들어가시지요!" 주흥이 온몸을 부들부들 떨었다. 그간 수많은 나쁜 일을 일삼더니 이제 자기 차례가 된 것이다! 결국 고분고분 죄를 승인할 수밖에 없었다. 무측천은 그의 지난날 충성을 고려해 사형은 면하고 영남으로 유배했다.

내준신은 조정의 요직에 있으면서도 무뢰한의 본성을 고치지 못해 온갖 나쁜 짓을 일삼더니 급기야 부하를 시켜 무씨네 여러 왕과 무측천의 딸 태평 공주, 그리고 여릉왕 이현 및 많은 중신이 모반한다고 무고하게 했다.

바로 그때 누군가 역시 내준신이 모반한다고 고발했고, 태평 공주 등은 즉시 증거를 잡고 그를 무측천에게 고발했다. 무측천은 당연히 자기의 딸을 더 믿어 영을 내려 내준신을 사형에 처했다. 사형 집행 날 내준신의 머리가 땅에 떨어지자 사람들은 몰려들어 그의 가죽을 벗기는 등 내준신의 시체는 만신창이가 돼 버렸다.

••• **역사문화백과** •••

[8의 제도]

당률에 8의八議 제도가 있는데 심의를 거쳐 이하 8종에 속할 경우 형벌 감면 특권(10악 불가 사면은 제외함)을 준다. ① 의친議親(황제의 친척), ② 의고議故(황제의 옛 친우), ③ 의현議賢(큰 덕행이 있는 자), ④ 의능議能(큰 재능이 있는 자), ⑤ 의공議功(큰 공훈이 있는 자), ⑥ 의귀議貴(벼슬하거나 1품 작위를 가진 자), ⑦ 의근議勤(크게 노동을 한 자), ⑧ 의빈議賓(선조 황제의 후예).

518~763 당나라

| 중국사 연표 |

687년 손과정孫過庭의 서예 이론 저서 《서보書譜》가 완성되었다.

066

지혜와 용기를 겸비하다

적인걸狄仁傑은 지혜와 담력으로 무측천 통치 시대를 지혜롭게 산 명신이다.

흰 구름 밑의 부모님 집

당나라 재상 적인걸은 어려서부터 총명하고 학문에 힘썼다. 후에 진사에 급제한 후 지방관을 역임해 명망을 얻었다. 한번은 부임하러 가는 길에 낙양을 지났는데 그의 부모가 바로 낙양에서 멀지 않은 하양河陽에 있었다. 그는 공무에 지장을 주지 않으려고 부모를 뵈러 가지 않았다.

다음날 그가 높은 산에 올라서니 하늘에 흰 구름 하나가 하양 방향으로 가고 있었다. 그는 말채찍을 들어 그 구름을 가리키며 수종에게 말했다. "나의 부모님이 계시는 곳이 바로 이 흰 구름 아래에 있네." 말을 마친 그는 눈물을 흘렸다. 이것이 바로 '흰 구름 밑의 부모님 집'이라는 말이 생기게 된 배경이다.

일대 명신 적인걸 (오른쪽 그림)
적인걸은 남창 사람으로 자는 회영懷英이다. 무측천 집정 시대에 생활했고 정직하고 모략과 결단에 능했다. 법관을 지낼 때 1년에 1만 7000건을 처리해 '평서平恕'란 찬양을 받았다. 인재를 잘 식별해 그가 천거한 장간지·요숭 등이 모두 명신이 됐다. 무측천을 도와 정치 안정과 경제 발전을 추진하였으며, 무삼사武三思의 포기와 이현의 태자 책립에서 무측천을 설득하는 등 큰 사건에서 역량을 발휘했다.

고창 옛 성 유적지 (아래 사진)
신강 투루판시 동남쪽 40km에 위치한다. 총면적은 200만㎡로 위구르 어로 '왕의 성'이란 뜻이다. 현존하는 유적지는 회흘 시대 고창성高昌城의 토대 위에서 확장했고, 원 말기에서 명 초기에 황폐해졌다. 중국 고대 서북 지역 정치·경제·문화 중심지의 하나다. 비단길의 중심으로 중국 고대 서방 세계와 경제 문화 교류를 진행하는 중추였다.

| 세계사 연표 |

687년
피핀이 궁재가 되고, 프랑크 왕국 통치 권력이 다시 통일되었다.

《신당서新唐書·적인걸전狄仁傑傳》
《구당서舊唐書·적인걸전狄仁傑傳》
출전

당나라 구형 묘지

이수李壽(577~630)의 묘는 섬서성 삼원현에 위치한다. 묘용도墓俑道는 돌문을 경계로 해 전후로 구분된다. 돌문 뒤에 구형龜形 묘지墓誌 하나를 배치, 거북의 몸에 채색 금박을 붙이고 양문에 전각으로 '대당 고 사공 상주국 회안정왕 묘지명'을 조각하고 본문은 음각으로 새겼다. 묘에서 333점의 벽화 및 생활용품이 출토됐다.

목마도牧馬圖 (당나라 한간韓幹 그림)

한간은 섬서성 남전 사람으로 당나라 천보 연간 궁정 화가이다. 처음에 조패曹霸를 스승으로 모셨고 후에 인물·말 그림으로 명성을 떨쳤다. 궁중에서 좋은 말을 자세히 관찰해 그렸고, 특수한 기법을 사용했다. '한간은 고기를 그리고 뼈는 그리지 않는다'는 설이 있다. 한간의 인물 소묘는 수염을 먼저 그리고 색을 칠하며, 가늘지만 산만하지 않고 흩어지지만 기세를 잃지 않는다. 옷의 무늬는 철사로 그렸다.

지혜로 혹리와 싸움

무측천이 제위에 오른 후 적인걸은 도성에 소환되어 재상이 됐다. 어느 해 혹리 내준신來俊臣이 적인걸 등 대신 6명이 모반한다고 하며 적인걸을 붙잡아

518~763 당나라

중국사 연표

688년 무측천이 낙양에서 명당明堂을 건설했다. 높이가 294자로 '만상 신궁 萬象神宮'이라 불렀다.

▲ 장설 《양육을 동정산에서 보내며》 시의도 (청나라 석도石濤 그림)
파룽에서 가을날의 동정호를 바라보니 언제나 고독한 봉우리 물 위에 떠 있네. 도를 알았으되 신선은 만날 수가 없고 마음은 호수의 물결처럼 유유히 철렁이네.

엄하게 심문했다. 적인걸은 방 안에 가득 찬 형구를 보고 죄를 인정하지 않으면 죽음을 피할 수 없음을 알았다.

그는 탄식을 하며 말했다. "대주大周 혁명에 만물이 유신이라, 당나라의 구신舊臣은 달갑게 주륙誅戮을 받으리라. 모반은 사실이외다." 당시의 법률에 따르면 1차 심문에서 죄를 승인하면 자수한 것으로 여겨 1등급 감형될 수 있었다. 모반은 죽을죄지만 1등급 감형되면 300리 유배로 죽음을 면할 수 있었다. 적인걸은 바로 이 법률의 빈틈을 보았던 것이다.

내준신은 이들 몇몇 대신을 죽이지 못하게 되자 이들 명의로 쓴 '죽음 감사표'를 위조해 그들 자신이 죄악의 중함을 느껴 세상 살아갈 면목이 없으므로 자살해 죄를 씻을 결심을 했다고 썼다. 적인걸의 모반을 믿지 않았던 무측천은 '죽음 감사표'를 본 후 적인걸을 궁전으로 불러 물었다. "그대는 어찌해 죄를 승인했는가?" 적인걸이 대답했다. "죄를 승인하지 않았으면 신은 이미 그 형구 밑에 죽어 있을 것이옵나이다."

여러 곳의 지방관을 역임한 후 적인걸은 다시 조정에 돌아와 재상이 됐다. 그는 정직하고 경험이 풍부해 무측천의 유능한 신하가 됐다. 무측천은 모든 일에 그의 의견을 청취하면서 그를 '국로國老'라고 존칭했고 조당에 하루도 국로가 없으면 안 된다면서 적인걸의 환향 요구를 거절했다.

3년 후 적인걸이 사망했는데 향년 93세였다. 무측천은 울면서 말했다. "하늘이여! 어찌해 이렇게 일찍 짐의 국로를 빼앗아 가는가!"

발해국의 와당

발해국은 당나라 698년에 건립됐고, 926년에 거란족에게 망했다. 건축 재료는 대부분 석재와 벽돌 기와, 보상 꽃무늬 벽돌, 문자 기와, 연꽃 와당, 각종 유약 기와 등이다.

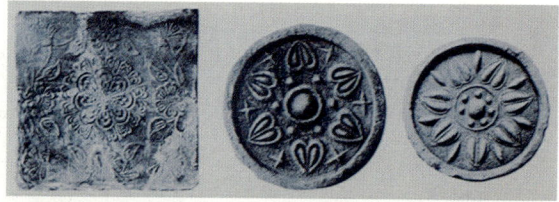

역사문화백과

[무측천의 둘째 아들 이현이 수정한 《후한서後漢書》]

이현은 고종의 6자, 무측천의 둘째 아들로 총명하고 기억력이 뛰어나 고종의 사랑을 받았다. 연이어 노왕·패왕·옹왕으로 책봉됐고 후에 태자로 책봉됐다. 일을 과감히 처리하고 시비를 잘 구분해 사람들의 칭찬을 받았다. 하지만 무측천은 이현을 자신의 등극에 장애가 된다고 여겨 그를 서민으로 폐위해 자살하게 했다. 이현은 현사 유생을 모아 《후한서》를 수정했다.

| 세계사 연표 |

688년 북아프리카 마우스 전쟁에서 아랍 군대의 우두머리가 베르베르 민족 두령을 죽였다.

067

《신당서新唐書·서유공전徐有功傳》
《구당서舊唐書·서유공전徐有功傳》

출전

법에 의한 판결

공평하게 법을 집행하다

무측천 집정 시 혹리가 횡행했지만 법관 서유공徐有功은 목숨을 걸고 법을 바르게 집행했다.

선비 가문에서 출생한 서유공은 과거 시험을 거쳐 벼슬에 올랐으며 그의 관직은 대부분 법률과 관계된 것이었다.

그가 포주蒲州에서 사법 참군을 지낼 때는 단 한 건의 사형도 언도한 적이 없었고, 곤장을 치는 형벌도 매우 적어 백성은 모두 서 참군의 심판에 대해 조금의 원망도 없다고 말했다.

서유공이 중앙 사법 부서에서 근무할 때 무측천과 충돌이 생겼다. 누군가 이전에 모반으로 처리된 자의 공범으로 고발한 자를 혹리 내준신來俊臣이 사형으로 판결했다. 서유공은 이를 기각하고 대사령을 반포해 이 사람은 죄가 있다 하더라도 이미 사면됐다고 말했다. 조회 시 그가 나서서 그 사건을 상주하자 이미 내준신의 보고를 받은 무측천이 그를 호되게 질책했다.

"그자가 주범이 아니란 말인가?" 서유공이 말했다. "사건 유관 조서에 주범은 이미 일망타진했다고 썼으므로 그는 공범에 불과하며 대사령에 의해 동범은 사면해야 하나이다." 무측천이 다시 말했다. "그러면 그가 어찌해 모반한 자와 연락하며 무기를 수매한단 말인가?" 서유공이 말했다. "편지에는 모반에 관한 말이 없나이다. 무기는 그의 가노가 산 것으로 그와는 관계가 없나이다." 문무백관과 시위들이 놀라서 아무 말도 못했지만 서유공은 태연하게 그 일을 설명했다. 무측천은 서유공이 담력이 있다고 여기며 마침내 명을 거두고 그 건의에 동의했다.

장려한 건릉 전경

건릉은 당나라 제3대 황제 고종 이치와 황후 무측천의 합장 능묘로 섬서성 건현 성북 6km, 해발 1047.5m의 양산梁山에 위치한다. 건릉 주위는 40km에 헌전·편방·회랑·누각 등 건물이 있으며, 화표華表(능 앞에 조각한 돌기둥)·익마翼馬(유니콘)·타조·돌사람·돌사자·61존 빈왕상賓王像 등 진귀한 능묘 석각이 있다. 태자·공주·왕공대신 등 17개소의 동반 묘가 있다.

518~763 당나라

| 중국사 연표 |

690년

무측천이 친히 공사貢士의 대책을 문의했다. 과거의 전시殿試가 이로부터 시작되었다. 당나라를 주周나라로 고치고 자칭 성신 황제로 칭하고 연호를 천수天授라 고쳤다.

건릉 석옹중
검을 들고 건릉 신도 동쪽에 서 있는 석옹중石翁仲.

건릉의 석조상
건릉은 당나라 3대 황제 고종 이치와 황후 무측천(동시에 유일한 여황의 능원)의 능원이다 그림의 석조상은 고종 장례에 참가한 중국 소수민족 두령 및 우호 국가 사신(모두 61개)이다.

죽음으로 법을 수호

서유공은 후에 형부시랑으로 진급했는데 사건 재심 시 늘 혹리와 충돌이 생겼다. 혹리 설계창薛季昶은 그가 모반 중죄범을 비호하므로 사형에 처해야 한다고 고소했다. 그는 업무를 마무리한 후 어사대에 심문을 받으러 갔는데 무측천은 관대함을 표시하기 위해 그를 파직했다.

무측천은 몇 달 후 서유공을 소환, 어사대 시어사에 임명해 직접 황제에게 보고하고 황제가 나눠주는 사건을 처리하게 했다. 서유공은 부임하자마자 사법 심판 권력을 각 사법 기관에 교부하고 어사를 직접 파견해 정찰·예심하지 말도록 요청했다.

서유공은 조정의 사법 부서에서 10여 년 임직했는데 혹리가 횡행하는 환경에서 수백 건의 억울한 사건을 시정, 혹리들에게 세 차례나 죽을죄로 고소당하고 여러 차례 파직되었다. 하지만 복직되기만 하면 여전히 엄격히 법을 집행하곤 했다.

한번은 무측천이 그를 불러 질책했다. "그대는 왜 항상 감형(유죄를 무죄로, 중죄를 경죄로 판결하면 당시 법률에 의해 같은 죄를 당하게 됨)을 하는가?" 그러자 서유공이 대답했다. "감형은 신의 작은 과오이고, 생을 좋아함은 성인의 큰 덕이옵나이다." 이에 무측천은 그를 매우 존중했고 혹리의 모함으로부터 여러 차례 그를 보호했다.

성당 석각 예술의 모범 – 건릉 묘지 사기 제어 석수石獸(돌짐승)
건릉은 당나라 황릉 매장 제도의 전형으로 규모가 웅대하고 화려하며 석각 수량이 가장 많다. 이 천마는 웅대하고 생동감 있으며, 네 굽을 딛고 견실하게 서 있다. 뛰어난 조각 기술로 당나라 석각 기예를 과시했다.

| 세계사 연표 |

690년 아랍인이 아랍 어로 페르시아 어와 그리스 어를 대체해 공식 언어로 규정했다. 일본 덴무天武 천황의 처가 즉위, 지토持統 천황이라 불렀다.

068

《신당서新唐書·소미도전蘇味道傳》 출전

태도가 애매한 재상

소미도蘇味道는 무측천 집정 시 직위만 보전하려 한 전형적인 인물이다.

'소 애매' 재상

소미도는 재상이자 문학가로서 명성이 드높았지만 '소 애매'란 별호를 가졌고 '모호 재상'이라 불리기도 했다. 그가 왜 이런 별명을 갖게 됐는가?

소미도는 조주趙州 사람으로 어려서부터 무척 총명했고, 9세에 멋진 문장을 써내 신동으로 불렸다. 그는 시인 이교李嶠와 동향으로 사람들은 그 둘을 '소이蘇李'라 불렀으며, 후에 최융崔融·두심언杜審言과 합쳐 '문장 4우友'라고 불렀다.

한번은 무측천이 적인걸狄仁傑에게 재능 있는 관원을 천거하라고 하자 적인걸이 대답했다. "문장을 잘 쓰는 사람으로는 소미도와 이교가 알맞고, 재상으로는 장간지張柬之라야 되나이다."

소미도의 처세술

소미도는 문재가 뛰어났지만 겁이 많아 몸을 사렸다.

당시 무측천은 삭원례索元禮·주흥·내준신 등 혹리를 등용해 조정 대신은 저마다 위험을 느끼고 있었는데 재상 소미도는 무슨 일에서든 애매한 태도를 취했다. 당시 이덕소李悳昭라는 내사內史가 무측천의 신임을 믿고 우쭐거렸는데 소미도는 이덕소 편에 서면 무사하리라 여겨 이덕소에게 잘 보이며 친하게 지냈다. 그런데 이덕소가 죄가 많아 처분을 받고 소미도도 그와 친밀하다 해서 집주集州 자사로 좌천됐다. 소미도는 재수가 없다고 투덜거렸지만 자신의 문장력과 처세술을 믿고 때를 기다렸다.

과연 얼마 후 무측천이 그를 소환해 복직시켰다. 이에 소미도는 자신의 처세 철학을 더욱 믿게 되었는데

518~763

당나라

다성 육우 (위 그림)
육우陸羽(733~약 804)는 자가 홍점鴻漸이고 별호가 경릉자·동강자다. 복주復州 경릉竟陵, 지금의 호북성 천문시 사람이다. 매우 총명해 9세에 문장을 지었다. 22세부터 산수를 답사하며 차를 연구했다. 상원 원년(760)에 호주湖州에 이르러 저술, 10여 년 후 백과전서식의 《다경》을 완성했다. 이는 세계 최초의 차 전문 서적으로 국내외 차 애호가들에 의해 널리 유포됐다. 육우도 이로 인해 다성茶聖·다선茶仙으로 불렸다. 이 그림은 《역대명신상해》에 실려 있다.

육우팽다도陸羽烹茶圖 (명나라 문징명文徵明 그림)

당나라 고종이 그 모친 장손 황후의 명복을 기원해 지은 것이다

| 중국사 연표 |

691년 불교를 도교의 위로 승급했다.

정밀한 차 맷돌
중국인은 한나라 시대부터 차를 마셨으며 당나라에 와서는 이미 문화를 형성해 차 가공 조리 도구를 만들었다. 사진은 섬서성 서안 법문사 지하궁전에서 출토된 당나라 시대의 금박 기러기 구름무늬 은제 차 맷돌이다.

애석하게도 몇 년 못 가 장석張錫과 함께 또 범죄에 연루되었다.

장석은 평소처럼 말을 타고 감옥에 도착해 옥중에서 먹고 마시고 변함이 없었지만 소미도는 걸어서 옥에 들어가 고기는 입에도 대지 않고 침통하게 속죄하는 모습을 보였다. 무측천은 이 소식을 듣고 그를 재상에 복직시켰고, 장석은 영남에 유배했다.

애매모호한 태도

소미도가 벼슬길에서 수차 우여곡절을 겪으면서도 복직되자 주변의 사람들은 늘 그의 비결을 알아내려 했다.

어느 날 저녁 그의 제자 하나가 찾아와 공손히 절하면서 말했다. "한 가지 청이 있습니다." 소미도가 무슨 일인지 묻자 제자가 말했다. "벼슬의 도리를 가르쳐주십시오." 이에 소미도는 한참 생각하더니 천천히 일어나서 의자를 만지며 물었다. "내가 지금 무엇을 만지고 있는가?" 제자는 주저하며 대답했다. "의자의 모서리를 만지고 있습니다." 소미도는 탄식하더니 계속 말했다. "그대 기억하게. 사람이나 일에 대해 분명한 결단을 내리지 말고 모서리의 양쪽을 모두 손에 쥐고 있어야 불패의 지위에 설 수 있네." 제자는 그제야 깨달은 듯 감사를 드렸다.

조정의 동료들은 소미도를 많이 비난했는데 그의 이 고론이 전해지자 그에게 '소 애매'라는 별호를 붙였다. '애매모호하다'는 말도 이로부터 유래됐는데 그저 만질 모摸자를 법 모模 자로 바꿔 썼을 뿐이다.

다신 육우
다신茶神 육우의 자기상이다. 책은 《다경茶經》을 상징하며, 당나라 후기부터 육우를 다신으로 제사 지내는 풍속이 출현했다.

●●● 역사문화백과 ●●●

[육우와 다도]
당나라 육우는 차로 유명한 사람이다. 그가 쓴 《다경茶經》은 차의 기원·채집·생장·가공 과정을 상세히 기술했고 그림까지 첨부해 중국 고대 최초의 차 전문 서적으로 꼽힌다. 또 차 문화를 선양하고 다도를 창립, 물의 감별과 차의 선택, 마시는 환경, 차 용기의 표준, 절차 규범 등에 대해 모두 논술해 일본에서 널리 보급됐다.

역사 시험장 〉 무측천 때 혹리 내준신은 《나직경羅織經》을 지었는데 나직은 무슨 뜻인가?

| 세계사 연표 |

691년 돌로 지은 돔dome 이슬람 사원이 예루살렘에 준공되었다.

069

《대자은사삼장법사전大慈恩寺三藏法師傳》
《구당서舊唐書·승현장전僧玄奘傳》
출전

인도에 명예를 떨치다

현장玄奘이 인도에 도착한 후 불경을 취득한 과정은 과히 전기적이라 할 수 있다.

침착하게 부처를 논함

현장 법사는 속성이 진陳, 원명이 진위陳褘이고, 낙주洛州 언사偃師 사람이다. 젊어서 출가해 각지를 유학했는데 불교 종파가 많아 어디를 따를지 몰랐다. 이에 그는 서방에 가서 진경眞經을 취하려 뜻을 세우고 1만 리 길을 유람해 경을 구해 왔다.

현장 법사는 갖은 고생 끝에 정관 7년(633)에 인도에 도착했다. 당시 인도는 동·남·서·북·중 5부로 분열되어 5천축이라 불렸다. 9월에 현장은 인도의 최고학부인 나란타那爛陀사에 들어갔는데, 사원에 들어서자마자 그는 주지 계현戒賢 법사를 참배했다. 계현

은 이미 100여 세, 대승 불교의 권위자로서 정법장正法藏으로 존칭됐다. 계현은 현장을 보고 무척 기뻐하며 어디에서 왔는지 물었다. 현장이 중국에서 왔다고 하자 그가 목숨을 걸고 먼 길을 왔음을 알기에 감동의 눈물을 흘렸다. 계현의 조카 불발타라佛跋陀羅가 현장을 보고 말했다. "정법장께서는 3년 전부터 병이 위중하셨지만 대법을 인연 있는 사람에게 전하려고 병마를 이겨 내고 오늘에 이르렀는데 이 인연이 법사에게 맺어지

불경을 구하기 위해 고난을 겪다 (오른쪽 그림)
현장은 당나라의 저명한 승려로 속세의 이름은 진陳이다. 법상종의 창시자이며 삼장 법사로 통칭한다. 학식이 깊고 이설도 연구했다. 불교 교리를 추구하기 위해 정관 원년(627)에 서행, 십수 년간 138개국을 거쳐 서아시아·남아시아 5천축을 다 돌며 대승 교의를 선전해 인도에서 명성을 떨쳤다. 정관 19년(645)에 불전 657부를 가지고 장안에 귀환해 태종에게 고도의 예우를 받았다. 그는 또 《노자老子》, 《대승기신론大乘起信論》 등을 범문으로 번역해 인도에 전파했다.

당나라 삼장 고향 - 하남 언사 (아래 사진)
현장은 속칭 '당승'이라고도 한다. 하남성 언사시 진촌은 현장의 고향으로 현장이 출가한 당승사唐僧寺와 현장과 그 선조의 영총塋塚 등이 있으며, 현장에 관한 전설과 경을 가지러 인도에 간 수많은 이야기가 전해지고 있다.

518~763 당나라

나직이란 죄명을 꾸며 무고한 자를 박해함을 가리킨다

| 중국사 연표 |

694년
무측천이 월고 금륜 성무越古金輪聖武 황제로 칭했다.

는가 봅니다." 이 말을 들은 현장은 슬픔과 기쁨이 뒤섞여 계속 예를 올리며 감사를 드렸다.

나란타 사원은 학습 분위기가 무르익어 매일 100여 강좌가 있고 자유 변론을 허용했다.

어느 날 수업을 마친 계현은 현장에게 강의를 하게 하고 그에게 고위급 제자 사자광師子光와 변론하게 했다. 사자광은 강의 중 일부 경전을 비판했는데 현장은 이는 경전의 문제가 아니라 그의 이해가 잘못됐다고 말했다. 반복적인 토론을 거치자 사자광은 할 말이 없어졌고 많은 청중이 모두 현장을 옹호했다. 계현은 현장을 몹시 찬양하며 그가 쓴 《회종론會宗論》을 높게 평가했다.

현장의 서행 경과 국가 및 지역 (위 그림)
현장의 서행 노선은 장안을 출발해 보계·난주·옥문관을 거쳐 신강 진입, 천산·히말라야산·흑령 등 대산맥을 지나 인도에 들어갔다. 그는 수많은 고초를 이겨낸 끝에 정과正果를 얻었다.

현장취경회장안도玄獎取經回長安圖
이 그림은 현장이 경전을 얻어 장안으로 귀환하는 장면을 생생하게 묘사했다. 당나라 정관 19년 정월 25일, 백성들이 길거리로 나와 영예를 안고 돌아온 이 고승을 환영했다.

| 세계사 연표 |

694년 신라 왕의 동생 김인문金仁問이 당나라에서 죽었다. 김인문은 중국에 22년간 체류하면서 당나라 고위급 관직을 역임했다.

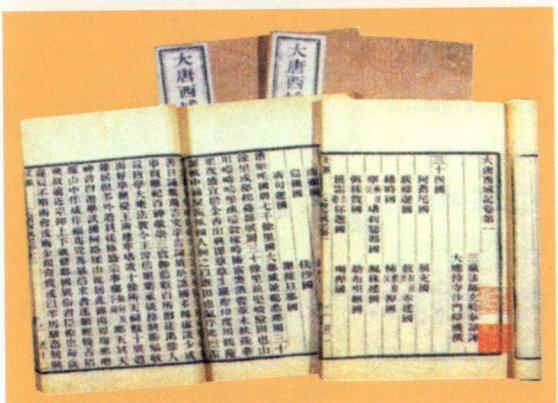

현장이 서천에 가서 경을 얻다

현장은 장안 대자은사 승려로 629년에 장안을 출발해 마침내 천축에 도달했다. 645년에 불경 600여 부를 가지고 10여 년 이별한 장안에 귀환해 정착했다. 일심으로 불경을 번역하고 제자와 함께 《대당 서역기大唐西域記》를 편찬했다. 위 그림은 돈황 석굴 벽화 〈현장 서행 구법도〉이고 아래 사진은 《대당 서역기》 인쇄본이다.

논쟁으로 생사를 정함

현장이 인도에 있는 동안은 바로 계일왕戒日王의 재위 시기인데 그는 영주이자 나란타 사원의 호법이었다. 불교는 대승·소승 2파로 구분되는데 두 파는 늘 서로 공격했다. 한번은 계일왕이 소승교가 성행하는 조도국烏茶國을 지나는데 소승파 승려가 그 앞에서 대승파를 공격하며 소승파 대사가 쓴 《파대승론破大乘

論》을 주며 말했다. "이 이론은 본종의 사상을 대표하며 대승파 이론을 완전히 격파할 수 있습니다." 계일왕이 그에게 차가운 어조로 대승에 대해 제대로 알고 있는지 묻자 모욕을 당한 소승파 승려가 결판을 내자며 두 파의 변론을 요구했다. 계일왕은 즉시 사람을 조도국에 파견해 소승파와 변론하도록 계현에게 편지를 썼고, 계현은 사자광·해혜海慧·지광智光·현장 네 제자를 파견하기로 했다. 그런데 그때 또 한 가지 일이 발생했다. 한 브라만 교도가 40조 논강을 써서 나란타 사원의 대문에 걸어놓고 누가 한 조목이라도 해석하면 자기의 머리를 가지라고 했다. 이 40조 논강은 법리가 심오해 사원의 승려들은 모두 그 기원을 알지 못했다. 며칠이 지나도 나서는 자가 없자 그 브라만 교도는 미친 듯이 웃으며 말했다. "나란타 사원이 인도의 최고학부라더니 허울뿐이었군."

현장은 며칠간 방에서 조도국 행차를 준비하느라 사원 대문의 일은 전혀 모르고 있었다. 이날 사원 밖이 몹시 시끄러워 나가 보니 바로 그 브라만 교도가 떠들고 있었다. 현장은 40조 논강을 두루 훑어보고 나서 종이를 뜯어 냈다.

그 교도가 노해서 소리를 질렀다. "그대는 누구이길래 이렇게 무례하단 말인가?" 현장이 말했다. "소승은 중국 승려 현장입니다." 그 교도가 현장을 위협하며 말했다. "그대가 재주가 있으면 나와 변론하세, 이 변론에서 지면 목이 달아난다는 걸 알아 두게."

●●● 역사문화백과 ●●●

[현장과 《대당 서역기》]

현장은 장안에 도착한 후 불경을 번역하는 외에 제자와 함께 유학 경력과 견문을 기록한 《대당 서역기大唐西域記》 12권을 편찬했다. 이 책은 남아시아 및 중앙아시아 100여 개 고국古國의 역사·지리·교통·물산·풍속·종교·문화·정치·경제 등 상황을 기록, 중국과 서양의 교통사 및 남아시아·중앙아시아 사회역사를 연구하는 진귀한 문헌으로 꼽힌다.

518~763 당나라

국부인國夫人 209

| 중국사 연표 |

695년 승려 회의懷義가 대불상·명당을 제작, 무삼사武三思가 천추天樞를 제작했다.

현장이 뭇사람 앞에서 그 40조 논강을 모두 해석하자 브라만 교도가 일어나서 사죄하며 말했다. "제가 졌습니다. 법사께서 저의 머리를 떼십시오." 현장이 웃으면서 말했다. "부처님께서 자비하시니 승려는 살생하지 않습니다."

불교의 나라에서 영예를 떨친 현장

현장은 소승불교의 《파대승론》을 연구하면서 이해가 되지 않는 몇 가지가 있었다. 마침 그 브라만 교도가 이 이론에 대해 매우 익숙해 그의 해설을 들은 후 현장은 《제악견론制惡見論》을 써냈다. 계현이 흥분해서 말했다. "우리 사원에서 사람이 갈 필요 없이 이 이론을 보내기만 하면 되겠네." 과연 조도국 소승파 승려들은 이 이론을 보자 대경실색했다. 그들은 대승파에 이런 고승이 있는 줄은 몰랐던 것이다.

계일왕은 대승불교의 교의를 선양하기 위해 곡녀성曲女城에서 18일간 학술 변론대회를 소집했다.

641년에 대회가 개막됐는데 계일왕은 현장에게 장엄한 법단의 칠보연좌에 올라 논주論主를 담임하게 한 동시에 《제악견론》을 내걸고 누구든지 한 글자라도 고칠 수 있으면 주장이 머리를 잘라 사죄하겠다고 선포했다. 18일이 지났으나 누구도 이를 고치지 못했고 대회는 원만히 폐막됐다.

이에 현장은 5인도에서 영예를 떨쳤고 대소 2승은 각각 '대승천大乘天'과 '해탈천解脫天'의 존호를 증송했다.

경을 싣고 귀환

정관 17년(643)에 현장은 경전 불상을 가득 싣고 귀국했다. 현장은 여름이 되기 전 우전于闐에 도착해 당지 국왕에게 불법을 강의했다. 동시에 당나라 조정에 자신의 경력을 보고하고 현장을 어기고 사사로이 천축에 간 자신의 죄의 사면을 청구했다.

당나라 태종은 현장의 상주서를 보자 영예를 싣고 돌아온 이 유학 승려에게 매우 관심을 보이며, 즉시 영을 내려 각지 관원들이 연도에서 영접하게 했다.

현장은 정관 19년(645) 정월에 장안에 돌아와 10여 만 군중의 가두 환영을 받았다. 이후 그는 장안의 홍복사弘福寺·자은사慈恩寺에서 불교 경전을 번역하다가 당나라 고종 인덕 원년(664)에 원적했다.

서유西游 고승 현장 법사의 영탑 (섬서 서안)
664년에 현장 법사가 원적한 후 백록원白鹿原에 안장됐다. 고종 2년(669)에 번천樊川 풍서원風栖原으로 이장해 5층 영탑靈塔을 세우고, 이듬해 탑에 의해 사원을 건설했다. 당나라 숙종이 '흥교興敎'2자를 제사한 후 흥교사로 명명, 흥교사탑은 일명 현장 영탑이다. 구조가 적당하고 조형이 장중하며, 초기 누각식 탑의 전형으로 꼽힌다.

695년 | 세계사 연표 |
아랍과 동로마의 전쟁이 또 벌어졌다.

070

《구당서舊唐書·혜능전慧能傳》
《구당서舊唐書·신수전神秀傳》 출전

6조 혜능

선종의 돈오頓悟 법문은 중국인이 창립한 종파로 그 창시자는 바로 혜능慧能이다.

남북의 구분이 없는 불성

남조 시대 달마達摩라는 인도 승려가 중국에 와서 하남 숭산 소림사에서 수행했다. 그는 중국 불교 선종의 창시자로 인정돼 선종 시조로 존숭됐으며, 당나라 홍인弘忍 대사에 이르러 제5대, 즉 선종 5조가 됐다. 홍인은 불학에 정통해 제자가 장강 남북에 가득했는데, 그중 특출한 신수神秀를 '교수사敎授師'로 임명해 늘 승려나 백성에게 강의하게 했다.

어느 날 옷이 남루한 젊은이가 사원에 찾아와 홍인을 스승으로 모시려 했다. 홍인이 물었다. "그대는 어디에서 왔는가?" 젊은이가 대답했다. "영남에서 왔습니다." 홍인은 또 물었다. "그대는 나에게서 무엇을 구하려 하는가?" 젊은이가 경건하게 대답했다. "다만 부처가 되려 할 뿐입니다." 홍인은 웃으면서 말했다. 영남은 편벽한 고장인데 그대처럼 산골 사람도 불성佛性이 있겠는가?" 젊은이가 다시 공경스럽게 대답했다. "땅은 남북의 구분이 있지만 불성은 남북의 구분이 없고 상하의 구분도 없습니다."

이 말을 들은 홍인은 놀라며 그에게 지혜의 뿌리가 있다고 생각했다. 홍인은 등급 관념이 엄함을 고려해 내색하지 않고 말했다. "헛소리 하지 말라, 무슨 일을 할 줄 아는가?" 젊은이가 대답했다. "저는 쌀을 찧을 줄 압니다." 그러자 홍인은 두 눈을 감고 말했다. "그러면 방앗간에 가서 쌀을 찧어라!"

518~763 당나라

6조절죽도六祖截竹圖 (송나라 양해梁楷 그림)
6조 혜능이 참대를 쪼갠 이야기를 묘사한 그림이다. 혜능의 속성은 노盧로 본래 나무꾼이며 선종 남종南宗의 창시자다. 혜능은 한 손에 칼, 한 손에 대를 들고 있다. 생동감 있는 선으로 혜능의 경력을 잘 표현했다. 화법이 경건 간결하며 기세가 비범해 저자의 간필簡筆 가작으로 꼽힌다.

혜능 육신상
혜능慧能(638~713)은 불교 선종 남종의 창시자다. 사진은 광동 소관 남화사 안 혜능의 육신상이다.

무측천 211

697년

| 중국사 연표 |

요숭姚崇이 무측천을 보고 "모반이란 모두 주흥周興 등이 만들어낸 억울한 사건"이라고 말했다.

5조재래도五祖再來圖 (원나라 인타라因陀羅 그림)
당나라 무덕 7년(624)에 선종했다. 기주로 귀환해 파두산(기주 황매현 쌍봉산)에 체류했다. 황매현으로 가는 길에 생김새가 기이한 한 어린아이를 보고 "성이 뭐냐?"고 묻자 어린아이는 "성은 있으나 상성常性은 아닙니다"라고 대답했다. '무슨 성이냐?' "성은 비었으므로 없습니다." 4조祖는 이 아이가 전생의 인연임을 알고 제자로 받아 후에 법의를 넘겨주었다. 그가 바로 훗날의 선종 5조 홍인 대사다.

이슬람 성묘
복건 천주泉州 동쪽 외령산 남쪽 기슭에 위치하고 있다. 《민서閩書》에 의하면 당나라 무덕 연간(618~626)에 마호메트의 교도 4명이 중국에 와서 전교했는데 그중 3현 사갈자沙渴儲와 4현 아고사我高仕 두 사람이 천주泉州에서 전교했다. 나중에 이 산에 안장했는데 여러 차례 영검함을 보여 영산 성묘聖墓라 불렀다. 이 묘는 현존하는 이슬람교 최초의 가장 완전한 성적聖跡의 하나다.

나무꾼 출신의 승려

이 젊은이가 바로 훗날의 혜능慧能 대사다. 그는 본성이 노盧씨로 영남에 거주했으며, 부친을 일찍 여의고 나무를 해 생계를 유지했으며 일자무식이었다.

하루는 그가 객점에 나무를 지고 갔는데 어떤 사람이 문 앞에서 경서를 읽고 있었다. 다가가서 한참 경을 들으니 깨달음이 깊어 물었다. "손님, 이건 무슨 경인지요?" 손님이 대답했다. "《금강경》이오." 그가 또 물었다. "이런 책은 어디서 구하는가요?" 손님은 그의 표정이 진지함을 보고 말했다. "경을 읽는 소리에 이렇게 관심을 보이면서 어찌해 호북 황매 파두산의 홍인 대사를 찾아가지 않는가?" 젊은이가 침울하게 말했다. "제가 가면 노모를 누가 부양하겠습니까?"

손님은 은전 열 냥을 꺼내 그에게 주며 말했다. "이 은전 열 냥을 가져다 모친께 생활비로 드리고 바로 홍인 대사를 스승으로 모시게." 젊은이는 너무 기뻐 감사를 표한 후 노모에게 돈을 드리고 즉시 황매산으로 떠났다.

그는 동산사東山寺에 거주하며 하루 종일 쌀을 찧고 시간만 있으면 경을 배우고 강의를 들으며 부지런히 수행했다.

불법을 깨우친 혜능

하루는 홍인이 제자들에게 선포했다. "'게偈'를 하나씩 써라. 불법의 대의를 깨우친 사람에게 나는 의발衣鉢(스승이 제자에게 주는 가사와 바라)을 넘겨주어, 그를 선종 6세 계승자로 세울 것이다." 대사의 후계자로 적격이라 여겨지던 신수神秀가 게를 썼는데 잘 되지 않자 밤중에 벽에 써놓고 이름을 남기지 않았다. "몸은 보리수요, 마음은 밝은 경대라. 먼지가 앉지 못하도록 수시로 부지런히 닦을지어라."

| 세계사 연표 |

697년 일본 분부文武 천황이 즉위, 지토持統 천황을 대상황이라 불렀다.

당나라 불교 8종宗

8종 명칭	별칭	의미 또는 경전 기초	천축 연원	중국 창시자
율종	남산율종	《4분율四分律》 명명	우파리	당나라 도선道宣
삼론종		《중론中論》·《백론百論》·《12문론十二門論》 명명	용수 제파	수나라 길장吉藏
천태종	법화종	《묘법연화경妙法蓮華經》 명명. 지의 천태 거주	용수	수나라 지의智顗
법상종	유식종 자은종	제법 체상 명시, 명명. 만법 유식 주장. 현장·규기 대자은사 거주, 명명	무착 및 세친	당나라 현장玄奘, 규기窺基
밀종	진언종	비밀 진언 수행, 명명	용수	당나라 선무외금강지불공
정토종		정토 왕생, 명명		당나라 선도善導
화엄종	현수종	《대방광불화엄경大方廣佛華嚴經》 명명. 법장의 자 현수		수나라 법순, 당나라 법장
선종	심종 능가종	선나 명명. 이심 전심, 명명. 《능가경》 전수, 명명		당나라 혜능

518~763 당나라

신수가 쓴 것임을 알아본 홍인은 그를 불러다 말했다. "너는 아직 불경에 들지 못했으니 다시 생각하고 하나 더 써라." 무명 소승이라 이 일이 자신과는 상관없다고 여기던 혜능은 누군가 벽 앞에서 신수가 쓴 게를 읽는 소리를 들었다. 신수가 말한 내용은 부처가 되는 방법일 뿐 그 경계가 아직 높지 못했다. 혜능이 그 사람에게 말했다. "나도 게를 하나 생각했는데 나 대신 벽에 써 주구려."

벽에는 또 하나의 게가 쓰여졌다. "보리는 본래 나무가 없고, 밝은 거울도 대가 없느니라. 본래는 아무런 물건도 없는데 속세의 먼지가 어디에 앉으리오."

이 게가 발표되자 온 사원은 진동했다. 홍인은 혜능이 불법을 투철히 깨우쳤음을 알고 속으로 크게 기뻐했다. 이튿날 저녁 홍인은 세대로 전해오는 법의를 혜능에게 벗어주었다. 홍인은 누군가 질투해 혜능을 해칠까 봐 그에게 즉시 남방으로 갔다가 10년 후 다시 나와 불법을 선양하라고 했다.

바람의 움직임은 마음의 움직임

혜능은 영남에 여러 해 은거하면서 도처로 유랑했는데 광주 법성사에 도착한 그는 두 승려가 주고받는 소리를 들었다. "바람이 부니 기가 날린다." 다른 한 승려가 말했다. "기가 움직이면서 바람이 부는 것을 알게 된다." 혜능이 옆에서 말했다. "기나 바람이 움직이는 게 아니라 인자仁者는 마음이 움직입니다."

법성사 인종印宗 법사는 의복이 남루하고 고명한 견해를 가진 그와 이야기를 나누면서 그의 비범함을 발견해 물었다. "불법은 남에 온 지 15년이 되는데 혹여 행자가 아니십니까?" 혜능은 두 손을 모으며 말했다. "천만의 말씀입니다. 바로 소승입니다." 인종 법사는 즉시 고승에게 그의 머리를 깎게 하고 출가 의식을 치른 후 정식으로 그를 선종 6조로 즉위하게 했다. 이해에 그는 이미 39세였다.

후에 혜능은 소관韶關에 이르러 보림사 주지로 수십 년을 전교했는데 이를 '남종南宗'이라 하고, 신수는 북방에서 전교해 이를 '북종北宗'이라 한다.

역사문화백과

[선종]

선종禪宗은 중국 불교의 가장 중요한 교파의 하나다. 인도 승려 보리 달마를 시조로 존숭한다. 6세 도손 신수와 혜능은 남북 2종으로 분립하고 후에 남종 혜능이 선종의 정종이 된다. 이 교파는 책과 경을 읽지 말고 문자를 수립하지 말고 수행을 하지 않아도 부처가 될 수 있다고 주장했다. 혜능은 본파 경전인 《6조단경六祖壇經》을 저술했고 선종의 실제 창시자다.

| 중국사 연표 |

698년

고구려의 유민 대조영大祚榮이 발해국을 창립해 처음에 진국震國이라 불렀다.

071

제2차 현무문 정변

당나라의 오랜 대신들은 무측천 임종 시 현무문에서 정변을 일으켜 당나라의 국호를 회복했다.

만년의 총신

무측천이 황제의 자리에 올랐지만 많은 대신들은 여전히 그를 태후로만 인정하며 당나라 천하를 회복하려고 애썼다.

그들은 무측천 신변의 총신 장창종張昌宗·장역지張易之 형제를 공격의 대상으로 삼았다. 장씨 형제는 무측천의 특별한 은총을 믿고 조정에서 횡포를 부리며 무측천 사후에 등극할 궁리까지 했다.

장안 4년(704)에 81세가 된 무측천은 몸져누웠고, 장창종·장역지 형제는 하루 종일 장생전에서 그녀를 돌보았다.

대신 최현위崔玄暐가 무측천에게 말했다. "태자께서 폐하를 돌볼 수 있으니 궁에 다른 사람의 출입을 금하는 곳이 좋나이다." 무측천은 최현위가 장씨 형제를 가리킴을 알고 있었지만 그들의 불량한 뜻을 믿지 않았기에 이 의견을 받아들이지 않았다.

화를 초래한 두 장씨

장창종 형제도 최현위의 뜻을 알고 세력을 모아 방비하려 했는데, 바로 그때 낙양성에 장창종 형제가 모

동적 감각이 뛰어난 기마인 (벽화)
섬서성 건현의 이현 묘 벽화로 조형과 색채 등이 당나라 풍격이다. 사람과 말의 관계를 동적으로 표현했으며 화필이 대담하다.

반하려 한다는 소문이 돌았다. 놀란 장창종은 급히 점쟁이 이홍태李弘泰를 불러 점을 치게 했다. 이홍태는 장창종이 천자의 상을 타고났다고 하면서 불사佛寺를 세워 천하 사람들의 옹호를 받으라 했다. 안심이 된 장창종은 불사 건설을 준비했는데 그는 자기의 모든 행동이 뭇 대신의 감시하에 있는 줄은 몰랐다.

대신 양원사楊元嗣가 즉시 무측천에게 이 일을 고발했고, 무측천은 위승경韋承慶·최신경崔神慶·송경宋璟에게 이 사건을 심리하게 했다. 장창종과 한패인 위·최 두 사람은 장창종을 변호해 무측천에게 고했다.

"장창종이 이미 자수했으니 다시 죄를 물을 필요가 없고, 이홍태는 요언으로 대중을 미혹시켰으니 처형해야 하옵나이다." 이에 송경이 반대하며 말했다. "장창종이 이홍태를 관아에 보내 처리하지 않은 것은 나쁜 마음을 가진 것이니 그를 법률에 의해 처형하고 가족을 멸해야 하옵나이다." 이옹李邕도 뒤이어 국가 안위에 관계된 일이니 현명하게 판단하라고 간했지만 무측천은 여전히 태도를 표시하지 않았다.

대신들이 계속 장창종 처형을 요구하자 무측천은 못 이기는 척 장창종에게 어사대에 가서 심사를 받게 했다. 송경 등이 그를 즉시 심문했지만 심문이 시작되자마자 무측천은 장창종을 사면했다.

피로 물든 현무문

이듬해에 무측천의 병은 더 위중해졌다. 재상 장간지張柬之는 시기가 왔음을 알고 최현위·경휘敬暉·

| 세계사 연표 |

698년 아랍이 카르타고를 공략했다. 북아프리카에서 동로마 세력이 근절되었다.

《자치통감資治通鑑》· 당측천후장안武天后長安 4년

정숙한 시녀
섬서성 건현의 당나라 영태 공주 묘 벽화의 시녀의 모습이다.

당나라 소릉 벽화의 시녀
소릉은 당나라 제2대 황제 이세민의 능묘로 당나라 18릉 중 최대 규모다. 출토된 대량의 벽화는 색깔이 화려하다. 벽화 내용은 귀족의 생활이 주이고, 행차·가무·유희·시녀·신하 등을 표현했다.

환언범 등과 의논한 다음 궁정을 호위하는 우림위 대장군 이다조李多祚에게 찾아가 그의 도움을 청했다.

환언범과 경휘는 태자에게 장씨 형제를 주살하도록 요구하자 태자가 동의했다.

거사 날 장간지 등이 군사를 거느리고 현무문으로 쳐들어가 장씨 형제를 주살했다. 밖이 소란스럽자 무측천이 놀라 묻자, "장창종 형제가 모반해 신 등이 태자의 명을 받들어 주살했나이다." 하며 태자와 장간지·환언범 등이 안으로 들어섰다. 이를 본 무측천은 화를 누르며 태자에게 말했다. "그 두 놈을 죽였으면 그대는 빨리 동궁으로 돌아가게!" 태자가 대답하기도 전에 환언범이 나서서 아뢰었다. "태자께서 어찌 다시 동궁으로 돌아가시겠나이까. 선제께서는 태자를 폐하께 맡기셨고 태자는 그것을 오랫동안 기다렸나이다. 폐하께서 태자에게 제위를 넘겨주셔서 천의에 순종하시옵소서." 무측천은 자신이 정세를 통제할 수 없음을 알고 눈물을 흘렸다.

며칠 후 무측천은 억지로 태자에게 제위를 물려준다고 선포했고, 이후 태자가 정식 등극해 당나라의 국호를 회복했다. 무측천은 숨을 거두면서 자신의 제호를 취소하고 '측천 대성 황후'의 명의로 장례를 지내도록 선포, 자신이 당나라의 황후이지 대주大周의 개국 황제가 아님을 표했다.

표정이 각각 다른 기수들 (벽화)
이현 묘의 벽화로 기마 수렵 상황을 묘사했다. 말이 질주하고 인물의 형체·표정이 각각 다르다.

700년

| 세계사 연표 |

일본이 화장火葬을 실시하기 시작했다.

허리에 칼을 찬 병사 (벽화)
이현 묘의 벽화로 한 무리의 병사 모습인데, 허리에 칼을 차고 갑옷을 입지 않았다. 선이 간결·유창하다.

| 중국사 연표 |

700년 무측천이 장생약長生藥을 복용, 연호를 구시久視라 개칭했다. 양국공梁國公 적인걸(607년생)이 죽었다.

072

시누이 올케의 권력투쟁

무측천의 손녀와 며느리가 무측천의 야심을 모방하려다 비극적인 결말을 보았다.

처를 두려워한 중종

705년, 조정 대신 장간지張柬之 등이 정변을 일으켜 태자 이현李顯을 옹립했는데 그가 당나라 중종이다.

중종은 부친 고종이 죽은 후 한 번 즉위했지만 2개월 후 모친 무측천에 의해 폐위되었다. 그는 여릉왕으로 책봉되어 방주房州로 갔다가 14년 후 다시 태자로 책립, 조정 대신에 의해 즉위한 것이다.

중종은 부친과 마찬가지로 부인을 두려워했다. 그는 당나라 초기에 폐위되어 방주에 있을 때 모친이 파견한 칙사가 올 때마다 긴장해서 자살하려 했다. 그때마다 처 위韋씨가 그를 위로하며 말했다. "인생의 화복은 무상하고 어차피 죽을 텐데 왜 자결을 하려고 하세요.' 처에게 탄복한 중종이 맹세했다. "앞으로 복위하게 된다면 모두 그대의 뜻에 따르리라."

그래서 제위에 오른 뒤 위씨를 황후로 책봉하고 매일 조회 시 황후의 자리를 만들어 함께 조정에 들었다.

사사로이 관직을 제수하다

'사사로이 관직을 제수함'은 정상적인 경로를 통하지 않음을 가리킨다. 당나라 중종 이현 즉위하자 위 황후가 권력을 장악했는데, 그녀의 딸 장락 공주·장녕 공주 등이 권세를 믿고 30만 전을 바치면 누구나 관리로 진급시켰는데 이를 세칭 사봉관斜封官이라 했다. 이 그림은 명나라 간행본 《제감도설》에 실려 있다.

권력을 쥔 귀비와 공주

당나라 중종은 또 상관완아上官婉兒를 첩으로 삼아 후에 소용昭容으로 책봉했다. 상관완아는 상관의上官儀의 딸로 상관의가 모반죄로 피살될 때 강보에 싸여 모친과 함께 노예가 됐다. 그녀는 성장 후 문장으로 이

시중 등불 구경

경운 원년 원소절에 당나라 중종과 위 황후는 평복차림으로 출궁해 거리를 구경했다. 후세 사학자들은 황제의 이런 행동은 신분에 어긋나며 돌발적인 위험이 있고, 궁궐의 규칙을 위반한 것이라고 했다. 이 그림은 명나라 간행본 《제감도설》에 실려 있다.

중국을 말한다

역사 시험장 〉 당나라 사장학辭章學의 표준 독본은 무엇인가?

| 세계사 연표 |

701년 일본이 《대보율령》을 반포 실시, 다이카 개혁에서 실시한 여러 가지 제도를 확인했다.

《신당서新唐書·공주전公主傳》
《구당서舊唐書·후비전后妃傳》 출전

름을 날리고 정사를 잘 처리해 무측천의 환심을 샀다. 당나라 중종도 즉위 후 조서의 기초적인 사무를 완전히 그녀에게 맡겼다. 중종은 작은 딸 안락 공주를 무척 사랑했는데 도성으로 귀환 후 안락 공주와 무삼사武三思의 아들이 결혼했다. 무삼사는 안락 공주의 힘에 의지해 위 황후에게 접근한 후 곧 재상이 돼 당나라 초기에 중종을 옹립한 다섯 대신을 모두 죽였다.

중종 주변의 몇몇 여자들은 재능은 없으면서 야심만은 무측천과 똑같았다. 상관완아는 위 황후에게 무측천처럼 권력을 장악하라고 권고했다. 위 황후는 사람을 매수하기 위해 돈 30만 전에 관직 하나를 내주어 조정은 관직이 넘쳐났다.

안락 공주는 항상 자신이 조서의 기초를 만들면서 내용을 속이고 중종에게 서명해 발부하게 하면서 자신을 '황태녀'로 책봉하도록 중종을 압박했다.

강한 정치 세력을 형성한 태평 공주

위 황후 등과 대립되는 다른 한 여자는 당나라 중종의 여동생 태평 공주로 무측천이 가장 사랑하는 딸이었다.

당년에 토번이 당나라에 화친을 청하며 공주의 출가를 요구했으나 무측천은 딸을 멀리 보내기 싫어 공주를 위해 도교 사원을 짓고 공주가 출가해 도사가 됐다고 선포했다. 후에 설소薛紹를 부마로 선택했으나 설소가 죽은 후 무유기武攸暨에게 개가했다.

역사문화백과

[당나라 관원의 신분증 - 어부 및 어대]

어부魚符는 호부虎符에 해당하며, 고조 이연이 조부 이호李虎의 휘를 피해 개칭했다. 대부분 금은과 동·목제품이며, 위에 글자를 조각하고, 꼭대기에 구멍을 뚫었다. 관원의 군사 통솔과 출정·통신·성문 출입의 증빙이 된다. 어부 주머니를 어대魚袋라 부른다.

중종은 즉위 후 태평 공주가 관청을 설치하도록 허용했다. 그녀는 생활이 어려운 사대부를 구제한 동시에 중종의 동생인 상왕相王 이단李旦과 밀접한 관계를 유지하며 강한 정치 세력을 형성했다. 위 황후는 태평 공주에게 권력을 빼앗길까 봐 암암리에 투쟁을 벌였고, 안락 공주도 그녀를 몹시 질투했다.

경운 원년(710) 6월에 중종은 위 황후의 요리사가 만든 과자를 먹은 후 갑자기 사망했다.

잔혹한 정변

위 황후는 '유서'를 작성해 중종의 유일한 아들 이중무李重茂를 계승자로 지정했는데 그가 당나라 상제殤帝다. 중무는 당시 16세였기 때문에 위 황후는 자연히 '섭정'을 하게 됐다.

위 황후의 수하들은 '개국 공신'이 되려고 도참을 위조해 '위씨가 당나라의 명을 자른다'고 하며 어린 황제와 태평 공주, 상왕 등을 죽이려 했다. 그때 태평 공주의 아들 설숭간薛崇簡은 위위경으로서 도성의 무기를 관장하고 있었다. 위 황후의 음모를 눈치 챈 태평 공주는 상왕의 아들 임치왕臨淄王 이융기李隆基에게 연락했다. 이융기는 만기萬騎, 즉 황제의 수종 기병 및 우림군을 이끌고 거병해 위 황후에게 황제 시해의 죄명을 씌웠다.

병사들이 밤중에 황궁에 진입해 위 황후를 죽였고, 눈썹을 그리고 있던 안락 공주의 목숨도 끊었다. 이융기는 위씨 종족에게도 죄를 물어 많은 사람을 참수시키고 상관완아 역시 그에게 처형당했다.

태평 공주는 다시 입궁해 황제를 위협하며 말했다. "천하를 상왕에게 돌려라. 여긴 너의 자리가 아니다!" 이리해 상왕 이단이 제위에 등극했는데 그가 바로 당나라 예종이다. 그러나 조정의 대권은 실제론 태평 공주의 손에 들어갔다.

| 중국사 연표 |
701년 대시인 이백李白이 탄생(~762)했다.

073

고모와 조카의 암투

당나라 현종은 친족을 살육하고 등극했지만 청명한 정치 국면을 개척했다.

권력을 장악한 황제의 고모

시누이와 올케의 투쟁이 막을 내린 후 태평 공주와 이융기李隆基, 즉 고모 조카의 갈등이 또다시 당나라 궁정의 초점이 됐다.

연약한 상왕相王 이단李旦은 황제가 된 후 재능 있는 여동생을 경외해 태평 공주에게 1만 호를 책봉했다. 그는 항상 그녀와 정사를 상의했으며, 태평 공주가 조회에 나오지 않으면 재상을 태평 공주의 저택에 보내 자문을 받았다. 그는 재상이 상주를 할 때 "이 일은 태평과 의논했는가?" 하고 묻곤 했다.

무측천을 보며 권모술수를 익힌 태평 공주는 동생이 자기 말을 다 들어주자 대권을 독점했고, 이후 그녀의 세력은 점점 더 커졌다.

장자가 아닌 태자

이융기는 당나라 예종의 셋째 아들로 예종 즉위 시 25세였으며 곧 태자로 책립됐다.

태평 공주는 이융기 주변에 야심가들이 집결하는 것을 보고 위협을 느꼈다. 그녀는 장자를 태자로 세워야 한다는 유가 전통을 구실로 삼아 "태자는 장자가 아니므로 책립하지 말아야 한다"고 주장했으나 이융기의 맏형 송왕宋王 이성기李成器는 태자가 되기를 원치 않는다고 선포했다.

이 계책이 실패하자 태평 공주는 사람을 보내 태자의 동향을 살핀 후 불법적인 일이 발견되기만 하면 예종에게 보고하곤 했다. 예종은 태자가 조정에서 파당을 형성한다는 소식을 듣고 몰래 태자소보 위안석韋安石을 불러 정탐하게 했다. 그러나 이융기의 무리인 위안석이 이렇게 대답했다. "폐하께서는 어디서 이런

침향정도 (청나라 원강袁江 그림)
당나라 장안 동남쪽의 흥경방興慶坊은 이융기가 친왕으로 있을 때의 저택이다. 그는 등극 후 이를 궁원으로 확장, 흥경전·대동전·남훈전 등과 같은 화려한 전각을 많이 지었는데 침향정이 그중 하나다. 이백의 저명한 〈청평조淸平調〉는 침향정沉香亭에서 창작했는데 그중 3수는 이렇게 썼다. "명화名花와 경국지색은 서로 좋아하는데 예쁜 그 모습에 군왕은 웃으며 바라보네. 봄바람의 끝없는 한을 풀어주노니 침향정 북쪽에서 난간에 기대이네."

| 세계사 연표 |

703년
아랍인이 북아프리카에 침입, 베르베르 인에 의해 격파되었다.

《신당서新唐書·공주전公主傳》
《자치통감資治通鑑·당예종경운唐叡宗景雲 원년》

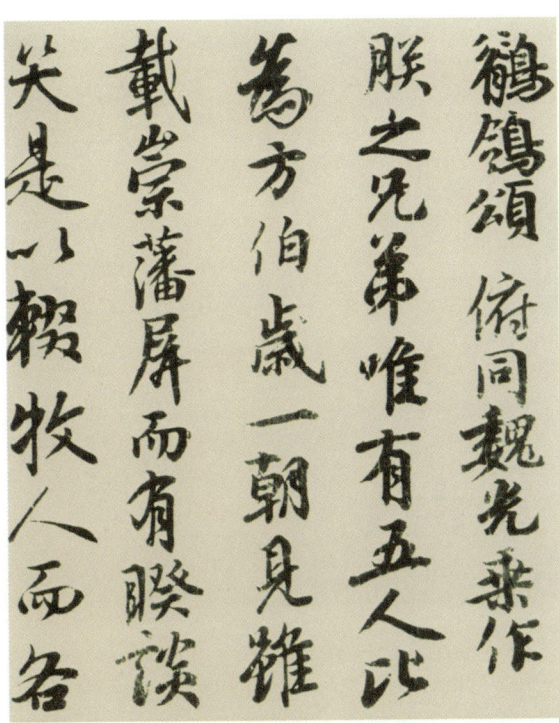

척령송 - 당나라 현종 (일부분)
당나라 현종은 음률·시·서예에 능했다. 당나라 두기竇臮는 《술서부述書賦》에서 "개원은 하늘에 응해 신무神武 총명하며 풍골이 크고 수려하며 비석 판이 기세 차며 사유는 샘처럼 바람을 일으키고 필筆은 바다처럼 고래를 삼킨다."라고 했고, 《고금법서원古今法書苑》에는 "당 명황은 팔푼 장초에 능하고 풍성 영특하다."라고 했다. 전해지는 필적은 〈기태산명紀泰山銘〉, 〈척령송鶺鴒頌〉 등이다.

망국의 말을 들으셨나이까! 태평 공주의 뜻인 듯한데 폐하께서는 참언에 흔들리지 마시옵소서."
  태평 공주는 또 재상을 모두 자기의 저택에 불러놓고 태자의 폐립을 건의하도록 암시했다. 태자 무리의 재상 송경과 요숭姚崇은 비밀리에 그 일을 당 예종에게 보고하면서 태자의 위치를 대체할 수 있는 몇몇 친왕을 모두 외지에 자사로 파견하고 태평 공주도 동도 낙양에 안치하도록 건의했다.
  예종은 "짐은 동생이라곤 태평 하나밖에 없는데 어찌 멀리 보내리요!" 하며 친왕의 병권 장악을 금지했을 뿐이었다. 며칠 후 태평 공주 일당은 무당의 예언을 빌려 궁중에서 5일 내에 병변이 일어난다고 해 예종을 놀라게 했다. 그러자 장설張說·요숭은 예종에게 유언비어를 방지하기 위해 태자에게 정사를 처리하게 해야 한다고 상주했다.
  예종은 그들의 건의를 받아들여 몇 명의 친왕을 외지로 파견하고 태평 공주를 포주蒲州 수부, 지금의 산서 영제永濟에 이주시켰다. 동시에 태자에게 정사를 맡기고 6품 이하 관리의 임명과 도형徒刑 이하 사건의 심리는 모두 태자가 처리하게 했다.

현군이자 혼군이었던 당명황
당명황唐明皇은 바로 현종 이융기다. 그의 집정 초기, 당나라 왕조는 '개원 성세開元盛世'라 불렸다. 하지만 후기에는 그의 재능과 정력을 모두 양 귀비에게 바치고, 정사는 나라와 백성을 해친 이임보와 양국충에게 위임했다. 마침내 안사의 난을 초래해 촉나라에 망명, 성세 명군의 광채를 전부 상실하고 울화 속에서 죽었다. 그러나 그는 무예가 뛰어날 뿐 아니라 서예·음악·역법 등 기예에도 정통했다. 《효경》은 그가 주해를 단 것이다.

518 ~ 763
당나라

역사문화백과
[당나라 공주는 왜 여도사가 되기를 좋아했는가]
당나라 현종 때 조정과 민간에서는 모두 도교를 숭봉, 외인과의 접촉을 위해 분분히 출가해 여도사가 되었다. 710년에 금선 공주는 화산에 가서 도사가 되었고, 당시 공주 8명도 출가했다. 당나라 대시인 이상은도 이를 기회로 두 공주를 알게 되었다.

당나라 황제가 재상을 임명하는 조서를 황마지에 썼기 때문이다   221

| 중국사 연표 |

703년 장종창·장역지의 무함으로 재상 위원충魏元忠이 좌천되었다.

먼저 손을 쓰는 것이 상책

태평 공주는 신속히 반격을 개시했다. 그녀는 이런 처분이 모두 송경과 요숭의 건의임을 알고 이융기에게 그 분노를 표현했다.

이융기는 송경과 요숭을 희생시킬 수밖에 없어 그들이 고모와 조카를 이간질한다고 상주하며 처형을 청구했다.

그 결과 송경과 요숭, 두 사람은 멀리 유배되고 태평 공주는 자기의 친신을 재상으로 임명했고, 얼마 후 이융기는 태평 공주를 도성에 귀환하도록 청했다.

당나라 예종 연화 원년(712) 7월에 하늘에 혜성이 하나 나타났는데, 태평 공주는 이를 구실로 예종과 태자 사이를 이간질하려고 술사를 시켜 이는 '낡은 것을 새 것으로 대체함'을 예시하며, 태자가 황제가 됨을 예시한다고 예종에게 말하게 했다. 그러자 뜻밖에도 예종은 제위를 정식으로 태자에게 넘겨주며 자신은 태상황이 된다고 선포했다. 이융기는 바로 당나라 현종인데 7명의 재상 중 5명이 태평 공주의 사람이라 아직 대권을 완전히 장악하지 못했다.

이듬해 쌍방의 투쟁은 더욱 치열해졌다. 태평 공주는 사람을 파견해 현종의 약물에 독을 넣었으며 정변을 일으키려고 했다. 현종은 태평 공주쪽에 사람을 잠입시켜 정변의 시간 및 계획을 알아낸 다음 먼저 손을 써서 태평 공주의 일당을 나포 주살했다. 태평 공주는 한 사원으로 피신했으나 후에 저택에서 자결하라는 명을 받고 죽었다.

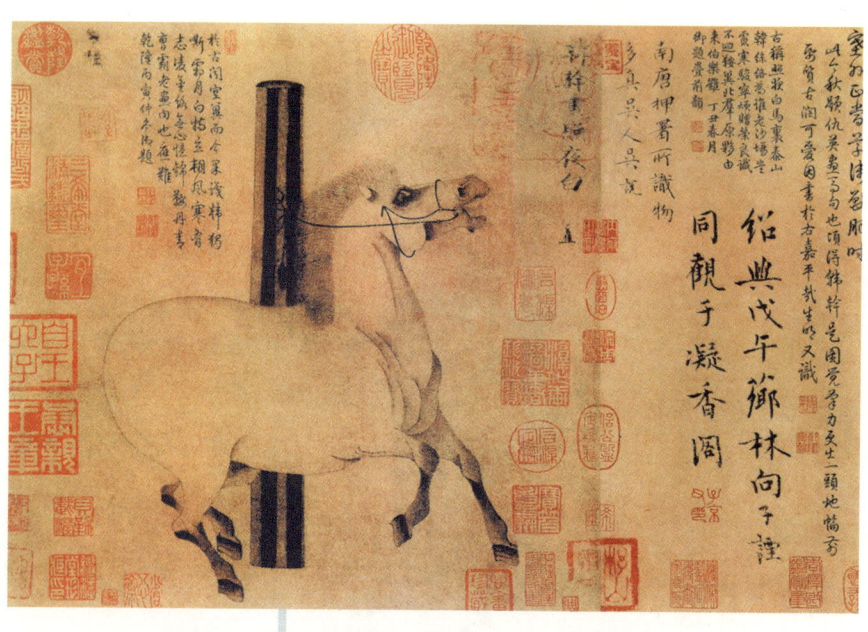

조야백도照夜白圖 (당나라 한간韓幹 그림)
기둥에 매여 있는 조야백 준마는 당나라 현종이 가장 사랑하는 말로, 머리를 쳐들고, 발굽을 안고 질주를 갈망하는 모습이 생동감 넘친다. 말은 살찌고 씩씩해 당나라의 운치가 넘친다.

함곡관 경물의 하나 – 하남성 영보
함곡관函谷關은 관중과 하남의 연결 요로로 고대 병가兵家의 쟁탈 요지다. 이곳에서 '백마는 말이 아니다' '좀도적과 닭울음소리 내는 자' '상서로운 구름이 동으로부터 오다' 등의 말이 생겨났다. 당나라의 이세민·이융기·양옥환 등 황제·귀비의 관계, 이백·두보·백거이·유우석·잠삼·한유·위응물 등 시인의 천고 시문에도 언급됐다. 사진은 하남 영보의 함곡관, 먼 곳은 진령 산맥이다.

| 세계사 연표 |
709년 아랍의 장군 구타이베가 부크하라 및 사마르칸드를 정복했다.

074

《당척언唐摭言·양감兩監》
《신당서新唐書·공주전公主傳》 출전

천하준걸이 모이는 과거

통치자는 천하의 인재를 선발함이 천하의 '일'이라는 원칙에 준해 과거 시험 제도를 창립했다.

50세의 젊은 진사

수·당 시대의 대다수 사람들은 벼슬이 인생에서 가장 이상적인 길이라고 생각했다. 그래서 과거 제도는 많은 선비들의 신분과 지위를 상승시킬 수 있는 길이었다.

당나라 시대 과거 중 진사과는 선비들이 가장 선호하는 과목이었다. 진사과는 주로 시부·시책 시험을 봤는데, 문학과 역사에 대한 깊이 있는 지식, 정치적 견해가 있어야 하고 합격률은 1~2%에 불과했다. 그러나 사람들은 벼슬을 함에 있어 진사를 경과하지 않고서는 완벽하지 못하다고 생각했다.

이런 이유로 50세에 진사에 합격돼도 젊다고 할 만큼 많은 사람이 시험장에서 평생의 정려를 소모하지만 대부분의 사람이 고생만 하고 아무것도 얻지 못했다.

과거에 의한 벼슬길은 사실은 막다른 골목이었지만 수많은 선비들은 시험장에서 늙어 죽는 한이 있더라도 아무런 원망도 하지 않았다. 그래서 누군가 이런 시를 읊기까지 했다. "태종 황제는 진짜 긴 채찍을 펼쳤거늘 천하 영웅이 모두 백발이 되는구나."

응시자들의 다양한 모습

당나라 시대 선비 등용은 권세가나 저명인사의 천거도 일정하게 작용했다. 이리하여 수험생들은 사회 명사의 문하에 모여들어 자신의 대표 작품을 보였는데 이를 '행권行卷'이라 했다. 대문학가 한유韓愈·유종원柳宗元 등은 모두 유명한 행권 대상이었다.

과거 합격을 위해 명예를 훔치는 일도 있었는데, 당나라 중기에는 양형楊衡의 원고를 그의 외사촌 동생이 훔쳐 과거에 급제하는 일이 발생하기도 했다.

어떤 응시자는 다른 방법으로 이름을 날리기도 했다. 진자앙陳子昂은 도성에 10년을 거주했으나 남들이 알아주지 않자 호금胡琴(비파)을 비싼 값으로 산 후 뭇사람을 숙소에 청해 연주했다.

100여 명의 호금 애호가들이 몰려들 때 진자앙은 자신의 호금을 내놓으며 말했다. "나는 가작이 100권이나 돼도 남들이 감상하지 않는데 어찌 이런 악공의 물건에 마음을 팔 수 있겠습니까?" 말을 마친 그는 호금을 박살내고 자신의 작품을 손님들에게 나눠 주었다. 그러자 하루 사이에 이름을 크게 날려 순조롭게 진사 시험에 합격했다.

행권 천거는 고관 귀족의 사리를 도모하는 폐단도 초래했다. 천보 연간에 예부시랑 달해순達奚珣은 시험을 주최했는데 양국충楊國忠의 아들 양훤楊暄의 이름이 방문에 없었다. 양국충은 노발대발하며 달해순을 핍박, 다시 방문을 고쳐 반포하게 하고 양훤의 이름을 앞에 놓게 했다.

이후 과거 시험장의 폐단은 점점 더 심해져 의종 때 시험관 고식高湜은 권세귀족의 청탁을 받다 못해 관모를 집어던지며 소리쳤다.

"나는 좌천되는 한이 있더라도 꼭 공정하게 선발할 테다!" 이렇게 해서 섭이중聶夷中 등 진

소탈하고 화려한 당나라 문관
이 문관용은 용모가 뛰어나고 편평한 두건과 소매 너른 옷으로 단장하고 깃·소매·섶에 모두 비단 띠를 댔으며, 앞이 들린 신을 신었다. 이 문관용은 당나라 복장의 화려함과 대범함 등의 특색을 잘 보여 주고 있다.

518~763 당나라

당나라 초기의 명장 이정李靖

| 중국사 연표 |

709년 서예가 안진경顏眞卿이 탄생(~784)했다.

문원도文苑圖 (오대 주문구周文矩 그림)

이백 등 문인 4명이 시구를 구상하는 생동한 장면을 묘사했다. 오른쪽 사람은 붓을 든 손으로 턱을 받치고 다른 손으로 종이를 받들고 사색하며 그 앞에 동자가 먹을 갈고 있다. 다른 한 문인이 소나무에 기대 팔짱을 낀 채 생각에 잠겨 있고, 왼쪽 두 사람 중 한명은 무엇을 보는 듯하고 다른 한명은 사색에 잠겨 있다. 그림에 송나라 휘종 조길趙佶의 제사 '한황 문원 그림'이 있어 당나라 한황韓滉의 작품으로 추정된다. 고증에 의하면 5대五代 주문구周文矩〈유리당인물도琉璃堂人物圖〉의 후반부에 속한다.

짜 학문이 뛰어난 몇 명이 그나마 시험에 합격할 수 있었다. 그러니 이백·두보처럼 걸출한 시인들이 과거에 합격하지 못한 것은 조금도 이상한 일이 아니다.

방榜에 이름이 올랐을 때

진사 급제는 매우 높은 영예로서 당시 사람들은 이를 '용문에 올랐다'고 했다. 진사 급제자의 방문을 붙

●●● 역사문화백과 ●●●

[장원]

일명 장두狀頭. 당나라 시대 선비는 주·현·향 시험에 합격돼야 서울의 예부 주최 시험에 참가할 수 있다. 이를 '거자擧子'라 불렀는데 과거 시험의 응시자란 뜻이다. 급제한 명단은 반드시 상주 형식으로 써서 조정에 보고, 1등은 상주서의 첫머리에 쓴다고 해 장두 또는 장원狀元이라 부른다.

이는 날 예부 관서 밖은 인산인해를 이루었고, 방문에 이름이 나붙은 자는 그 기쁨이 이루 말 할 수 없었지만 낙방한 자의 고통 또한 그에 못지 않았다.

진사에 급제하면 우선 시험관을 찾아가 감사를 드리며 절을 했다. 연후에 상서성의 도당에 모여 재상을 배알, 장중한 의식으로 조정의 위엄을 감수했다. 이어 각자 소개·희소식 듣기·달 등불·불아(석가모니 치아) 감상·곡강曲江 연회·행원杏園 연회 등 다양한 활

역사 시험장 〉 당나라 시대 각급 관리 및 백성의 주택 규모에 대해 규정한 법령을 무엇이라 부르는가?

| 세계사 연표 |

710년 일본이 나라奈良에 천도, 이로부터 나라 시대(~794)에 진입했다.

●●● 역사문화백과 ●●●

[산장山葬 위주의 당나라 제왕 능묘]

당나라 시대 조정은 도굴 방지의 목적으로 주로 산을 능으로 이용했다. 18릉 중 14릉이 산장山葬으로 대부분 원추형의 외딴 산을 선택했다. 산 남쪽에 묘실을 개착하고 거대 석판으로 묘도를 포장했다. 석판 간을 철판으로 연결, 철물로 주조해 철옹성이라 할 수 있다. 부장물은 기세가 웅대한 석각, 다채로운 벽화, 각종 진귀한 유물로 당나라 예술의 최고 수준을 보여 준다.

백자 시리용 (왼쪽 사진)

수·당 묘에서 출토된 백자 시리용侍吏俑은 관을 쓰고 조끼와 치마를 입고, 연좌에 서있다. 또 키가 크며 소성 후 변형되지 않고 눈썹과 눈 등 돌출 부위에 검은 칠을 했다. 백자는 대체로 북조 시대에 출현, 그중 흑채색은 이 용이 최초다. 조각이 세밀해 보기 드문 명작으로 꼽힌다.

금박 채색 문관용 (오른쪽 사진)

| 중국사 연표 |

710년 금성 공주가 토번 찬보贊普에게 시집갔다.

이백 〈달 아래 독작하다〉 시의도 (송나라 마원馬遠 그림)
꽃 속에 술 한 주전자 놓고서 친구도 없이 홀로 부어 마시네. 잔을 들어 밝은 달을 청하고 그림자를 마주하니 모두 셋이 되었어라.

동이 있었다.

그중 곡강 연회의 규모가 제일 큰데 불합격한 응시생은 흔히 여기에서 대취해 번뇌를 풀곤 해 이를 '번뇌 풀이'라 불렀다.

행원 연회는 또 '탐화 연회'라고도 하는데 진사 중 젊고 준수한 소년 둘을 선발해 '두 거리 탐화사探花使'에서 말을 타고 곡강曲江 부근과 장안의 각 명소를 돌아보며 모란꽃·함박꽃을 꺾는 행운을 지니게 했고, 그대로 실행하지 못하면 벌주를 안기곤 했다. 탐화 연회 후 또 안탑 제명 활동이 있어 제명회題名會라 불렀다. 진사들은 함께 대안탑에 와서 서예 명수를 한 명 선발, 합격자의 이름을 비석에 새겨 이를 사원에 남겨두었다.

백거이白居易는 28세에 진사에 급제, 그의 시를 자은탑에 이름을 남길 때 '17명 중 제일 소년이었어라'는 시구가 바로 이 활동을 가리킨다.

과거 제도는 인재의 심사·등용 권력을 중앙에 귀속함은 물론, 중앙 집권을 강화했다. 또 천하의 선비들을 자극해 무수한 선비들이 이를 위해 평생 노력하게 했다.

당나라 삼채 문리용
이는 도기 예술을 최고점으로 끌어 올렸다. 조형, 채색, 제작 등 모두 상당히 고도에 도달하여 후세가 따르지 못하고 있다. 문리용의 형상 부각에서 특수한 표정과 동작에 신경을 썼는데 관·두루마기·허리띠 차림에 두 손을 드리우거나 마주 쥐고 온화하고도 공경스러운 자태를 하고 있다.

| 세계사 연표 |

712년 강국康國(지금의 사마르칸트)이 아랍의 침입을 당해 당나라에 구원을 요청했는데 당나라가 거절했다. 이로부터 강국이 아랍에 예속되었다.

075

《신당서新唐書·요숭전姚崇傳》
《구당서舊唐書·요숭전姚崇傳》 출전

시대를 구제한 재상

번영의 시기 당나라 현종 때 시대를 구제한 재상 요숭姚崇이 있었다.

4세 원로

요숭은 무측천·당나라 중종·예종·현종 시대의 원로이며, 무측천·예종·현종 때 모두 재상을 역임했다.

만년에 혹리 등용을 후회하던 무측천이 재상 요숭에게 물었다. "주흥周興과 내준신來俊臣 처형 이후 더는 모반 사건이 발생하지 않는데 짐은 과거 모반 사건이 억울한 사건이 아닌지 의심되는구려."

요숭이 즉시 진언했다. "과거의 모반 사건은 주흥 등이 만든 억울한 사건이지만 폐하께서 재심하도록 파견한 사자도 그들의 세력을 두려워했습니다. 또 무고하게 당한 사람들도 진술을 번복하면 또 형벌을 받아야 하므로 억울하지만 사형을 받은 것이옵나이다. 신은 감히 가족의 생명을 걸고 내외 관원이 모반하지 않음을 보증하옵나이다." 이 말을 들은 무측천은 크게 기뻐하며 은 1000냥을 하사했다.

요숭은 무측천이 병으로 위중할 때 정변에 참가해 중종을 옹립했는데 얼마 안 돼 배척을 받아 도성을 떠났다.

상왕相王 이단李旦은 즉위하자 즉시 요숭을 소환해 재상으로 임명했다. 당시 태평 공주가 권력을 독점했고, 요숭은 태자 이융기를 지지했다. 그와 송경宋璟은 비밀리에 당나라 예종을 대체할 가능성이 있는 친왕들과 태평 공주를 외지로 내보내라고 건의했다.

당나라 복장을 한 문관용
부장물로 사용된 문관용인데 두 손으로 홀을 가슴 앞에 쥐고 관, 깃과 소매가 넓은 두루마기와 발까지 드리우는 치마, 큰 허리띠, 앞이 쳐들리는 네모난 신으로 단장했다. 이는 완벽한 당나라 복장이다.

후에 태평 공주는 이융기와 크게 다투었고, 이융기는 요숭 등을 고모 형제를 이간질했다는 죄명으로 남방 지방관으로 좌천시켰다.

정사의 폐단을 개혁

당나라 현종 이융기는 태평 공주 세력을 제거한 다음 해에 미천渭川 사냥에 요숭을 불러 함께 사냥했다. 사냥 후 현종이 그를 다시 재상으로 등용할 뜻을 비추자 요숭이 꿇어앉아 말했다. "10가지 일을 폐하께서 실시하셔야 신은 받들 수 있나이다." 현종이 말해보라고 하자 그가 말했다. "첫째, 인서仁恕로 혹정을 대체하고 둘째, 대외 확장을 정지하고 셋째, 황제의 친신이 법을 범해도 엄격히 처리하고 넷째, 환관이 정사에 참견하지 못하게 하고 다섯째, 각지 관원의 황실 헌례를 금지하고 여섯째, 외척이 어사대 및 3성 등 주요 부서에 임직하지 못하고 일곱째, 황제는 신하를 예의로 대하고 여덟째, 신하가 황제에 대해 간언을 하도록 허용하고 아홉째, 불佛·도道 기풍을 제거하고 열째, 역대 외척의 정사 교란 교훈을 사서에 기입해야 하옵니다." 현종은 그의 건의를 일일이 인정하고 요숭을 재상으로 임명했다.

3년 남짓 재상을 지낸 요숭의 가장 유명한 치적은 살쾡이를 잡아 재해를 막은 것이다.

어느 해 산동 지방에 전례없이 살쾡이 수가 늘었는데 미신을 믿어 감히 살쾡이를 잡지 못하고 신에게 빌기만 했다. 요숭은 살쾡이의 주광성을 이용해 저녁에 불을 피

518~763 당나라

숭산嵩山 227

| 중국사 연표 |

712년 당나라 현종 이융기가 등극(~755)하고, 두보가 탄생(~770)했다.

위 포살하도록 하고 어사를 파견해 독촉했다. 이듬해 살쾡이가 다시 기승을 부리자 요숭은 여전히 살쾡이 잡기를 독촉하며 이렇게 말했다. "만약 살쾡이를 잡아 재난이 오면 나 요숭이 감당하리라." 이로써 마침내 큰 기황이 만연되는 추세를 방지했다.

분명하고 빈틈이 없는 재상

요숭은 행정 사무를 완벽하게 처리해 명성이 높았다. 한번은 그가 집안일로 10여 일 출근하지 못하자

개원의 명재상 송경
송경宋璟(663~737)은 본적이 광평廣平, 즉 지금의 하북성 계택雞澤이다. 형주邢州 남화南和, 지금 하북성에 속함)에 이주해 진사에 급제했다. 상당현위·감찰어사·봉각사인을 역임했고, 재능이 뛰어나 무측천의 찬양을 받았다. 신룡 초기 황문시랑을 제수받았고, 당나라 예종 때 이부상서와 함께 중서문하 3품을 제수받았다. 개원 초에 어사대부로 진급, 목주 자사·광주 도독 역임, 상서 겸 시중 광평군공에 책봉됐다. 후에 우승상으로 요숭과 함께 개원 명재상이 되어 역사상 '요송'이라 불렸다. 이 그림은 《역대명신상해》에 실려 있다.

3대 명재상 요숭
요숭(650~721)은 자가 원지元之, 원명은 원숭元崇, 당나라 섬주陝州 협석陝石, 즉 지금의 하남성 섬현 사람이다. 일찍 무후·예종·현종 시기 재상이고 자주 병부상서를 겸임했다. 무주武周 정권의 공고 및 '개원 성세'의 개척 분야에서 능력을 발휘했고, 조정을 보좌하고 낡은 폐단을 개혁해 사회 진보를 추진했다. 중국 역사상 저명한 명재상으로 불린다. 위 그림 〈현능한 재상을 임명하다〉는 《제감도설》에 실려 있다.

••• 역사문화백과 •••

[당나라의 공공 원림 - 곡강]
장안성의 동남각에 작은 강이 서쪽에서 굽이돌아 성내에 흘러 들어 호수를 형성했다. 이름을 곡강曲江 또는 곡강지曲江池라 부른다. 곡강지는 장안성 동남 2방坊에 위치하며, 남쪽에 자운루·부용원, 서쪽에 행원·자은사, 양안에 전각 및 화훼 수목이 드리워 경치가 수려하다. 곡강은 제왕의 궁원이지만 명절이면 서울의 남녀노소가 이곳에 와서 경치를 구경하며 놀곤 했다.

| 세계사 연표 |

714년 프랑크 궁재 피핀이 죽고, 그의 아들 카를 마르텔이 궁재(~741)가 되어 대권을 독점했다.

이백 〈왕우군王右軍〉 시의도 (명나라 두근杜菫 그림)
우군은 본래 순결하거늘 소탈하게 풍진을 나섰더라. 산음으로 도사가 지나가는데 거위를 가진 이 손님 좋아하더라. 비단을 쓸어 도경을 쓰는데 정묘한 필체에 넋을 잃었네. 다 쓰니 거위 메고 떠나가는데 언제 주인을 작별한 적 있으리오.

오대사 (청나라 말기 연화)
오대사吳大士는 당나라의 저명한 화가 오도자吳道子로서 '화성畵聖'으로 존숭되며 민간 화공들의 시조로 공양된다.

다른 재상 노회신盧懷愼이 정무를 처리하지 못해 현종에게 사죄할 수밖에 없었다. 요숭이 출근하자 잠깐 사이에 쌓인 사무를 깨끗이 처리했다.

어느 날 요숭이 부하에게 물었다. "내가 재상을 지내는 걸 누구와 비교할 수 있는가?" 부하가 대답하지 못하자 그는 다시 물었다. "관중管仲·안영晏嬰에 비하면 어떤가?" 그가 솔직히 말했다. "관중·안영의 정사 처리는 적어도 그들이 죽을 때까지는 지속됐는데 대감의 정사 처리는 자주 바뀌므로 비하지 못할 듯하오이다." 이 말을 들은 요숭은 재미가 있어 또 물었다. "그러면 나의 정사 처리는 대체 어떠한가?" 그가 대답했다. "대감은 시대를 구제한 재상이라 칭할 수 있소이다." 요숭이 이 말을 듣고 매우 기뻐했다.

요숭은 당나라 정사에서 무측천 이후의 혼란한 국면을 시정했다. 사학자들은 그를 당나라 전기의 방현령房玄齡·두여회杜如晦와 동등한, 가장 걸출한 재상의 하나로 꼽고 있다.

●●● 역사문화백과 ●●●

[화성 오도자]

오도자吳道子는 당나라의 저명한 화가로 양적陽翟, 즉 지금의 하남성 우주禹州 사람이다. 서예 대가 장욱·하지장을 스승으로 그림을 전공했다. 하급 관리를 역임했고, 명성으로 입궁해 관직이 영왕우寧王友에 달했으며 현종의 찬양을 받았다. 후에 사천에 가서 풍속 그림을 그리고 귀환 후 대동전에서 가릉강 300리 산수풍경을 그렸다. 그림은 혁신 정신이 풍부하고, 필법이 세련되고 호방해 후세 사람들이 '화성畵聖'으로 존숭했다.

| 중국사 연표 |

714년 당나라가 교방(敎坊)을 설치하고 이원(梨園)이라 불렀다. 현종이 친히 곡을 가르쳤다고 해서 '황제 이원제자'라고 불렀다.

076

하늘을 측량한 일행

승려 일행一行이 당나라 현종의 명으로 수정한 역법인 〈대연력大衍曆〉은 1000여 년을 사용했다.

승려 천문학자

중국 고대 역법은 일종의 '음양 역법'으로 달을 기록하고 태양의 운행에 의해 해를 기록했다. 고대의 역법은 또 천상의 변화를 설명해야 했는데 '천인상통天人相通'을 신봉하는 때였으므로 각 나라의 통치자는 모두 역법의 반포 실시를 하나의 대사로 간주했다.

당나라 고종 때 반포한 〈인덕력麟德曆〉은 수십 년간 실시한 후 편차가 발생, 현종 때 일식의 예측이 여러 차례 정확하지 못해 조정의 위신이 크게 손상됐다. 이에 현종은 개원 9년(721)에 승려 일행에게 새로운 역법을 만들라고 명했다.

일행은 천문·음양오행에 정통한 것으로 소문이 나 있었는데 무측천이 집정할 시기에 산속에 은거하다 가 아예 출가를 했다.

현종은 일행一行의 일가 숙부에게 그가 산에서 내려오도록 권하라 일렀고, 산에서 내려온 그를 불러 가르침을 받으면서 고문으로 모셨다. 새로운 역법의 제정은 일행이 아니면 안 되었던 것이다.

의기 제조와 천문 관측

일행은 〈인덕력〉이 이론적으로는 문제가 없지만 더욱 정확한 측량을 통해 수치를 수정해야 한다고 여겨 우선 황도유의黃道遊儀(태양 운행 궤도 관측 의기)의 수리와 제작을 시작했다. 이렇게 제작한 의기는 환環이 셋인데 황도 환은 태양의 시각적 운동 위치를 관측하고, 백도 환은 달의 시각적 운동 위치를 관측했으

일행의 초상

당나라 장회 태자 이현 묘의 천상도
1972년 섬서성 건현 건릉 장회 태자 이현 묘실에서 발견됐다. 이 천상도天象圖는 두 번 그렸는데 첫 번째는 신룡 2년(708), 성신은 모두 백색의 점이었다. 두 번째는 경운 2년(711), 태자를 추증한 후 원래 그림 위에 금·은박 및 황색으로 새롭게 성신을 점찍었다.

715년 | 세계사 연표 |
일본 겐쇼元正 천황(여황)이 재위(~724)했다.

《신당서新唐書·천문지天文誌》
《구당서舊唐書·승일행전僧一行傳》
출전

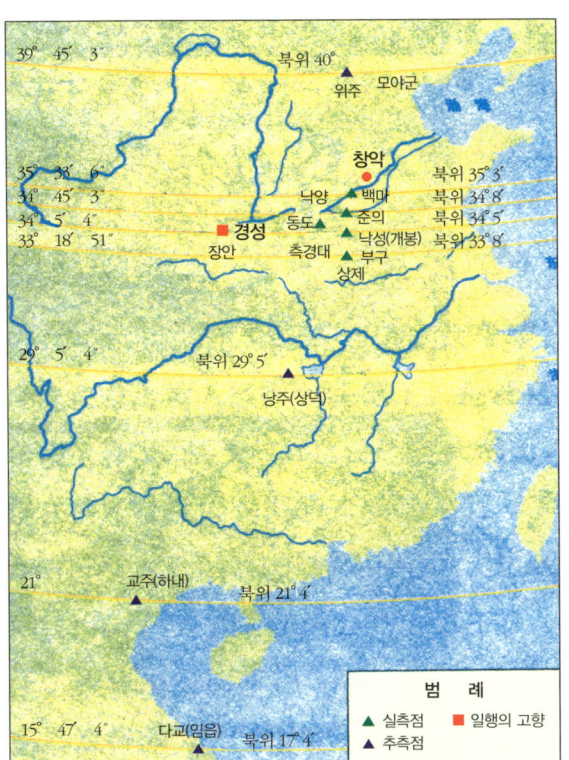

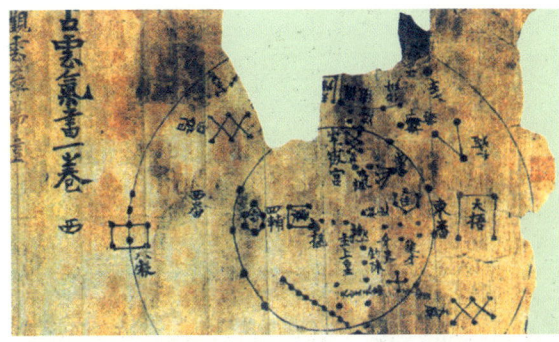

일행 화상의 공헌 (왼쪽 그림 포함)
일행—行(683~727)은 속명이 장수다. 어려서부터 경서를 많이 읽었는데, 특히 천문·음양·오행에 정통했다. 무삼사와의 교제를 피해 출가해 하남성 숭산에 은거했으나 개원 5년(717) 당나라 현종이 강제로 데려와 일행에게 새로운 역법을 만들게 했다. 일행은 역법과 실제 천상의 일치를 위한 일련의 실측을 실시해 많은 자료를 취득하고, 전의 착오를 시정해 중국의 고대 역법을 새로운 수준으로 끌어올렸다. 왼쪽 그림은 〈일행 화상 자오선 시의도〉이고, 위 그림은 〈당나라 돈황 권자 자미원 성도〉이다.

며, 적도 환은 항성의 위치를 관측했다.

일행과 조수들은 이 정밀 의기로 일월과 5대 행성의 7요曜와 항성의 상호 위치, 운행 궤도를 다시 관측해 그 수치를 기록했다. 이 기록에 근거해 수력으로 추진하는 '혼천의渾天儀'도 제작했는데 매 주야 한 바퀴 회전하게 함으로써 매 1각의 천공 성상을 표현했다. 일행은 또 이 의기에 두 개의 나무인형을 설치해 매 1각에 두 개의 나무인형이 자동으로 북을 치고 매 1시에 자동으로 종을 치게 했다.

일행은 각 지역의 절기를 정확히 측정하기 위해 전국 범위의 대규모 천문 관측을 건의했고, 현종은 이것을 받아들여 전국적으로 12개 관측점을 설치하게 했다. 각 점은 동일한 날짜와 시각에 북극성의 고도를 측정하고 천상을 관측, 동일 고도의 규표로 동지·하지·춘분·추분 정오의 일영日影 길이를 측정해 절기

의 시각을 교정했다.

몇 년의 준비를 거쳐 개원 12년(724)에 정식 관측을 진행했는데, 최남단 관측점에서 노인성老人星을 관측해 많은 남방 성상을 발견했다. 중원 지역 관측점에서 남북의 거리가 352리 80보임을 관측, 북극성 고도 차이를 1도(전반 천체를 365.25도)로 하고 1리를 300보, 1보는 5자로 쳤다. 이 관측 결과를 지금 도량형으로 환산하면 남북의 거리는 129.22km, 북극성 고도 차이는 1도가 되는데 이는 바로 지구 자오선 1도의 길이다.

비록 지금의 자오선 1도의 길이 111.2km와는 차이

●●● 역사문화백과 ●●●

[돈황 막고굴]
감숙성 돈황 동남쪽 명사산鳴思山의 절벽에 위치하며, 일명 천불동千佛洞이라 불린다. 남북조 시대부터 원나라까지 보수를 거듭했다. 현존 동굴이 492동이고 그중 당나라 시대 것이 300여 동이다. 정밀한 벽화·채색 소상·불상이 현존하며 예술성이 뛰어나다. 수·당나라 시대 미술·서예·음악·무용·건축 연구의 진귀한 사료이다.

518~763 당나라

《정관정요貞觀政要》

| 중국사 연표 |

715년 당나라 시대의 걸출한 경제 전문가 유안劉晏이 탄생(~780)했다.

수나라 시대 고찰 국청사國淸寺
절강성 천태현성 북쪽 5km 천태산 남쪽 기슭에 위치하며 중국 불교 천태종의 발원지다. 수나라 개황 18년(598)에 건설을 시작했다.. 처음 명칭은 천태산사였는데 창시자 지의智顗가 '사원이 건설되면 나라가 맑아지리라國卽淸'라고 유언해 이에 국청사로 개칭했다.

이백 《촉도난蜀道難》 시의도 (청나라 원습袁燿 그림)
아이고, 아찔하게 높도다! 촉도의 어려움은 하늘에 오르기보다 더 어렵도다.

가 있지만 이는 인류가 처음 실측한 자오선의 길이로서 과학사상 중요한 의의를 가진다.

정확한 역법

정확한 관측 수치를 기초로 해 일행은 개원 13년에 새로운 역법의 편찬에 착수, 2년 후 초고를 완성했다. 그는 《주역》의 '대연大衍의 수'에 따라 추산해서 역법을 편찬했으므로 이 역법을 '대연력'이라 명명했다. 이 역법은 날짜·절기를 정확히 확정함은 물론, 매월 삭망·일월식 시각·5대 행성의 궤도 등 천문 성상의 추산 방법도 명확히 해 고대 최우수 역법으로 꼽힌다. 명나라 말기 이전까지 중국의 역법은 기본적으로 이 역법에 조금 수정을 가해 형성됐다. 이는 아마 당나라가 후세에 남겨준 가장 장구한 성과일 것이다.

불교 건축 예술의 걸작 대안탑 (오른쪽 페이지 사진)
대안탑大雁塔은 섬서성 서안시 남쪽 교외 자은사 내에 위치한다. 고승 현장의 장경탑은 당나라 영휘 3년(652)에 건설, 후에 수차례 수리했다. 현존 대안탑은 모두 7층, 높이 64.5m로 방형 원추체의 전형적인 목제 누각 양식 벽돌탑이다. 조형이 간결하며 기세가 웅대해 중국 불교 건축 예술의 걸작으로 꼽힌다.

| 중국사 연표 |

716년 화가 이사훈李思訓이 죽었다. 사훈은 당나라 황족으로 벼슬은 우무위 대장군, 산수화에 능했다.

077

예와 법의 충돌

당나라 현종 때 발생한 장씨 형제의 복수 사건은 예禮와 법의 충돌을 초래했다.

부친의 복수를 한 두 소년

당나라 현종 개원 23년(735) 3월의 어느 날, 낙양성은 꽃이 만발하는 봄날이었다. 산책을 나선 전중시어사 양만경楊萬頃이 골목 대문 어귀에 이르자 갑자기 소년 두 명이 뛰쳐나와 한 명은 양만경의 멱살을 잡아 채며 "양왕, 우리 부친의 목숨을 살려 내라!"고 고함을 지르고, 다른 한 명은 품에서 도끼를 꺼내 양만경의 머리를 내려쳤다. 양만경은 미처 피할 틈도 없이 쓰러졌다.

두 소년은 양만경의 머리를 땅에 놓고 동쪽을 향해 절을 한 후 도끼 위에 편지를 한 통 놓고 급히 사라졌다. 금오위사가 달려왔을 때 흉기 위에 놓인 편지에 장황張瑝·장수張琇라고 적혀 있었는데 그들은 친형제였다. 황제에게 올리는 상주서에 그들이 부친의 원수를 갚기 위해 양만경을 죽였다고 썼다.

형제의 부친은 장심소張審素로 수주嶲州 도독이었다. 4년 전 탐오죄로 고발돼 황제가 감찰어사 양왕(楊汪, 후에 양만경으로 고침)을 보내어 심리하게 했는데, 중도에 병사 700명을 거느린 장심소의 부하 동원례董元禮가 길을 막고 양왕을

위협하며 말했다. "황제에게 장심소의 사건을 잘 보고하면 그대를 살려두고 그렇지 않으면 죽을 줄 알아!" 때마침 당지 주둔군이 당도해 양왕은 구출됐다. 동원례는 혼란 속에서 피살됐다. 양왕은 이 일을 장심소가 시켰다고 여겨 조정에 돌아가 황제에게 장심소가 모반하려 한다고 보고해 장심소가 참수당했다.

그때 장황과 장수는 모두 16세 미만의 소년이어서 영남에 유배됐다. 두 형제는 부친의 원수를 갚기 위해 유배지에서 도망쳐 3년간 유랑하다가 도성에 잠입해 양만경을 죽였다. 그들은 또 강남으로 가서 양왕과 함께 부친을 무함한 관원을 죽이려 했지만 하남성 사수汜水에서 체포됐다.

조정의 대변론

유가儒家 이론은 당나라의 지도 사상이었는데 경전에 따르면 복수는 효자의 첫 의무다. 그래서 많은 사

당나라에서 유행한 마구 운동 (위 사진)
마구馬毬는 보통 두 팀으로 나뉘어 대항한다. 사람이 말 위에서 손에 쥔 공채로 공을 친다. 나무막대기 두 개와 그물로 구성됐고 40cm 너비의 골대에 공을 넣는 운동이다. 여자용은 두 다리로 말에 박차를 가하며 왼손으로 말안장을 통제, 오른손으로 공을 치려 준비하고 있다. 여자용이 탄 말은 건장한 들말(이미 멸종된 유럽 들말)로 꼬리를 자르고 갈기는 솔 모양으로 정리했으며, 갈기는 두 가닥으로 구분했다.

운동 기구 - 당나라 채색 도기 공
공의 표면이 이미 마모됐다. 이 공은 당나라 시대 운동 도구인데, 표면에 불규칙한 무늬가 있고, 흑색과 갈색 2색으로 구성됐다.

역사 시험장 〉 "전세에는 고인이 보이지 않고, 후세에는 오는 이가 없구나." 이 어구는 어디에서 나왔는가?

| 세계사 연표 |

716년 메르시아 왕국이 영국에서 가장 강대한 왕국이 되었다.

《자치통감資治通鑑·당현종개원唐玄宗開元 23년》
《구당서舊唐書·효우전孝友傳》 출전

●●● 역사문화백과 ●●●

[격국 - 수·당 5대의 마구 운동]

격국擊鞠은 격구·타구·마구馬毬 등으로 불리는데 어떤 사람은 장족의 발명으로, 어떤 사람은 페르시아가 기원으로 인정한다. 수·당·5대에 가장 유행한 운동이다. 자료에 따르면 당나라 현종·희종은 모두 격국 능수라 한다. 1971년 섬서성 건현 당나라 장회 태자 묘에서 〈타구 그림〉 벽화를 발견, 당나라 마구 운동 연구에 귀중한 실물 자료를 제공했다.

기이하게 분장한 여자 기수

당나라 채색 조각은 윤이 나고 말의 자세가 평온하지만 기마수는 평온하지 않다. 여자아이는 두 손을 어깨 위로 올리고 주먹을 불끈 쥐고 있는데 고삐나 공채를 쥔 것으로 추정된다. 분장이 매우 특이하고 모자는 흑색인데 접어 올린 챙은 백색으로 이란식이다. 연녹색의 외투는 몸에 붙고 길며, 발에 검은색 장화를 신었다.

파괴하는 것이라고 했다. 현종도 이런 관점으로 장구령을 반박하며 반대파의 의견을 수렴해 칙령을 선포했다. "근래에 사람들이 장황·장수의 사건에 대해 그들이 효자라거나 장심소의 죽음이 억울하다고 말하지만 국가는 법률로 살인을 방지하려 한다. 만약 모두가 복수를 하기 위해 살인을 한다면 어떻게 그 끝이 있을 수 있겠는가? 고대 법관인 고도皐陶는 엄격히 법을 집행해 효자 증삼이 살인해도 용서하지 않았다. 장황·장수 사형 판결을 백성에게 고시하고 저잣거리에서 사형을 집행하지 말고 하남부 내에서 처형하라." 고대에는 사형을 보통 저잣거리에서 집행했다.

람들이 두 형제를 동정했다. 재상 장구령張九齡이 나서서 현종에게 두 형제의 사면을 청구했다.

반대 의견의 대표는 재상 배요경裵耀卿과 이임보李林甫인데 그들은 만약 두 형제를 사면한다면 국법을

우아한 기수

이 아름답고 절묘한 채색 작품은 사람과 말의 정확한 인상을 제공한다. 말과 사람의 시선은 흡인력이 있고, 말의 두 갈기는 속도에 의해 양쪽으로 구분됐다. 말의 장식과 인물의 옷은 매우 화려하고 기수는 공채를 들어 공을 치려 한다.

운동 중인 말과 사람

이 말은 앞으로 돌격하는데 기수는 몸을 기울이며 안정되게 뒤로 당기고 있다. 말안장은 가죽, 재갈은 백색 보석으로 만들었다.

당나라 초기 진자앙의 〈유주대幽州臺에 올라 노래함〉

| 중국사 연표 |

717년 일본 요시하이 신바이吉背眞備(가타카나 창제인)와 아베노 나카마로阿倍仲麻呂가 견당사를 따라 중국에 왔다.

여자도 남자에 뒤지지 않았다
말에 탄 여자는 머리를 두 가닥으로 쪽지고, 붉은 두루마기에 녹색 바지, 검은 장화를 신었다. 허리에 두른 녹색 띠는 팀을 표시하는 것이다.

당나라 귀족의 놀이
우아한 당나라 여자가 백마에 앉아 있다. 신선한 채색은 얼굴과 의복 외에 화려한 안장·재갈 등과 말의 흉부와 꼬리에 달린 부채형의 장식물을 잘 표현한다. 사녀의 복장으로 보면 마구는 당나라 귀족 놀이중의 하나다.

저자거리에서 집행하지 않는다는 점은 이미 특별한 대우를 의미한다.

복수는 일률적으로 논할 수 없는 개별적 사건

 이 사건은 마무리됐지만 예경禮經과 법률의 충돌은 여전했다. 76년이 지난 후 그와 유사한 사건이 발생했다. 부평 사람 양열梁悅이 부친을 살해한 원수 진과陳果를 죽인 후 헌아문에 찾아가 자수하자 조정에서는 또 한바탕 치열한 논쟁이 일어났다. 그런데 이번에는 황제의 태도가 바뀌어 헌종은 양열의 복수는 천성에서 발현된 것으로 그 동기가 순수하다면서 곤장 100대를 치고 순주循州, 지금의 광동 혜주惠州 일대로 유배를 보냈다.
 대문호 한유는 이 일에 관련해 당률에 복수 유관 조항을 첨가하지 않은 것은 복수를 허용하면 복수가 멎지 않고, 복수를 허용하지 않으면 효자의 마음을 상하

므로 일부러 비워 두어 경술經術 인사들이 인용하며 논의하도록 하는 것이라고 했다. 하물며 복수의 상황은 서로 다르므로 모두 개별적 사건으로 처리하고 상서성이 논의해 상주하도록 건의했다.
 한유의 이 건의는 조정에 받아들여졌고 이로 인해 복수에 의한 살인 사건이 발생될 때마다 조정에는 한 차례씩 조정의 큰 논쟁이 발생하곤 했다.

●●● **역사문화백과** ●●●

[죽마고우]
당나라때는 아이들이 죽마를 타고 노는 모습이 흔했는데 당나라 시인 위장·백거이·이하의 시에 이런 장면이 모두 묘사돼 있다. 그 중 가장 유명한 것은 이백의 〈장간행〉이다. "첩의 이마에 금방 머리가 덮일 때 꽃을 꺾어 문 앞에서 놀이를 했네. 신랑은 대나무 말을 타고서 침대를 돌며 청매를 놀리네. 함께 장간리에서 거주하면서 두 꼬마친구 서로 사이가 좋았네."

| 세계사 연표 |

717년 아랍인이 군대를 파견해 콘스탄티노플을 공격했다.

078

《조야검재朝野僉載》
《의옥집疑獄集·자운단자子雲斷子》 출전

소 쟁탈 사건의 진상

외삼촌에게 맡겨 사육하던 암소가 낳은 송아지의 분배 문제로 분쟁이 발생했다.

소 때문에 틀어진 조카와 외숙

어느 해 하남의 신향新鄕에 왕경王敬이라는 사람이 부병府兵으로 신강에 가서 복역하게 됐다. 독신인 왕경은 암소 6마리를 외삼촌 이진李雖의 집에 맡기고 신강으로 출발했다.

5년이 지난 후 고향에 돌아온 왕경은 자기가 맡긴 소를 외삼촌이 잘 길러 6마리에서 30마리로 늘어났음을 알고는 기뻐하며 외삼촌을 찾아가서 감사를 드렸다. 그런데 외삼촌은 늙은 암소 네 마리를 끌고 나와 그에게 주면서 말했다.

"이건 네가 맡긴 암소다. 두 마리는 이미 늙어 죽었고 네 마리가 남았으니 끌고 가거라!" 왕경이 그동안 송아지를 낳지 않았냐고 묻자 이진은 무뚝뚝한 얼굴로 말했다. "저 송아지들은 내 소인데 너와 무슨 상관이냐?" 이에 당황한 왕경의 언성이 높아졌다. "아니, 도리를 따져야 될 거 아니에요?" 그러자 이진은 더욱 기세등등하게 말했다. "어린놈이 감히 웃어른에게 따지고 들 테냐?"

이리하여 조카와 외삼촌은 크게 다투었다.

늙은 소 네 마리를 끌고 돌아가던 왕경은 생각할수록 화가 나 이튿날 현성에 가서 외삼촌 이진을 고발했다.

현명한 법관

당시 신향 현령은 배자운裴子雲이었는데 그는 시비를 잘 판단하고 청렴해 백성들의 존경을 받았다.

왕경의 말을 듣고 난 그는 웃으면서 말했다. "네가 한 말이 사실이라면 이 일은 해결하기 어렵지 않다. 하지만 일이 해결될 때까지 억울한 점이 있어도 좀 참아야겠다." 말을 마친 그는 왕경을 감옥에 가두었다. 그리고 다음날 이진을 잡아들였다.

잡혀 온 이진은 현령에게 억울하다고 소리를 질렀다. 배자운이 굳은 얼굴로 소리쳤다. "어제 소도둑 한 놈을 잡았는데 그자는 이미 너와 한패라고 자백하고 훔쳐 온 소를 너의 집에 맡겨 두었다고 했다, 네 이놈, 곤장 맛을 봐야겠구나. 여봐라! 어제 잡은 도둑을 불

당나라 개원 연간의 쇠로 만든 소
이 쇠로 만든 소는 산서성 영제시 서쪽 15km, 포주蒲州성 서쪽 황하 옛 물길 양안에 각각 4마리씩 있다. 당나라 개원 12년(724)에 포진 부교浮橋의 안정과 진진秦晉 교통을 위해 주조했다. 높이가 1.5m이며 길이는 3.3m이고 무게가 30여 톤이다. 누운 형상에 두 눈을 부릅뜨고 있는 모습이 살아 움직이는 듯하다.

518 ~ 763 당나라

변경 풍경을 묘사, 수비 장병의 생활을 반영한 시가다

| 중국사 연표 |

720년 〈춘강 화월야春江花月夜〉의 저자 장약허張若虛가 죽었다.

양형 (왼쪽 그림)
양형楊炯(650~약 693)은 화음 사람으로 왕발·노조린·낙빈왕과 '당초 4걸'로 불린다. 상원 3년(676)에 제과에 급제해 교서랑을 제수받은 후에 첨사사직으로 승진했고, 여의 원년(692)에 영천령으로 좌천됐다. 혹리로 유명하다. 그의 시는 운율이 정확해 악부시의 명쾌한 특색이 있으며 문장은 변문이 많다. 후세 사람이 《영천집盈川集》을 편찬했다. 이 그림은 《역대명신상해》에 실려 있다.

왕발 (오른쪽 그림)
왕발王勃(650~676)은 자가 자안子安이며 강주絳州 용문龍門 사람이다. 양형·노조린·낙빈왕과 함께 '당초 4걸'로 불렸다. 20세 전에 진사에 급제해 조산랑을 제수받고 후에 패왕 이현의 시독 겸 수찬을 지냈는데 재능을 믿고 오만해 늘 미움을 샀다. 당시 여러 왕들이 닭싸움을 선호했는데 왕발이 이를 놀려 〈영왕 닭 격문〉을 지어 왕부에서 쫓겨났다. 후에 괵주 참군을 역임하다 파직당했는데 그 부친도 이 때문에 교지 현령으로 좌천됐다. 상원 2년(675) 부친을 보기 위해 교지에 가다가 바다에 빠져 죽었다. 이 그림은 《역대명신상해》에 실려 있다.

러오너라!' 명령을 받은 군졸이 즉시 왕경을 감옥에서 끌어내 머리에 보를 씌우고 이진의 뒤에 세웠다.

그들이 형구로 벽을 두드리며 크게 호통을 치자 겁을 먹은 이진은 머리를 조아리며 용서를 빌며 말했다. "소인의 집에 있는 30마리의 소는 훔친 것이 아니라 제 조카가 맡겨둔 것이옵니다!"

그러자 배자운은 왕경을 이진의 옆에 세우고 머리에 씌웠던 보를 벗겼다. 이진은 왕경을 보자 저도 모르게 말했다. "이자가 바로 소인의 조카입니다!" 배자운이 웃으며 말했다. "됐다! 너의 조카라면 어서 소를 돌려줘라! 또 무슨 할 말이 있느냐?"

공평하고 합리적인 재판

영문을 알 수 없던 이진은 한마디도 할 수 없었다. 배자운이 이진에게 권했다. "나도 네가 소를 어렵게 키웠다는 걸 알고 있으니 서른 마리 소 가운데서 다섯 마리를 5년간 사육한 대가로 남기고 나머지 스물다섯 마리는 왕경에게 돌려주어라."

왕경과 이진은 이 판결이 공평하고 합리적이라고 생각해 그자리에서 화해하고 집에 돌아가 소를 나누었다.

당나라는 형사적인 법률은 많았지만 민사적인 분

이백 〈옹 존사님 은거지〉 시의도 (명나라 이유방李流芳 그림)
뭇 절벽은 푸른 하늘에 닿았는가, 아득한 옛날이라 기억에 남지 않네. 구름을 헤치며 옛길을 찾는데 바위에 기대어 샘물 소리 듣누나. 꽃피는 숲엔 검은 소 누워 있고 높이 솟은 소나무엔 학이 잠들었네. 말하는 사이에 강에는 땅거미 지는데 홀로 싸늘한 안개 속에 내려가네.

| 세계사 연표 |

720년 아랍의 우마이야 왕조 야지드 2세가 즉위(~724)했다.

낙빈왕 (왼쪽 그림)

낙빈왕駱賓王(약 640~약 684)은 자가 무광務光이다. 왕발·양형·노조린과 '당초 4걸'로 불렸으며, 7세에 시를 지어 신동이라 불렸다. 고종 영휘 연간에 도왕 이원경의 부속이 됐다. 봉례랑에 동대상정 학사를 담임하다 좌천됐고, 의봉 3년(678)에 장안 주부로 입조, 시어사를 맡았으나 무고로 투옥되어 이듬해 사면 석방됐다. 광택 원년(684)에 예문령을 맡아 문서를 관장하면서 저명한 《이경업대리천하격문전함》을 집필했다. 낙빈왕은 칠언가행과 변문에도 능했으며, 문체가 날카롭고 강해 새로운 기상을 개척했다. 《낙빈왕문집駱賓王文集》이 전해진다. 이 그림은 《역대명신상해》에 실려 있다.

노조린 (오른쪽 그림)

노조린盧照隣(약 636~약 695)은 자가 승지昇之이고 호는 유우자幽憂子다. 유주 범양 사람으로 왕발·양형·낙빈왕과 함께 '당초 4걸'로 불린다. 어려서부터 총명했으며 관직이 도위에 이르렀다. 풍질(수족마비증)에 걸리자 사직하고 후에 병을 비관해 자살했다. 그의 시는 칠언가행에 능하며 대표작 〈장안 고의長安古意〉는 옛 뜻을 빌려 지금의 서정을 표현해 새로운 기풍을 수립했다. 이 그림은 《역대명신상해》에 실려 있다.

야의 규정은 많지 않았다.

이 이야기처럼 맡긴 물건에 의해 늘어난 재산으로 발생되는 귀속 문제는 당시 법률에 명확한 규정이 없었으므로 배자운 같은 법관이 지혜롭게 해결해야만 했다.

밭을 가는 농부

당나라는 경제와 농업이 크게 발전했다. 농업의 발전에 의해 밭을 가는 모습은 많은 작품에 반영되고 있다.

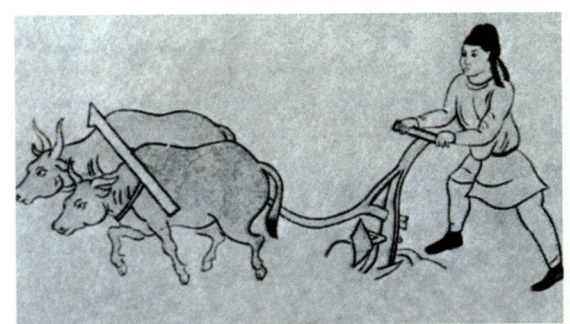

새벽의 옛 운하 – 강소 회안

●●● **역사문화백과** ●●●

[당나라 초기의 4걸]

당나라 초기의 저명한 문학가 왕발·양형·노조린·낙빈왕. 네 명은 모두 빈한한 출신이다. 벼슬길에 굴곡이 많았지만 그들의 문학적인 사상과 정취는 심원했다.

518~763 당나라

형요邢窯, 지금의 하북성 내구內丘에 있다

| 중국사 연표 |

721년 사학자 유지기劉知幾(661년생)가 죽었다. 저서로 《사통史通》이 있다.

079

적선 시인

이백李白은 불후의 명시를 많이 남겼지만 그의 인생은 비극으로 끝났다.

강직한 시인의 선풍 기질

"이백은 한 말의 술에 시 백 편이라, 장안의 저잣거리 술집에서 자누나. 천자가 불러도 배에 오르지 않고 신臣은 술 속의 신선이라 자칭하네."

이는 두보杜甫가 이백을 묘사한 시로, 대시인의 기풍과 강직한 성격을 생생하게 그려냈다.

이백의 특징은 속세에 얽매이지 않는 기질이다. 이백은 처음 입경해 시인이며 고위 관료인 하지장賀知章과 교제했는데 하지장은 그의 이런 기질에 감동했다. "군은 참으로 적선謫仙(인간세계로 내려온 신선)이로다!" 당나라 현종 역시 이백의 이런 기질에 탄복해 계단 아래로 내려와 영접했다.

당나라는 신선 법술이 크게 유행한 시대로서 황제부터 사대부에 이르기까지 모두 믿고 있었다. 이백도 그에 도취돼 명산대천을 유람하며 도사·산인들과 밀접한 관계를 가졌다. 그가 현종의 접견을 받은 것도 도사 친구 오균吳筠의 천거를 받았기 때문이다.

이백은 천보 원년(742)에 입경해 '공봉한림供奉翰林'으로 임명됐다. 한림학사는 주로 황제와 독서하고 시를 짓는데 큰 영예를 지닌 자리다. 이백은 현종의 존중을 받으며 여러 차례 현종과 함께 유람하면서 연회를 거행했다.

시선詩仙 이백 (오른쪽 페이지 위 사진 포함)
이백(701~762)은 자가 태백太白이다. 면주綿州 창륭昌隆, 지금의 사천 강유江油 사람이다. 유가 경전·고대 문사文史 명저·제자백가 이외에 검술도 애호했다. 천보 원년(742)에 당나라 현종의 부름을 받고 입경, 공봉 한림으로 문학 시종이 되어 문건 기초 등에 참여했다. 사직 후 11년간 천하를 떠돌며 시와 술로 자유롭게 지냈다. 만년에 강남 일대를 유랑, 그의 종숙 당도 현령 이양빙李陽氷의 처소에서 병사했다. 왼쪽 그림 〈시선 이백〉은 청나라 김고량의 《무쌍보》에 실려 있고, 아래 그림 〈취사 번표〉는 청나라 양류청의 연화이다. 오른 페이지 위 사진은 《이태백 전집》이다.

역사 시험장 〉 당나라 시대 혼인 풍속에서 말하는 전전轉氈은 무엇인가?

721년

| 세계사 연표 |
프랑크 국왕 테오도리히 4세가 즉위(~737)했다.

《신당서新唐書·이백전李白傳》 출전

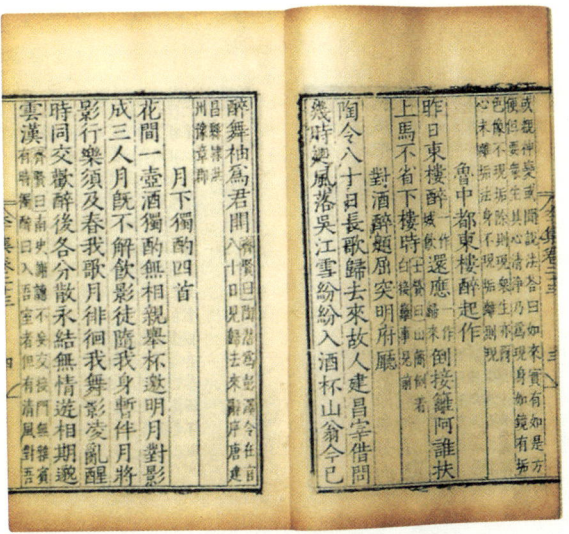

여의치 못한 궁정 형편

이백은 한림대조翰林待詔 기간에도 한량의 기질을 버리지 못했다. 한번은 당나라 현종이 궁중에서 대형 가무를 거행하면서 새로운 악부에 가사를 써넣기 위해 급히 이백을 불렀다.

저잣거리의 술집에서 이 한림을 찾았을 때는 그가 이미 흠뻑 취한 후라 병졸에 들려 입궁하면서도 깨어나지 못했다. 당시 예절에 의하면 누각에 들 때는 천으로 만든 신을 신어야 했는데 술이 안 깬 이백은 옆에 선 태감 고력사高力士에게 고함을 질렀다. "장화를 벗겨라!" 고력사는 그의 기세에 눌려 저도 모르게 꿇어앉아 그의 장화를 벗겼다. 이백은 취중에 붓을 휘둘러 거침없이 10여 장의 가사를 써 내려갔고 그의 글을 본 현종은 크게 기뻐했다.

그러나 이백의 진정한 이상은 치국평천하의 정치

태백취주도太白醉酒圖 (청나라 소육명蘇六朋 그림)
당나라의 시인 이백은 '시선'이라 불리는데 두보는 일찍이 "이백은 한 말의 술에 시 백 편이라"는 말로 술과 문화인의 밀접한 관계를 설명했다. 그림은 이백이 취중에 부축을 받는 장면이다.

역사문화백과

[음주 8선仙]

시인 이백·하지장·이진·이적지·최종지·소진·장욱·초수 등은 모두 술을 좋아해 '음주 8선'을 맺었다. 그중 여양왕 이진의 집에는 독특하게 술을 빚는 '감로경'이 있었고, 이적지의 집에는 봉래잔 등 9종의 진귀한 주기가 있었다. 두보는 〈음주 팔선가〉에서 "천자가 불러도 배에 오르지 않네"라는 구절로 이백의 진솔한 취중 상태를 생생하게 묘사했다.

| 중국사 연표 |

724년 　태사감 남궁설南宮說이 주최해 13개 측정 지점에서 동시에 정오의 그림자·북극 높이·빛의 거리를 측정했다. 그 수치에 근거해 후세 사람이 자오선의 길이를 계산했다.

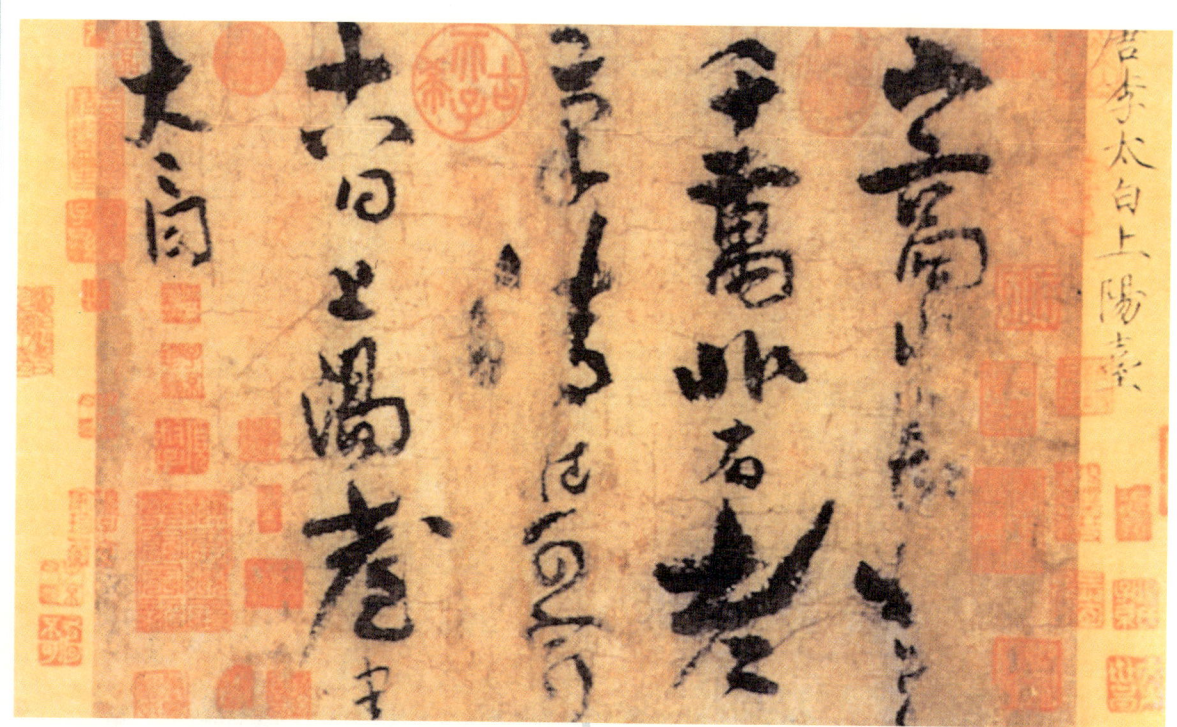

를 실현하는 것이었고, 현종도 이백을 등용해 그의 정치 재능을 펼치게 할 생각이었다.

하지만 이백이 장화를 벗기게 한 일을 모욕이라고 받아들인 고력사가 현종에게 가장 영향력 있는 양 귀비를 찾아가 이백이 〈청평사조清平詞調〉에서 양 귀비를 한나라 멸망을 초래한 조비연趙飛燕에 비겨 심히 천하다는 말을 말했다고 무함했다. 그러자 양 귀비는 이백의 관직 제수를 막고 나섰다.

이백은 장안에서 대조待詔한지 3년 만에 금을 하사받고 산에 귀환했는데 사실은 조정에서 쫓겨난 것이나 마찬가지였다. 이백은 몹시 기분

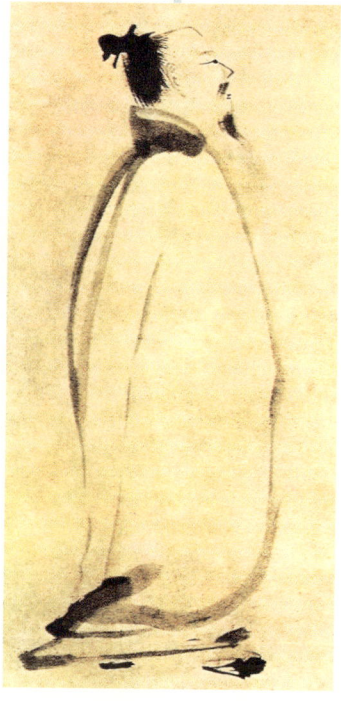

이 언짢았지만 태연한척 여전히 술을 마시고 시를 지었다. 이로 인해 그의 시에는 시대의 분노나 회한이 더욱 많이 녹아 있었다. 이후 또 옥에 갇히고 유배생활을 하다가 사면됐으나 얼마 안 되어 죽었다.

유일하게 전해지는 이백의 필적 〈상양대첩〉 (위 사진)
〈상양대첩上陽臺帖〉은 이백이 읊은 사언시로 유일하게 전해지는 서예 작품이다. 이 시는 자유분방하고 강하면서도 수려하다.

이백행음도李白行吟圖 (송나라 양해梁楷 그림. 아래 그림)
이 그림은 몇 획이 되지 않지만 시선 이백의 호방한 기질과 재주를 절묘하게 그렸다. 세부 묘사에 구애되지 않고 시인의 특징을 강조해 시인의 정신과 사상을 가장 잘 반영하는 동작을 포착해 묘사했다.

| 세계사 연표 |

724년 신라 성덕왕이 계룡산에 동학사東鶴寺를 세웠다.

이백상월도李白賞月圖 (명나라 오량지吳良智 그림)
험준한 절벽에 소나무는 휘어들고 파도는 언덕을 치는데 이백은 가부좌하고 만월을 쳐다보며 앞에 지필묵과 술과 안주를 놓고 있다. 이런 경치에 술이 동반하니 시상이 저절로 떠올랐으리라.

●●● 역사문화백과 ●●●

[제벽과 시판]
당나라 시대에는 제벽題壁이 성행했다. 관부·대청·사원·술집·여관 역참의 벽과 다리 어귀·암석·나무에 모두 시를 써놓았는데 직접 벽에 쓴 것을 제외하고 대부분 먼저 시판詩板에 쓴 후 벽에 걸어놓는다. 이백이 자은사를 유람할 때 승려들이 청각채 나무로 만든 시판을 들고 그에게 시를 지어 달라고 부탁했다고 한다.

백운관 묘회 (청나라 말기 연화. 위 그림)
백운관은 북경시 서편문 밖에 있는 북경 최대 도교 사원으로 당나라 개원 27년(739)에 건축했으며 천장관이라 불렀다. 금·원나라 시대 태극궁·장춘궁, 명나라 홍무 27년(1394)에 백운관으로 개칭했다. 매년 정월 1일부터 19일까지 백운관은 성대한 묘회를 거행했다.

태백 해표解表 (청나라 말기 연화. 아래 그림)
당나라 현종 시대 서역 모국이 조정에 표表를 진상해 누가 이 표를 풀이하면 해마다 공물을 납부하고, 풀지 못하면 당나라를 공격해 소멸하겠다고 했다. 이것을 만조백관이 모두 풀지 못하는데 이백이 가볍게 풀이했다. 현종이 기뻐하며 그에게 회답 조서를 만들게 했다. 이백은 과거 때 시험관 양국충과 고력사에게 뇌물을 바치지 않아 낙선했는데 이에 양국충에게 먹을 갈게 하고 고력사에게 장화를 벗기게 해 화풀이를 했다.

| 중국사 연표 |
725년 승려 일행一行이 양령찬梁令瓚과 함께 수운水運 혼천의를 제작했다.

080

웃음 속에 칼을 품다

간특한 재상 이임보李林甫의 최대 능력은 달콤한 말 속에 칼을 숨기는 것이었다.

달콤한 말에 숨긴 칼

당나라 재상 중 임기가 가장 긴 이임보는 당나라 현종 개원 22년(734)부터 천보 11년(752)까지 19년간 재상을 역임했다. 그는 달콤한 말로 자신에게 위협이 되는 사람을 해치는 권모술수로 역사상 이름을 날렸다.

당나라 현종은 외모를 보고 사람을 등용하기 좋아했다. 한번은 그가 궁중 근정루에서 풍채가 늠름한 병부시랑 노현盧絢이 지나가는 모습을 보게 되었다.

현종이 말했다. "훌륭한 재상의 풍채로군." 이 말을 들은 이임보는 자기 자리를 빼앗길까 봐 이튿날 노현의 아들을 찾아 말했다. "폐하께서는 그대의 부친에게 영남의 교지·광주에 보내려 하시는데 멀다고 거절하면 강등될 것 같네. 아니면 태자빈객·첨사부 사급으로 낙양에 부임하는 것도 괜찮을 걸세." 당시 영남은 역병이 돌아 관원들이 모두 무서워했다. 노현은 아들의 말을 듣고 황급히 태자빈객이나 첨사로 전임하겠다고 하자 이임보는 그를 첨사급 화주華州 자사로 보냈다. 그는 곧이어 노현이 병을 핑계로 일을 보지 않는다고 무함해 그의 첨사급마저 박탈했다.

이임보는 또 현종이 강주絳州 자사 엄정지嚴挺之가 뛰어난 인재라고 말하는 것을 듣고 바로 엄정지의 동생을 찾아가 말했다. "폐하께서는 존형을 몹시 그리워하시는데 풍에 걸렸다고 하면 귀경해 치료받을 수 있을 것이네." 동생의 말을 들은 엄정지가 바로 귀경해 치료를 하겠다고 상주하자 이임보가 현종에게 말했다. "엄정지는 노쇠해 풍이 왔으니 그를 소환해 한직을 맡겨 치료하게 함이 좋을 것 같나이다." 현종은 무척 아쉬웠지만 동의하는 수밖에 없었다.

이임보는 엄정지를 첨사로 낙양에 안치해 황제를 만나지 못하게 했다.

장과로가 명황을 회견하다 (원나라 임인발任仁發 그림)
장과張果는 전설 속 '8선'의 하나로 당나라 사람이다. 당나라 현종이 용포를 입고 용좌에 앉아 있고, 오른쪽 첫 번째 사람이 장과로, 흰 수염에 높은 관을 썼다. 바닥에 함이 하나 있는데 덮개를 열자 작은 흰 나귀가 뛰쳐나와 도망쳤다.

| 세계사 연표 |

725년　아랍 압바스파가 우마이야 왕조를 반대하는 반란을 일으켰다.

출전 《신당서新唐書》·이임보전李林甫傳
《구당서舊唐書》·이임보전李林甫傳

당나라 묘 의위도
당나라 건봉 원년(666) 위 귀비 묘의 의위도儀衛圖다. 인물의 높이가 180~196cm로 1990년 섬서성 예천현의 위 귀비 묘에서 출토됐다.

사람은 옥에 갇혔고, 비록 그들을 죽이지는 못했지만 변방으로 유배를 보냈다.

또 대장 왕충사王忠嗣가 오랫동안 변경을 수비하며 혁혁한 공로를 세우자 이임보는 그에게 재상의 자리를 빼앗길까 봐 사람을 시켜 그가 태자를 옹립하려 한다고 고발하게 했다. 이 일로 왕충사가 투옥되자 왕충사의 부하 가서한哥舒翰이 황제 면전에서 눈물로 왕충사의 억울함을 호소해 목숨을 구했다.

이임보는 간관·어사들을 모두 소집해 놓고 말했다. "폐하께서 현명하시니 신하들은 폐하에게 순종만 하면 될 뿐, 여러 말이 필요 없소이다. 의장대의 말은 위풍이 늠름하지만 일단 한번 울부짖으면 즉시 끌려가니 그때 후회해도 소용이 없다는 말이외다!" 이는 자신에 대해 비판하지 말라는 암시였다. 이에 한 자사가 반발해 이임보가 20여 가지 죄를 범했다고 상주했지만 결국 그는 이임보의 수작에 의해 요언 죄로 목숨을 잃고 말았다.

이 재상이 살아 있을 때 누구도 그의 권위에 도전하지 못했으나 그가 죽자 억압되었던 것이 일시에 폭발해 당나라를 무너뜨린 안사의 난이 일어나게 됐다.

518~763 당나라

충량을 무함한 간신

더욱 무서운 건 이임보가 모반의 죄를 씌워 대신들을 무함한 것이다. 그는 태자비의 오빠 위견韋堅과 불화했는데, 토번을 정복하고 귀환한 대신 황보유명皇甫惟明이 위견과 매우 친해 두 사람이 도교 사원에서 만나는 것을 보았다. 그러자 이임보는 두 사람이 황제를 폐하고 태자를 옹립하려 한다고 무함했다. 그 결과 두

●●● 역사문화백과 ●●●

[이원 및 이원제자]
이원梨園은 당나라 궁정의 예인들이 연습하는 장소다. 현종은 좌부기坐部伎 300명을 선발, 내부 이원에서 가무와 악기 연주를 훈련시켰다. 주요 내용은 법곡法曲으로 그가 직접 지도해 '황제 이원제자'라 불렸다. 이로 인해 극단을 이원이라 부르고 희극 배우를 '이원제자'라 불렀다. 민간에서는 당나라 현종이 희극 예인의 시조로 간주된다.

울이 높고 챙이 큰 모자, 챙 밑에 드리운 얇은 견사가 목까지 닿아 바람을 막을 수 있다　245

| 중국사 연표 |
726년 당나라가 흑수 말갈에 흑수 도독부를 설치했다.

081

간신배들의 수하

간특한 권신 재상들은 조정을 장악하기 위해 혹리를 시켜 반대파들을 공격했다.

아첨으로 졸개가 됨

재상 이임보李林甫는 다른 재상 이적지李適之와 사이가 좋지 않아 이적지를 몰아내려고 애썼다. 당시 이적지는 병부상서를 겸했는데 이임보는 병부의 전조銓曹에 많은 위법 사실이 있음을 발견하고 사람을 시켜 고발했다.

그는 전조 60여 명의 관리를 전부 체포하고 지방관서 경조윤에게 심리를 맡겼다. 이임보의 일당인 경조윤 소경蕭炅은 이임보에게 며칠 조사했지만 결과가 없다고 보고하면서 자기 대신 심리를 맡을 법조참군 길온吉溫을 천거했다.

교활한 길온은 병부의 관리를 옥에 가두고 먼저 두 중범을 불러내 심문하면서 많은 고문을 했다. 간담이 서늘해진 병부 관리들은 불려 들어가자 바로 길온의 뜻대로 진술을 했다. 그러자 반나절이 채 지나기도 전에 심문이 끝났.

조정은 고관을 파견해 재심했으나, 아무런 형벌이나 핍박의 흔적을 발견하지 못했다. 이런 사람들을 유죄로 정하자 병부 장관은 자연히 황제의 질책을 받게 됐다.

이임보는 권세 확보를 위해 많은 사건을 만들어 정적을 물리쳤다. 그가 이런 일을 도와줄 조수를 찾던 참에 길온이 능력을 발견하자 즉시 그를 만났다.

유명한 혹리인 길온은 재상에게 충성스럽게 말했다. "소관은 지기知己를 만났으니 남산의 머리 흰 호랑이를 잡으라고 시켜도 문제없소이다." 이임보는 크게 기뻐했다. 이로부터 길온은 이임보의 수하가 됐는데 사람들은 그를 '길 그물'이라 불렀다. 이임보는 혹리 나 희석羅希奭도 찾았는데 사람들은 그를 '나 집게'라고 불렀다.

더 강한 자에게 의탁

이임보의 수하가 된 길온은 이임보에게만 충성하지 않았다. 길온은 이임보와 사

홀을 든 급사
1990년 섬서성 예천현 위 귀비 묘에서 출토됐다. 급사는 바로 거세한 남자 시종이다. 과장된 수법으로 거세로 인한 급사의 형체 변화와 노비의 심리 상태를 반영하고 있다.

우울한 시녀
1978년 섬서성 예천현에서 출토됐는데 높이가 145cm이다. 당나라 사회의 시녀들의 생활을 사실적으로 반영하고 있다.

| 세계사 연표 |

726년 — 로마 교황이 롬바르드 왕과 결맹해 로마 성의 자치를 확립했다.

출전 《구당서舊唐書·길온전吉溫傳》

걷고 있는 급사

이가 좋지 않은 양국충이 더욱 힘이 강하다고 여겨 양국충의 문하에 투신했다.

얼마 안 돼 안녹산이 현종의 신임을 얻자 길온은 안녹산에 투신해 안녹산의 절도부사로 등용됐다.

몇 년 후 귀경한 길온은 어사중승 겸 병부시랑에 충한구부사가 되어 매일 도성 상황을 보고하면서 안녹산에게 황가 어마 중 수천 필의 전마戰馬를 고르게 했다. 두 사람의 결탁으로 길온은 재상이 될 뻔했지만 양국충의 반대로 성사되지 못했다.

양국충과 안녹산의 갈등이 깊어지자 길온의 입지가 점점 어려워졌다. 양국충이 사람을 시켜 하동도 채방사 위척韋陟의 뇌물죄를 고발했는데 어사대가 이

나무판을 들고 설창을 하는 급사

이 벽화는 1990년 섬서성 예천현 위韋 귀비 묘에서 출토됐다.

일을 심리했다. 이때 길온이 위척의 뇌물을 받고 안녹산에게 상서해 위척을 풀어주게 했다. 그런데 이 일이 양국충에게 발각되어 평생 남을 그물에 걸어 해치던 길온 자신이 그물에 걸려 천리 밖 풍주灃州로 유배되어 정치 생명이 끝났다.

당나라 서류 (일부분)

신강 투루판 하라허조 옛 성터에서 출토됐으며, 길이 40.3cm에 너비가 25.4cm이다. 글은 당나라 현종 개원 29년에 도망친 병사를 추격해 나포한 내용이다. 종이 질이 치밀하고 균일해 당시의 제지업이 상당히 발달했음을 보여 준다.

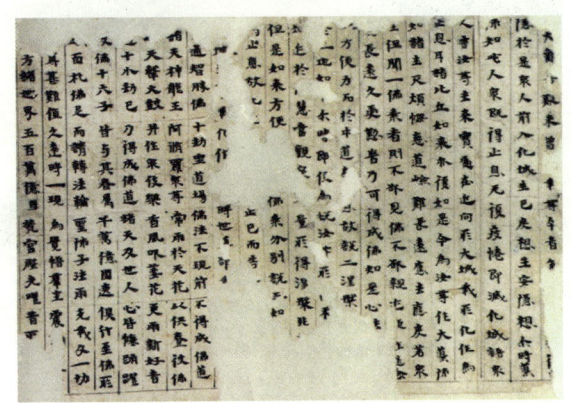

●●● 역사문화백과 ●●●

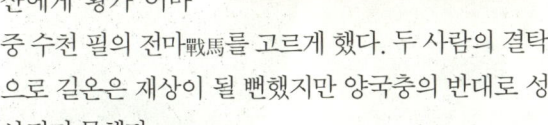

[희극인의 외모 형식을 구체화한 〈난릉왕 입진곡〉]

〈난릉왕蘭陵王 입진곡入陣曲〉은 연무軟舞로서 당나라 시대 '대면大麵·대면代麵'이라 불렸다. 무측천이 연회를 거행할 때 불과 5세이던 현종의 동생 이융범李隆範이 '대면'에 출연했다. 출연을 위해 가면과 자색 옷, 금띠, 채찍으로 분장한다.

| 중국사 연표 |

728년 당나라가 3년에 1회씩 호적을 확정, 9등급으로 구분했다.

모습이 기이한 사기 제어용 묘 – 유약 도기 인면人面 짐승
1986년 섬서성 예천현 장락 공주 묘에서 출토됐다. 인면 짐승은 엎드린 자세, 뿔난 머리, 큰 귀, 돌출된 흉부에 얼굴이 크고 몸 전체에 청백색의 유약을 칠했다. 고대에 귀신을 막는 물건으로 전국 시대에 처음 출현해 서진과 당나라에서 성행했다. 그 종류에는 인면과 수면獸面, 채색 유약 도기 · 유약 도기 · 삼채의 구분이 있다.

| 세계사 연표 |

728년 아랍은 아무르 강과 시르 강 유역 주변에 이슬람교 전파를 위해 이슬람교를 믿는 사람에게 인두세를 면제했다.

082

《구당서舊唐書·고선지전高僊芝傳》

이역에서 세운 공훈

당나라 현종 시대에는 변경 지역으로 세력을 확장해 파미르 고원을 넘어서까지 그 영향력을 미쳤다.

변경 개척을 권장

당나라 현종 시대는 당나라 국력이 가장 강성할 때로 현종은 변경 확장 정책을 실시, 강역을 확장한 장수의 관직을 높여 주었다. 특히 이임보李林甫는 변경의 장수가 입조해 재상이 되는 관례를 실시하면 그들이 자신의 지위를 위협할까 봐 현종에게 소수 민족 장수를 중용하자고 건의하기도 했다. 이렇게 해서 변경 수비군은 모두 대외 작전에서 공명을 얻으려 했기에 변경의 전쟁이 점차 빈번해졌다.

당나라는 서역에 안서 절도사를 설치했는데 천보 연간에 한 병사 출신의 장수가 절도부사가 됐으니 그 이름은 고선지高仙芝였다. 고선지는 고구려 사람으로 어려서부터 부친을 따라 서역에 종군했다. 그는 몸이 장대하고 기마 궁노에 능해 20세에 벌써 장수가 됐다.

천 리를 원정

지금의 카슈미르 북부에 위치한 소발률국小勃律國과 통혼한 토번은 소발률국에게 당나라에 대한 공물 납부를 중단하라고 요구하면서 부근 20여 나라와 함께 당나라와의 교역을 중단했다. 그러자 당나라 안서 절도사는 수차례 소발률국을 토벌하려 했으나 모두 실패

이역풍의 삼채 낙타 기병 호용
아 호용胡俑은 높은 코에 우묵한 눈, 낙타의 울부짖는 모습 등이 생동감 있게 표현돼 있다.

했다.

천보 6년(747)에 고선지는 1만 여 명의 기병을 거느리고 길을 나섰다. 100일이 걸려 특륵만特勒滿 강에 도착한 그는 토번 요새 연운보連雲堡를 기습해 병사 5000여 명을 사살했다. 고선지는 담력이 약한 감군 환관 변령성邊令誠이 전진을 거절하자 그와 3000여 명의 부상병을 연운보에 남기고 나머지 군사를 거느리고 전진했다. 탄구령坦駒嶺, 즉 지금의 힌두쿠시 산맥의 다르코트 산 입구에 이르렀다. 해발 약 4500m에 길이가 약 16km인 산마루 소로는 양쪽이 가파른 절벽이고 바람이 세고 추워서 사람들이 얼어 죽거나 절벽에 떨어져 죽는 일이 많았다.

고선지는 병사들이 두려워 할까 봐 당지 사람들을 아노월阿弩越성에서 영접하러 온 사자로 꾸며 아노월성이 당나라에 충성하고, 이미 사이沙夷 강의 등나무 다리를 끊어 토번 원군의 통로를 끊었다고 알리게 했다.

고선지는 매우 기뻐하며 병사들에게 이 소식을 알리자 사기가 오른 병사들은 거리낌 없이 이 천험을 넘었다. 아노월성의 군주는 이를 보고 저항할 엄두도 못 내고 성을 나와 고선지를 영접했다.

길을 빌려 곽나라를 멸함

아노월 거점을 점령한 고선지는 기병 선봉대를 파견, 직접 소발률국小勃律國으로 향하면서 그저 길만 빌려 카슈미르 동북

518 ~ 763 당나라

설인귀薛仁貴 249

| 중국사 연표 |

729년
승려 일행一行이 〈개원 대연력〉을 천하에 반포 실시했다.

교하 옛 성 유적지

신강 투루판시 서쪽 10km에 위치하며 한나라 시대 차사전車師前 왕국의 도읍이다. 16국과 북조 기간 동안은 고창국의 도읍이었고, 당나라 정관 14년(640) 이후 이곳은 고창군의 교하현성이 되었다. 당나라 시인 이기李頎는 〈고종군행〉에서 이렇게 읊었다. "낮에는 산에 올라 봉화를 바라보고 황혼이면 교하交河 강변에서 말을 물 먹이네." 교하 옛 성은 세계 최대 최초의 가장 잘 보존된 생토生土 건축 도시이며 중국에 현존하는 최초의 금강보탑과 유일한 지하 사원이 있다.

만이집공도蠻夷執貢圖

이 그림은 이역 차림의 외국인이 영양을 끌고 당나라에 조공하는 모습이다. '만이蠻夷'란 고대 변경 지역의 민족을 낮게 부르는 말로 외국을 칭하기도 한다. 그들은 한나라·당나라에 정기적으로 일정한 공물을 헌납했다.

부의 대발률국을 공격한다고 선포했다. 그러나 소발률국 성 밑에 다다르자 즉시 관을 점령하고 돌입했다. 이 기습에 소발률국은 산이 무너지듯 붕괴하고 국왕과 토번 공주는 나포됐다.

이후 고선지는 사이 강의 등나무 다리를 끊었다. 이 강은 부력이 약해 배를 띄울 수 없었는데 등나무 다리를 수복하려면 적어도 1년은 걸려야 했다. 이처럼 고선지는 토번과 소발률국의 연계를 끊고 토번 원군援軍의 통로를 단절한 후 개선했다.

이 전쟁의 승리로 당나라의 영향력이 파미르 고원 밖까지 확장됐으며, 이는 현종 시대의 마지막 원정이었다.

●●● 역사문화백과 ●●●

[번영하는 호악胡樂]

당나라 시대의 외래 음악을 호악이라 통칭한다. 수·당은 외래 민족과 문화를 수용하는 정책을 펼쳐 선비·고창·남조뿐 아니라 고구려·백제·부남扶南 등지의 음악이 중원에 들어와 융합됐다. 당나라 시인 왕건王建의 시다. "성 꼭대기엔 꿩이 구구구 울고 낙양의 집집마다 호악을 배우네." 이는 호악이 성행했음을 보여 주는 것이다.

●●● 역사문화백과 ●●●

[좌부기와 입부기]

당나라 현종은 악곡의 종류·연주 형식·기예의 고저에 따라 궁정 악기를 좌坐·입立 두 악부로 구분했다. 좌부기坐部伎는 당상에 앉아 관현악기로 연주하는데 비교적 우아하다. 입부기立部伎는 당하에 서서 타악기와 관악기 위주로 연주하는데 음량이 우렁차고 기세가 웅대하다.

| 세계사 연표 |

729년 일본이 사이호지西芳寺를 건설하기 시작했다.

대외 무역의 상징 – 삼채 호인 마부용

용의 높이가 28.7cm이고, 말의 높이가 41.6cm로 1959년 서안 서쪽 교외 중보촌中堡村 당나라 묘에서 출토되었다. 말·낙타는 당나라 묘의 보편적 부장물로 이는 비단길 무역의 영향이다. 무역상들의 일부는 중원에 정착하기도 했으며, 그 중 당나라 벼슬에 오르는 사람도 있었다.

비단길의 대상隊商

섬서성 서안시에서 출토됐다. 삼채 낙타와 사람은 틀에 넣어서 제작했는데 낙타용의 색채가 매우 화려하다. 사람은 고수머리의 형상과 복장이 호인의 모습이다. 이는 당나라 때 서역과 서아시아 간 '비단길'의 낙타 대상隊商의 빈번한 왕래를 반영한다.

상관의上官儀, 이런 시는 부름이나 화답 작품으로 격률을 지켰다

| 중국사 연표 |

731년 고력사高力士가 총애를 받아 임금에게 글을 올릴 경우 그를 먼저 거쳐야 했다.

083

장수의 성공과 해골

왕충사王忠嗣는 병사의 시체로 공을 세우려 하지 않았지만 황제와 장수들은 인정하지 않았다.

석보 쟁탈전

당나라 현종 때 강대한 토번 왕조는 서쪽 변경 최대의 위협이 됐다.

두 왕조의 관건은 청해호淸海湖 지역 수호였는데, 현종 초년에 토번은 청해호 지역을 점령하고 청해호 동부의 전략적 요지 석보성石堡城을 탈취했다.

석보성은 주변의 삼면이 높이 수천 미터의 절벽으로 산에 오를 수 있는 길은 오직 한 곳 뿐이었다. 토번은 이곳에 요새를 구축하고 '칼날 성'이라 일컬었다. 대군이 이곳에서 출발하면 바로 당나라의 하우 지역, 즉 지금의 감숙성 하서주랑을 침범할 수 있었다.

개원 17년(729)에 현종은 석보성 탈환의 영을 내렸다. 삭방朔方 절도사인 신안왕 이위李禕가 기습으로 일거에 이 천험 요새를 탈환하자 현종은 너무 기뻐 이위의 관작을 높여 주었다. 그러나 12년이 지난 후 토번은 다시 석보성을 탈환했다.

이에 당나라는 석보성을 되찾기 위해 여러 차례 공격을 시도했으나 성공하지 못했다. 현종은 명장 왕충사를 하서·농우隴右 절도사로 임명해 석보성을 공격하게 했다.

과장된 기법의 당나라 무사용

무사용의 복장은 사실적이나 표정은 과장되었다. 당나라 갑옷은 밝고 투구에 귀막이·목막이가 있으며, 흉부는 좌우 두 조각으로 되어 있다. 중심에 각각 원형 호심편이 있고, 흉부·등·견부를 단추로 이었다. 아래에 짧은 치마를 입고 치마 밑에 전포를 입었다.

병사의 생명으로 관직을 바꾸지 않음

왕충사는 오랫동안 변경을 수비하며 늘 하는 말이 태평 시대의 장군은 병사들을 잘 훈련시키면 되고, 국가의 힘을 소모하면서 공을 다툴 필요가 없다고 했다. 그런데 당나라 현종이 석보성 탈환 임무를 그에게 맡기자 거절을 했다. 이 보고를 받은 현종이 대로하자 이때 왕충사의 부장 동연광董延光이 출전을 청했다. 그러자 현종은 왕충사더러 동연광에게 군사를 나눠 주라고 했다. 동연광은 천자의 명을 빙자해 각종 물자를 요구했지만 왕충사는 주지 않았다.

부장 이광필李光弼이 이 일로 화를 초래할 필요가 없다고 왕충사에게 권고하자 그가 대답했다. "수만 명의 생명으로 한 성을 탈취하면 얻는다 해도 적을 제어할 수 없고, 얻지 못한다 해도 국가에 해가 되지 않으므로 나는 명을 따를 수 없네. 내 어찌 수만 명의 생명으로 관직을 바꾸겠는가!"

왕충사의 예견대로 동연광은 패전했고, 그는 그 책임을 왕충사에게 전가했다. 이에 현종은 대로했고 왕충사에게 재상 자리를 빼앗길까 봐 근심하던 이임보는 이 틈을 이용해 왕충사가 정

용감한 무관

섬서성 예천 정인태 묘의 부장물이다. 갑옷 색깔이 화려하고 가장자리에 녹·적·남색 꽃무늬가 있어 정인태가 생전에 의장대 장수임을 보여 준다.

역사 시험장 〉《적인걸 사건 재판 전기》의 저자 고라패高羅佩는 외국 한학자다. 그는 어느 나라 사람인가?

| 세계사 연표 |

731년 동로마가 이탈리아에서의 통치를 회복하려 시도했으나 실패했다.

《신당서新唐書·왕충사전王忠嗣傳》 출전

위엄 있는 무관
채색된 용俑으로 전신에 금박을 입혔고 위엄 있는 자태다.

당나라 옥문관 이북의 제일봉 – 목숙봉 유적지
돈황의 장성 목숙봉苜蓿烽은 고금에 수많은 장사들이 변경 수비 중 목숨을 잃고, 또 수많은 문인들이 시를 읊었던 곳이다. 당나라 시인 잠삼은 목숙봉 아래에서 집에 서신을 보내며 읊었다. "목숙봉 옆에서 입춘을 맞으니 호로하 강변에서 눈물로 수건을 적시네. 규중에서 헛되이 추억할 뿐이니 전쟁터를 볼 수 없어 애간장이 끊누나."

변을 일으켜 태자를 옹립하려 한다고 무함했다. 이에 더욱 분노한 당나라 현종은 왕충사를 장안으로 압송해 사형을 판결했다.

도살로 관복을 얻음

바로 그때 왕충사의 부장 가서한哥舒翰도 장안으로 소환됐는데 현종은 그를 좋아해 그 자리에서 농우 절도사로 임명했다.

가서한이 기회를 이용해 왕충사를 변호하자 현종은 소매를 뿌리치며 입궁했다. 그러나 가서한이 이에 굴하지 않고 뒤쫓으며 눈물을 흘리자 감동한 현종은 왕충사의 지위를 낮춰 한양 태수로 보냈다. 가서한에게 석보성 공격 임무가 내려졌다.

천보 8년(749)에 가서한은 6만 3000의 군사를 집결해 석보성을 공격했다. 토번은 수비군 수백 명만을 성에 남기고 대량의 식량과 통나무를 저장한 다음 당나라 군사를 기다리고 있었는데 가서한의 대군은 며칠이 지나도 성을 점령하지 못했다. 초조해진 가서한이

| 중국사 연표 |

733년 천하를 15도道로 구분, 각각 채방사採訪使를 설치했다.

선봉 장수를 죽이려 하자 다른 장수들이 두려워하며 3일 내에 성을 공략할 군령장을 세웠다. 이리해 장수들은 군사들을 사지로 내몰았는데 병사들은 우박처럼 쏟아지는 화살·바윗돌·통나무를 받으며 진격해 주검이 산처럼 쌓였다.

사흘 만에 석보성을 점령하기는 했지만 400여 명 토번 군사를 나포하는 대가로 전후 수만 명의 당나라 군사가 죽어 불행히도 왕충사의 예언이 맞아떨어졌다. 시인 이백은 일찍이 〈왕 12 한야 독작에 화답함〉이라는 시에서 이렇게 질책했다.

"군은 가서한을 본 떠서는 안 되리니, 밤에 칼을 차고 청해를 횡행하며 석보에서 도살로 관복을 얻었더라…."

석보성을 공략한 가서한은 청해호 지역에서 당나라의 통치를 유지했다. 그러나 6년 후 안사의 난이 폭발하자 당나라는 변방 군사를 중원에 파견해 반란을 평정했다. 토번은 이 틈을 타서 다시 청해호 지역을 점령했다.

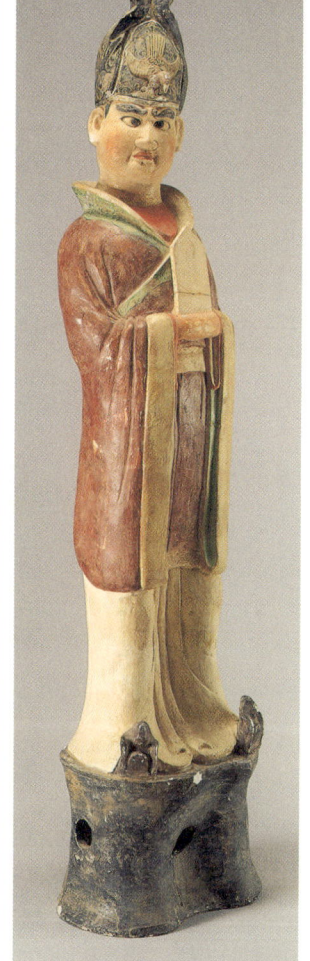

채색 무관용
규珪를 들고 두 눈을 부릅뜬 모습이다.

이백 〈촉으로 떠나는 친우를 배웅하며〉 시의도 (청나라 원습袁耀 그림)
듣자 하니 촉으로 가는 길은 험난해 가기가 어렵다 하거늘. 산은 바로 눈앞에 솟아 있고 구름은 바로 말머리를 에둘러 흐른다네.

●●● 역사문화백과 ●●●

[돈황에 '변문'·'변상' 이 있다]

변문變文은 당나라의 설창체 문학 작품으로 〈오자서 변문〉·〈왕소군 변문〉·〈맹강녀 변문〉 등 불경 이야기와 역사 전설, 민담으로 내용이 매우 풍부하다. 대부분 소실됐지만 돈황 장경동 문물에서 190여 종을 발견했다. '변상變相'은 '변문'을 설창으로 표연할 때 전시하는 그림으로 돈황에서도 발견됐다. 막고굴 벽화에 대량의 경변 그림이 있다.

| 세계사 연표 |

733년 동로마 황제가 영을 내려 칼라브리아·시칠리아 등의 교회를 로마 교황의 관할에서 벗어나게 했다.

084

《자치통감資治通鑑》·당현종천보唐玄宗天寶 9~10재

변경의 마찰을 도발한 고선지

실패한 모험

달라사怛羅斯 전쟁의 실패는 당나라 현종의 변경 확장 정책의 파산을 선고했다.

당나라 현종의 변경 확장 정책 아래 변방 장수들은 의식적으로 전쟁의 이유를 찾았고, 토번족과의 전쟁에서 공을 세워 안서 절도사로 진급한 고선지高仙芝는 여전히 대외 전쟁으로 공을 세웠다.

천보 9년(750)에 그는 지금의 타슈켄트 일대의 석국石國 군주와 평화 조약을 체결한 후 기습해 석국 군주와 사람들을 전부 나포했다. 고선지는 나포한 두령들을 장안으로 압송해 현종에게 바쳤다.

이에 현종은 무척 기뻐하며 그에게 개부의동삼사開府儀同三司의 직위를 주었다.

당시 중앙아시아 지역은 새로 흥기한 대식大食, 즉 아랍 제국이 통제하고 있었다. 고선지의 이러한 행위는 모두의 분노를 야기해 난을 모면한 석국 왕자가 중앙아시아 각국에 구원을 청하자 모두 연합해 당나라에 대항하면서 대식에 구원병을 요청했다.

대외 교제를 반영하는 벽화
섬서성 건현 당나라 장회 태자 이현李賢 묘의 벽화로 외국 사절을 회견하는 당나라 관리의 모습이다.

달라사에서의 패전

고선지는 또 한 번 승진할 기회가 왔다고만 생각했다. 그는 3만여 명의 당나라와 당지 소수 민족 연합군을 집결해 먼저 공격을 감행했다.

천보 10년(751)에 고선지는 서역으로 700여 리를 나아가 비단길의 중심 달라사 성(지금의 카자흐스탄 동남부의 잠빌성)에 원정했다. 그는 대식과 서역 각국의 연합군이 이미 준비를 하고 있음을 몰랐다. 쌍

비단길의 여행자
당나라 부장물인 아랍 여행자 도기용으로 섬서성 서안에서 출토됐다. 이 아랍 사람은 호복 차림에 배낭을 메고 손에 주전자를 들어 장거리 여행자로 추정된다.

518~763 당나라

태후나 황후가 정사를 볼 때 커튼으로 황제 어좌 뒤를 막음을 가리킨다

| 중국사 연표 |

734년

이임보李林甫와 장구령張九齡이 동시에 재상이 되었다.

당나라의 곤륜崑崙 노예

수·당 시대 서역 지역에서 온 노예로 당시 대부분의 귀족이 집에 데리고 있었다. 당나라 묘에서 출토됐다.

방이 5일간 대치한 후 고선지 진영의 소수 민족 군대가 반기를 들어 전군이 붕괴됐다.

대경실색한 고선지는 도망치다가 중도에 소수 민족 군대의 가축과 군사가 한데 엉켜 길이 막혔다. 그러자 부장 이사업李嗣業이 군사를 동원해 그들을 모두 죽여 고선지의 길을 열어주었다.

지휘자를 잃은 패잔병이 한데 모였다. 별장 단수실段秀實은 이사업이 병사의 생명을 돌보지 않고 고선지를 도와 도망치게 한다는 말을 듣고 길목으로 달려와 큰소리로 질책했다. "적을 보고 도망치다니 이건 용맹하지 못한 행동이고 자기만 돌보고 병사를 저버리면 이는 옳지 않은 표현이라, 그대 비록 목숨은 건진다 하더라도 부끄러운 마음이 조금도 없단 말인가!"

●●● 역사문화백과 ●●●

[최초의 아편 – 당나라 디에쟈]

《구당서·불림전拂菻傳》에 의하면 당나라 고종 건봉 2년(667) 불림국(동로마 제국)이 사자를 보내어 디에쟈를 바쳤다. 19세기 말 독일의 샤드는 이를 600종 성분을 포함한 만능 해독약으로 그중 아편성분이 가장 많다고 했다. 《신수본초新修本草》에는 "디에쟈는 맛이 맵고 쓰고 성질이 평하며 무독하다."고 기록돼 있고, 본서의 현대판 정리자 오덕탁吳德鐸도 아편이 아니라 해독 자양 약물이라 인정했으며, 60년대에 출판된 미국 《사마르칸트》는 아편 함유 여부가 분명치 않다고 인정했다.

●●● 역사문화백과 ●●●

[사자국]

당나라 시대 스리랑카를 사자국獅子國이라 칭했는데 이는 상고 시대 토템 숭배에서 기인한 것으로 추정된다. 《대당서역기》에도 기록되어 있다. 고대 인도의 불교는 스리랑카를 통해 중원에 전파 됐는데 당시 사자국은 불교가 매우 성행했다.

그러자 이사업은 크게 깨우치고 그의 손을 잡으며 사과했다. 두 사람은 힘을 합쳐 패잔병을 모으고 진지를 구축해 추격하는 군사를 막다가 겨우 1000명의 병사를 데리고 안서로 돌아왔다.

문화를 전파한 전쟁

달라사 전쟁은 규모가 크지는 않았지만 그 영향은 무척 컸다. 이 원정의 실패로 당나라의 중아시아 지역 군사 정책은 종결을 선고했고, 아랍 제국의 세력도 이때부터 파미르 고원을 넘어오기 시작했다.

얼마 안 되어 안사의 난이 폭발하자 당나라는 서역

구자 고성 유적지

구자龜玆 고성은 고차현성庫車縣城 서쪽 2km 피랑촌皮郎村에 위치한다. 주변의 길이가 8000m이고 북쪽 벽은 2000m, 남쪽 벽 1806m, 서쪽 벽 약 2200m로 동·남·북 세 벽은 희미하게 분별 가능하고 서쪽 벽은 소실됐다. 불규칙 4각형으로 성벽 높이가 2~7m로 전부 흙을 다져 쌓았다.

이백의 "명월은 벽해에 가라앉아 돌아오지 않는데 창오산의 흰 구름엔 근심이 가득 비꼈어라"는 시구는 누구를 추모하는가?

| 세계사 연표 |

734년 프랑크가 식읍食邑 개혁을 실시, 전쟁 중 탈취한 토지를 신하와 근위 병에게 수여했다.

518~763 당나라

지역의 변방 군사를 동부로 파견해 점차 서역 지역에 대한 통제를 상실했다. 하지만 이 전쟁의 영향으로 서로 간의 문화가 전파되었다. 고선지 부대에 제지 장인인 한족 병사가 있었는데 포로가 된 후 서아시아로 끌려가 제지 기술을 전했다. 이로 인해 중국 4대 발명품의 하나인 제지 기술이 세계로 전해졌다.

또 두환杜環이라는 병사는 나포된 후 아랍 제국을 두루 돌아다녔는데, 10여 년 후 배를 타고 광주에 돌아왔다. 그가 쓴 《경행기經行記》 역시 중국과 외국의 교류사상 명작의 하나로 꼽힌다.

당나라 관가 흙 봉인
섬서성 서안 당나라 대명궁에서 출토됐다. 백석회질로 배면에 광주리 흔적이 있고, 당시 각 도·주·부 지방관이 황제에게 진상하는 술단지·꿀단지의 봉인으로 먹글씨와 붉은 도장, 진상한 시간·지점·물품·관직·성명 등이 기록되어 있다.

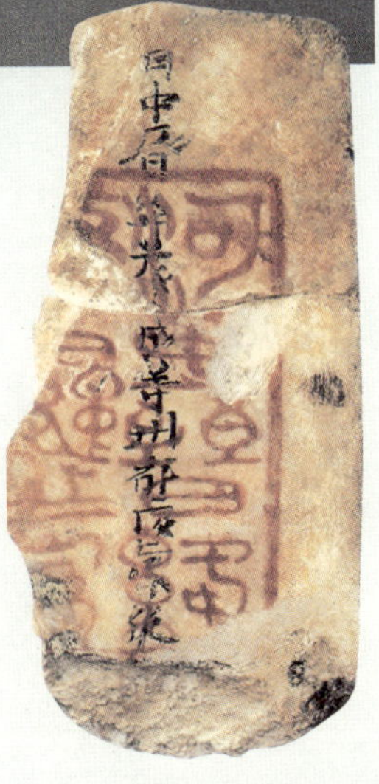

중국에 온 일본 학자 아베노 나카마로阿倍仲麻呂, 중문명은 조형晁衡이다

| 중국사 연표 |

736년 과거 시험의 주최자를 고공원외랑考功員外郞으로부터 예부시랑으로 고쳤다.

085

간계가 가득 차다

당나라를 뒤엎을 뻔한 안녹산安祿山의 재능은 한마디로 권모술수였다.

상인 출신의 대장

당나라 시대에는 소수 민족 출신의 대장이 무척 많았는데 그중 가장 이름을 날렸던 자가 후에 당나라를 뒤엎을 뻔한 안녹산이다. 그는 장군으로서의 역량은 출중하지 못했지만 정객으로서 권모술수는 대단했다.

안녹산은 '혼혈 호인'으로 모친을 따라 돌궐 부락에서 생활했고, 젊을 때 부락의 호시아랑互市牙郞, 즉 가축 중개인으로 있으면서 말재주를 배웠다. 당나라가 소수민족을 변방 군사로 모집할 때 안녹산은 종군해 용맹을 떨쳤다. 그는 순찰을 돌 때마다 꼭 수십 명의 적을 잡아오곤 해 장군으로 승진했다.

안녹산은 한자는 몰랐지만 한족 궁정의 권모술수에 대해서는 타고난 재능이 있었다.

예를 들면 당시 고관에게 뇌물을 바치면 통하지 않는 법이 없었는데 안녹산은 이를 응용해 조정 사자가 변경에 올 때마다 재물을 아끼지 않고 바쳤고, 심지어는 고관의 수종에게도 빼놓지 않고 뇌물을 바쳤다.

이런 처세술로 안녹산은 당나라 조정에서 명성을 얻었다. 그는 황제에게는 중원에 없는 진기한 물품을 바쳐야 한다는 것을 알고 있었다.

후안무치한 안녹산

안녹산은 권모술수가 뛰어나 그것을 자유자재로 이용했다. 당나라 현종이 그를 접견할 때 안녹산이 말했다. "지난해 영주營州에서 벌레가 곡식을 먹었는데

안녹산 반란
절도사 안녹산은 당나라 현종과 이임보의 신임을 얻었으며, 755년 10월에 사사명과 함께 양국충 토벌이라는 명의로 반란을 일으켰다. 안녹산은 범양을 출발한 지 불과 두 달 만에 동도 낙양을 점령하고 이듬해에 대연 황제를 자칭했다. 역사상 '안사의 난'이라 한다. 왼쪽 그림 〈양국충과 안녹산〉은 청나라 간행본 《수당연의》에 실려 있고, 아래 그림은 〈안사의 난 시의도〉이다.

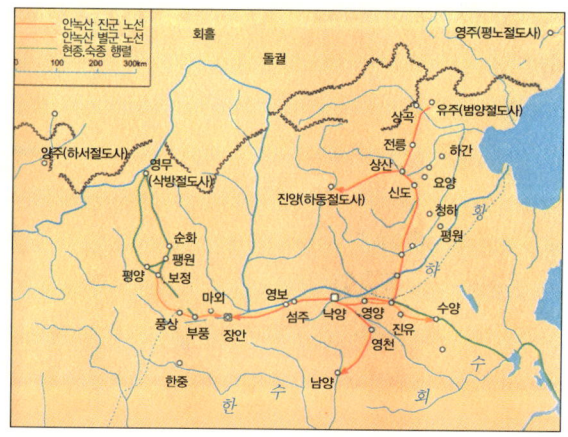

| 세계사 연표 |

736년 당나라 승려 도선道璿이 일본에 건너가 《화엄경》을 전수했다.

출전 《구당서舊唐書·안녹산전安祿山傳》

역사문화백과

[절도사]

당나라 초기에 중요 군진에 대총관을 설치해 군사를 다스렸고 후에 대도독으로 개칭했다. 속칭 절도사라고 했는데 민정도 관리하게 했다. 예종은 정식 절도사 명의로 관직을 제수했는데 대부분 무장을 등용했다. 현종은 변방 통제를 강화하기 위해 범양 등 10절도사를 설치했는데 그 권한이 후에 군·민·재·정으로 확대되었다.

신이 향을 태우며 하늘에 기도했나이다. '신이 군주에 충성하지 않는다면 벌레가 신의 마음을 파먹을 것이고 신에게 어김이 없다면 벌레를 쫓아버리소서.' 그러자 즉시 숫한 새들이 북에서 날아와 벌레를 다 쪼아 먹었나이다." 이 말을 들은 현종은 그가 충성스럽다고 여겨 크게 신임했다.

안녹산이 멍청한 체한 것은 중국 궁정과 관가에서

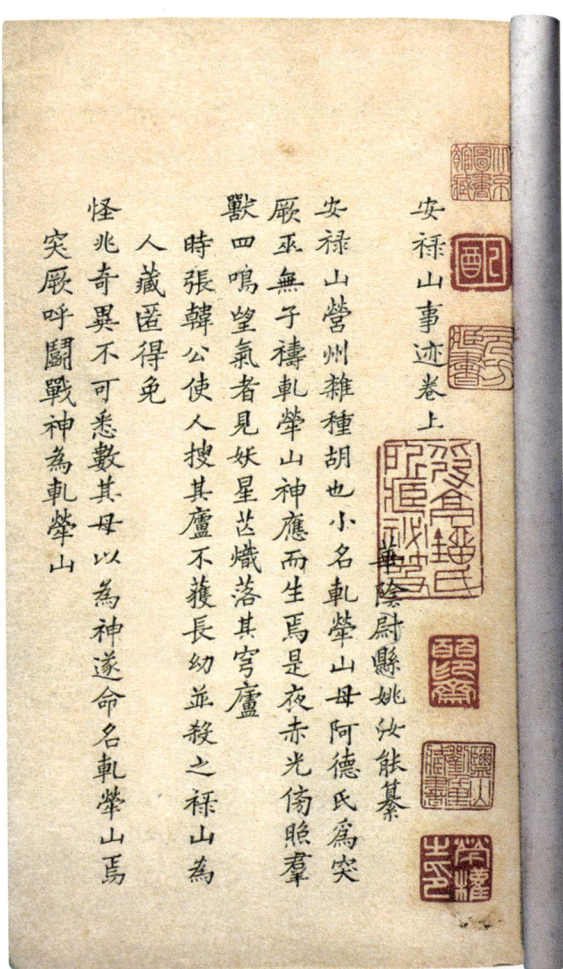

청나라 각본 《안녹산 사적》
《안녹산 사적》 3권은 당나라 요여능이 편찬했다. 요여능은 화음 현위로 그 생활 연대는 안사의 난과 멀지 않다. 이 책은 안사의 난을 연구하는 첫 문헌으로 《신당서·안녹산전》 중 《구당서·안녹산전》 보다 증가된 부분은 대부분 이에 근거한다. 예를 들면 안녹산 부대의 주력부대가 해奚·거란이며, 그중 거란이 특히 강해 나라 권력 의열에 두셋이 이들이 장악했다는 것과 안녹산이 여러 차례 제수받은 관직과 당나라 현종이 안녹산에 하사한 그릇 등에 대한 것이다.

번장을 총애하다
당나라 현종이 근정루에서 연회를 열자 백관이 모두 참석했다. 특히 어좌 동쪽에 금계장을 설치해 안에 안녹산을 앉히고 휘장을 걷어 특별한 은총을 과시했다. 그때 안녹산이 이미 반란을 준비하고 있었다는 것을 당나라 현종은 꿈에도 생각하지 못했다. 이 그림은 《제감도설》에 실려 있다.

738년

| 중국사 연표 |

당나라가 남조南詔 수령 피라각皮邏閣을 운남왕으로 책봉했다.

당나라 관직표

관서		관명	직무
3성	중서성	중서령	군사 국가 정령 장악,
		중서시랑	천자 보좌 집정
	문하성	시중	정령의 심사 및 출납 관장
		황문시랑	
	상서성	상서좌복야	행정 관장, 6부 통령
		상서우복야	
6부	이부	이부상서	관리 선발 및 작위 수여 관장
		이부시랑	
	호부	호부상서	호구 및 부세 징수 관장
		호부시랑	
	예부	예부상서	예의·제사 및 과거 고시 장관
		예부시랑	
	병부	병부상서	군대 및 무관의 선발 심사 관장
		병부시랑	
	형부	형부상서	형법 및 감옥 관장
		형부시랑	
	공부	공부상서	궁정 수공업 및 황가皇家
		공부시랑	공사 건설 관장
비서성		비서감	국가 전적 도서 관장
		비서소감	
전중성		전중감	궁정 차량 복장 및
		전중소감	음식·약물 관장
내시성		내시	내정의 봉사, 궁전 출입,
		내상시	소식 전달 관장

〈호선무〉 석각

호선무胡旋舞는 북으로 연주하는 것이 특징이다. 배우의 계속되는 회전은 눈이 날리는 듯하다. 당나라에서 호선무 춤꾼을 전문적으로 양성했다. 왼쪽의 영하 염지鹽池 당나라 묘 묘문 석각은 당나라 호선무의 자태를 매우 생생하게 반영하고 있다.

의 처세였다. 그는 처음 태자를 만날 때 모르는 척하며 절을 하지 않았다. 주위에서 그에게 절을 하라고 하자 그가 말했다.

"나는 호인이라 조정 예절을 모르거든요. 그리고 태자가 대체 무슨 벼슬인지요?" 당나라 현종이 말했다. "황태자로서 장래 짐의 천추 만세 후에 짐의 자리에 앉아 그대를 관리할 걸세."

그러자 안녹산이 나서서 말했다. "신은 너무 둔해 오직 폐하 한 사람만 알고 황태자가 있음은 몰랐나이다." 그러고는 즉시 엎드려 절을 했다. 그는 현종이 양 귀비를 총애함을 보고 이미 중년이 됐지만 막 서른이 넘은 양 귀비를 양어머니로 모시겠다고 했으며, 조정 대장이라는 신분에도 불구하고 궁정에서 배우 노릇도 했다.

한번은 장안에서 양 귀비가 거대한 비단 포대기로

흙으로 제작한 환관 얼굴
신강 위구르자치구 투루판 당나라 묘에서 출토됐다.

역사문화백과

[호등·호선과 자지무]

이 춤은 중아시아 지역의 강국·석국 등지에서 전해져 당나라 각지에서 성행했다. 당나라 중기에 이미 중원의 무용으로 간주됐고 관현악을 사용했다. 호등胡騰무는 공중 회전 폭이 크고 변화가 많다. 호선胡旋무는 회전이 빠르고 가볍다. 양 귀비·안녹산이 이 춤에 능하다. 자지柘枝무는 북을 위주로 반주하고 춤꾼은 눈의 표정에 치중했다. 지금 신강 일대에서 유행하는 소수 민족의 춤과 매우 비슷하다.

현종과 양 귀비
당나라 현종은 집정 초기에는 정사를 잘 돌봐 개원 성세 국면을 개척했으나 후기에 간신을 신임해 며느리 양옥환을 귀비로 수용했다. 안사의 난에 도주, 핍박에 못 이겨 양 귀비를 교살했다. 이는 천고의 비극 〈장한가長恨歌〉의 소재가 되었다.

안녹산을 싸서 후궁으로 메어가게 했다. 궁녀들의 웃음소리가 황제의 침실에까지 들려와 현종이 그 이유를 물었다. 그러자 궁녀들은 귀비가 '녹산 아들'을 3일 '아기 목욕'을 시킨다고 답했다. 그 말을 들은 현종이 그 광경을 구경하기 위해 급히 달려가 보니 안녹산이 벌거벗은 채로 포대기에 싸여 천진한 표정을 짓고 있었다. 이것을 본 현종은 무척 즐거워했다.

불의의 습격

양국충은 계속 안녹산이 반란을 꾀할 것이라고 당나라 현종에게 말했다. "안녹산이 반란하려 하나이다. 폐하께서 시험 삼아 그를 소환하소서. 그는 감히 오지 못할 것이옵나이다." 그러나 그는 장안에서 사자가 당도하자 즉시 장안으로 와서 눈물을 흘리며 현종에게 아뢰었다. "신은 호인으로서 폐하의 총애를 받았기에 이처럼 고위직에 올랐나이다. 지금 양국충이 질투하니 신은 죽을 날이 멀지 않았나이다." 그러자 그에게 거금을 상으로 내리고 심지어는 재상 자리마저 주려 했다. 안녹산은 조정에서 많은 대신들과 형제의 연을 맺고 반란을 적극적으로 준비했다.

천보 14년(755), 때가 왔다고 생각한 안녹산은 여러

이백 〈가을 선성 북루 등반〉 시의도 (명나라 항성모項聖謨 그림)
강변의 시가지 그림 속에 잠겼는데 황혼의 산 너머로 하늘은 맑구나. 두 강물은 끼고 돌며 거울처럼 맑은데 두 다리 위에는 채색 노을 비꼈구나. 저녁 연기 속에서 귤나무는 한기가 서리고 가을빛 무르익어 오동나무 시들어 가누나. 그 누가 알랴 이 북루 위에서 바람을 맞으며 사공謝公을 그리는 나그네를.

장군을 모집해 놓고 안녹산에게 군사를 이끌고 조정에 들어와 양국충을 죽이라는 황제의 밀지를 보였다. 그러고는 15만 군사를 거느리고 일거에 낙양을 점령했다. 그런 이후, 공개적으로 황제를 자칭하며 국호를 대연大燕이라 했다. 그러나 군사를 일으킨 지 얼마 안 돼 그는 두 눈을 실명했고, 불과 1년 간 용좌에 앉았다가 아들 안경서安慶緒에게 피살됐다.

739년

| 중국사 연표 |

공자에게 문선왕文宣王이란 시호를 추존했다.

086

찬가를 부르지 않다

정사는 원덕수元德秀를 〈탁행전卓行傳〉에 나열했다. 왜냐하면 안사의 난이 시작되지 않은 개원·천보 연간에 그처럼 찬가를 부르지 않는 사람은 거의 없었기 때문이다.

어기어라

당나라 현종은 예술을 무척 사랑했고 만년에는 가무에 몰두했다.

개원 23년(735)에 현종은 동도 낙양에서 새 봄을 경축, 낙양 주위 300리 내 주·현에서 모두 예인藝人을 보내어 출연하게 했다. 이는 현대의 콩쿨과 비슷했는데 이때 훌륭한 공연을 연출한 지방관은 자연히 상을 타게 돼 경쟁이 심했다.

경축식 날, 현종 황제는 오봉루에 앉아 있었고 배우들은 성루 아래에 모였으며, 많은 낙양 백성들이 구경을 나와 성루 사면을 물샐 틈 없이 에워쌌다.

공연이 시작되자 하내 태수가 먼저 등장했고, 수백 명의 악공이 수십 대의 수레에 나눠 타고 수레를 끄는 소마저 능라주단으로 호랑이, 표범, 코끼리, 코뿔소의 모양을 해 눈에 띄게 했다. 그들이 긴 소매를 휘두르며 현령 원덕수가 지은 민요를 부르기 시작했다. 당나라 현종은 10여 명 예인이 반복적으로 '어기어, 어기어라'를 부르자 이 가요에 깊이 감동돼 연송 칭찬했다. "이는 참으로 현인의 목소리야!"

피로 쓴 경문

이 '어기어라' 노래를 지은 현령 원덕수는 본래 가난한 선비로서 집에는 노모 한 분밖에 없었다.

괵국부인 유춘도游春圖 (당나라 장선張萱 그림. 아래 그림 및 오른쪽 페이지 그림)

괵국부인虢國夫人은 양 귀비의 셋째 언니로 생활이 사치스러웠다. 이 그림은 천보 연간의 봄놀이가 주제인데 9명의 일행이 엷고 화려한 봄철 적삼에 말을 타고 들놀이하는 장면이다. 원작품은 이미 소실됐고 현존 그림은 북송의 모사본이다.

역사 시험장 〉 당나라 중기 이후 능묘 내에 시보諡寶를 넣기 시작했는데 이는 무엇인가?

| 세계사 연표 |

739년 발해의 사신인 이진몽己珍蒙 일행이 일본에 도착했다.

《신당서新唐書·원덕수전元德秀傳》

거인擧人에 합격됐지만 모친 혼자 집에 남겨 두고 상경해 진사시험을 볼 수가 없어 노모를 업고 상경했다. 그러나 과거에 급제한 지 얼마 안 되어 노모가 죽었다. 모친의 상의 음식에는 소금과 버터가 없었고 침대에는 삿자리도 펴지 않았다. 부자들은 선인先人의 혼이 일찍 승천하도록 사람을 고용해 불경을 새기거나 불상을 찍었지만 가난했던 덕수는 자기의 손가락을 침으로 찔러 피로써 경문을 썼다.

원덕수는 장가를 가지 않았다. 형이 죽은 후 조카를 맡아 키웠지만 조카가 크자 혼사를 치를 돈이 없어 노산魯山의 현령을 자처했다.

원덕수는 오봉루에서 열린 행사에 출연해 명성을 크게 날렸는데, 그가 받은 상으로는 전부 가난한 자들을 구제했다.

임기가 차니 그는 비단 한 필과 땔나무 수레를 몰고 산수가 수려한 육혼산陸渾山에 들어가 거주했다. 원덕수의 집은 담장도 자물쇠도 노복도 처첩도 없었으며, 식량이 없을 때는 불도 때지 않았다. 그는 박주 몇 잔

만국 상인이 당나라에 운집하다
당나라 시대는 경제 개방 시대로 당시의 도읍 장안은 세계에서 가장 큰 국제 도시였다. 이 당나라 〈상려도商旅圖〉 벽화는 당시 상인이 운집하는 성대한 장면을 묘사한 것이다.

으로도 기분 좋아했다. 누가 술과 안주를 가져오면 귀천을 불문하고 손님과 함께 앉아 술을 마셨고 취기가 오르면 '어기어, 어기어라'를 불렀다.

자지紫芝의 양미간

원덕수는 궁벽한 산골에서 살았지만 그를 찾아 배우려는 사람이 매우 많았고 모두 자신을 덕수의 사숙 제자라 자칭했다. 후에 재상이 된 방관房琯도 늘 덕수

740년

| 중국사 연표 |

시인 맹호연孟浩然이 죽었다.

세계 석조 예술의 걸작 – 봉선사동 네 장사 (위 사진)
용문 봉선사奉先寺는 용문 석굴 중 최대 규모, 최고 예술의 동굴로 조각이 섬세하고 조화롭다. 주요 석상인 노사나盧舍那 불상은 얼굴에 환한 미소를 띠고 있으며 자태가 장엄하다. 장사의 팔·가슴, 눈썹·눈에서 드러나는 기세에 조각가의 뛰어난 예술성이 드러난다.

도리원도桃李園圖 (명나라 구영仇英 그림. 아래그림)
이 그림은 이백 〈춘야 도리원 연회 서문〉에 "천지는 만물의 여관이요, 세월은 백 세대의 나그네라. 인생은 꿈과 같거늘 즐거움은 몇 번이더냐? 고인들이 촛불을 들고 밤에 노닌 일은 확실히 있었거늘, 하물며 양춘이 안개의 경치로 나를 부르고 대지가 나에게 문장을 줌에야. 이에 도리원에 모여 천륜의 낙을 이야기하노라. 여러 아우들은 준수해 모두 혜련처럼 재주가 있고 내가 노래를 부르니 홀로 안락함에 부끄럽도. 깊은 감상은 끝나지 않고 고담준론은 맑아지노니 옥액의 연회에 꽃송이 앉고 깃이 날리는 술잔에 달을 보며 취하누나. 가작이 없다면 무엇으로 우아한 정회를 풀어보리오? 시구를 내놓지 않는다면 벌주 세 말을 안기리라."라는 글에 의해 창작한 것이다.

역사 시험장 〉 개원 연간(713~741)에 여가수 허화자許和子의 예명은 무엇인가?

| 세계사 연표 |
740년 발해의 사신단이 일본 천황이 주재한 조회에 참석했다.

를 찾았고, 또 그때마다 탄식하곤 했다. "자지紫芝(덕수의 자)의 양 미간을 보기만 하면 나의 마음이 깨끗이 사라져 버린다네."

천보 13년에 원덕수는 집에서 죽었고, 족제 원결元結이 애통하게 곡을 했다. 이를 보고 누군가 애도가 지나쳐 예절에 맞지 않는다고 하자 그가 말했다.

"그대들은 다만 내가 상례에 부합하지 않음만을 알고 정감의 지대함은 알지 못하는구려. 덕수는 예순을 살았어도 여색을 가까이 하지 않았고, 비단이불을 덮지 않았으며, 10무의 땅도, 10자의 방도, 10세의 동자도 없었네. 좋은 옷 한 벌 입어보지 못했고 맛있는 식사도 맛보지 못했지만 가난에 대해 원망의 말씀 한마디 하시지 않았네. 내가 애도함은 세상의 황음무도한 사람들, 호의호식하는 무치한 사람들에게 경고를 하기 위해서네."

망천도輞川圖 (당나라 왕유王維 그림. 일부분. 위 그림)
망천은 섬서성 남전 부근에 위치한다. 유명한 시인이며 화가인 왕유는 만년에 이곳에 은거, 많은 시가를 지었으며 이 그림 역시 그때 그린 것이다. 화면은 산들이 둘러 있고 수림이 울창하며 누각이 단정하고 예스럽다. 별장 외에 구름과 물이 흐르고 간혹 배도 지나며 속세를 떠난 풍경을 표현하고 있다. 원나라 탕후湯垕《화감畵鑑》에는 "그가 그린 〈망천도〉는 세상의 으뜸이다."라는 글이 있다. 이 그림은 당나라 사람의 모사본이다.

전원 시인 맹호연
맹호연은 이름이 호浩, 자가 호연浩然으로 양주 양양 사람이다. 당나라의 저명한 전원시인으로 주로 집에서 독서와 시를 지었으며, 녹문산에 은거하다가 40세에 진사 시험을 봤으나 떨어졌다. 시가는 대부분 오언 단편, 제재가 협소하고 산수·전원·은거·여행 등의 내용을 다루었으며, 세상에 대한 불만을 토로했다. 그의 시는 간결하고 소박해 독특한 조예가 느껴진다. 도연명·사령운謝靈運·사조謝朓를 뒤이어 당나라 전원 산수시파를 개척했다.

518~763 당나라

영신永新. 왜냐하면 그녀가 길주吉州(지금의 강서성 영신현) 사람이기 때문이다

087

한(恨)이 끝없어라

시인 백거이의 '장한가長恨歌'는 당나라 현종과 양 귀비의 사랑 이야기를 가리킴은 누구나 알고 있다. 이 이야기는 희극으로 시작해 비극으로 끝났다.

현종의 여성편력

호색한인 당나라 현종은 수천 명의 후궁도 마음에 들어하지 않았다. 누군가 그에게 그의 열여덟째 아들 수왕壽王 이모李瑁의 왕비 양楊씨가 천하절색이라고 알려 주었다.

현종은 양씨를 불러다 본 후 과연 절세 미인이라 여겼다. 현종은 양씨에게 자신이 출가해 도사가 되겠다는 의사를 꺼내도록 하여 이를 구실로 수왕을 떠나게 한 후 양씨를 황궁으로 데려왔다. 수왕 이모는 무혜비 소생이므로 현종은 그에게 따로 왕비를 찾아 주었다.

양씨는 애명이 옥환玉環이며 부친은 본래 촉주蜀州의 작은 관리로 그녀가 어릴 때 죽었다. 그녀는 하남부에서 작은 관리로 있는 숙부 집에서 자랐고, 후에 바로 이 숙부가 그를 수왕에게 시집보냈다. 입궁 시 그는 이미 25세의 성숙한 여자였다.

재주가 많은 귀비

양옥환은 입궁하자 은총을 입어 이듬해에 바로 귀비로 책봉됐다. 타고난 미모 외에 그녀는 또 음악에도 재주가 있어 음률을 알고 가무에 능했으며, 연주를 지휘할 줄도 알았다. 현종 역시 예술적 감각이 뛰어난 황제로 두 사람은 더욱 호흡이 맞았다.

양 귀비는 총명하기도 해 가장 적당한 때에 자기의 요구를 말하거나 적당히 응석을 부릴 줄 알았다.

그녀가 입궁한 지 3년 만에 현종이 자신을 노엽게 한 귀비를 궁밖으로 내쫓았다. 그러나 반나절도 지나지 않아 현종은 혼이 나간 사람처럼 점심도 먹지 못했다. 이를 본 고력사高力士가 즉시 양 귀비의 소환을 청하자 그날 밤 궁문을 크게 열어 양 귀비를 궁 안으로 불러들였다.

한번은 양 귀비와 황제가 심하게 다투었는데, 현종이 화를 내며 또 그녀를 궁 밖으로 내보냈다.

그때 길온吉溫이 나서서 사정하자 궁중의 요리를 귀비에게 보내게 했다. 양 귀비는 요리를 보내온 태감에게 말했다. "폐하를 노하게 했으니 그 죄 만 번 죽어 마땅하외다. 첩의 일체는 폐하께서 하사하셨으나 머리카락만은 부모님이 주셨으니 폐하께 보답할 수 있소이다." 그녀는 칼로 머리카락을 잘라서 태감에게 주면서 폐하에게 드리게 했다.

이를 본 현종은 놀랍기도 하고 기쁘기도 해 즉시 고력사에게 그녀를 데려오게 했다.

양귀비상마도楊貴妃上馬圖 (당나라 무명씨 그림. 위 그림)
양옥환(719~756)은 호가 태진太眞이고, 포주 영락永樂, 지금의 산서성 영제永濟 사람이다. 촉주 사호 양현염楊玄琰의 딸로 가무와 음률에 능했다.

| 세계사 연표 |

742년 신라 경덕왕이 재위(~765)했다.

《구당서舊唐書·양귀비전楊貴妃傳》

은총을 입은 가정

귀비는 황제의 총애를 더 탄탄히 굳히기 위해 자기의 형제자매를 불러다 현종을 자극했다. 그의 자매들 역시 미모가 출중했는데 현종은 그들을 접견한 후 큰 언니를 한국부인으로, 셋째 언니를 괵국부인으로, 여덟째 언니를 진국부인으로 봉하고 궁전에 마음대로 출입하게 했다. 그의 사촌 오빠 양소楊釗는 입궁해 현종을 모시면서 양국충楊國忠이라 이름을 고치고 호부의 도지낭중度支郞中이 되었으며, 후에 재상까지 올라 권력이 절정에 이르렀다. 양 귀비의 다른 두 사촌 오빠도 모두 부마가 되고 큰 벼슬을 했다.

고대에 고도로 집중된 권력 체제는 하나의 법칙을 형성, 누가 실권을 쥐면 바로 그때부터 부패가 시작되었다. 양씨 일족이 실권을 잡자 각 분야의 부패도 모두 양씨 일족에게 집중됐다. 관직을 팔고 중상 무함하는 등 악행은 모두 그들 가족에게서 시작돼 사회의 불만을 초래했다.

이 점을 알고 있던 양국충이 일찍이 문객에게 말했었다. "본래 빈한한 우리 집이 여자의 총애로 융성했는데 앞으로 어떻게 될지 모르겠네!"

여산피서도驪山避暑圖 (청나라 원강袁江 그림)
여산驪山은 섬서성 서안 임동에 위치하며 진령 산맥의 지맥으로 유명한 피서지다. 특히 당나라 시대 여산에 대량의 궁전 누각을 건설했다. 그림 중 여산 궁전 누각은 처마가 우뚝 솟고 궁내에 화초와 수목이 가득하고 행인이 그 사이로 드나들어 매우 번화한 형상을 이루고 있다.

●●● 역사문화백과 ●●●

[귀비탕]
당나라 수도 장안 교외에 궁정 욕실 화청지를 건설, 내부에 어탕·귀비탕·성신탕·태자탕·상식탕 등 5개의 목욕탕을 설치했다. 그중 귀비탕貴妃湯은 비교적 작은 2층 구조로 해당화 모양이다. 백거이의 시 "봄철의 한기에 화청지 목욕을 하사하니 몸을 씻은 온천의 물도 매끄러워지누나"는 바로 귀비가 목욕하는 정경을 묘사한 것이다.

연꽃탕
당나라 시대 여산 서북쪽 화청지 온천에 탕천궁이 있었는데 미색에 빠진 당나라 현종은 매년 양 귀비를 동반해 이곳에 왔다. 사진의 연꽃탕은 당나라 현종과 양 귀비의 전용 욕탕이다.

| 중국사 연표 |
745년
양태진楊太眞을 귀비로 책봉했다.

처참한 결말

양옥환이 사촌 오빠와 같은 생각을 했었는지는 알 수가 없다. 안녹산의 반란이 일어난 후 그녀는 여전히 황제의 총애를 믿고 권력을 남용해 현종이 태자에게 선양하려는 생각을 떨치게 했다. 결과 뭇사람들의 분노를 야기했고 장안에서 철수하는 도중에 병란이 발생, 당나라 현종은 핍박에 못 이겨 양 귀비를 죽임으로써 그들의 분노를 평정했다.

현종의 만년은 처참했다. 정권은 이미 아들 손에 넘

화청출욕도華清出浴圖 (청나라 강도康濤 그림)
양 귀비가 욕탕에서 나오는 장면으로, 두 어린 궁녀가 향로를 받쳐 들고 그녀를 수행하고 있다. 그림의 선은 주로 철선으로 그렸다. 입체감이 뛰어나며 인물의 묘사가 정확하고 세밀하다.

이백 〈천문산을 바라보며〉시의도 (청나라 석도石濤 그림)
천문이 끊어지며 초나라의 장강이 흐르는데 푸른 물은 동으로 흐르다 여기에서 돌아치네. 양안의 푸른 산은 마주 서서 나오는데 한 폭의 외로운 돛이 해를 향해 오는구나.

●●● 역사문화백과 ●●●

[당나라의 기백을 구현한 비석]

석각 문자는 주체가 비석으로 비석의 주체는 능묘 비석과 사당 비석이다. 비각 기풍은 한나라부터 시작됐으며, 채굴 기술 부족으로 한나라 비석은 크기가 작다. 위진 남북조 비석은 점차 높아지고 당나라에 이르는 문자 부분이 이미 높이 200cm 이상, 너비 140cm 이상의 거형 석각으로 발전됐다. 비석 이마에 또 지붕돌이 있고 받침돌도 높고 정밀해졌다. 지금 서안 비림의 수많은 당나라 비석은 이미 받침돌·지붕돌이 소실, 소릉 〈이적비李勣碑〉, 건릉의 〈술성송述聖頌〉, 숭산의 〈성덕감응비聖德感應碑〉만이 당나라 석각의 위대한 기백을 느끼게 한다. 당나라 현종은 높이 4장의 〈화산명華山銘〉을 조각했는데 애석하게도 황소 봉기군이 화산묘를 불살라 소각됐다.

어갔고, 늙은 육신에 궁중에는 양 귀비처럼 자신의 마음을 잘 알아주는 사람이 없었다.

장안에 귀환한 그는 양 귀비의 묘를 성대히 개장하려 했지만 조정 신하들이 동의하지 않아 태감을 시켜 다른 곳으로 이장하는 수밖에 없었다. 태감이 양 귀비 몸에 있던 향낭을 가져오자 현종은 사람을 불러 양 귀비 화상을 그리게 한 후 궁전에 걸어놓고 매일 바라보았다.

〈장한가長恨歌〉의 마지막 두 구절에서 말하듯이 "천지는 길어도 끝나는 때가 있건마는 면면한 이 한은 끝나는 때가 없어라."

당나라 화청지華淸池 외경
화청지는 진령 산맥의 여산 기슭에 위치하며 섬서성의 유명한 온천이다. 역대 제왕 행궁이 있으며, 청산녹수로 풍경이 아름답고 어탕박물관에 양 귀비 목욕탕을 비롯한 동화원·소요정·삼원동·노군전老君殿·노모전老母殿 등 당나라 황가의 욕탕을 전시하고 있다.

●●● 역사문화백과 ●●●

[교방·교방악]

교방教坊은 당나라 조정이 설립한 궁정 악대의 훈련 관리 기구이고, 교방에서 전수 연주하는 악무를 교방악教坊樂이라 한다. 당나라 시대 교방악은 궁중 연회를 위주로 했으며, 교방은 예인이 많고 악무도 상당히 풍부했다. 남송 이후 민간 음악이 흥성함에 따라 교방악이 점차 쇠락해졌다.

| 중국사 연표 |

750년 양 귀비의 사촌 오빠 양소楊釗에게 양국충楊國忠이란 이름을 하사했다.

088

눈물어린 출정

옛 도읍 장안 동쪽의 인후咽喉는 동관潼關으로 일찍이 이곳에서 무수한 전쟁이 발생했지만 안사安史의 난처럼 희극성이 풍부하지는 못했다.

오합지졸이 동관을 지킴

안녹산安祿山이 반란해 10여만 군사가 황하 양안을 휩쓸며 한달만에 당나라의 동도東都 낙양을 공략했다.

반란 초기 대장 봉상청封常淸은 당나라 현종에게 출정을 요구하면서 큰 소리를 쳤다. "신이 병사를 모집해 황하를 넘어 호족의 머리를 갖다 바치겠나이다!" 그는 낙양에서 6만 군사를 모집해 반란군과 접전했고, 연이어 다섯 번이나 패해 섬주陝州, 지금의 하남성 섬현으로 도망쳐 고선지高仙芝의 군사와 합류했다. 두 사람은 자신의 군대로는 안녹산의 반란군과 대적할 수 없음을 알고 퇴각해 천혐의 요새인 동관을 지켜 장안을 보호함이 낫다고 생각하고 철수했으나 도중에 반란군의 습격을 받아 전군이 붕괴되었다.

당나라 현종은 분노해 봉상청과 고선지를 참수하고 노장 가서한哥舒翰을 병마 부원수로 등용해 안녹산을 진압하라고 했다. 그러나 가서한은 중병을 앓고 있었고 그에게 준 군사는 20만이라 하지만 오합지졸로, 관중 지역에서 모집한 7, 8만 명의 아무런 훈련도 거치지 않은 신병을 제외하고는 봉상청·고선지의 패잔병과 관롱關隴 지역에서 모집한 규율을 모르는 소수 민족이었다.

가서한의 수하의 장군들은 이때 모두 무위武威에 있어 일시에 출동해 올 수 없었다. 현종은 그에게 문관 전량구田良丘를 행군 사마로 파견, 또 일부 문관을 모아 막부를 형성했다. 가서한은 병이 중해 누워 있는 시간이 일을 보는 시간보다 많아 사무는 모두 전량구에게 맡겼는데 전량구는 지휘를 전혀 몰랐다.

그는 군대를 기병과 보병으로 나눠서 장군 두 명에게 맡겼다. 그러자 두 장군이 다투느라 동관 군영은 전혀 질서가 잡히지 않았다.

그나마 다행인 것은 동관 밖의 반란군도 기회를 놓친 것이었다. 안녹산이 남으로 보낸 군사가 강렬한 저항을 받았고, 안고경安杲卿·안진경安眞卿 형제가 일으킨 근왕勤王 운동이 하북 지역을 휩싸서 17주의 20만 백성의 무장이 당나라에 충성한다고 선포했다. 특히 안녹산이 동관을 공격하려 할 때 이광필李光弼이 지휘하는 당나라 군대가 하동으로부터 하북에 돌입, 반란군과 그 근거지 간의 연계를 거의 단절했다.

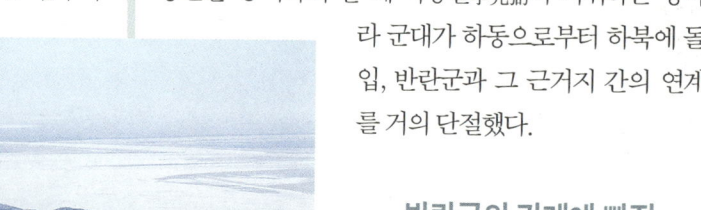

반란군의 간계에 빠짐

안녹산의 부장 최건우崔乾祐는 적을 유인하기 위해 동관 동쪽의 섬주에서 일부러 노약老弱한 군사를 내보냈고, 이 상황을 정찰한 조정은 가서한에게 공격을 개시하라고 독촉했다.

이에 가서한이 말했다. "반란군은 먼 곳에서 오는 길이니 속전을 필요로 하며 관군은 요새를 지키

동관에서 멀리 바라보다 - 섬서성 동관
'안사의 난'이 일어난 후 안녹산은 최후 요새 동관을 공략했다. 왼쪽 산기슭은 고대 관도, 먼 곳은 황하다.

| 세계사 연표 |

750년 아랍이 아바스 왕조 통치(~1258)에 진입했다. 중국 사서에 이를 흑의 대식黑衣大食이라 칭했다.

《구당서舊唐書·가서한전哥舒翰傳》 출전

이백 〈왕륜에 증송함〉 시의도 (청나라 전혜안錢慧安 그림)

이백이 배를 타고 바로 떠나려는데 홀연 언덕에서 발을 구르며 노래를 부르네. 도화담의 물 천 자 깊이나 된다지만 나를 배웅하는 왕륜의 정보다는 깊지 못하네.

현종시마도玄宗試馬圖 (당나라 한간韓幹 그림)

당나라 화가 한간韓幹은 진굉·조패를 스승으로 삼아 공부했으며, 후에 당나라 현종이 궁정 화가로 뽑아 관직이 태부사승에 이르렀다. 말 그림에 능했으며 각종 말의 정신 상태·동작·골격·근육·털색 등을 깊이 관찰했다. 현종은 진굉에게 입궁해 말을 그리게 하고 한간이 그린 말이 스승의 그림과 다른 이유를 물었다. 한간이 대답했다. "폐하 마구간의 말은 죄다 신의 스승이옵니다." 현종이 이상해서 보니 그가 어마를 그렸기에 '비룡'의 튼튼한 형상, '분옥'의 특이한 기질을 완전히 그려냈다. 한간의 〈상마도〉, 〈영왕조마타구도〉, 〈명비상마도〉, 〈우전황마도〉, 〈조야백마도〉 등은 모두 전해지는 정품이다.

므로 고수를 필요로 하나이다. 하물며 지금 반란군은 사면으로 공격을 받아 기세가 날로 약화되고, 후에는 내분이 생길테니 그때가 되면 싸우지 않고도 적장을 생포할 수 있나이다." 곽자의郭子儀·이광필도 동관을 고수하면서 반란군 주력을 받아들이고 그 사이에 그들이 부대를 거느리고 반란군의 소굴을 공격하면 반란군은 앞뒤를 돌볼 수 없게 된다고 말했다. 그러나 이런 그들의 요구는 반란을 급히 평정하려는 현종에게 한 가지도 받아들여지지 않았고, 현종은 또 사자를 동관 군영에 파견해 출병을 독촉했다.

가서한은 가슴을 치며 어쩔 수 없이 출격을 명했다. 그는 6월 3일에 관을 나서서 10여만 대군을 거느리고 천천히 전진하자 반란군 최건우 부대는 점차 약속한 진지로 물러갔다. 6월 7일 쌍방은 동관 이동의 황하와 높은 산 사이의 좁은 지대에서 접전했다.

처음에 반란군은 드문드문 보이더니 얼마 후 깃발을 거꾸로 들고 도망치려 했다. 그러나 관군이 좁은 길로 들어서자 높은 곳에 매복해 있던 반란군이 돌과 통나무를 굴리고, 여기저기에 불을 놓아 연기가 자욱해졌다. 큰 혼란에 빠진 관군은 화살을 모두 다 쏘고 나서야 반란군이 눈앞에 없음을 발견했다.

저녁 무렵, 반란군 기병이 관군의 배후를 공격하자 관군은 전군이 붕괴되고 동관으로 도망쳐 온 병사는 8000명도 채 못됐다. 바로 이튿날 반란군은 이 천험의 요새인 동관을 점령했다. 가서한은 관서의 한 역참으로 도망가 패잔병을 수습해 또 싸웠는데, 뜻밖에도 수하 소수 민족 장수 화발귀인火拔歸仁에게 납치됐다.

그가 가서한에게 물었다. "장군은 한 번 싸움에 20만을 잃고 무슨 면목으로 다시 천자를 본단 말입니까? 봉상청과 고선지의 끝을 잊었단 말입니까?" 가서한은 이 반란군 장수에게 끌려 낙양에 갔고 1년 후에 피살됐다.

가서한 장군의 의견을 무시한 동관 대전은 반란 평정 시간을 크게 지연시켜 7년 후 비참한 대가를 치른 다음에야 평정됐다.

당나라 현종 때 이원에서 궁정 가무 예인을 가르쳤기 때문이다

| 중국사 연표 |

751년 당나라 장수 고선지가 달라사坦羅斯에서 대식大食과 작전해 패전했다. 생포된 사람들이 제지술을 서방에 전수했다.

089

마외의 사변

양楊씨 가족은 장기간 조정을 통제해 신민의 분노를 불러일으켰다. 당나라 조정이 급히 도주할 때 군사들이 병란을 발동해 양씨 가족을 도살, 양옥환楊玉環도 죽음을 면치 못했다.

급히 수도를 떠남

천보 15년(756)에 가서한哥舒翰이 동관에서 패전했다는 소식이 장안에 전해지자 현종은 재상과 백관을 불러 놓고 대책을 강구했다. 하지만 그 누구도 묘책을 내놓지 못했다. 조회가 끝난 후 검남劍南 절도사를 겸임한 적이 있는 재상 양국충楊國忠이 황제에게 잠시 촉주로 피신을 갈 것을 권했다.

사흘 후 아침, 현종은 급히 장안을 떠날 준비를 했는데 수행 인원은 귀비 자매·황자 황손 외에 몇몇 대신과 환관밖에 없었다. 용무대장군 진현례陳玄禮는 금군을 거느리고 거가를 보호해 급히 궁을 빠져나왔고, 문무백관은 상황을 전혀 모르는 채 여전히 조회에 나가 기다리고 있었다.

그날 밤 현종 일행은 장안에서 85리 떨어진 금성현金城縣에 이르렀는데 현령은 이미 도망치고 없었다. 현종 일행은 빈 성에서 하룻밤을 묵고 이튿날 계속 길을 재촉해 지금의 섬서성 흥평興平 서쪽의 마외파馬嵬坡 역참에 이르렀다. 그런데 병사들이 더 이상 걷지 못하겠다는 소리에 현종은 역참에서 잠시 쉬어갈 수밖에 없었다.

병란이 갑자기 폭발함

금군 병사들은 모두 양국충을 미워했고 진현례도 이 틈에 양국충을 제거하려고 태감 이보국李輔國을 찾아가 의견을 물었다. 이보국도 그의 뜻에 동의해 태자에게 의논을 하러 갔다.

소심한 작은 태자가 결정을 못 내리며 머뭇거리고 있자 병사들은 기다리지 못했다.

마침 도망쳐 온 20여 명의 토번 사자들이 양국충의 말머리를 붙잡고 먹을 것을 빌고 있는 것을 보고 병사들이 크게 소리쳤다. "양국충이 토번과 모반을 꾀한다!" 그러고는 화살을 날려 양국충의 말을 넘어뜨린 후 도망치는 양국충을 뒤쫓아 가서 죽였다.

병사들은 이어서 역참으로 몰려가 한국부인과 진국부인, 양국충의 아들 호부시랑 양훤楊暄을 죽였고, 상황을 모르고 훈계하는 어사대부 위방진魏方進도 죽였다. 재상 위견소韋見素는 떠드는 소리를 듣고 나왔다가 역시 얻어맞았는데 다행히 그를 알아 본 병사가 "위 상공을 상하게 하지 말게" 하고 말려서야 겨우 목숨을 건졌다.

귀비도 살리지 못한 황제

현종이 밖이 소란해 무슨 일인가 물으니 양국충이 모반했다고 대답했다. 현종은 믿지지 않았으나 이미 방법이 없어서 병사들이 양국충을 죽임은 공이 있다고 선포하며 남은 재물을 털어 포상하게 했

당명황이 사천에서 방울 소리를 들은 곳
당나라 현종은 안사의 난 때 도망 중 사천 재동현梓潼縣 성북 20km 되는 역참에 묵었는데 밤에 갑자기 방울 소리가 울려 추병이 온 줄 알고 놀라 일어났다가 그 소리가 처마에서 남을 알고서야 안심했다. 후세에 역참을 '딸랑 역참'이라 개칭했다. 청나라 시대 그 자리에 '당명황이 사천에서 방울소리를 들은 곳'이란 비석을 세웠다.

| 세계사 연표 |

751년 프랑크 궁재 난쟁이 피핀이 메로빙거 왕조를 무너뜨리고, 카롤링거 왕조를 건립했다.

《자치통감資治通鑑·당숙종지덕원재唐肅宗至德元載》 출전

이를 본 위견소의 아들 경조사록 위악韋諤은 현종이 양 귀비를 버리지 못함을 알고 엎드려 절을 하면서 간했다. "지금 뭇사람의 분노를 가라앉히기 어렵고 위험이 경각에 달려 있으니 폐하께서 속히 결단하시옵소서!" 그는 자꾸 머리를 조아려 이마에서는 피가 낭자하게 흘렀다.

현종이 입을 열었다. "귀비는 궁내에 깊이 있었는데 어떻게 양국충이 모반한 일을 안단 말인가?" 이에 고력사가 나서서 간했다. "귀비는 죄가 없지만 지금 장사들이 이미 양국충을 죽였는데 귀비가 폐하의 옆에 있다면 어찌 안심할 수 있겠나이까? 폐하께서는 심사숙고하시옵소서. 군사들을 안심시켜야 안전하실 수 있나이다." 현종은 그제야 포기한 듯 손을 내저으며 고력사에게 처리하게 했다.

고력사는 양 귀비를 불당에 데려다 소태감小太監과 함께 그녀를 목졸라 죽인 후 진현례 등에게 안으로 들

명황행촉도明皇幸蜀圖 (당나라 이소도李昭道 그림)
이 그림은 점경 인물화의 특징을 구현했다. 명황과 시종 두 사람은 그림에서 화룡점정 작용을 한다. 험산준령 속에서 기마 대열이 나오며 먼 산을 향해 가고 있다. 앞의 붉은 옷을 입고 검붉은 말을 탄 사람이 당명황으로 추정된다. 뒤에 비빈과 시종 등 여러 명이 따르고 있다.

으나 병사들이 여전히 역참을 에워쌌다.

현종이 고력사高力士에게 그 이유를 묻게 하니 진현례 등이 고력사에게 말했다. "양국충이 모반했으니 양 귀비가 더는 황제를 모실 수 없으므로 폐하께서 은총을 버리시고 법으로 다스려 달라고 합니다." 고력사의 보고를 들은 현종은 지팡이를 잡고서 머리를 숙이고 말이 없었다.

양 귀비 묘
양 귀비 묘는 섬서성 흥평현興平縣 성서 마외파에 위치해 있는데 능원이 작고 정교하다. 정면에 3칸 고대 양식의 제전이다. 묘는 검은 벽돌로 동·서·북 삼면에 회랑回廊(사당 등의 옆에 있는 집과 크고 작은 비석을 상감했으며, 역사 명인의 유람기 및 제사를 조각했다.

천보 10년(751) 당나라 군사와 대식 제국 달라사에서 대전, 당나라 군사가 패전, 만여 명이 포로가 되었는데 그중 제지 장인이 전수했다

| 중국사 연표 |

753년 장의학藏醫學이 거작《4부 의전醫典》을 25년에 걸쳐 완성했다.

현종 때 주요 의정 장소 흥경궁 유적지
섬서성 서안 동쪽 교외에 위치한 흥경궁은 의정 중심이자 당나라 현종과 양 귀비가 장기간 거주하던 곳이다.

어가서 보게 했다. 난을 일으킨 군관들은 양 귀비의 죽음을 확인하고서야 투구를 벗고 현종을 향해 절을 하면서 죄를 청했다.

양국충 부자가 피살될 때 그 처와 작은아들, 여동생 괵국부인 및 그 아들은 혼란을 틈타 역참을 빠져나와 한중으로 도망갔다. 그러나 진창현陳倉縣, 즉 지금의 섬서성 보계시 동쪽에 이르러 역시 포살됐다. 마외의 사변은 당나라의 정치 국세를 개변했다.

조정을 10여 년간 통제하던 양씨 세력이 철저히 근절됐고 현종의 시대도 실제적으론 이때부터 끝났고 볼 수 있다.

●●● 역사문화백과 ●●●

[환관 – 고력사]

고력사高力士는 당나라 반주潘州 사람이다. 본성은 풍馮이고 환관 고복高福의 양자로 들어가 고씨로 개칭, 소년 시기 거세하고 입궁했다. 이융기 정변 발생시 입공해 현종의 중용을 받고 후에 발해군공으로 책봉되자 조정 대신들이 다투어 의지했다. 태자는 그를 둘째 형이라 부르고 제왕·공주·부마들이 할아버지라 불렀으니, 그 총애를 알 수 있다. 현종 후기의 부패·인재 등용 비리에 대해 책임이 있고, 당나라 후기 환관 독재의 전통을 만들어 후세에 많은 비난을 받고 있다.

이백 〈여산 폭포를 바라보며〉 시의도 (명나라 사시신謝時臣 그림)
해가 향로봉을 비추어 자색의 안개가 서리는데 멀리 바라보니 앞의 냇가에 폭포가 걸렸구나. 흐르는 물 삼천 자 곧게 날아 내리니 구중천의 은하수가 이곳에 떨어졌나 의심하네.

| 세계사 연표 |

753년
프랑크 인이 소형 은전으로 동로마 식의 금전을 대체했다.

090

《구당서舊唐書·이필전李泌傳》 출전

'산속 사람' 고문

당나라의 이필李泌은 자신의 재능으로 국가의 난관을 극복하도록 돕는 동시에 조정의 정치 권력 투쟁이 혼탁해지지 않도록 했다.

벼슬을 원하지 않다

안사의 난에 현종이 사천으로 도망가고 태자 이형李亨은 서북으로 퇴각, 영무靈武에서 멀리 현종을 태상황으로 모시고 자신이 제위에 등극했는데, 그가 당나라 숙종肅宗이다.

황제가 머물던 영무는 작은 고장이다. 황제가 군대를 시찰할 때마다 늘 황제 신변에 흰옷을 입은 평민이 따라다녔는데, 병사들은 누군지 알지 못해 계속 누런 옷을 입은 이는 '성인'이고 흰옷을 입은 이는 '산속 사람'이라 했다. 이 '산속 사람'이 바로 숙종의 소년 시절 친구인 이필이다.

이필은 6세 때 신동으로 장안에 소문이 높았다. 성장한 후《주역》을 연구해 신선 법술을 탐구했으며, 현종은 태자의 공부를 돌봐주도록 했다.

당나라 숙종이 영무에서 즉위하다

당나라 숙종 이형(756~762)은 현종의 셋째 아들로 처음에 섬왕, 개원 4년(716)에 안서 대도호, 태자 이영李瑛이 폐위된 후 태자로 책봉됐다. 천보 15년(756)에 안녹산이 동관을 점령, 현종이 사천으로 도망가자 이형은 영무 서남쪽에서 등극했으며, 연호를 지덕으로 정하고 현종을 태상황으로 모셨다. 이형은 안·사 내부 분열을 이용해 이필을 중용하고 곽자의를 천하 병마 부원수로 임명, 굴욕적인 조건으로 회흘 군사 수천을 빌려 함께 반란을 평정하고 장안·낙양을 수복했다. 보응 원년(762)에 장 황후와 월왕 이계 등이 환관을 주살하려던 일이 발각돼 피살되고 환관이 이예를 옹립하자 이에 놀란 숙종이 죽었다. 이 그림은 청나라 간행본《수당연의》에 실려 있다.

배를 구우며 시를 읊다

어느 추운날 밤, 당나라 숙종과 이필이 여러 왕들과 모여 앉았다. 숙종이 친히 배 두 개를 구워 이필에게 주었는데 영왕이 먹으려 하자 숙종이 말리면서 말했다. "선생이 속세의 식사를 안 하셔서 짐이 배를 구워 드리는 거니 넌 다투지 말거라." 영왕은 그제야 그만두었다. 이에 모두 시를 한 구절씩 읊었다. 후에 숙종은 이필을 우상으로 임명했고, 이필은 힘을 다해 당나라를 위해 큰 공을 세웠다. 이 그림은《제감도설》에 실려 있다.

581~763 당나라

대기 직무. 품계와 녹봉이 없이 상주문을 열독 회답하고 요구에 응해 문장을 짓는다. 황제의 고문으로 조서를 기초한다

| 중국사 연표 |

754년 당나라 인구가 5288만 명으로 최고봉에 달했다.

역사문화백과

[해상의 비단길]

당나라 시대 국력이 강하고 영역이 확대돼 조정은 해상 교통을 크게 발전시켰다. 황해로부터 산동반도로, 회하·장강 출구·항주만·천주로부터 일본으로, 광동으로부터 동남아시아·인도·페르시아·홍해로 이르는 노선을 개척했다.

후에 방탕하여 권세 귀족의 미움으로 장안에서 축출당했고, 산속에 은거하다가 이번에 태자의 부름으로 산에서 내려와 돕고 있었던 것이다.

숙종은 무슨 일이나 이필에게 물었고 이필도 기꺼이 대답했다. 숙종이 그를 재상으로 임명하려 했으나 그는 "폐하께서 신을 친구로 대하신다면 이는 재상보다 더 귀한 것이옵나이다"라고 말했다.

그는 군사 전략에 밝았다. 숙종은 '시모군국侍謀軍國'이란 직무를 설치, 이필에게 자색 두루마기를 입히고 원수부 장사로 임명해 자신의 장자 광평왕 이숙李俶을 보좌하게 하면서 말했다. "장래 반란을 평정한 후 뜻대로 해드리리다." 숙종이 군사를 몰아 토론을 할 때 장수들은 숙종이 잘못 판단하는 날에는 성지聖旨를 시정할 수가 없으므로 감히 의견을 발표하지 못했다.

이필은 이런 상황에 근거해 광평왕과 전략을 의논한 후 통일된 의견을 다시 보고하자고 건의했으며, 당시 긴급한 군사 사항은 대부분 이필이 처리했다.

'두 군사로 네 장군을 견제하는' 전략

안녹산의 반란이 일어난 지 1년이 지났으나 조정은 여전히 반란을 평정하지 못했다.

숙종이 초조해서 묻자 이필이 대답했다. "신이 볼때 적군은 노획한 재물을 항상 범양范陽 소굴에 운반하니 이를 어찌 천하를 차지하려는 기세라 하겠습니까? 2년이 못 가서 반란군을 멸할 수 있습니다." 숙종이 알아듣지 못하자 이필은 다른 전략을 내놓았다. "도적의 맹장은 사사명史思明·안수충安守忠 등에 불과한데 금년 겨울 이광필李光弼에게 정형井陘으로부터 출격하게 하면 적군의 가장 강한 사사명·장충지張忠志 등의 군사를 묶어 둘 수 있고, 곽자의 군사에게 풍익馮翊으로부터 하동으로 출격하게 하면 안수충·전건진田乾眞 부대가 장안을 떠나지 못하도록 견제할 수 있는데, 이는 두 군사로 네 장수를 견제하는 것입니다.

곽자의에게 엄명을 내려 화음을 공격하지 못하게 해 낙양과 장안 구간 통로를 남겨두고, 건녕왕의 서북 군사, 이광필의 산서 군사, 곽자의의 관중 군사 3군이 윤번으로 출격해 적군이 앞뒤를 돌볼 수 없게 하고, 그 주력이 수천 리 길을 헤매게 하면 강한 군사로 피로한 적을 대처하게 됩니다.

내년 봄이 돼 건녕왕이 주력을 거느리고 서북을 돌아 이광필과 남북으로 협공해 범양을 공략하면 적은 도망칠 곳이 없게 돼 반드시 붕괴될 것입니다."

이필의 전략 요지는 장안과 낙양을 적군의 부담으로 만든 후, 먼저 그들의 소굴을 멸하고 다시 두 수도를 수복하는 것이었다.

그러나 숙종은 장안에 돌아갈 마음이 간절해 여전히 장안·낙양 수복을 전략 목표로 했고, 그 결과 반란군의 저항에 점차 위축됐다.

반란군 내부에 연이어 안경서의 안녹산 사살, 사사명의 안경서 사살, 사조의의 사사명 사살 등 내분이 일어나지 않았더라면 그들을 진압하기는 힘들었을 것이다.

일곱째 해에 이르러야 당나라 군사는 하북에 진군, 그때는 이미 기진맥진해 있

건릉 앞의 무신 조각상

당나라 건릉은 당나라 숙종 이형의 능묘다. 섬서성 예천현 북쪽 12km 석마령 위에 위치하며 해발 873m다. 사진은 건릉 앞에 있는 무신 조각상이다.

역사 시험장 》 《다보탑비多寶塔碑》의 저자는 누구인가?

| 세계사 연표 |
754년 아바스 왕조 제2대 칼리프 만수르가 재위(~775)했다.

산수 전원시의 대표 인물 왕유

왕유王維(699~761)는 자가 마힐摩詰이며, 태원 기주祁州 사람이다. 개원 9년 진사, 대악승을 역임했고, 후에 제주濟州 사창참군이 됐다. 장구령이 재상이 된 후 그를 우습유로 등용, 후에 감찰어사로 진급했으며 안사의 난에 반란군에 생포돼 관직을 받았다. 장안·낙양이 수복된 후 당시 당나라를 그리워하며 지은 시 〈응벽지凝碧池〉를 숙종이 찬양, 직위가 높은 그의 동생 왕진王縉이 자신의 관직을 깎으며 형의 속죄를 청구해 태자중윤으로 강직됐다. 후에 급사중, 다시 상서우승으로 진급했으며, 세칭 '왕우승'이라 한다. 그 시가의 특징은 산수·전원 등 자연을 묘사하고 은거 생활을 노래했으며, 풍경 묘사는 당나라 시단에서 기치를 수립, 산수 전원시의 대표인물이 됐다. 《왕우승집王右丞集》이 있고, 시 400여 수가 보존됐다. 이 그림은 《역대명신상해》에 실려 있다.

던 반란군 장수와 타협, 하북 지역의 군진 자주권을 묵인하는 대가로 장기적으로 당나라를 괴롭히는 번진 할거 국면을 형성했다.

이필은 벼슬을 원치 않고 '산속 사람'의 신분으로 국사를 고문, 지덕 2년에 장안을 수복한 후 숙종에게 작별을 고했다.

숙종은 동의하지 않으면서 말했다. "짐은 그대와 함께 향락을 누리려 하는데 어찌 간단 말인고!" 이필이 말했다. "신은 폐하를 너무 일찍 알았고 폐하께서 신을 너무 중용하고 너무 총애하는데 신의 공로가 너무 작고 산속 사람의 언행이 너무 기괴하니 이는 신이 남지 못하는 다섯 가지 이유이옵나이다."

그는 다시 형산衡山으로 향했다.

잠삼岑參 〈호현 뭇 관리들과 강가에 노닐며〉 시의도
(명나라 장서도張瑞圖 그림)

만경파도 하늘색에 물들고 천 리 길에 땅의 뿌리 찾아보네. 배가 움직이니 성은 숲속에 숨어들고 너른 언덕의 마을은 물 위에 떠 있네.

중국사 연표
755년 안사의 난이 일어났다.

091

수양을 고수하다

장순張巡은 저명한 충신으로 조정을 위해 수양성睢陽城을 10개월간 고수해 안사의 난을 평정하기 위한 시간을 얻어냈다.

문관이 성을 고수

당나라 숙종 지덕 2년(757) 정월, 반란군 안경서安慶緒의 대장 윤자기尹子奇는 13만 대군을 거느리고 남방으로 진군, 하남을 점령한 후 장강·회하 지역을 점령하려 했다. 그들의 진군 노선에서 반드시 탈취해야 할 전략적 요지가 바로 수양睢陽이었다.

당나라의 수양성睢陽城은 지금의 하남성 상구현商丘縣 남쪽으로 반란군이 장강·회하 지역을 점령하려면 반드시 이곳을 점령해야 안전과 퇴로를 보장할 수 있었다.

당시 수양 수비군은 겨우 3000명이었고 옹구雍丘 현령 장순이 데려온 3000여 명을 합쳐도 겨우 6800여 명밖에 안 됐다. 그러나 문관 현령 장순은 안사의 난이 폭발한 이래 하남에서 명성이 자자한 명장으로 옹구 현성을 1년간 고수하며 반란군의 공격을 여섯 차례나 격퇴, 반란군의 간담을 서늘케 했다.

얼마 전에 그는 수양 태수 허원許遠의 부름을 받고 군사를 거느리고 수양에 이르렀다. 허원은 장순과 의논해 자신은 병참 보급을 책임지고 작전은 장순이 지휘하기로 했다.

지용을 겸비한 충신 장순

장순(709~757)은 등주 남양 사람으로 어려서부터 총명하고 여러 서적을 읽어 문장을 잘 썼다. 커서는 재능과 절개가 있고 남의 어려움을 잘 도왔다. 안사의 난에 진원 현령으로 옹구를 수비하고 지덕 2년에 수양을 수비했다. 태수 허원과 함께 식량도 원조도 없는 상황에서 지모와 담력으로 수십만의 적군에 대항했으나, 나중에 성이 함락돼 죽었다. 이 그림은 《역대명신상해》에 실려 있다.

반란군을 세 번 격퇴

대군을 거느리고 수양 부근에 이른 윤자기尹子奇는 관군이 이미 뿔뿔이 도망쳤으리라 믿고 여러 갈래로 나뉘어 수양을 지나려 했다. 그런데 장순이 출격해 수양성 밖에서 연속 16일을 공격하자 반란군이 혼란에 빠져 퇴각했다.

두 달 남짓 지난 후 윤자기는 또다시 수양을 공격했다. 그 사이 장순은 하남절도사 괵왕虢王 이거李巨에게 구원을 요청했는데 하남절도부사 임명장과 군관 위임장 30장밖에 얻지 못했다.

부하를 격려하기 위해 장순은 군사들을 모아 놓고 말했다. "나는 국가의 은혜를 입었지만 이에 보답할 수 있는 것이란 오직 죽음밖에 없다. 유일하게 가슴 아픈 일은 여러분이 나를 따라 생사를 같이하면서도 아무런 상도 받지 못한 점이다." 이에 군사들은 일제히 출전을 요구했다.

반란군은 장순이 수천 명만 거느린 것을 보고 속으로 웃었다. 그런데 장순이 큰 기를 들고 공격하고, 부대는 몇 개 소분대로 나뉘어 각자 자체로 돌격하자 반란군은 다시 대패했다.

윤자기는 야전에서 두 번 실패하자 군사를 동원해 성을 둘러쌌다. 그러나 장순은 성을 고수하면서 출전하지 않고 5월까지 버텼다.

어느 날 밤 장순은 성에서 북을 울리게 해 출격하

| 세계사 연표 |

755년 스페인 이슬람 교도가 우마이야 왕조의 최후 생존자 아브데 라만 1세를 스페인에 모셔 이듬해에 우마이야 왕조를 건립했다.

《신당서新唐書·장순전張巡傳》

장순이 첩을 잡아 군사를 대접하다
장순은 하남 남양 사람으로 당나라 중종 경룡 3년(709) 출생이다. 당나라 현종 천보 연간에 안녹산이 반란하자 장순은 군사를 일으켜 토벌, 연속 승전했다. 후에 반란군이 성을 수개월 포위해 식량이 떨어지자 쥐나 참새를 잡아 연명하다가 심지어는 애첩을 잡아 군사들을 먹였다. 이 그림은 청나라 마태의 《마태화보》에 실려 있다.

반란을 평정한 명장 허원
허원(707~757)은 항주 염관 사람이다. 안녹산 반란 시 수양 태수를 제수받았다. 지덕 2년(757)에 수양성이 안녹산 부장 윤자기에 포위되자 진원현령 장순과 함께 수양을 수개월 동안 고수했으며 성이 함락되자 생포돼 낙양으로 압송, 피살됐다. 이 그림은 《역대명신상해》에 실려 있다.

려는 모습을 보였다. 반란군은 수비를 강화하며 날 밝을 때까지 기다렸으나 아무도 보이지 않자 영을 내려 갑옷을 벗고 군사를 쉬게 했다. 그런데 바로 이때 성문이 활짝 열리더니 10여 갈래의 용맹한 기병들이 각각 반란군영에 돌입해 윤자기의 장막 앞에까지 돌진했다.

놀란 윤자기는 친히 말에 올라 싸움을 지휘했다. 앞장서 돌격하던 장순은 윤자기의 얼굴을 몰라 일부러 갈대를 화살로 삼아 쏘아 보냈다. 반란군 병사들은 관군의 화살이 다 떨어진 줄로 여겨 급히 윤자기에게 보고했다. 이에 장순은 윤자기를 알아보고 부장 남제운南霽雲에게 명해 윤자기의 왼쪽 눈을 맞혔다.

반란군은 윤자기가 부상하자 사기가 떨어져 후퇴했고 포위전은 실패로 끝났다.

불굴의 충성

윤자기가 7월에 수만 대군을 거느리고 다시 공격하자 장순은 병력 차이가 너무 현저함을 보고 성을 고수했다.

반란군이 높은 사다리로 공격하자 장순은 성벽에 구멍을 세 개 뚫어 적군의 사다리가 성벽에 접근할 때 첫 구멍으로 쇠갈고리를 단 통나무를 내밀어 사다리를 잡아당기고, 둘째 구멍으로는 통나무로 사다리를 밀어내고, 셋째 구멍으로는 화로를 맨 통나무로 사다리를 태워버렸다. 반란군이 갈고리수레로 성벽의 누각을 파괴하자 장순은 병사들에게 성벽 아래에 나무 기둥을 박고 기둥에 쇠사슬을 연결, 적군의 갈고리가 성으로 오를 때 쇠사슬로 수레를 당겨 부수었다. 반란

| 중국사 연표 |

756년 안녹산이 낙양에서 제위에 등극, 국호를 연燕이라 했다. 현종이 촉에 피신, 마외역 병란이 발생했다. 태자 이형이 영무靈武에서 즉위, 그가 바로 당나라 숙종이다.

당나라 현종 묘 태릉 - 섬서성 포성

군이 나무나귀木驢로 성벽에 접근하자 장순은 녹인 납을 부어 태워 버렸다. 반란군이 흙주머니와 나무를 쌓아 올리자 장순은 병사들에게 송진·건초를 던진 후 불을 질렀다. 더는 방법이 없어진 윤자기는 그저 포위만 하고 있을 뿐이었다.

수양성의 식량이 많지 않아 차·종이·말·참새·쥐 등, 먹을 수 있는 건 전부 먹어 버렸다. 장순은 매일 순시하며 나라를 위해 충성을 다하도록 병사들을 격려했는데 10월이 돼 성에는 400여 명만 남았다.

반란군이 성에 올랐을 때 남은 병사들은 굶주림에 일어설 수가 없었다. 장순은 서쪽을 향해 재배하며 비분에 차서 말했다. "신은 힘이 다해 성을 보존하지 못하나이다. 살아서 폐하에게 보답하지 못하니 죽어서라도 귀신이 돼 도적을 잡겠나이다!" 장순은 끝내 허원 등과 함께 적군에 잡혔다.

윤자기가 장순에게 물었다. "듣자니 매번 작전 시 이를 악문다더니 이게 무슨 말이냐?" 장순은 말했다. "나는 도적을 삼키려 하지만 힘이 모자랄 뿐이다." 윤자기는 사람을 시켜 칼로 장순의 입을 열어 보게 했는데 과연 이빨이 3, 4개밖에 없었다.

윤자기는 매우 탄복해 그를 살려 두려 했으나 민심을 얻은 장순을 살려 두면 필시 후환이 될 것이라며 그의 부하가 말렸고, 결국 장순은 피살됐다.

최호崔顥 〈화음을 지나며〉 시의도 (명나라 사시신謝時臣 그림)

높이 솟은 태화는 도성을 굽어보고 하늘 밖의 세 봉우리 깎을 수가 없도다. 무제 사당 앞에 구름이 흩어지려나, 선인장 위에 빗방울 인제 멎으려나. 강산은 북으로 진관을 베어 험악한데 역참 길은 서쪽으로 이어져 한 치는 평탄하네, 명리를 추구하는 길 옆의 행객이여, 이곳에 남아 장생을 배움이 어떠하리까?

| 세계사 연표 |

756년

난쟁이 피핀이 롬바르드 왕을 포위, 교황에게 영토를 할양하도록 핍박했고, 역사상 이를 '피핀의 영토 할양'이라 했다. 교황국이 형성되었다.

092

출전: 《신당서新唐書·안고경전顏杲卿傳》
《신당서新唐書·안진경전顏眞卿傳》

도적을 욕한 형제

안진경顏眞卿은 유명한 서예가이자 나라를 위해 충성을 다한 본보기다. 그와 그의 사촌형 안고경顏杲卿은 죽음도 불사하며 당나라에 충성했다.

문인 형제가 군사를 일으킴

안사의 난이 폭발한 후 반란군은 중원을 휩쓸었지만 반란군 소굴 부근 하북에서는 도리어 반군에 반항하는 운동이 일어났는데, 이 운동의 지도자는 안진경과 안고경이다.

당시 안진경은 평원平原 태수였고, 수부首府는 지금의 산동성 평원이다.

안고경은 상산常山 태수로 수부는 지금의 하북성 정정正定이다.

그들은 사촌 형제로 명문가 출신인데 7세조 안지추顏之推는 제齊나라 대신으로 책《안씨가훈顏氏家訓》으로 유명하다. 안녹산의 반란 전에 안진경은 다소 눈치를 채고 평원에서 성벽을 보강, 창고를 충실히

일대 서성書聖 안진경

안진경(709~785)은 자가 청신淸臣이고 낭아 효제리孝悌里 사람으로 당나라의 대신·서예가, 개원 연간의 진사, 전중시어사다. 안녹산의 반란 후 사촌형 안고경에게 연락, 군사를 일으켜 저항했고 후에 이부상서·태자태사·노군공을 역임, 세칭 안노공이라 불렸다. 그의 서예는 처음에는 저수량을, 후에 장욱을 계승했으며, 새로운 풍격을 창립해 후세에 대한 영향이 매우 크다. 사람들은 안체라 부르고 류공권과 '안류顏柳'라고 한다. 아래 그림〈안진경 화상〉은 청나라 상관주의《만소당 화전》이고, 오른쪽 사진은 안진경의〈다보탑비〉의 일부다.

581~763 당나라

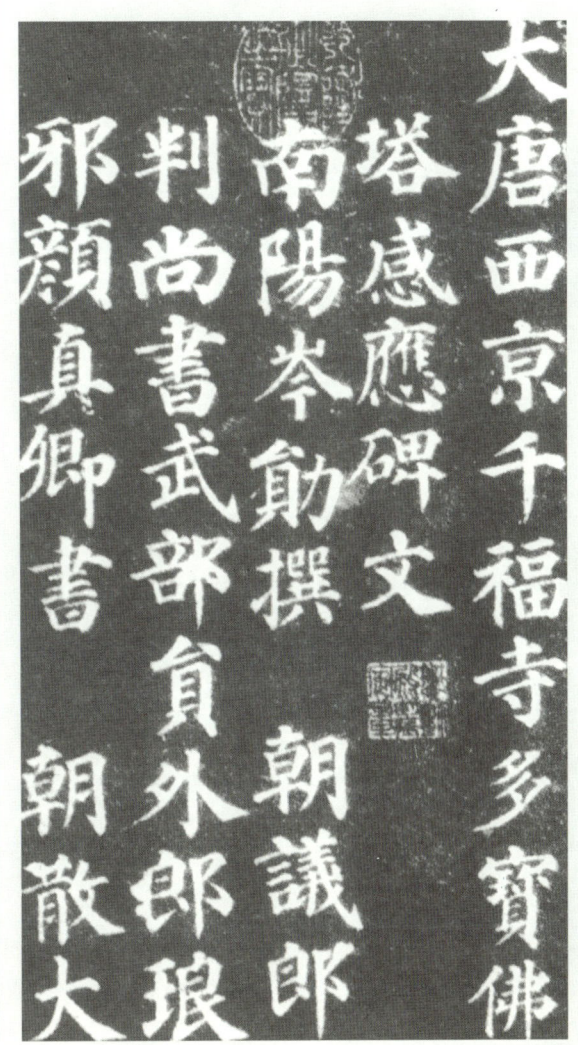

했다. 안녹산은 그를 선비로 보고 출병 전에 공문을 보내 그에게 7000명을 동원해 황하 나루터를 수비하게 했다. 안진경은 즉시 조정에 보고했으며, 당나라 현종은 보고를 받은 후 크게 기뻐하며 말했다. "짐은 안진경이 어떤지 몰랐는데 이렇게 재능이 있구나!"

안진경은 하북의 각 군과 연계했는데 그의 행동에 가장 먼저 동참한 이는 상산 태수를 지내던 사촌형 안고경이다.

상산은 산서로 통하는 중요한 길목이다. 그는 안녹산이 파견한 징병관을 참수하고 사람을 각 군에 파견해 선포했다. "대군이 이미 정형井陘을 출발했으니 우선 하북을 소탕할 것이며, 먼저 손을 쓰는 자는 상을 내리고 후에 손을 쓰는 자는 주살한다." 하북 각 군도 가짜 관원을 구축하고 의병을 모집 8군이 당나라에 귀환해 의병 수가 순식간에 20여 만에 달했다.

도적을 욕하며 충성을 다한 안고경

안녹산은 관중에 진군하려다 후방에 불이 난 소식을 듣자 급히 군사를 돌려 전략 요지 상산을 첫 목표로 삼았다. 상산은 방어가 완벽하지 못해 2일 간의 혈전 후 함락됐고 안고경은 생포돼 낙양에 압송되었다.

안녹산이 질책하며 말했다. "그대는 본래 범양군의 호조에 불과했는데 내가 판관으로 등용하고 또 상주해 몇 년 사이에 군수가 됐건만 무엇이 부족해 반란을

노공사경도魯公寫經圖 (청나라 육회陸恢 그림)
노공은 바로 안진경으로 당나라의 유명 서예가다. 후세에 구양순·저수량·류공권과 '구안저류'로 불렸다. 이 그림은 안진경이 경서를 쓰는 장면을 묘사했는데 죽림의 괴석 위에 긴 탁자를 놓고 물가의 공작새를 마주해 눈을 감고 손을 맞잡고 준비하고 있다.

하는가?" 그러자 안고경이 눈을 부릅뜨고 말했다. "너는 본래 양몰이를 하던 갈족羯族의 노예로서 천자께서 3도 절도사의 고위직을 하사하셨는데 어찌해 반란하는 거냐? 나는 대대로 당나라 신하요, 녹위는 모두 당나라가 준 것인데 네가 천거했다고 해서 함께 반란해야 한단 말이냐? 나는 도적인 너를 죽이지 못한 게 한스러운데 그래도 이것이 반란이란 말이냐?"

안녹산은 창피한 나머지 분노해 안고경을 죽였다.

당나라 구원병이 너무 늦게 당도해 하북의 의병은 대부분 진압당하고, 안진경은 근 1년을 버티다 포위를 뚫고 황하를 건너 장강·회하 지역을 돌아 숙종이 있는 풍익馮翊에 도착했다. 그리고 후에 줄곧 조정에서 벼슬을 지냈다.

20여 년 후 당나라 덕종 건중 3년(782) 말에 회하 서부에 응거하던 군벌 이희열李希烈이 천하도원수·태위·건흥왕을 자칭, 공공연히 조정에 대항했다. 당나라는 당시 한창 번진藩鎭의 위기 속에 처해 이희열과

역사문화백과

[첫 사학 평론 전문 저서 《사통》]

《사통史通》은 당나라의 저명 사학자 유지기劉知己가 편찬했다. 중국 고대 첫 사학 평론서로 모두 20권이다. 내편과 외편으로 구분되며 이전의 편년사·기전사를 자세히 분석하고 세밀하게 평론, 사서의 체제·사료채집·작사원칙을 논술했다. 사학 필수의 3장 즉 사재史才·사학史學·사식史識의 관점을 고수, 이후의 사학에 큰 영향을 미쳤다.

757년 안녹산이 그 아들 안경서安慶緒에게 피살되고 당나라 군사가 낙양을 수복, 현종이 장안에 돌아와 태상황이 되었다.

역사 시험장 〉 당나라 상류 사회 신부가 출가 전에 남자 측이 예물과 시가 등을 증송했다. 대부분 길상을 축복하는 이 시를 무엇이라 부르는가?

| 세계사 연표 |

757년
신라가 9주를 설치, 원 군명郡名을 한식漢式 명칭으로 고쳤다.

당나라 고종 – 숙종 시대 호구표

시대	호수	인구
고종 영휘 3년(652)	3,800,000	
중종 신룡 원년(705)	6,156,141	27,140,000
현종 개원 14년(726)	7,069,565	41,419,712
현종 개원 20년(732)	7,861,236	45,431,265
현종 개원 22년(734)	8,018,710	46,285,161
현종 개원 28년(740)	8,412,871	48,143,609
현종 천보 원년(742)	8,348,395	45,311,272
현종 천보 13년(754)	9,069,154	52,880,488
현종 천보 14년(755)	8,914,709	52,919,309
숙종 지덕 원년(756)	8,018,710	
숙종 건원 3년(760)	1,931,145	16,990,386

맞설 수 없었다. 이에 덕종은 이희열을 설득하기 위해 안진경을 회서로 파견했다.

국은에 보답

이희열은 안진경이 도착하자 단도를 빼들고 돌아가라 위협했지만 안진경이 추호도 동요하지 않자 안진경을 역사에 묶게 했다. 이때 반란을 일으킨 번진의 주도朱滔·왕무준王武儁·전열田悅·이납李納은 사자를 파견해 이희열에게 제위에 오르라 권했다. 이희열은 일부러 안진경에게 좌석을 배정했고 사자들도 안진경에게 권했다. "태사의 명망을 오래전부터 들어 모셨는데 지금 이도통이 제위에 등극하니 이는 하늘이 태사에게 재상을 하사하는 것입니다."

그러자 안진경은 대로해 말했다. "재상이라니! 그대들은 안녹산을 욕하며 죽은 안고경을 아는가? 그는 바로 나의 형님이다! 내 금년에 80살인데 그대들의 협박과 유인에 넘어갈 것 같은가?" 그는 또 이희열을 돌아보며 말했다. "그대는 국은을 오래 입었는데 이 네 도적과 함께 망하고 싶은가?" 이에 네 사자가 아무 말도 못했다.

이희열은 안진경을 가두고 그의 숙소 안에 구덩이를 파면서 병사들에게 일부러 안진경을 생매장한다고 말하게 했다. 그러나 안진경은 태연한 얼굴로 말했다. "생사는 이미 정해졌는데 하필이면 이렇게 복잡하게 하는가. 나에게 칼 한 자루 주면 더 간단하지 않은가!" 이희열이 황제가 되려고 사람을 보내 등극의 예의를 묻자 안진경이 대답했다. "나는 예관으로서 제후가 천자를 배알하는 예의밖에 모른다."

이희열은 조롱을 당하고도 개의치 않고 제위에 올라 국호를 대초大楚라 했다. 이희열은 안진경을 죽이면 악명을 쓸까 봐 두려워 장기간 가두었다. 후에 그는 끝내 반적에게 교살되고 말았다.

안고경
안고경(692~756)은 자가 흔昕이며, 낭아 임기 사람으로 안진경의 종형이다. 천보 14년(755) 상산 태수로 있으면서 안녹산이 반란하자 안진경과 군사를 일으켜 안녹산의 뒷길을 차단했다. 계책으로 안녹산 부장 이흠주를 사살하고 고막·하천년을 생포, 이듬해에 상산이 사사명에게 점령되자 낙양에 압송되어, 일가 여덟 식솔이 살해됐다. 이 그림은 《역대명신상해》에 실려 있다.

| 중국사 연표 |

758년 사사명史思明이 재차 반란했다. 사라센 제국과 페르시아가 광주를 공격해 약탈했다.

093

명시의 탄생

위대한 시인 두보杜甫는 국가와 민중을 걱정하는 애국 정감과 사회 약세 집단에 대한 동정으로 유명하다. 이런 사상이 잘 나타나 있는 그의 시는 3리吏 3별別이다.

전란 속의 여정

건원 원년(758) 9월, 당나라는 9개 절도사가 영솔하는 60만 대군을 집결해 숙종이 가장 신임하는 태감 어조은魚朝恩의 지휘 아래 안경서 반란군에게 점령된 업성鄴城을 포위 공격했다.

다음해 2월에 사사명史思明의 반란군이 증원, 3월에 관군과 결전해 관군이 패전했다. 반란군은 다시 동도 낙양을 점령했는데, 이 기간에 하남 일대는 전란으로 백성이 살 수 없었다.

바로 건원 2년 2~3월에 화주華州 사공참군인(이는 한직임) 시인 두보는 낙양으로부터 출발해 화주의 임소로 돌아왔다.

그 이전에 두보는 조정 간관으로 있으면서 숙종의 비위를 거슬려 벼슬을 박탈당했었다.

신안·석호·동관에서 본 관리

그가 신안新安에 이르렀을 때 관군이 업성에서 대패해 각지 관부는 강제로 장정을 보충하고 있었다.

신안의 관리는 원래 법률 규정에서 면제된 16세의 청소년도 잡아갔다. 잡혀가는 아이 중 형편이 좀 괜찮은 집은 어머니가 배웅하고 일부 가난한 집 아이는 고독하게 홀로 대열 속에서 걷고 있었는데, 대열은 온통 울음바다였다. 그는 마음과는 달리 우리 군사는 왕의 군대여서 곽자의郭子儀 등 통수들이 병사를 자식처럼 사랑한다고 위로하는 수밖에 없었다.

며칠이 지나서 관군이 재차 대패해 낙양을 퇴출, 이

시성詩聖 두보

두보는 자가 자미子美이고 당나라의 대시인이다. 안사의 난을 거쳐 당시 사회생활을 채득하고 관찰했으며 시로 시대와 나라에 대한 감정을 토로해 '사시'로 불린다. 대표작은 '삼리 삼별'이다. 이백과 함께 후세 문단에 매우 큰 영향을 주었다. 아래 그림은 두보의 화상, 오른쪽 그림은 《두공부시집杜工部詩集》 사진이다.

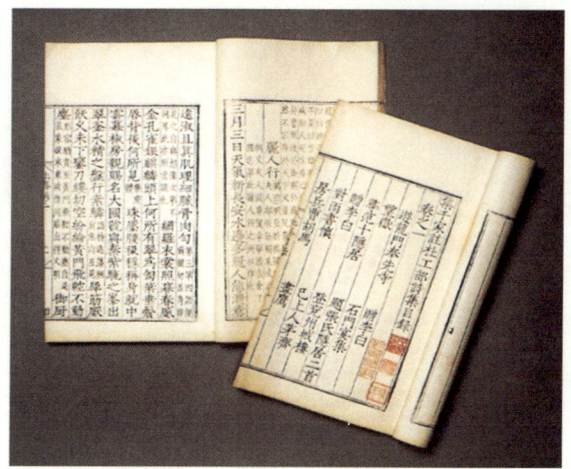

| 세계사 연표 |

758년 일본 쥰닌淳仁 천황이 재위(~764)했다.

출전 《두자미집杜子美集》 《신당서新唐書·두보전杜甫傳》

시인 일생을 기록한 두보 초당
두보 초당은 사천성 성도 서쪽 교외 완화계 강변에 위치한다. 당나라 시인 두보가 성도 유랑 시 거처한 곳으로 주요 건축은 앞뒤로 대해大廨·사시당·사립문·공부 사당·소릉 초당 비석정 등이 있다. 대해는 바로 대묘이며 국화 두보 초당 전경과 두보의 일생을 소개, 대해를 보면 이 시인의 일생을 알 수 있다.

언사 두보의 묘 - 하남성 언사
당나라 대시인 두보는 안사偃師의 난에 전국 각지를 표류, 죽을 때까지 빈궁한 나날을 보냈다. 시인의 매장 지점에 대해 여러 설이 있는데 비교적 집중된 견해는 하남성 공의·언사, 호남성 뢰양·평강 4곳이다. 《구당서》 《하남통지河南通志》는 하남부 언사로 기록됐으며 건륭 연간에 언사 두보 묘를 수리 확장, 시성에 대한 존숭과 추모를 표현했다.

광필은 하양에 진지를 구축하고 사사명 반란군과 대치했고, 긴급히 각지 관부에 백성을 징집해 하양 대영大榮에 복역시키라고 명령했다.

두보는 이날 저녁 섬주성 동남쪽 약 70리 되는 석호石壕촌에서 묵었는데 그곳은 산촌으로 인가가 얼마 안 되고 몹시 황량했다.

한밤중에 문을 두드리는 소리가 나더니 주인집의 노인이 담장을 넘어 도망치고 할머니가 나가서 욕설을 퍼붓더니 관리에게 울면서 애걸했다. "우리 집은 아들 셋이 다 잡혀갔는데 어제 한 아들의 편지에 두 아들은 이미 죽고 자기는 부상을 입었대요. 집에는 어린 손자밖에 없고 며느리의 치마마저 다 팔아서 지금 알몸으로 사람을 만날 수 없으니 꼭 사람을 내라고 하면 이 노친이 가서 억지로라도 밥 짓는 일을 할 수밖에 없어요." 그 말을 듣고도 관리는 노인을 잡아갔다. 황량한 마을은 점차 평정을 회복했으나 두보의 귓가에는 누군가 흐느끼는 소리가 들리는 듯했다. 아침에 떠나면서 도망쳐 돌아온 노인에게 위로의 말을 건네며 작별하는 수밖에 없었다.

두보는 며칠을 걸어 관중 지역의 인후 동관潼關에 이르렀다. 온통 전쟁 준비중인 그곳에서 관을 지키는 관리가 두보를 안내해 진지를 참관하게 했는데 동관을 방어하겠다는 의지가 매우 강렬했다.

●●● 역사문화백과 ●●●

[송별의 곡 〈양관삼첩〉]

시와 노래는 자연히 연계돼 당시唐詩 중 수많은 우수 작품은 모두 유행 가곡이 되어 궁정 내원 및 시가지 골목이나 술집에서 애창됐다. 왕유의 〈위성곡渭城曲〉 – "위성의 아침 비에 먼지는 가라앉고 객사 앞의 버드나무 새롭게 푸르렀네. 군이여 한 잔 술을 더 마시소, 서쪽으로 양관을 나서면 아는 친구 없으리니." 이 시는 작곡 후 일명 〈양관곡陽關曲〉이라고 했고 송별의 곡으로서 널리 전해지며, 또 세 번 중복하므로 일명 〈양관삼첩陽關三疊〉이라 한다.

| 중국사 연표 |

759년 사사명史思明이 안경서安慶緖를 죽이고 대연大燕 황제를 칭했다.

진귀한 예술품 – 화조무늬 금 주전자

주전자는 높이가 22cm이고 지름은 12cm, 무게는 296g이며 순금으로 만들었다. 덮개 손잡이는 연꽃봉오리 같고 주전자 쪽지는 몸체와 용접했다. 아랫부분에는 세 층의 연잎, 몸체 중간에는 두 줄의 연주무늬, 그 중간에 만초와 기러기 등을 넣었다.

시 창작을 재촉한 고난

낙양으로부터 화주에 이르는 길에서 두보는 생사 이별의 참상을 수두룩하게 목격했다. 잡혀가는 남편을 보고 눈물마저 다 말라 버린 신혼의 신부는 그래도 남편을 위로했으며, 자손이 모두 전쟁에서 죽은 늙은 이도 징발돼 지팡이를 버리고 늙은 아내와 작별했고, 금방 전쟁터에서 목숨을 건져 돌아온 남자가 다시 징발되는 등 열 집에 아홉 집이 텅 빈 마을은 배웅하는 사람마저 없었다.

이는 모두 잔혹한 군벌 반란 및 무능한 조정, 부패한 관리가 백성에게 끼친 거대한 재난이었다.

임소에 돌아온 후 두보는 오래도록 마음의 평정을 회복할 수 없어 백성에 대한 동정과 전란 및 무능하고 부패한 관료에 대한 분노를 모아 불후의 시 《신안리新安吏》, 《석호리石壕吏》, 《동관리潼關吏》, 《신혼별新婚別》, 《수로별垂老別》, 《무가별无家別》 등을 지었다.

이 '삼리 삼별'은 저자와 대상의 대화나 대상 간의 대화, 저자 본인의 주관적 감수나 객관적 묘사로 높은 예술적 표현력을 갖고 있다. 그런 이유로 후세에 '시사詩史'로, 두보 본인도 시성詩聖으로 존칭됐다.

당나라 18명 황제 능묘 분포도

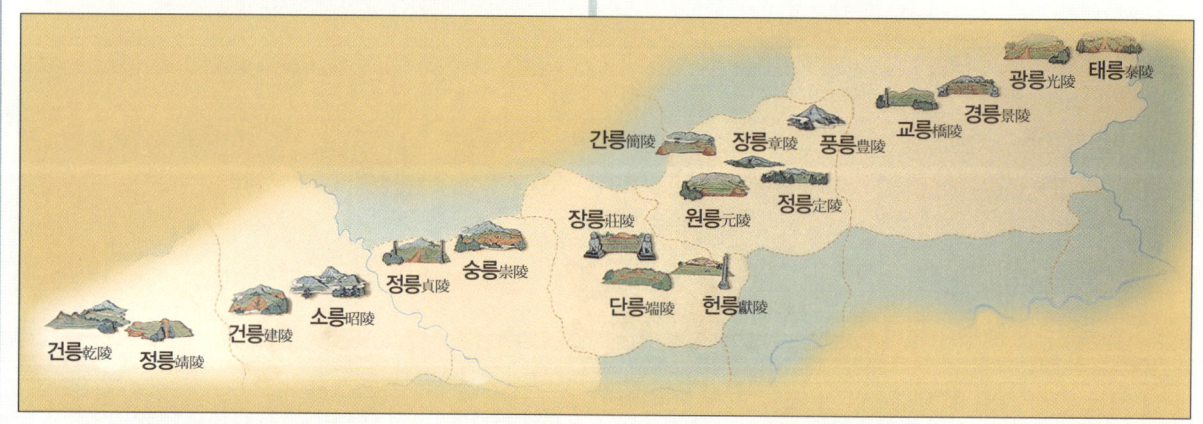

역사 시험장 〉 당나라의 부녀자는 귀천을 막론하고 모두 석류치마를 즐겨 입었는데 이는 무슨 치마인가?

| 세계사 연표 |

759년 일본이 당초제사唐招提寺를 건설했다.

094

《구당서舊唐書·이광필전李光弼傳》

귀신 같은 판단

이광필李光弼이 지휘한 하양 전쟁은 사사명史思明 반란군의 서진 계획을 타파, 역사상 적은 병력으로 많은 적을 전승한 저명한 전쟁으로 꼽힌다.

전략 요지를 고수

숙종 건원 2년(759) 3월에 업성을 포위 공격하던 20여 만 당나라 군사는 명을 받고 예봉을 돌려 하북으로부터 달려온 사사명의 반란군과 안양에서 결전했다.

이 대군은 통수가 없고 군사를 모르는 태감 관군용사 어조은魚朝恩이 9명 절도사의 연계 조절을 책임졌다. 이에 각 지역 군사는 각자 작전을 세웠는데 그 결과 5만 명밖에 안 되는 사사명 군사에게 격파됐다.

삭방 절도사 곽자의는 이번 전쟁에서 부장 복고회은僕固懷恩이 본군의 다른 부대를 차출해 가는 바람에 하양으로 퇴각할 수밖에 없었다. 하양은 낙양 지역 황하 북쪽의 중진으로 지금의 하남성 맹현 서쪽이다. 본래 곽자의를 미워하던 어조은은 숙종에게 곽자의의 직을 철회하도록 권하고 하동 절도사 이광필에게 천하병마 부원수 직을 주어 중원 관군을 지휘하게 했다.

사사명은 승전 후 급히 안경서의 남은 군사를 수습해 후방을 건설했으며 9월이 돼서야 진격해 변주·정주를 점령, 낙양에 접근했다. 낙양 유수 위척韋陟은 동관으로 물러나려 했으나 이광필은 동의하지 않았다.

"적군과 아군이 비슷할 때 퇴각은 금물이고 이유도 없이 500여 리를 물러서면 적군 세력이 더욱 강해질 것이네. 주력을 하양에 두고 하동을 등지면 공격도 퇴각도 가능하므로 적군이 감히 서진하지 못하도록 견

제할 수 있네." 그는 위척에게 관아를 동관으로 철수하고 낙양의 물자를 하양에 운반, 낙양 백성을 전부 피난시켜 사사명에게 빈 성을 남겨주게 했다.

사사명은 싸우지도 않고 낙양에 진입했고, 이 빈 성을 점하려 하지도 않았으며, 즉시 동관을 진격하려고도 않은 채 낙양 밖에 주둔하며 하양 남쪽에 월성을 쌓아 하양 공격을 준비했다.

앞선 계책

사사명과 이광필은 오랜 적수로서 2년 전 사사명은 태원 공격 시 당시 태원 수비 장군 이광필에게 패전했다. 이번에 그는 복수를 하기 위해 이광필을 성 밖으로 유인했다.

그는 먼저 맹장 유용선劉龍仙을 성 밑에 보내 도전했으나, 이광필의 부장 백효덕白孝德에게 죽었다. 그는 또 매일 아침 말 1000필을 강변에 끌고 가서 물을 먹이며 이광필을 유인, 관군이 도강 시 습격하려 했다. 그러나 이광필은 상대방의 말이 전부 수말임을 보고 500여 필의 암말을 동시에 반대쪽 강변에 끌고 가서 물을 먹였다. 암말의 울음소리를 들은 수말들은 유유히 강을 건너왔다.

당나라 순천원보전 (위 사진)
순천원보전順天元寶傳은 안사의 난에 사사명이 주조한 돈으로 득일원보得壹元寶와 모양이 같다. 배면에 달무늬 또는 성월무늬이며, 당시 화폐 주조 수량이 많았지만 전해 오는 것은 많지 않다.

| 중국사 연표 |
760년 태상황 이융기의 신하가 파직당하고, 고력사高力士가 유배되었다.

이광필이 두 장수를 항복시키다
이광필은 회주 공격 시 대장 옹희호에게 적장 고휘·이일월이 내일 투항하면 데리고 오라 했다. 이튿날 이일월은 과연 투항을 했고 이광필은 성대히 대접한 후 상주해 금오대장군에 봉했다. 이 소식에 고휘도 항복했다. 누군가 그 비밀을 물으니 이광필은, 사사명은 급히 나와 결전하고 싶어 꼭 나를 생포하라고 명령을 내릴 테고 이일월이 나를 잡지 못하면 참수당하므로 투항할 것이며, 이일월이 투항하면 고휘도 뒤따를 거라 했다. 이 그림은 청나라 마태의 《역대명장화보》에 실려 있다.

공연히 수백 필의 군마를 잃은 사사명은 너무도 분해서 상류에 전선을 배치한 후 선두의 배에 불을 붙여 물결을 따라 내려가 이광필이 황하에 놓은 부교를 태우려 했다. 그러나 이미 이에 대비하고 있던 이광필은 병사들에게 끝에 갈퀴가 있는 막대기로 배를 끌어 당겨 태워 버리게 하고 또 언덕에서 전선을 침몰시켰.

사사명은 실패를 거듭하자 황하를 건너 하청河淸을 점령해 이광필의 군량 수송을 차단했다. 이광필은 출격해 야외에 주둔하며 보급선을 보위했지만 밤이 되자

명장 이광필
안사의 난에 두 명장이 출현했는데 바로 곽자의와 이광필이다. 이광필은 유성柳城, 즉 지금의 요령성 조양 사람인데 거란족으로 어려서 배우기를 즐기고 기마궁노에 능했다. 당나라 천보 15년(756) 초에 곽자의의 천거로 하동 절도부사를 역임했고 안사의 난을 평정했다. 지덕 2년(757)에 만 명도 안 되는 병력으로 채희덕을 대파, 7만을 섬멸했고 태원을 지켜냈다. 건원 2년(759) 7월에 천하병마 부원수를 역임, 하양 3성에 대한 반군의 공격을 격퇴하고 하남 제도 부원수를 역임했으며 복고회은 등과 낙양을 수복했다. 광덕 2년 조정의 의심을 받아 우울 속에서 죽었다.

| 세계사 연표 |
760년 동로마 콘스탄틴 5세가 불가리아를 공격해 승전했다.

주력을 하양에서 철수, 부장 옹희호雍希顯에게 1000여 명을 거느리고 수비하게 하면서 말했다. "사사명의 수하에 이일월李日越 등 몇몇 용장이 있는데 그는 반드시 그들 중 하나를 파견할 것이네. 출전하지 말고 그들이 투항하려 하면 맞이하게." 이 말을 들은 옹희호는 어리둥절했지만 머리를 끄덕일 수밖에 없었다.

일은 과연 이광필의 예측대로 진척되어 사사명이 이일월에게 말했다. "이광필은 성을 잘 수비하지만 지금 야외에 둔을 쳤으니 도망을 못가네. 이광필을 붙잡지 못하면 돌아오지 말게!" 이일월은 기병을 거느리고 관군 영채 앞에 돌격, 관군이 움직이지 않자 물었다. "이 장군 계시오?" 옹희호는 대답했다. "어제 저녁에 돌아갔소이다." "그대들은 몇 사람이나 되는가?" 옹희호는 1000명이라 대답하고, 또 그대가 누군가 물으니 옹희호라고 답했다. 이일월은 주저하며 부하에게 말했다. "오늘 이광필을 잡지 못하면 이 무명소장은 생포되고 1000명을 죽이더라도 승전이라 할 수 없으니 돌아가면 반드시 참수할 것이네. 그럴 바엔 관군에게 투항하세." 그는 옹희호에게 투항했다.

후퇴가 없는 결전

실패를 거듭한 사사명은 대군을 움직여 하양 남성을 직접 공격하고 부장 주지周摯에게 북성을 공격하게 했다. 이광필은 성에 올라 적의 규모를 보고 부장에게 남성을 고수하게 하고 자신은 주력을 끌고 북성을 나와 주지와 결전했다. 이광필이 부장에게 명령했다. "그대는 나의 지휘 깃발을 보고 행동하게. 깃발을 천천히 저으면 작전을 펼쳐 절주를 장악하고 깃발을 빠르게 아래로 세 번 흔들면 즉시 맹공격을 하게. 조금이라도 후퇴하는 자는 참하게!" 그는 또 단도 하나

망현영가도望賢迎駕圖 (송나라 무명씨 그림)
안사의 난 이후 당나라 숙종은 섬서 함양 망현역에서 사천으로부터 귀환하는 태상황 이융기를 영접했다. 이융기는 백발에 황포를 입었고 겨우 걸었다. 이형은 검은 수염에 붉은 옷을 입고 백성을 접견하고 있다.

를 장화에 꽂고 말했다. "나는 국가의 삼공으로 절대 도적의 손에 죽을 수 없네. 만약 작전이 불리해 여러분이 전사한다면 나는 바로 이 단도로 자결해 여러분이 홀로 죽게 하지는 않을 터이네."

이광필의 격려하에 전군 군사가 구호를 높이 부르며 앞으로 전진하자 고함소리는 천지를 진동했다. 쌍방은 아침부터 정오까지 격전했고, 적군은 지탱하지 못하고 붕괴됐다.

전장에는 1만 여 구의 시체가 나뒹굴고 8000여 명이 생포되었으며, 주지는 수종 몇 명만 거느리고 도망쳤다. 사사명은 북로北路가 대패함을 알고 황하 이남으로 철퇴할 수밖에 없었다.

| 중국사 연표 |
761년 사조의史朝義가 부친 사사명을 죽이고 황제를 칭했다. 시인 화가 왕유가 죽었다.

095

감진이 바다를 건너다

나라奈良는 일본의 유구한 역사를 가진 도시로 성내에 당초제사唐招提寺가 있는데 사원에 감진鑑眞 대사의 좌상을 공양하고 있다. 감진이 일본에 건너가 계율을 전하고 현장玄奘이 인도에 가서 강의한 일은 당나라 문화 교류사상 빛나는 일이다.

장강 회하 유역에 홀로 이름

일본의 불교는 고구려로부터 전파되었으며 수·당 시대에는 일본의 많은 승려들이 직접 중국에 와서 경을 배웠다. 당시 중국 불교는 한창 종파가 형성, 일본 승려들은 각각 중국의 각 종파를 학습해 각파의 경전을 일본으로 가져갔다.

일본의 쇼무聖武 천황(724~748)이 당나라를 모방해 일본 각지에 호국사護國寺를 건립, 승려 수계 제도를 제정했다. 천황이 불교를 통제하려면 덕행이 고명한 승려의 계율 전수가 필요했다.

733년, 승려 영예榮睿와 보조普照가 중국에 유학, 율종 대사를 초청하는 사명을 짊어졌다. 그들은 여러 번 방문해 천보 원년(742)에 양주 대명사大明寺에 도착, 감진 대사를 배알하고 그에게 일본 천황의 초청 의사를 전했다.

당나라 고승 감진은 수공 4년(688)에 양주 강양현江陽縣에서 출생했으며 속세의 이름은 순우淳于이고, 14세에 양주 대운사大云寺에 출가해 17세에 보살계를 받아들였으며, 낙양·장안의 사원에 유학해 전문 율종律宗을 연구했다. 그는 또 낙양과 장안에서 불교 건축 및 불교 예술을 배우고 의료 기술도 배웠다.

개원 21년(733) 43세의 감진은 정과를 수련하고 양주에 귀환한 후 10년간 경을 전수하며 장강·회하 일대의 유일한 율종 대사가 됐다.

바다를 건넌 대사 – 감진

감진은 '당나라 대승려'라고도 하며 당나라 고승이자 일본 율종의 창시자다. 그는 율종 교의를 연구, 장강·회하 일대의 수계 대사가 됐다. 천보 원년부터 그는 일본 승려의 초청에 응해 천보 12년에 6차 항해에 성공, 이듬해 나라 사원에 단을 세우고 천상황·천황·황태후 등 400여 명에게 계를 전수했다. 많은 불교 전적·불상·법물을 가져가 중국의 건축·조각·의학·서예 등을 일본에 소개함으로써 일본의 불교 문화 및 중일 문화 교류에 공헌을 했다.

여섯 번째로 항행에 성공

천보 원년에 감진은 대명사에서 영예榮睿와 보조普照를 만나 그들의 청을 흔쾌히 응낙한 후, 다음날 사원의 승려를 모아 놓고 일본 동행 여부를 물었다.

승려들은 저마다 침묵했는데 상언祥彦만이 말했다. "일본은 중국과 바다를 사이에 두고 있어 길이 위험해 백에 하나도 안전하게 도착할 수 없습니다." 그러자 감진은 호된 소리로 말했다. "법을 전파함에 어찌 죽음을 두려워한단 말인가? 그대들이 안 가면 나 혼자 갈 터이다." 감진의 격려하에 상언은 우선 스승을 따라가겠다고 하자, 뒤이어 21명이 더 나섰다.

| 세계사 연표 |

761년 일본이 나카이시 모로仲石伴 등을 당나라에 파견했으나 선박 파손으로 도착하지 못했다.

《당양주대운사감진전唐揚州大雲寺鑑眞傳》 출전

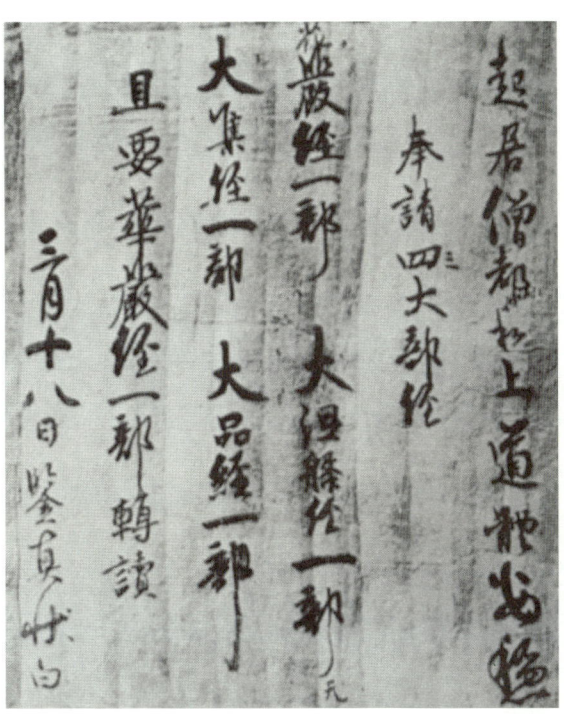

감진의 필적
정창원正倉院 서류에 잔존한 감진의 유일한 침필. 이 서류는 경문을 인용했는데 감진이 일본에 가기 전에 이미 실명했으므로 단정하기는 힘들다.

대명사 – 강소성 양주
일명 법정사, 양주시 서북쪽 촉강蜀崗에 위치하며 남조 송나라 대명 연간에 건설해 대명사大明寺라 불린다. 당나라 때 감진이 주지를 지내며 계율을 선양했다. 중일 교류에 대한 거대한 공헌을 기념해 1973년 사원 내에 감진 기념당을 건설하고 그의 조각상을 세웠다.

이때 감진은 이미 55세였으며, 일본에 가는 것은 쉬운 일이 아니었다. 감진은 11년간 다섯 차례나 실패하고 여섯 번째 순조롭게 일본에 도착했는데, 이때 그는 이미 66세였다.

일본행은 첫째는 항해의 어려움, 둘째는 당나라가 사사로운 출국을 불법으로 간주했고, 셋째는 감진의 제자들이 막아서는 어려움이 있었다.

첫 번 출항에서 감진은 재상 이임보李林甫의 형 이임종李林宗의 도움으로 양주 조선 비준을 취득했는데 준비가 순조로울 때 여해如海가 출항 승려를 해적과 결탁했다고 무고했다. 그 역시 본래는 일본에 가려 했으나 후에 불학 지식이 부족해 제명되자 이에 대한 불만을 터뜨린 것이다.

후에 사건이 해명돼 석방되었지만 선박은 압류당했다. 둘째 출항은 감진이 군함을 샀지만 장강 출구에서 폭풍을 만나 배가 침몰해 80여 명이 표류해 있다가 여러 날 후에야 아육왕사에 호송됐다.

감진의 3~4차례 출항도 양주 보탑만에서 조선 천보 7년(748)에 배가 숭복사를 출발해 절강 연해에 정박한 후 주산군도舟山群島를 출발했는데 얼마 안 돼 또 폭풍을 만나 해상에서 14일간 표류해 해남도에 밀려갔다. 감진 일행이 해남도로부터 북상해 단주端州 용흥사에 이른 후 일본 승려 영예가 병사했다.

1963년, 감진 승려 서거 1200주년 기념 때 광동 조

●●● **역사문화백과** ●●●

[견수사와 견당사]

일본이 수나라에 파견한 견수사遣隋使는 보통 4회이고 당나라에 파견한 견당사는 13회이다. 견당사遣唐使는 대사·부사·통역·의사·음양사·선사·수부 등 조직을 완비했으며 일본 유학생·학문 승려도 많이 수행했다. 이는 중일 문화의 교류와 일본의 발전에 큰 공헌을 했다. 일본 나라의 정창원은 지금도 많은 당나라 문물을 국보로 보존하고 있다.

| 중국사 연표 |

762년
음력 4월 태상황 이융기가 죽었다. 역사상 당명황이라 칭했다. 당나라 숙종이 죽었다. 태자 이예, 즉 대종이 즉위했다. 5월 환관 이보국이 고대 유일한 환관 재상이 되었다.

경시 정호산鼎湖山에 일본 승려 영예 대사 기념비를 세워 감진 동행의 공헌을 높이 평가했다.

감진은 영예의 죽음을 몹시 슬퍼했고, 또 폭풍우와 혹서로 눈병에 걸려 인도의 의사를 청해 치료했으나 실명됐다. 길주吉州, 즉 강서 길안吉安으로 가는 길에 여러 해 시중을 들던 상언도 병사했다.

5차례의 동행도 실패했으나 해남도로부터 양주로의 귀로에 감진 대사는 크게 명성을 날렸다.

천보 12년(753)에 일본 11회 견당사는 귀국 시 대사 구즈하라原藤와 부사 기비吉備와 사절단을 동반해 귀국하는 조형朝衡이 함께 양주에 와서 정식으로 감진 대사를 영접했다. 그해에 이미 66세인 감진은 결연히 여섯 번째 모험을 응낙했다.

일본 유학생 아베노 나카마로 기념비

1978년, 섬서성 서안시 교외 당나라 흥경궁 유적지에 흥경궁 공원을 건설함과 동시에 아베노 나카마로阿倍仲麻呂 기념비도 건설했다. 흥경궁 공원의 설계는 중국의 전통 풍격을 계승했으며 서양 정원 조경의 특징도 받아들였다.

감진 동해 항행 양주 등선도

감진 대사는 5차례나 일본행에 실패했지만 낙심하지 않고 천보 12년 11월 10일 66세에 6차로 도전, 끝내 일본에 도착해 법을 선양하려는 염원을 실현했다. 일본 《동정회전東征繪傳》은 감진의 양주 등선 준비 정경을 묘사해 이 고승에 대한 추모를 표시했다.

753년 10월 19일, 감진은 강변에서 배에 올라 소주의 황사포黃泗浦에 이르러 그곳에서 일본 견당사의 배를 갈아탔다. 일본으로 향한 배는 모두 4척인데, 그중 대사 구즈하라와 조형이 탄 배는 베트남에 표류하고 감진과 그 제자의 배, 보조와 기비가 탄 배가 일본에 도착했다. 감진이 나라에 도착한 때는 당나라 천보 13년(754) 2월 4일이었다. 지난 11년간 감진을 따라나선 사람은 모두 200여 명이며, 모두 참여한 사람은 오직 감진 자신과 일본 유학 승려 보조와 감진의 제자 사탁思托뿐이었다.

일본의 신농神農

감진은 일본에 도착한 후 천황의 지시에 의해 계율 전수 대권을 소유했다. 먼저 쇼무 천황·코묘 태후·

코켄 천황에 보살계를 전수, 이로부터 일본의 승려와 비구니는 모두 계법을 접수해야 정식 승려가 될 수 있었다.

758년 감진은 나라에 당초제사를 건설했으며, 당나라 보응 2년(763) 5월 6일 자신이 건설한 사원에서 입적했다.

감진은 일본에서 불교의 율종을 개척한 동시에 최초로 천태종 경전을 전파했다. 나라의 당초제사는 감진이 제자를 지도해서 건설했고, 사원의 금당은 현존 덴뵤天平 시대 최고의 건물이다. 사원의 많은 불상은 감진 제자의 작품이며, 그중 중앙아시아 부크하라 사람 안여보安如寶가 조각한 천수보살은 일본에 처음 출

일본이 감진을 환영하다

감진이 천신만고 끝에 일본에 도착하자 일본 전국에 환영 분위기가 형성됐다. 감진은 일본에서 최후 10년을 생활했는데 일본의 종교·의학·미술·문학·서예·건축 등에 대해 중요한 공헌을 해 일본 국민의 존경을 받고 있다.

현했다. 이 보살은 밀종과 관련되지만 일본의 밀종 창립은 그 이후의 일이다. 감진은 또 일본에 왕희지王羲之와 왕헌지王獻之 두 서예 대사의 진적을 가져가고 두부의 제작·요리 방법과 양조 기술을 전수했다.

그러나 일본에 대해 제일 큰 공헌은 의약학 지식으로 일본의 신농씨로 불리며 그가 환자를 진료한 후 편찬한 《감상인비방鑒上人秘方》은 일본 각지에 널리 퍼졌다. 당초제사에서 공양하는 감진화상 좌상은 그를 모시던 승려 사탁이 그의 생전에 칠협저漆夾紵로 모사한 것인데 일본 현존 최초 최우수 초상 조각으로 일본의 국보로 간주되고 있다.

일본 견당사 출발지 - 일본 후쿠오카 동남 해변

당나라 때 중국과 일본의 경제 문화 교류는 고도로 발달했으며 630~838년, 200여 년간 일본은 13회 견당사를 파견했다. 그림은 일본 후쿠오카 동남 해변이다.

경절장經折裝, 불전에서 흔히 이 방식을 쓰기 때문이다

763년	**중국사 연표**
	사조의史朝義가 도망해 자살함으로써, 안사의 난이 끝났다.

당나라 시인표(618~907)

성명	자	호	생몰년	작품 및 문학 성과
노조린 盧照隣	승지 昇之	유우자 幽憂子	636~695	당초 4걸의 하나, 주요 작품 《유우자집幽憂子集》.
낙빈왕 駱賓王			640~684	당초 4걸의 하나, 서경업 추종 무측천 반대, 《토무조격討武嬰檄》 기초, 시문 왕발 등과 병칭. 《낙빈왕문집駱賓王文集》.
왕발 王勃	자안 子安		649~676	당초 4걸의 하나. 노조린 등과 조각식 시풍의 변화 시도. 개인생활 치중, 간혹 정치 감개 토로, 일부 시문 화려. 《왕자안집王子安集》 11권. 명구 – '천하에 지기가 있거늘.'
양형 楊炯			650~693	당초 4걸의 하나, 5율 특장, 변새시 기세 웅대. 일부 시문 과도 화려. 《영천집盈川集》 30권.
하지장 賀知章	계진 季眞	사명광객 四明狂客	659~744	오중 4사吳中四士의 하나. 시문 제사 악장 다수. 경물 묘사 청신 현존 시문 20수. 《회향우수回鄕偶書》 유명.
진자앙 陳子昂	백옥 伯玉		661~702	한·위 풍격 표방, 유미 풍격 반대. 당나라 시가 혁신 선구자. 《진백옥집陳伯玉集》. 명구 – '전세에는 고인이 보이지 않고.'
왕지환 王之渙	계릉 季陵		688~742	호방, 시가 다수 악공 가창, 변경 풍경 묘사 유명. 전세 작품 6권, 《출새出塞》 유명. 명구 – '천 리 경치 멀리 보려면.'
맹호연 孟浩然			689~740	풍격 담백. 은거 생활 묘사 다수. 경물 묘사 특장, 왕유와 왕맹 병칭. 《맹호연집孟浩然集》 4권. 명구 – '밤중에 비바람 소리.'
왕창령 王昌齡	소백 少伯		690~756	7절 특장, 변새시 기세 웅대, 격조 격앙. 《왕창령집王昌齡集》.
왕유 王維	마힐 摩詰		699~761	산수시 다수. 전원 산수 묘사, 은거생활 불교선리 선양. 묘사 정밀 생동. 《왕우승집王右丞集》.
이백 李白	태백 太白	청련거사 靑蓮居士	701~762	시풍 호방, 상상 풍부, 언어 자연, 음률 조화 변화. 민가 신화 소재 섭취, 독특 색채 형성, 낭만주의 정신 풍부, 별칭 시선詩仙. 《이태백집李太白集》.
고적 高適	달부 達夫		701~765	변새시 잠삼 병칭, 풍격 대동소이. 《고상시집高常侍集》. 명구 – '앞길에 지기가 없다고 근심하지 마소서'
두보 杜甫	자미 子美	소릉야로 少陵野老	712~770	당나라 성세 쇠락 전이 과정 현시, 사시 호칭. 고체·율시 특장, 풍격 다양, 침울 위주. 《두공부집杜工部集》.
잠삼 岑參			715~770	칠언 가행 특장. 변새 풍경 전쟁 경상 묘사, 기세 호탕, 언어 강개, 변화 자유. 고적과 고잠 병칭. 《잠가주시집岑嘉州詩集》. 명구 – '갑자기 하룻밤에 봄바람 불더니'
장계 張繼	의손 懿孫		?~779	등반 기행 다수. 조각 피면. 《장사부시집張祠部詩集》. 명구 – '고소성 밖의 한산사에'
고황 顧況	포옹 逋翁	화양진일 華陽眞逸	?~806	산수화 특장, 시 평이 유창. 《화양집華陽集》.
위응물 韋應物			737~791	시 전원생활 유명. 언어 간결. 《위소주집韋蘇州集》.
맹교 孟郊	동야 東野		751~814	개인 조우 감상 다수. 언어 간결 강경. 가도와 병칭. 《맹동교시집孟東郊詩集》. 명구 – '뉘라서 작은 풀의 마음으로.'
장적 張籍	문창 文昌		766~830	악부시 사회현실 반영, 왕건과 장왕 병칭. 《장사업집張司業集》.
왕건 王建	중초 仲初		766~?	악부시 특장, 농가·잠부·수부·직녀 소재 시편 일부 당시 사회 반영. 《왕사마집王司馬集》.
설도 薛濤	홍도 洪度		?~832	일찍 완화계 거주, 심홍 원고지 창제, 증송 작품 다수. 정감 애상. 《설도시薛濤詩》.
한유 韓愈	퇴지 退之		768~824	산문 당송 8대가 선두. 시풍 신기, 간혹 괴상. 송시 인도 작용. 《창려선생집昌黎先生集》.

763년 | 세계사 연표 |
감진監眞 법사가 일본에서 죽었다.

유우석 劉禹錫	몽득 夢得		772~842	시문 통속 청신. 《죽지사竹枝詞》《유지사柳枝詞》《삽전가揷田歌》 등 민가 색채 풍부. 당시 중 새로운 풍격. 《유몽득문집劉夢得文集》. 명구 – '예전에 왕씨·사씨 대전에 들던 제비.'
백거이 白居易	동천 東天	향산거사 香山居士	772~846	문장 시대 수응, 시가 사항 수응 주장. 신악부 운동 창도자. 언어 통속, 노구 이해. 원진 상대 화답, 세칭 원백. 《백씨장경집白氏長慶集》. 명구 – '들불은 다 태울 수 없거늘.'
이신 李紳	공수 公垂		?~846	원진·백거이 친밀 교제, 신악부 운동 참가. 《추석유시追昔游詩》 3권, 《잡시雜詩》 1권. 명구 – '누가 알았으랴 사발의 음식.'
유종원 柳宗元	자후 子厚	유하동 柳河東	773~819	한유 합작 고문운동 창도, 당송 8대가 인입, 한류 병칭. 시풍 청아 준수. 《하동선생집河東先生集》.
원진 元稹	미지 微之		779~831	풍자비유시 특장. 《직부사織婦詞》《전가사田家詞》 대표작. 백거이와 원백 병칭. 《원씨장경집元氏長慶集》 외 《앵앵전鶯鶯傳》 전기.
가도 賈島	낭선 閬仙	낭선 浪仙	779~843	황량 고적 경지 특장. 5율 특장, 규범 추구. 맹교와 병칭. 《장강집長江集》. 명구 – '새는 못가의 나무에 깃들이고.'
요합 姚合			779~846	개인생활 자연경물 다수. 5율 선호, 규범 추구. 가도 유사, 요가 병칭. 송조 강호파 시인 스승. 《요소감시집姚小監詩集》 10권.
이하 李賀	장길 長吉		790~816	정치 불우 비분 표현. 어휘·상상·신화 이용 신기 의경 창조. 《창곡집昌谷集》. 명구 – 검은 구름 성을 누르니
노동 盧仝		옥천자 玉川子	?~835	부패 조정 민생고 반영, 풍격 기이, 산문 접근. 《옥천자시집玉川子詩集》
두목 杜牧	목지 牧之		803~852	구세 재능 자부. 시폐 타매. 서정시 청신생동. 이상은과 병칭. 《번천문집樊川文集》. 명작 – 《박진회》《적벽》
이상은 李商隱	의산 義山	옥계생 玉谿生	811~863	사시 풍자, 무제 유명. 장율·절귀 특장. 풍격 독특. 전고 과다 의사 은폐. 《이의산시집李義山詩集》. 명구 – '봄누에는 죽어.'
온정균 溫庭筠	비경 飛卿	온종규 溫鍾馗	812~866	어휘 화려, 화간파 사인 대표. 《화간집花間集》《온비경시집溫飛卿詩集》.
조업 曹鄴	업지 鄴之		816~875	정치 불우 감개 토로, 유하 시우詩友. 《조사부집曹祠部集》 2권.
유가 劉駕	사남 司南		822~?	비흥 사용. 조업 친우, 세칭 조류. 《전당시全唐詩》 1권 수록.
조송 曹松	몽징 夢徵		약 830~?	유람 작품 다수. 가도 풍격 학습. 어휘 공력 심후. 《전당시全唐詩》 중 2권 수록. 명구 – '그대의 봉작 자랑치 말라.'
나은 羅隱	소간 昭諫		833~909	현실 풍자, 구두어 사용. 소수작품 민간유전. 《나소간집羅昭諫集》.
피일휴 皮日休	일소, 습미 逸少, 襲美		834~883	시문 육구몽 병칭. 부분 시 통치계급 부패 폭로, 백거이 악부시 전통 계승. 《피자문수皮子文藪》.
육구몽 陸龜蒙	노망 魯望		?~881	경물 묘사. 피일휴와 피륙 병칭. 《당보리선생문집唐甫里先生文集》.
섭이중 聶夷中	탄지 坦之		837~884	농민질고 호족 사치 묘사, 언어 통속. 만당 시중 가작. 대표작 – 《영전가詠田家》《공자행公子行》
사공도 司空圖	표성 表聖		837~908	후대 엄우 등 인도. 《사공표성시집司空表聖詩集》《사공표성문집司空表聖文集》.
한악 韓偓	치요 致堯		844~923	연정 다수. 언어 화려. 세칭 장렴 시체. 후기 시풍 전변, 감상 작품 다수. 《한내한별집韓內翰別集》.
두순학 杜荀鶴	언지 彦之	구화산인 九華山人	846~904	부분 시편 군벌혼전 백성고통 반영. 《당풍집唐風集》 3권.
나규 羅虬				함통·건부 연간 시작 나은·나업과 3라 병칭.

581~763 당나라

당나라 재건 시 당 예종이 상왕相王으로 즉위했다고 해서 상국사라는 명칭을 하사해 유래했다

초점 : 581년부터 763년까지의 중국

수·당 시대는 통일 제국 건립 추세가 이미 형성됐으며 수나라의 와해는 통일을 이루기 위한 하나의 과정인 듯하다. 그러므로 얼마 안 돼 당나라의 통일이 이루어졌다. 이러한 과정은 진·한 시대와 상당히 비슷한 점이 있지만 분명 비슷할 뿐이지 같은 것은 아니다. 수·당 시대의 부족 구성이나 문화, 심지어는 제국의 지위는 모두 진·한 시대에 비해 더 복잡하고 더 풍부하고 더 위대하다.

저우구청 周穀城

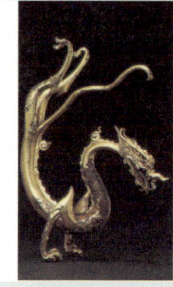

수나라 양제의 통치를 뒤엎은 농민 봉기는 당나라 통치자에게 준엄한 교훈을 주었다. 당나라 초기의 세 황제(당나라 태종·무측천·현종) 개원 연간은 진보적인 경향을 보이는 동시에 서로 다르게 수나라 말기 농민 봉기의 교훈을 접수했다. 전국적 범위의 조용조제租庸調制 및 관동 지역 위주의 균전제均田制는 농민에게 토지를 부여하고 부세를 경감해 주었다. 당나라 초기는 국내가 안정되고 주변국이 우호적으로 내왕하거나 의지해 비할 데 없는 부강을 과시했는데 그 가장 근본적인 원인은 농민이 토지를 취득한 점이다.

판원란 范文瀾

서부 지역에서의 중국의 국가 위세와 명망은 한·당 2대에 가장 성대했다. 당나라 시대에 중아시아 각국은 중국인을 '당가자唐家子'라고 불렀는데 이로부터 이씨 당나라의 혁혁한 위세를 볼 수 있다.

샹다 嚮達

당나라는 태종 이후 중원의 문물도 그 기운을 빌려 극성했다. 현장玄奘 등이 동인도로부터 들여온 불교 그림 및 불상, 금강지·선무위 등의 화상은 당시의 회화에 풍부한 변화를 초래했다. 양혜지의 조각, 오도현 등의 인물은 대부분 그들의 영향을 받았다. 당시 불교 미술의 일부분, 예를 들면 용문의 석상, 광원의 불애佛崖 등은 지금까지도 전해지고 있는데 대체로 표정이 부드럽고 옷의 주름이 세련되며 기교가 6조의 작품처럼 고졸하지 않으며, 사원·도교 사원·궁전·누각 등 건축도 매우 웅대하고 화려하며 문채가 찬연하다.

판궁서우 潘公壽

문학계의 태두와 학술계의 명가들이 581년부터 763년까지의 중국에 초점을 모았다. 그들은 거시적, 또는 미시적 관점으로 수당의 정치·경제·사회·문화에 대해 깊이 분석하고 이를 쉬운 말로 해석했다. 고도의 지혜를 응집한 이런 학술 정화는 세월이 흐른 뒤 읽어도 항상 새로운 맛이 나며 중국 역사 문화의 전당으로 우리를 안내한다.

성당盛唐·당나라 중기 교체 시기의 봉건 후기 예술은 어떤 공통점이 있는가? 그것은 성당의 웅장한 기세를 일정한 형식과 규격, 율령과 융합한 것이다.

리쩌허우李澤厚

기원 7세기의 당나라 초기는 중국 역사상 흥분을 불러일으키는 시기다. 630년, 당나라 태종 이세민은 주변의 소수 민족 추장에 의해 하늘의 칸으로 추대됐는데, 당일 고조 이연은 이미 태상황으로 퇴위했으나 능연각에서 연회를 베풀어 경하했다. 상황이 비파를 타고 황제가 춤을 추는 장면은 중국 역사상 유일무이한 것이다.

황런위黃仁宇

성당의 운명은 당시 새로운 제도의 창건에 좌우된다. 다시 말하면 의식과 정신이 구체적인 현실화에 도달한 것이다. 제도가 점점 붕괴됨에 따라, 즉 의식과 정신이 이미 상실되거나 더는 존재하지 않음에 따라 성당의 성세 역시 더는 확보할 수 없게 됐다.

첸무錢穆

성당 전기는 이백의 시가 제멋대로 날뛰는 시대도, 그의 시는 현종 이융기 통치하의 정치·경제가 상승하는 기상을 반영하고 있다. 성당 후기는 두보의 만년의 시부가 강산을 뒤흔드는 시대로 그의 시는 당나라가 성세로부터 쇠퇴기에 전입하는 사회 현실을 반영하고 있다.

스저춘施蟄存

581년부터 763년까지의 사회생활·역사 문화 백과
(각 조목은 페이지에 따라 검색함)

> 오늘날까지 해외 한족漢族의 거주 지역을 여전히 당인가唐人街로 부르고
> 당시唐詩를 읽지 않으면 중국인으로 여기지 않을 만큼 수·당 문화는 중국 민족과 하나다.
> 찬란한 수·당 문화를 보면 마치 선조들과 대화를 나누는 듯하다.

1. 제왕 및 황가 생활

- 수나라 개국 황제 양견 (당나라 염립본閻立本 그림) 30
- 팔두八頭 마차 그림 33
- 수나라 문제가 황제의 황포黃袍 규정을 만들다 43
- 수나라 문제가 비를 기원하는 벽화 54
- 구성피서도九成避暑圖 - 송나라 그림 (일부분) 90
- 선화 부인이 부자父子를 섬기다 95
- 가렴주구한 수나라 양제 (당나라 염립본閻立本 그림) 98
- 강도 행차는 영원한 역사의 거울 99
- 후세 사람을 경계하는 감루 - 강소성 양주 112
- 당나라 개국 황제 고조 이연 125
- 홍문개관弘文開館 138
- 소릉6준도昭陵六駿圖 (금나라 조림趙霖 그림) 140
- 현인을 존경해 매를 품에 품다 144
- 궁전을 옮겨 민간 저택을 짓다 147
- 능을 바라보며 누각을 허물다 147
- 수염을 잘라 약에 넣다 148
- 현군 이세민 157
- 장손 황후가 교묘하게 간하다 162
- 당나라 황후 행종도唐后行從圖 (당나라 장선張萱 그림) 163
- 붉은 잎에 시를 써서 슬픔을 나누다 163
- 보련도步輦圖 (당나라 염립본閻立本 그림) 164
- 당나라 궁내 여관女官 167
- 문성 공주의 서장 진입 167
- 고대 장족의 걸출한 군주 167
- 금성 공주 167
- 사물에 비추어 태자를 가르치다 178
- 이중연묘 의장 벽화 185
- 도련도搗練圖 (당나라 장훤張萱 그림) 193
- 무주武週 낙양 도읍 195
- 일대 여황 무측천 196
- 목마도牧馬圖 (당나라 한간韓幹 그림) 201
- 시중 등불 구경 218
- 사사로이 관직을 제수하다 218
- 척령송 - 당나라 현종 (일부분) 221
- 현군이자 혼군이었던 당명황 221
- 당나라 공주는 왜 여도사가 되기를 좋아했는가 221
- 산장山葬 위주의 당나라 제왕 능묘 225
- 당나라 관가 흙 봉인 257
- 번장을 총애하다 259
- 현종과 양 귀비 261
- 양귀비상마도楊貴妃上馬圖 (당나라 무명씨 그림) 266
- 여산피서도驪山避暑圖 (청나라 원강袁江 그림) 267
- 귀비탕貴妃湯 267
- 연꽃탕 267
- 화청출욕도華清出浴圖 (청나라 강도康濤 그림) 268
- 당명황이 사천에서 방울소리를 들은 곳 272
- 명황행촉도明皇幸蜀圖 (당나라 이소도李昭道 그림) 273
- 양 귀비 묘 273
- 당나라 숙종이 영무에서 즉위하다 275
- 배를 구우며 시를 읊다 275
- 당조 18명 황제 능묘 분포도 286
- 망현영가도望賢迎駕圖 (송나라 무명씨 그림) 289

2. 군사 및 전쟁

- 부병을 징발하는 증거 - 수나라 구리 호부虎符 40
- 수나라의 발달된 조선업을 보여 주는 오아함五牙艦 46
- 한백옥漢白玉 수렵 무사용 84
- 기세등등한 기마 무사 86
- 위무당당한 백자 무사용 104
- 무사의 영웅 기세 109
- 수나라 말기 농민 봉기 초기 시의도 109
- 장비가 견고한 수나라 무사 110
- 수나라 시대 방패를 든 무사용 114
- 현무문 정변 132
- 당나라에 시작된 경기병輕騎兵 139

581년부터 763년까지의 사회 생활·역사 문화 백과

설인귀의 동정東征 (청나라 시대 연화) 180
서역 제국의 중요한 병풍 - 안서安西 4진 191
함곡관 경물의 하나 - 하남성 영보 222
조야백도照夜白圖 (당나라 한간韓幹 그림) 222
과장된 기법의 당나라 무사용 252
용감한 무관 252
위엄 있는 무관 253
당나라 옥문관 이북의 제일봉 - 목숙봉 유적지 253
채색 무관용 254
안녹산 반란 258
동관에서 멀리 바라보다 - 섬서성 동관 270
해상의 비단길 276

3. 경제 및 무역

통일된 수나라 시대 화폐 - 개황 오수전 41
운하에서 항행하는 석양 중의 작은 배 - 강소성 강도 47
'천하 곡창' 벽돌 명문 71
앉은 낙타를 탄 채색 호인용 82
5월의 운하 양안 정경 - 강소성 흥북興化 111
한강승람도勝覽圖 (청나라 원요袁耀 그림. 일부분) 111
남북을 관통하는 대운하 112
최대 규모의 곡창 - 함가창含嘉倉 142
300년 간 유통된 당나라 화폐 - 개원통보開元通寶 190
당나라의 화폐 일부 191
수정과 청동으로 만든 개원통보 191
새벽의 옛 운하 - 강소 회안 239
비단길의 대상隊商 251
만이집공도蠻夷執貢圖 250
대외 무역의 상징 - 삼채 호인 마부용 251
비단길의 여행자 255
만국 상인이 당나라에 운집하다 263
당나라 순천원보전 287

4. 귀족의 생활

수나라 시대 관리 품계 30
유춘도游春圖 (수나라 전자건展子虔 그림. 일부분) 42
채색 유약 도기 - 모자를 쓴 여성 기사용 42

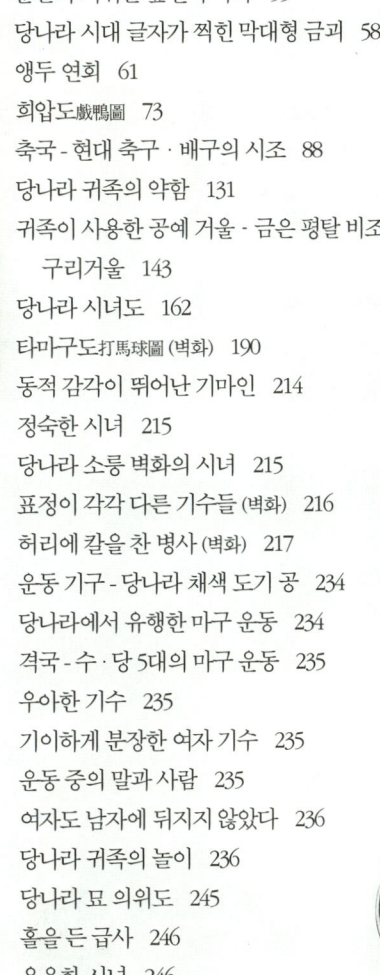

호족 모자를 쓴 삼채 여자 기병용 53
문관의 지위를 높인 수나라 55
당나라 시대 글자가 찍힌 막대형 금괴 58
앵두 연회 61
희압도戲鴨圖 73
축국 - 현대 축구·배구의 시조 88
당나라 귀족의 약함 131
귀족이 사용한 공예 거울 - 금은 평탈 비조 함수무늬 구리거울 143
당나라 시녀도 162
타마구도打馬球圖 (벽화) 190
동적 감각이 뛰어난 기마인 214
정숙한 시녀 215
당나라 소릉 벽화의 시녀 215
표정이 각각 다른 기수들 (벽화) 216
허리에 칼을 찬 병사 (벽화) 217
운동 기구 - 당나라 채색 도기 공 234
당나라에서 유행한 마구 운동 234
격국 - 수·당 5대의 마구 운동 235
우아한 기수 235
기이하게 분장한 여자 기수 235
운동 중의 말과 사람 235
여자도 남자에 뒤지지 않았다 236
당나라 귀족의 놀이 236
당나라 묘 의위도 245
홀을 든 급사 246
우울한 시녀 246
걷고 있는 급사 247
나무판을 들고 설창을 하는 급사 247
당나라 관직표 258
괵국부인 유춘도游春圖 (당나라 장선張萱 그림) 262

5. 자랑할 만한 과학기술 성과

태의太醫 소원방 (청나라 시대 연화) 45
물리학 지식을 응용해 창제한 이불 속 향로 83
당나라 삼채 식기 91
색채가 순정하고 질이 우수한 가공지 100

299

581년부터 763년까지의 사회 생활·역사 문화 백과

약 달이는 도구 - 은 손잡이 솥 105
안마에 전문과가 생기다 105
만화경萬華鏡의 시조 109
수리 전문가 고사렴 152
칫솔이 보급된 시대 170
약왕 손사막 174
당나라의 단약丹藥 175
구의도求醫圖 (벽화) 175
약왕산 유적지 175
1000여 년 전의 외과 수술 도구 176
손사막이 침으로 용왕을 치료하다 (청나라 말기 연화) 176
세계 최초의 인쇄물 〈무구정광대다라니경〉 189
정밀한 차 맷돌 206
일행의 초상 230
당나라 장회 태자 이현 묘의 천상도 230
일행 화상의 공헌 231

6. 생활과 풍속

문벌 보충 재물 - 명문 거족과 혼인하는 대가 33
깊이 잠든 당나라 시대 영아용 35
목욕통 속의 동자 39
나체 사내아이 40
동자가 휴식하는 모양의 도기용 41
당나라 시대 신강 사람들이 만두를 먹다 45
수나라 시대 백자 바둑판 48
굽 높은 금컵 61
별학과 단어탕 62
용도가 서로 다른 수·당 베개 66
당삼채 꽃무늬 베개 66
화려한 자기 베개 67
과학적으로 제작한 자기 베개 67
민족 교류의 증거 - 수·당 시대 과자 71
아미와 입술 화장 73
소금차와 우유차 76
도금 봉황무늬 은쟁반 76
술집·호희 및 '주호자' 84
녹색 유약을 바른 용 손잡이 박산로 89

수렵 도안이 그려진 삼채 봉황 머리 병 92
마갈무늬 금제 컵 93
서역에서 전래된 호족 음식 93
야광컵과 봉래잔蓬萊盞 99
당나라 시대 주령 은살 100
당나라 주령 깃대 101
묘 사기 제어용 삼채 짐승 114
일상생활 그릇 - 남색 유약 도기 115
중추절中秋節 115
당나라 시문 도기 주전자 135
사기를 피하고 길상을 기원하는 수나라 시대 거울 139
인도 사람 얼굴무늬 청동주전자 141
신수무늬 구리거울 142
수·당 해수海獸 비조 포도 거울 144
두꺼비 등속무늬 금박 은 배면 구리거울 146
명랑하고 청아한 나전 구리거울 151
중양절 157
두 개의 복숭아 형태에, 두 마리 여우무늬의 당나라 은쟁반 식기 159
천연두의 신 (청나라 말기 연화) 161
사기를 구축하고 병을 치료하는 세아 174
아동희희도兒童嬉戱圖 (당나라 무명씨 그림) 179
당나라 연령 호칭 181
과거 급제를 축하하는 관연과 가연 194
국색 천향國色天香 197
죽마고우 236
백운관 묘회 (청나라 말기 연화) 243

7. 수·당 명인

가매도嫁妹圖 (명나라 허준許俊 그림) 32
한산습득도寒山拾得圖 (명나라 장관蔣貫 그림) 47
귀신 잡는 종규 63
당나라 〈음중 팔선飮中八仙〉 (청나라 오유여吳有如 그림) 101
춘야연도리원도春夜宴桃李園圖 (청나라 영목冷枚 그림) 101
이밀이 쇠뿔에 책을 걸다 120
풍진삼협도風塵三俠圖 (청나라 임신任頣 그림) 121
18학사도學士圖 (당나라 염립본閻立本 그림) 138

마주가 술로 발을 씻다 152
경학 대가 공영달孔穎達 153
저수량 170
미친 기운을 계승한 회소 화상 173
육우팽다도陸羽烹茶圖 (명나라 문징명文徵明 그림) 205
다성 육우 205
육우와 다도 206
다신茶神 육우 206
문원도文苑圖 (오대 주문구周文矩 그림) 224
오대사 (청나라 말기 연화) 229
화성 오도자 229
양형楊烱 238
왕발王勃 238
낙빈왕駱賓王 239
노조린盧照隣 239
시선詩仙 이백 240
음주8선仙 241
태백취주도太白醉酒圖 (청나라 소육명蘇六朋 그림) 241
이백행음도李白行吟圖 (송나라 양해梁楷 그림) 242
이백상월도李白賞月圖 (명나라 오량지吳良智 그림) 243
태백 해표解表 (청나라 말기 연화) 243
장과로가 명황을 회견하다 (원나라 임인발任仁發 그림) 244
청나라 각본《안녹산 사적》 259
도리원도桃李園圖 (명나라 구영仇英 그림) 264
전원 시인 맹호연 265
환관 - 고력사 274
산수 전원시의 대표 인물 왕유 277
일대 서성書聖 안진경 281
노공사경도魯公寫經圖 (청나라 육회陸恢 그림) 282
안고경 283
시성詩聖 두보 284

8. 종교 및 종교 제기

석가모니 경변經變 부조 29
수나라 시대 1불 2보살 조각상 29
수정·호박·사리를 담은 녹색 유리 쟁반 37
금동 노군상老君像 63

한종리 초상 (명나라 조기趙麒 그림) 64
남채화 초상 (원나라 무명씨 그림) 64
소 상시常侍가 조각한 선업善業 조각상 80
은도금 금권초호무늬 문화 파라자 1조 94
우란분절盂蘭盆節 95
석질 석가여래 사리 보장寶帳 97
팔선도八仙圖 (청나라 황신黃愼 그림) 129
대진大秦 경교 중국 유행 비석 137
경교의 전입 138
무림 성지 소림사 160
소림의 칠층 부도七層浮圖 160
비구 법률 니삼중 보탑상寶塔像 184
중국에서 가장 오래된 사찰 백마사 (하남 낙양) 189
금박 청동 노군 입상 194
진짜 경을 위해 고난을 겪다 207
당나라 삼장 고향 - 하남 언사 207
현장취경회장안도玄奘取經回長安圖 208
현장의 서행 경과 국가 및 지역 208
현장이 서천에 가서 경을 얻다 209
현장과《대당 서역기》 209
서유西游 고승 현장 법사의 영탑 (섬서 서안) 210
6조절죽도六祖斫竹圖 (송나라 양해梁楷 그림) 211
혜능 육신상 211
이슬람 성묘聖墓 212
5조재래도五祖再來圖 (원나라 인타라因陀羅 그림) 212
당조 불교 8종宗 간이 도표 213
선종禪宗 213
수나라 시대 고찰 국청사國清寺 232
불교 건축 예술의 걸작 대안탑 232
바다를 건넌 대사 - 감진 290
감진의 필적 291
대명사 - 강소성 양주 291
감진 동해 항행 양주 등선도 292
일본이 감진을 환영하다 293

581년부터 763년까지의 사회 생활·역사 문화 백과

9. 문화예술

낙빈왕駱賓王〈영아잡시詠鵝雜詩〉시의도 (청나라 수평壽平 그림) 35
궁정의 우아한 음악 - 연악燕樂 35
문화사 연구를 앞당기는 돈황학 40
수나라 시대 좌부 기악 용 45
봉건시대 부녀자 교화를 위한 경전《여효경女孝經》 45
성씨학 전문 저서《씨족지》와《원화 성찬》 50
낙빈왕駱賓王〈변성에 오래 돼 서울을 그리다〉(명나라 강도康濤 그림) 51
하지장賀知章〈귀향 우서〉시의도 (청나라 전혜안錢慧安 그림) 54
왕발王勃〈등왕각〉시의도 (청나라 왕항王恒 그림) 58
비파의 전래 66
맹호연孟浩然〈춘효〉시의도 (청나라 전혜안錢慧安 그림) 69
왕창령王昌齡〈장신원〉시의도 (청나라 나빙羅聘 그림) 78
수·당나라 궁정 악곡 - 법곡 78
미인 애도사 - 미인 동董씨 묘지명 84
연대가 제일 오래된 마애 석각 - 방산 석경 제사題詞 90
왕유王維〈산속의 가을〉시의도 (명나라 항성모項聖謨 그림) 93
촌학村學 96
당나라 시대 설창을 하는 남자용 103
고구려 벽화 105
왕유王維〈종남 별업〉시의도 (원나라 강체 그림) 105
왕유王維〈대청산 도사 방문 불우〉시의도 (명나라 이유방李流芳 그림) 107
왕유王維〈대숲 속의 별채〉시의도 (명나라 항성오項聖謨 그림) 112
이백의〈고요한 밤의 생각〉시의도 (청나라 석도石濤 그림) 115
《당서》의 사료 원천 123
왕유王維〈상사〉시의도 (청나라 호석규胡錫珪 그림) 126
전적 석각 - 당나라 석경 126
예상우의무霓裳羽衣舞 140
왕유王維〈9월 9일 산동 형제를 추억〉시의도 (청나라 석도石濤 그림) 150
회소의《식어첩》 168
서예 대가 장욱 168

구체歐體 서예의 창시자 구양순 169
공자묘당비孔子廟堂碑 - 우세남虞世南 169
당나라 초기의 4대 서예가 170
《난정서》종적의 수수께끼 172
장구령張九齡〈감우感遇〉시의도 (명나라 항성모項聖謨 그림) 176
수·당 서화가 일람표 186
송자천왕도送子天王圖 (당나라 오도자吳道子 그림) 192
무측천이 글자를 만들다 193
당나라 구형 묘지 201
무측천의 둘째 아들 이현이 수정한《후한서后漢書》 202
장설〈양육을 동정산에서 보내며〉시의도 (청나라 석도石濤 그림) 202
장원 224
이백〈달 아래 독작하다〉시의도 (송나라 마원馬遠 그림) 226
이백〈왕우군王右軍〉시의도 (명나라 두근杜菫 그림) 229
돈황 막고굴 231
이백〈촉도난蜀道難〉시의도 (청나라 원습耀袁耀 그림) 232
이백〈옹 존사님 은거지〉시의도 (명나라 이유방李流芳 그림) 238
당나라 초기의 4걸 239
유일하게 전세한 이백의 필적〈상양대첩〉 242
제벽과 시판 243
이원 및 이원제자 245
희극인의 외모 형식을 구체화한〈난릉왕 입진곡〉 247
당나라 서류 247
번영하는 호악胡樂 250
좌부기와 입부기 250
돈황에 '변문'·'변상'이 있다 254
이백〈촉으로 떠나는 친우를 배웅하며〉시의도 (청나라 원습袁耀 그림) 254
〈호선무胡旋舞〉석각 260
호등·호선과 자지무 260
이백〈가을 선성 북루 등반〉시의도 (명나라 항성모項聖謨 그림) 261
망천도輞川圖 (당나라 왕유王維 그림) 265
이백〈천문산을 바라보며〉시의도 (청나라 석도石濤 그림) 268

당나라의 기백을 구현한 비석 268
교방·교방악 269
이백 〈왕륜에 증송함〉 시의도 (청나라 전혜안錢慧安 그림) 271
현종시마도玄宗試馬圖 (당나라 한간韓幹 그림) 271
이백 〈여산 폭포를 바라보며〉 시의도 (명나라 사시신謝時臣 그림) 274
잠삼岑參 〈호현 뭇 관리들과 강가에 노닐며〉 시의도 (명나라 장서도張瑞圖 그림) 277
최호崔顥 〈화음을 지나며〉 시의도 - (명나라 사시신그림) 280
첫 사학 평론 전문 저서 《사통》 282
송별의 곡 〈양관삼첩〉 285
당나라 시인표(618-907) 294

10. 자연물을 초과하는 공예품
수렵 생활을 반영하는 은컵 28
수렵 그림 장식의 굽 높은 은컵 30
아름답고 단정한 삼채 여자 용 31
나래를 펼친 봉황 새 금봉 33
목욕 중인 채색 동자용 34
정밀한 사리 장구葬具 금관·은곽 36
금박을 입힌 사자 모양의 묘실 사기 제압 짐승 37
당나라 소릉昭陵에서 출토된 사기 제압용 사람 얼굴을 한 채색화 짐승 38
기묘한 십이지용 43
머리 장식물 금박 은제 만초 나비무늬 비녀 43
한백옥 허공장보살虛空藏菩薩 조각상 44
삼채 산 늪·삼채 정자 48
나뭇가지 꽃 은장식 50
보물 함의 은 장식물 52
금 바탕에 백옥 테두리의 띠 56
지하 창고에 저장한 금은 그릇 57
금동 띠 58
채색 유약 도기 - 기마 악기용 59
화려한 장식물 - 황금 나무 60
금테 백옥 컵 62
당나라 시대 자기의 걸작 - 흑색 유약을 바른 탑식 단지 65

중국 도자기의 진귀한 표본 - 수나라의 백색 유약을 바른 용 손잡이에 코끼리 머리 주전자 66
앉은 자태가 아름다운 삼채 여자용 70
삼채 천왕용天王俑 72
달리는 적금 용龍 73
금동 거북(4점) 73
사자 모양의 은 장식물 74
화려한 금속 사발 75
목이 긴 용무늬 백자 술병 76
낙타를 탄 삼채 악용樂俑 79
정밀한 유리 대야 81
위엄 있는 삼채 천왕용天王俑 85
뛰어난 기술의 수나라 시대 유리 제품 87
사자무늬 백옥 띠 88
손잡이 달린 마노 컵 98
당나라 공작새 컵 102
금동 밑판 백옥 컵 108
묘의 사기 제어용 채색 쌍두 짐승 113
돌궐 묘 앞의 돌사람 149
당나라 예술 정품 - 금박 무마 함배銜杯무늬 은주전자 155
당나라 황색 유약 교질 자기 사발 172
당나라 시대의 발달한 자기 제작 기술을 반영하는 수주요의 병 177
절세의 진품 · 당나라 짐승 머리 마노 컵 178
독특한 조형의 금박 곰무늬 6곡 은쟁반 180
당나라 삼채三彩 제작 185
상상력이 뛰어난 당나라 금동용 186
맑고 윤택한 삼채 걸작 197
전무후무한 삼채 악무용 198
건릉 석옹중石翁仲 204
건릉의 석조상 204
성당 석각 예술의 전범 - 건릉 묘지 사기 제어 석수石獸 204
당나라 개원 연간의 쇠로 만든 소 237
모습이 기이한 사기 제어용묘 - 유약 도기 인면人面 짐승 248
이역 풍정의 삼채 낙타 기병 호용 249
흙으로 제작한 환관 얼굴 260
건릉 앞의 무신 조각상 276

303

581년부터 763년까지의 사회 생활·역사 문화 백과

진귀한 예술품 - 화조무늬 금 주전자 286

11. 농업 생산

네팔에서 온 채소 55
당래거唐徠渠 57
수나라의 농업활동을 반영하는 백도기 석마 및 키를 든 용 68
당나라 시대 양곡 가공 도구 78
당나라 시대 건포도 103
거울 닦는 사람 147
밭을 가는 농부 239

12. 수·당 시대의 복장 및 방직물

연주 대칭 공작 '귀' 자 무늬 비단 복면 69
당나라 시대 유행한 날염 천 87
현존하는 중국 최초의 모자 · 진덕관 150
연주무늬에 마주 보는 오리 씨실 비단 161
다채로운 당나라 여성 복장 182
단정한 여자용 183
몸매가 날씬한 채색 여자용 183
방직 기술의 특출한 성과를 나타내는 양면 견 183
당나라 복장을 한 문관용 227

13. 경·승상 및 중신들

하약필이 혀 때문에 죽다 49
진나라를 멸한 명장 한금호 49
수나라 제1명장 - 양소 57
억울하게 죽은 사만세 87
당나라 초년 '18학사'의 한 사람 설수 96
장형이 간언하다 99
우문화급宇文化及 104
와강채 봉기를 결의하는 그림 (청나라 말기 연화) 121
황가 공신 이효공 122
시소 122
당나라 초기 대신 배적 123
수당 18로 호한 전도 (청나라 말기 연화) 124
당나라 군사가 이정 126
위지경덕 127

진경 127
문신 경덕, 문신 진경 (청나라 말기 연화) 128
쟁신諍臣 위징 130
구변이 좋고 법률에 훤한 왕세충 131
수나라의 효웅 두건덕 131
단지현 133
삼조 공신 장손 무기 133
개국 공신 정교금 134
결단성 있는 장공근張公謹 134
정관 명상 방현령 136
두여회 136
태종의 명장 굴돌통 148
장손순적 153
소익잠난정도蕭翼賺蘭亭圖 (송나라 무명씨 그림) 171
문무를 겸비한 배행검 185
일대 명신 적인걸 200
당나라 관원의 신분증 - 어부 및 어대 219
소탈하고 화려한 당나라 문관 223
백자 시리용 225
금박 채색 문관용 225
당나라 삼채 문리용 226
3대 명재상 요숭 228
개원의 명재상 송경 228
지용을 겸비한 충신 장순 278
장순이 첩을 잡아 군사를 대접하다 279
반란을 평정한 명장 허원 279
명장 이광필 288
이광필이 두 장수를 항복시키다 288

14. 수나라의 건축

《풍교야박》과 한산사 47
수나라 도읍 대흥성과 당나라 도읍 장안성 67
수나라 건축 양식이 반영된 도기 집 68
세계 최초의 아치형 돌다리 조주교 - 하북성 조현趙縣 69
진귀한 당나라의 삼채 건축 모형 81
수나라 문제 태릉 83
수나라 '낙주 손선' 와당 90

581년부터 763년까지의 사회 생활·역사 문화 백과

수나라 양제 묘 107
양관 유적지 149
호화롭고 기세가 웅대한 인덕전 156
대명궁 유적지 주춧돌 158
대명궁 유적지 158
함원전 유적지 158
중화 고대 건축 정화 - 포탈라궁 166
도기 가마 유적지 173
소릉의 북사마문 유적지에 노출된 석각 178
당 소릉昭陵 179
당나라 서역 변성 유적지 181
고창 옛 성 유적지 200
발해국의 와당 202
장려한 건릉 전경 203
침향정도 (청나라 원강袁江 그림) 220
당나라의 공공 원림 - 곡강 228
교하 옛 성 유적지 250
구자 고성 유적지 256
세계 석조 예술의 걸작 - 봉선사동 네 장사 264
당나라 화청지華淸池 외경 269
현종 때 주요 의정 장소 홍경궁 유적지 274
당나라 현종 묘-태릉 - 섬서성 포성 280
시인 일생을 기록한 두보 초당 285
언사 두보의 묘 - 하남성 언사 285
일본 유학생 아베노 나카마로 기념비 292

15. 정치 제도

신분 지위를 표시하는 차자借紫와 차비借緋 37
수·당 시대 부병 37
3성 6부 54
《개황률》의 5형 확정 60
수나라 시대 관리의 녹봉 63
수나라의 호적 등록 - 대삭모열 71
비서성 81
과거시험 중 두 가지 취사 방법 - 상과와 제과 98
고등 교육 기관 - 국자감 103
당나라 시대 관리 휴가 제도 111

당나라 시대 금군 129
북문 학사北門學士 131
정사당政事堂 143
동자과童子科 153
과거 시험의 주요 의거 - 《오경정의》 154
《당률소의》의 일부분 188
당률이 제출한 10악 불용 죄 188
무측천이 글자를 만들다 195
현존하는 중국 유일의 고대 금간 - 무측천 제죄금간除罪金簡 199
역대의 형구 199
8의 제도 199
절도사 259

16. 기타

다민족 문화의 융합을 구현한 당나라 삼채 악용 77
수·당 역사 유적표 116
당나라 금은 그릇의 중대한 발견 136
대외 교제를 반영하는 벽화 255
당나라의 곤륜崑崙 노예 256
최초의 아편 - 당조 디에쟈 256
사자국 256
당나라 고종 - 숙종 시대 호구표 283
견수사와 견당사 291
일본 견당사 출발지 - 일본 후쿠오카 동남 해변 293

찾 아 보 기

ㄱ

가서한哥舒翰 245, 253~254, 270~272, 286
감진鑑眞 대사 167, 266, 290, 295
개원통보開元通寶 81, 190~191
개황률開皇律 30, 32, 60, 188
격국擊鞠 235
고경高熲 39~40, 45~48, 51, 58, 64, 68, 88~89, 94~96, 100
고력사高力士 241~243, 252, 266~267, 273~274, 288
고선지高仙芝 249~250, 255~257, 270~272
공해전公力田 88
곽자의郭子儀 136, 271, 276, 285, 287~288
교방敎坊 101, 230, 269
국부인國夫人 209
굴돌통屈突通 128, 148
길온吉溫 246~247, 266

ㄴ

나희석羅希奭 246
낙빈왕駱賓王 35, 51, 155, 186, 197, 238~239, 294
내준신來俊臣 197~199, 201~203, 205~206, 227

ㄷ

단지현段志玄 133
당래거唐徠渠 57
당률소의唐律疏儀 91, 188~189
당육전唐六典 169, 189
대명궁大明宮 139, 156, 158, 257
대삭모열大索貌閱 71
대주戴胄 156~158
독고신獨孤信 28, 31~33
독고타獨姑陀 63~64
돈황학敦煌學 40
동연광董延光 252
동자과童子科 153
두건덕竇建德 106, 122, 131, 133
두엄杜淹 142~143
두여회杜如晦 120, 132~133, 135~136, 142~143, 148, 229

ㅁ

마숙모麻叔謀 111~112
마주馬周 190
마주馬週 152~154
막진막莫陳邈 45
맥철장麥鐵杖 104~105, 109
무삼사武三思 200, 210, 219, 231
무측천武則天 81, 116, 131, 133, 136, 158, 164, 166~167, 169, 182~186, 189~206, 208, 211~212, 214~215, 218~220, 226~230, 239, 247

ㅂ

방현령房玄齡 96, 130, 132~133, 135~136, 139, 143, 148, 179, 188, 229
배요경裵耀卿 235
배자운裴子雲 237~239
법곡法曲 78, 245
변문變文 103, 238~239, 254
봉덕이封德彛 89, 140~141
북당서초北堂書鈔 31

찾아보기

비기飛騎 129

ㅅ

사만세史萬歲 86~88, 93
사사명史思明 258, 276~277, 283~290
사통史通 153, 240, 282
산관散官 37
산양독山陽瀆 40, 44
상관완아上官婉兒 218~219
서세적徐世勣 130~131, 148~149, 197
석갈釋褐 115
선웅신單雄信 121, 124, 128
선종禪宗 116~117, 160, 211~213
설도형薛道衡 94~96, 99
설인귀薛仁貴 168, 176, 178, 180~181, 249
세아洗兒 174
소미도蘇味道 205~206
소원방巢元方 45, 47, 82
소익蕭翼 171~173
손사막孫思邈 105, 117, 174~176, 194
송경宋璟 214, 221~222, 227~228
시소柴紹 122
심광沈廣 106~107, 109
심상尋相 127

ㅇ

안녹산安祿山 247, 259~261, 269~270, 275~277, 279~283
안지추顏之推 48, 281
양견楊堅 28~30, 32~41, 48, 60, 67, 86, 91~93, 120

양광楊廣 64, 70, 73, 75~77, 79, 84, 88, 91, 95~96, 100, 106~108
양국충楊國忠 221, 223, 243, 247, 258, 261, 267~268, 270, 272~274
양량楊諒 88, 95, 107
양비楊妃 42, 57~58
양사언梁士彥 43, 86
양소楊素 46, 57~58, 63~64, 68, 74~77, 79, 81~82, 84, 86~88, 95~96, 103~104, 108, 120~121
양수楊秀 72, 83~85, 88
양옥환楊玉環 222, 261, 266, 268, 272
양용楊勇 64, 70~73, 76~77, 79, 88, 92, 100~102, 107
양준楊俊 72, 80, 85, 93
양충楊忠 28~29, 31~32
양현감楊玄感 66, 88, 99, 121
양훤楊暄 223, 272
어구라魚俱羅 108~109
연악燕樂 35, 269
연영燕榮 59~60
예상우의곡霓裳羽衣曲 78, 140, 258
오도자吳道子 63, 117, 159, 186, 192, 229
오수전五銖錢 41, 52, 190
오아함五牙艦 46
온언박溫彥博 137, 159
왕규王珪 144, 159~161
왕박王薄 84
왕세충王世充 102, 116, 122, 128, 130~131, 133~134, 142~143, 148
왕충사王忠嗣 245, 252~254
요숭姚崇 200, 212, 221~222, 227~229
우란분절盂蘭盆節 95

307

찾아보기

우문개宇文愷　33, 36
우문술宇文述　74~76, 93, 106, 120
우문천宇文闡　36
우문태宇文泰　28~29, 31~33
우문호宇文護　33~34, 100
우문화급宇文化及　82, 85, 98, 106~107, 130
우문흔宇文忻　43
우홍牛弘　64, 78~79, 103
운비雲妃　72
운정흥雲定興　72~73
원덕수元德秀　262~263, 265
원화성찬元和姓纂　50
위지경덕尉遲敬德　127~129, 132~134, 194
위지형尉遲逈　38~40, 86
위징魏徵　114, 117, 122, 130~132, 135, 137~142, 144~148, 159, 162~163, 170, 230
유계劉泆　190
유납劉納　100
유문정劉文靜　125~126, 194
유방劉昉　36~44
유진劉臻　100~101
육상陸爽　102~103
육우陸羽　76, 205~206
율소律疎　188
이건성李建成　129, 131~134, 143~144, 153, 158~159
이광필李光弼　252, 270~271, 276, 285, 287~289
이단李旦　119, 197, 219~220, 227
이덕림李德林　36~40, 45, 94
이임보李林甫　221, 235, 244~246, 249, 253, 256, 258, 291
이모李瑁　266
이밀李密　94, 106, 120~121, 125, 130, 134, 148, 150

이백李白　101, 115, 117, 168, 220, 222, 224, 226, 229, 232, 236, 238, 240~243, 254, 256, 261, 264, 267~268, 271, 274, 284, 294
이세민李世民　96, 102, 104, 110, 116, 119, 122~123, 125~129, 131~140, 143, 148, 153, 157, 159, 162, 168, 170~171, 173, 177, 179, 192, 215, 222
이순풍李淳風　124, 172
이승건李承乾　177
이연李淵　96, 98, 116, 118, 122~126, 130~134, 148~149, 159, 177, 219
이원길李元吉　127~129, 132~133
이원梨園　78, 117, 160~161, 230, 245, 270~271
이원통李圓通　71, 91~93
이융기李隆基　119, 219, 220~222, 227~228, 259, 274, 288~289, 292
이의부李義府　190~192, 195
이적李勣　148~150, 177, 184~186, 188, 197, 268
이정李鄭　126
이정李靖　121, 149~150, 223
이중무李重茂　119, 219
이치李治　117, 119, 152, 164, 177~179, 182, 190, 203~204
이태李泰　177~178
이현李賢　190, 196, 255
이현李顯　116, 119, 196, 218, 200, 202, 214, 216~217, 230, 238
이홍李弘　196
이효공李孝恭　122
인덕전麟憽殿　156, 158
일행一行　171, 230~232, 244, 250, 262, 272, 291
임만노任蠻奴　50~51

308

찾아보기

ㅈ

장간지張柬之 200, 205, 215, 218
장공근張公謹 134
장구령張九齡 176, 234~235, 256, 277
장락長樂 공주 162, 218, 248
장설張說 202, 221
장손무기長孫無忌 127, 132~133, 144, 153, 177~179, 184~186, 188, 190, 194
장손長孫 황후 147, 162~163, 177, 205
장순張巡 117, 278~280
장역지張易之 214, 222
장욱張旭 101, 168, 186, 229, 241, 281
장창종張昌宗 214~215
장형張衡 72, 97~99
저수량褚遂良 117, 133, 162, 170~172, 178~179, 184~186, 190, 192, 281~282
적인걸狄仁傑 200~205, 218, 252
정관률貞觀律 130, 133, 188
정사당政事堂 143
정역鄭譯 36~41, 44~45
선제宣帝 34~36, 38~39, 70, 83, 95, 162~163, 184~186, 215
정지절鄭知節 132~134
조경趙憬 55~56
조용조租庸調 100, 157, 181
조작趙綽 53~54
주흥周興 197~199, 205, 212, 227
중양절重陽節 157
직사관職事官 37
진경秦瓊 124, 127~128, 207
진덕관進德冠 150
진숙달陳叔達 132

ㅊ

책양翟讓 121, 148
촌학村學 96
최현위崔玄暐 214~215
최홍도崔弘度 61~62, 81

ㅌ

토번吐蕃 121, 138, 152, 164~166, 190, 192, 219, 226, 245, 249~250, 252~255, 272

ㅎ

하약필賀若弼 47~51, 87
한금호韓擒虎 49~51, 87
함가창含嘉倉 71, 90, 142
함원전含元殿 158
허경충許敬忠 190, 192~195
현무문 정변 110, 127, 129, 132~137, 153, 214
현장玄奘 112, 140, 144, 147, 170, 207~210, 213, 232, 290
홍인弘忍 211~213
화간자和干子 52
회소懷素 168, 173, 186
후백侯白 102~103

편집위원

김경선
문학박사
북경 중앙민족대학 한국어학과 졸업, 부산대학교 국어국문학과 박사과정
현재 북경 외국어대학교 한국어학과 교수
저서 : 《한국문학선집》《중·한 30년대 소설 비교 연구》외 다수

문일환
문학박사
북경 중앙민족대학 조선언어문학 학과 졸업, 김일성종합대학 박사원, 연변대학 연구생원
현 북경 중앙민족대학 언어문학학원 교수, 중국 사회과학원 학술위원회 및 직함평의위원,
중국 소수민족문학 학회 부이사장, 중국 인민대학 국학원 전문가 위원
저서 : 《조선 고대 신화연구》《조선 고전문학 연구》《조선 고전문학사》외 다수

서영빈
문학박사
북경 중앙민족대학 졸업, 북경대학 대학원 및 한남대학교 대학원 졸업
홍익대학교 및 한남대학교, 신라대학교 초빙교수 역임
현 중국 대외경제무역대학교 교수, 외국어대학 부학장, 한국경제연구소 소장
저서 : 《한국현대문학》《서사문학의 재조명》《중국의 불가사의》외 다수

이선한
문학박사
연변대학 조선어문학과 졸업
오사카 경제법과대학 객원교수, 숭실대학교 국어국문학과 및 서울대학교 국어국문학과 객원 연구원
북경대학 조선문화연구소 소장, 북경대학 한국어학과 교수 역임.
현 북경대학 조선문화연구소 고문, 북경대학 외국어학원 동방학부 교수
저서 : 《패설작품집》《한국고전문학선집》《중국 조선민족 문학선집》《중국 조선민족문화사 대계》외 다수

장춘식
문학박사
북경 중앙민족대학 조선언어문학 학과 졸업, 전북대학교 국어국문학과 박사과정
현 중국사회과학원 민족문화연구소 교수
저서 : 《시대와 우리 문학》《해방전 조선민족 이민소설 연구》《일제 강점기 조선족 이민문학》외 다수

최순희
문학박사
연변대학 조선어과 졸업, 인하대학교 대학원 졸업
현 북경 언어문화대학교 교수, 한국문화연구센터 센터장, 중국 비통용어교육연구회 이사
저서 : 《한국어 어휘 교육연구》《사랑차 한잔 둘이서》외 다수

번역위원

김동휘
장춘광학정밀기계학원 졸업
중국조선어규범위원회 상무위원, 연변번역가협회 부회장, 연변인민출판사 사장·주필·편심
번역서 : 《청대철학》《중국유학사》《중국오천년황궁비사》《치국방략》《상도와 인도》등

김봉술
길림공업대학, 연변대학 조문학부 졸업
동북과학기술신문사 사장·주필·고급기자 역임
문학, 과학보급 및 번역 작품 다수 발표

김순림
연변대학 조문학부 졸업
중학교 조선어문 교연실 부실장 역임
현 연변교육출판사 편집

김춘택
길림사범대학 중문학부 졸업
정부 통·번역, 고등학교, 사범학교 교원 역임
현 연변교육출판사 부편심
번역 서 : 1980~90년대 소설, 시 및 2007년 고등학교 역사교재 등

남광철
연변대학 한어학부 졸업
연변번역국 부역심, 정부 통·번역 역임
번역 서 : 중국 방송대학 교재 (중한번역), 한국 산업(한중 번역. 합작 및 주역), 《한방 치료법 해설》《돈을 버는 사람은 따로 있다》《한국 명가 요리》등

남홍화
연변대학 한어학부 및 한어학부 한어문 석사 졸업
연변대학 학보 편집
문학 및 번역 작품 다수

남희풍
연변대학 조문학부 졸업
연변대학 교수, 중국조선족가사문학연구소 소장
저서 : 《알기 쉬운 우리 민족역사》《중국항일전쟁과 조선족》《중국조선족가사문학대전》《가 학창작연구》《음악문학창작의 길》, 시조 가사 집《푸른 하늘 푸른 마음》 및 대학교과서 등 다

박기병
연변대학 중문학부 졸업, 길림성 대학학보연구회 부이사장, 연변대학 농학학보 주임 역임
저서 : 《신문출판이론과 실천》《연변농업과학기술사 개론》등 다수

이원길
연변대학 및 중앙민족대학, 북경대학 대학원 졸업
현 중앙민족대학교 소수민족언어문학대학 부학장·교수
저서 : 《설야》《춘정》《땅의 아들》《한국어의 표현방식과 그 체계》등
번역서 : 《지낭》《천년상도》《인물과 사건으로 보는 중국상하오천년사》등

이인선
연변대학 역사학부 졸업
중국 흑룡강신문사 기자·편집, 중국 전국인대 통·번역 역임
시, 산문, 수필, 소설 등 번역 작품 다수 발표

중국을 말한다
09 당나라의 기상

초판 1쇄 인쇄 2008년 7월 21일
초판 1쇄 발행 2008년 7월 25일

총기획 | 허청웨이
지은이 | 류산링, 궈젠, 장젠중
옮긴이 | 김동휘
펴낸이 | 신원영
펴낸곳 | (주)신원문화사

편집 | 최광희, 김은정, 김숙진, 장민정
교정·교열 및 디자인 | 인디나인
영업 | 윤석원, 이정민, 박노정
총무 | 양은선, 최금희, 전선애, 임미아, 김주선
관리 | 조병래, 김영훈

주소 | 서울시 강서구 등촌1동 636-25
전화 | (02) 3664-2131~4
팩스 | (02) 3664-2130
출판등록 1976년 9월 16일 제5-68호

ISBN 978-89-359-1448-7 (04910)
ISBN 978-89-359-1439-5 (세트)

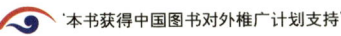 '本书获得中国图书对外推广计划支持'
이 도서는 중국 도서 대외 보급 계획의 번역 원고료 지원을 받았음.